Brinthanan Puvaneswaran
Sprache in der Geschichte

Beihefte zur Zeitschrift für die alttestamentliche Wissenschaft

Herausgegeben von
John Barton, Reinhard G. Kratz, Nathan MacDonald,
Sara Milstein und Markus Witte

Band 540

Brinthanan Puvaneswaran

Sprache in der Geschichte

Etappen der Erforschung des Biblischen Hebräisch

DE GRUYTER

Dissertation, Theologische Fakultät der Humboldt-Universität zu Berlin, 2021.

ISBN 978-3-11-074821-5
e-ISBN (PDF) 978-3-11-074910-6
e-ISBN (EPUB) 978-3-11-074916-8
ISSN 0934-2575

Library of Congress Control Number: 2022935386

Bibliografische Information der Deutschen Nationalbibliothek
Die Deutsche Nationalbibliothek verzeichnet diese Publikation in der Deutschen Nationalbiblio-
grafie; detaillierte bibliografische Daten sind im Internet über http://dnb.dnb.de abrufbar.

© 2022 Walter de Gruyter GmbH, Berlin/Boston
Druck und Bindung: CPI books GmbH, Leck

www.degruyter.com

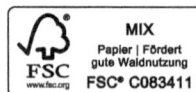

MIX
Papier | Fördert
gute Waldnutzung
FSC
www.fsc.org FSC® C083411

Meinen Sprachlehrerinnen
Suganthiny Puvaneswaran, Dr. Christine Hänni und Prof. Dr. Hanna Jenni

Vorwort

Hast du etwa Erde genommen
und aus Lehm ein Lebewesen geformt
und es als ein Sprechendes auf die Erde gestellt?   Hi^{LXX} 38,14

Die vorliegende Schrift wurde im Juni 2020 an der Theologischen Fakultät der Humboldt-Universität zu Berlin als Dissertation eingereicht. Die Verteidigung fand im Januar 2021 statt. Für den Druck wurde das Manuskript geringfügig überarbeitet.

Dieses Buch wurde durch die Unterstützung vieler möglich. An erster Stelle danke ich meinem Doktorvater Prof. Dr. Markus Witte, der diese Studie angestoßen und ihre Fertigstellung stets gefördert hat. Zusammen mit seinem Lehrstuhlteam (Ruben Burkhardt, Heye Jensen, Dr. Matthias Lange, Pfrin. Gesine Meyer und Pfrin. Maren Wissemann) entstand ein wissenschaftliches, organisatorisches und nicht zuletzt menschlich außerordentlich gutes Zusammenwirken, dass die Arbeit an meiner Dissertation immer wieder zu einer Freude machte. Prof. Dr. Dr. Bernd U. Schipper sei für das Zweitgutachten gedankt. Ebenso sei Prof. em. Dr. Thomas Willi gedankt, der freundlicherweise kurzfristig das Drittgutachten übernahm und mir für die Publikation wertvolle Hinweise gab.

Für Worte der Ermunterung und des Lobs sowie der anspornenden Ermahnung danke ich Prof. Dr. Sonja Ammann, Prof. Dr. Viktor Golinets, Dr. Nesina Grütter, Prof. em. Dr. Matthias Köckert und Prof. Dr. Markus Saur. Besondere Beständigkeit in dieser Form der Förderung wurde mir durch Prof. em. Dr. Hans-Peter Mathys zuteil, der mir seit Beginn meines Theologiestudiums stets herzlich, ehrlich und mit der nötigen Prise Humor den Weg wies.

Für die kritische Lektüre danke ich Pfr. Manuel Amstutz, Laura Christin Charlott Gonnermann, Dr. Isabell Hoppe und Dr. Patricia Löwe sowie den oben genannten Mitgliedern des Lehrstuhls. Besonderen Dank gebührt dabei Juliane Wicklein, die mein Manuskript mehrfach durchging und mir geduldig beim sprachlichen Feinschliff beistand.

Für beständige, kompetente und stets freundliche Unterstützung in Fragen der Literaturrecherche, die auch zu Zeiten der Pandemie nicht abbrach, bedanke ich mich bei Dr. Agnes Winter und ihrem Team. Auch gilt mein Dank der Herausgeberin und den Herausgebern der BZAW für die Aufnahme dieser Abhandlung in ihre Schriftenreihe. Ebenso danke ich mich bei Alice Meroz und Elisabeth Stanciu für die verlegerische Betreuung dieses Bandes.

Für Speis und Trank der loyalen Freundschaft und unverdienten Geborgenheit danke ich Claudia Bass, Almut Bockisch, Hala Khalaf, Jakob Kröner, Dr.

https://doi.org/10.1515/9783110749106-202

Sarah Markiewicz, Jasmin Mausolf und Dr. Michael Schwarz sowie der Familie Jackson. Ohne Euch wäre dieser Marathon nicht möglich gewesen.

Gewidmet ist dieses Buch meinen Sprachlehrerinnen: Meiner Mutter Suganthiny Puvaneswaran, die mir in ihrer Freizeit das Lesen und Schreiben der tamilischen Schrift beibrachte. Dr. Christine Hänni, die mir und meiner Familie seit unserer Ankunft als Flüchtlinge die Sprache und Kultur der Schweiz nahebrachte. Und Prof. Dr. Hanna Jenni, deren Sprachkurse an der Universität Basel mir Zugang zu den Sprachwelten des Alten Orients ermöglichte. Ihr habt mir zwar nicht die Sprache gegeben, aber mich im rechten Gebrauch der Worte unterwiesen.

Berlin, im März 2022   Brinthanan Puvaneswaran

Inhaltsverzeichnis

Abbildungsverzeichnis

https://doi.org/10.1515/9783110749106-204

Abkürzungsverzeichnis

Die in dieser Arbeit verwendeten Abkürzungen richten sich alle nach: Schwertner, Siegfried: *IATG³ – Internationales Abkürzungsverzeichnis für Theologie und Grenzgebiete.* Berlin ³2014. Darüber hinaus werden folgende Abkürzungen verwendet:

Aug. *Civ.*	Augustinus: *De civitate Dei.*
BUBER/ROSENZWEIG	Buber/Rosenzweig: *Die Schrift – Aus dem Hebräischen verdeutscht.* Suttgart ¹⁰1992.
EHLL	Khan, Geoffrey (Hg.): *Encyclopedia of Hebrew Language and Linguistics.* Leiden 2013.
Eus. *Praep. ev.*	Eusebius: *Praeparatio evangelica.*
Ges²	Gesenius: *Hebräisches und chaldäisches Handwörterbuch über das Alte Testament.* Leipzig ²1823.
Ges⁴	Gesenius: *Hebräisches und chaldäisches Handwörterbuch über das Alte Testament.* Leipzig ⁴1834.
Ges¹⁸	Gesenius/Meyer/Donner: *Hebräisches und aramäisches Handwörterbuch über das Alte Testament.* Heidelberg ¹⁸2013.
GKB²⁹	Bergsträsser: *Hebräische Grammatik, mit Benutzung der von E. Kautzsch bearbeiteten 28. Auflage von Wilhelm Gesenius' hebräischer Grammatik.* Leipzig 1918.
GRK²⁸	Gesenius/Rödiger/Kautzsch: *Wilhelm Gesenius' Hebräische Grammatik.* Leipzig ²⁸1909.
Hom. *Il.*	Homer: *Ilias.*
KAHAL	Dietrich /Arnet (Hg.): *Konzise und aktualisierte Ausgabe des hebräischen und aramäischen Lexikons zum Alten Testament.* Leiden 2013.
KUSATU	Kleine Untersuchungen zur Sprache des Alten Testaments und seiner Umwelt.
Plin. *Nat.*	Plinius: *Naturalis historia.*
Tert. *Cult. fem.*	Tertullian: *De cultu feminarum.*
ThWQ	Fabry/Dahmen (Hg.): *Theologisches Wörterbuch zu den Qumrantexten.* Stuttgart 2011–2016.
WiBiLex	Alkier/Bauks/Koenen (Hg): *Das wissenschaftliche Bibellexikon im Internet.* 2007–.

https://doi.org/10.1515/9783110749106-205

1 Einleitung

„Das Leben der ewigen Sprache aber vollzieht sich genau wie das des Volks nicht in einer solchen Folge von Toden und Auferstehungen [...], sondern es ist Nichtsterbenkönnen, Nichtsterbenwollen, Nichtsterbendürfen. [...] Sie wächst nicht wie ein Organismus, sondern wie ein Hort – der Schatz, an dem die lebende und sterbende Menschheit der Völker das Nahen des Reichs ablesen darf."[1]

Versetzt in eine eigentümliche doppelte Zerrissenheit findet man die hebräische Sprache vor. Einerseits wird sie trotz der Höhen und Tiefen ihres irdischen Geschicks als ewige und heilige Sprache verehrt. Andererseits bleibt sie, ganz ähnlich wie Franz Rosenzweig schreibt, unabdingbar mit dem jüdischen Volk und dessen Religion verbunden und ist gleichzeitig Gegenstand der Beanspruchung durch das Christentum, das sich die hebräische Sprachkunde[2] als Hilfsmittel für die akademische Theologie aneignete und bis zum heutigen Tag weiterpflegt. Gegenstand dieser Studie sind Aspekte dieser doppelten Zerrissenheit, genauer die Idee von der Heiligkeit des Hebräischen, die allmähliche Profanisierung der Vorstellungen bezüglich der Dignität dieser Sprache und die Entdeckung der Geschichte des Biblisch-Hebräischen.

Die Beschäftigung mit der hebräischen Sprache besticht mit ihrer überaus facettenreichen Geschichte, deren Erbe sich nicht zuletzt auch in der Vielfalt derzeitiger hebraistischer Forschung und Lehre im deutschsprachigen Raum abbildet.[3] Während das Schicksal des Hebräischen als Sprache des Judentums in

---

1 Rosenzweig, „Neuhebräisch", 107.

2 Ich verwende den altertümlichen Begriff *Sprachkunde*, um eine begriffliche Unterscheidung zwischen der Philologie als ‚europäisches' Unternehmen im Erbe der renaissance-humanistischen Rezeption der griechisch-römischen Antike (siehe zur Begriffsgeschichte der Philologie u. a. Horstmann, „Philologie") und den verschiedenen weltweiten Traditionen der reflektierten Sprachbetrachtung zu gewährleisten. Ihnen darf die Bezeichnung „Sprachwissenschaft" keinesfalls abgesprochen werden, da sie in hohem Maße von der Reflexion des tradierten und des beobachteten Sprachwissens geprägt sind. Jedoch stellt die ‚europäische' Philologie aufgrund ihrer Entstehungszusammenhänge und des über die eigentliche sprachkundliche Erschließung ihres Gegenstands hinausreichenden Interesses ein spezifisches Novum dar. Der besagte altertümliche Begriff Sprachkunde ist den Darstellungen von Gesenius (Überschrift des forschungsgeschichtlichen Kapitels in der *Geschichte*, 69–136) und Adelung/Vater (Untertitel der sprachvergleichenden Enzyklopädie *Mithridates*) entlehnt. Diese Differenzierung begegnet man auch in der konzeptionellen Anlage neuerer Darstellungen zur Geschichte der Sprachwissenschaften, die allesamt zwischen den traditionellen und durch Globalisierung geprägten Sprachwissenschaften unterscheiden. So z.B. Koerner, „Historiography" oder Auroux et al., *History*.

3 Für eine Übersicht über die gegenwärtige Erforschung und Vermittlung des Hebräischen im deutschsprachigen Raum siehe Golinets, „Hebräischunterricht".

https://doi.org/10.1515/9783110749106-001

neuerer Zeit reichlich Beachtung erfuhr,[4] widmet sich diese Untersuchung der etwas seltener betrachteten Geschichte der christlichen Beschäftigung mit diesem Idiom. Da sich die von Christen betriebene Sprachkunde des Hebräischen lange mit der Sprache des Alten Testaments[5] begnügte, beschränkt sich diese Untersuchung dementsprechend auf die Hebräische Bibel und benutzt den Begriff *Hebräisch*, wenn nicht anders angezeigt, als Synonym für das Biblisch-Hebräische.[6] Nachfolgend findet sich ein Überblick zu den bisherigen Studien zur Wissenschaftsgeschichte der hebräischen Sprachkunde und eine Darstellung der in dieser Studie verfolgten Programmatik.

1.1 Die Möglichkeiten der Geschichtsschreibung der hebräischen Sprachkunde

Die kontinuierliche Beachtung der vielfältigen Verflechtungen der hebräischen Sprachkunde, in die sie spätestens mit ihrer Akademisierung in Form der Hebraistik mit anderen Wissenschaftsdisziplinen eintrat, ist unerlässlich für ihre Historiographie. Die Verbindungen der Hebraistik zu ihren Partner- und Nachbardisziplinen sind einerseits institutioneller oder persönlicher Natur und andererseits bedingt durch die Vergleichbarkeit des zu betrachtenden Gegenstands. Die Beschäftigung mit dem Hebräischen an den Universitäten im deutschsprachigen Raum stand von Anfang an im Zusammenhang mit der alttestamentlichen Wissenschaft.[7] Selbst viele der später an Gymnasien tätigen

---

4 Als Klassiker der Historiographie der jüdischen Sprachkunde des Hebräischen im Mittelalter gelten u. a. Ewald/Dukes, *Beiträge*; Bacher, „Anfänge"; ders., „Sprachwissenschaft" oder Hirschfeld, *History*. Vgl. dazu auch die Ausführungen in Anm. 424. Neuere Studien sind derart zahlreich, dass hier kein sinnvoller Überblick gegeben werden kann. Es sei lediglich auf Andrea Schatz' Dissertation Sprache in der Zerstreuung verwiesen. Siehe dazu Anm. 221.
5 Die Begriffe *Altes Testament* und *Hebräische Bibel* sowie ihre jeweiligen Ableitungen werden nachfolgend synonym verwendet. Damit ist das dem Umfang nach beispielsweise im Codex Leningradensis belegt Corpus gemeint. In diesem Sinne beziehen sich Stellenangaben ohne besondere Kennzeichnung auf den masoretischen Text. Wird auf andere Textformen Bezug genommen, wird dies explizit erwähnt oder durch Hochstellung kenntlich gemacht (z.B. Gen[LXX] 10 für Genesis gemäß ‚der' Septuaginta). Mit Sprache des Alten Testaments ist dementsprechend auch das Biblische Hebräisch gemeint.
6 Mit Biblisch-Hebräisch ist die Kompositsprache gemeint, die durch den Zusammenklang des masoretischen Konsonantentexts mit der Vokalisation gemäß der Tradition der tiberiensischen Schule entsteht. Siehe dazu u. a. Suchard, *Development*, 19–23.
7 In England, Frankreich, Italien und Spanien wird die Hebraistik traditionellerweise an anderen Orten verortet. Siehe dazu Kapitel 3.1.3.

Hebräischlehrer, von denen einige durch Lehrbücher eine erstaunliche Breitenwirkung erzielten,[8] hatten zumeist eine theologische Ausbildung durchlaufen und waren entscheidend von der alttestamentlichen Wissenschaft geprägt. Auch die an den Universitäten mit Erforschung und Vermittlung des Hebräischen betrauten Frauen[9] und Männer waren nicht selten auch für alttestamentliche Forschung und Lehre verantwortlich. Angesichts dieser institutionellen und individuellen Verflechtungen erstaunt es nicht, dass sich der zeitgenössische alttestamentliche Diskurs entscheidend auf die hebraistische Literatur niederschlug. Erst in der zweiten Hälfte des 19. Jahrhunderts entstanden an deutschsprachigen Universitäten neue Kontexte der hebräischen Sprachkunde – zuerst im Rahmen der sich verselbständigenden Orientalistik und später im Zusammengang der unterschiedlichen wissenschaftlichen Formen der Betrachtung des Judentums. Ferner stand die Hebraistik, wie im Verlauf dieser Studie wiederholt gezeigt wird, aus sachlich-inhaltlichen und methodischen Gründen in der Wechselwirkung mit anderen Wissenschaftsdisziplinen. So lässt sich beispielsweise beobachten, dass Tendenzen der sprachwissenschaftlichen und sprachphilosophischen Diskurse – wenn auch zuweilen mit größerer Verzögerung – Eingang in die Betrachtung des Hebräischen gefunden haben.[10] Weiter gilt es ebenfalls, die durch die sachlich-inhaltlichen Kongruenzen begünstigten gegenseitigen Wechselwirkungen der Hebraistik zur Semitistik einerseits sowie zu den historisch und kulturwissenschaftlich arbeitenden Regionalwissenschaften wie Orientalistik, Assyriologie oder Ägyptologie andererseits zu beachten.[11] Diese mehrschichtige

---

8 Siehe dazu Golinets, „Hebräischunterricht", 12f.

9 Obschon Frauen lange die akademische Auseinandersetzung mit dem Hebräischen verwehrt blieb, gab es seit der Spätantike des Biblisch-Hebräischen kundige Frauen. Eine kursorische Zusammenstellung dieser Hebraistinnen mitsamt Quellenangaben findet sich bei Steinschneider, „Hebraistinnen". Zusätzlich sei noch mit zwei weiteren prominenten Beispielen der durch Frauen erbrachte Beitrag zur Hebraistik konkretisiert:

(1) Die Genfer Reformatorin Marie d'Ennetières (1495–1561) erwähnt im Traktat *Epistre tres utile* eine von ihrer Tochter verfasste Einführung in die Grammatik des Hebräischen. Für eine kritische Besprechung dieser Notiz siehe Kemp/Desrosiers-Bonin, „Ennetières".

(2) Als erste weibliche Absolventin des Union Theological Seminary (New York) unterstützte Emilie Grace Briggs (1867–1944) ihren Vater bei seinen Arbeiten am *BDB*. Anschließend schrieben Vater und Tochter gemeinsam einen zweibändigen Psalmenkommentar, der in der Reihe *International Critical Commentary* erschien. Vgl. dazu Tonkiss Cameron, „Briggs, Emilie Grace".

10 So z.B. die Auseinandersetzung mit junggrammatischen Theoremen (siehe dazu Anm. 723) oder die Rezeption der Sprachakttheorie in der Hebraistik. Vgl. dazu Wagner, „Stellung".

11 Als Beispiel für die Verflechtungen der Hebraistik mit der Orientalistik vgl. die Darstellung der wissenschaftsgeschichtlichen Relevanz von Carsten Niebuhrs Arabienreise unter 4.3.

Verflechtung der hebräischen Sprachkunde hat für die Geschichtsschreibung zur Konsequenz, dass es stets gilt, die zeitgleichen Entwicklungen in den Nachbardisziplinen miteinzubeziehen. Ferner eignen sich bereits vorliegende wissenschaftsgeschichtliche Entwürfe zu diesen Wissensbereichen als Vorbilder und Gesprächspartner für das Unterfangen einer Historiographie der hebräischen Sprachkunde.

Die sich einer erneuten Renaissance[12] erfreuende Historiographie der oben genannten Disziplinen erfolgt entweder in Form von Gesamtdarstellungen oder in Gestalt von Einzelstudien.[13] Letztere sind meist auf die Darstellung einzelner Personen, einer spezifischen wissenschaftlichen Literaturgattung, gewisser Epochen der Wissenschaftsgeschichte oder eines ausgewählten Problems ausgerichtet. Die für die Hebraistik wirkmächtigste Gesamtdarstellung findet sich im zweiten Teil von Wilhelm Gesenius' *Geschichte der Hebräischen Sprache und Schrift*, die unter dem Titel „Geschichte der hebräischen Sprache als einer ausgestorbenen"[14] eine Skizze der hebräischen Sprachkunde von der Antike bis zur Drucklegung seiner Schrift 1815 bietet.[15] Die Methodik dieses Entwurfs und anderer sich als wissenschaftsgeschichtliche Gesamtdarstellungen verstehenden Skizzen ist an der Darstellung herausragender Personen und Werke orientiert,[16] die nachträglich in einen konsekutiv-diachronen Zusammenhang gestellt werden. So entsteht eine an der Aneinanderreihung von Errungenschaften interessierte Wissenschaftsgeschichtsschreibung,[17] die sowohl in Zielsetzung als auch ‚gattungsgeschichtlich' forschungsgeschichtlichen Überblicken aus der Einleitungsliteratur nahesteht.[18] Gesamtdarstellungen neueren Datums, wie etwa die von Magne Sæbø verantwortete Reihe *Hebrew Bible/Old Testament. The History of its*

---

12 Siehe dazu Wiesgickl, *Testament*, 40f.

13 Zu den kongruenten Tendenzen der Historiographie der alttestamentlichen Wissenschaft siehe Sæbø, „Problems", 22f. und Fischer, „Forschungsgeschichte", 183–189.

14 Gesenius, *Geschichte*, 69.

15 Siehe dazu die Darstellung unter 4.1.1.

16 So auch die Stoßrichtung der Darstellungen zur Geschichte der alttestamentlichen Wissenschaft von Ludwig Diestel, Hans Joachim Kraus und Henning Graf Reventlow (Diestel, *Geschichte*; Kraus, *Geschichte* und Reventlow, *Epochen*). Ähnlich verfahren auch Benfey, *Geschichte* und Fück, *Studien*.

17 Siehe dazu die ausführliche Kritik an diesem Vorgehen in Fischer, „Forschungsgeschichte", 189 und Wiesgickl, *Testament*, 41. Zur allgemeinen Kritik an eine Wissenschaftsgeschichtsschreibung, die entlang von Errungenschaften entwickelt wird, und den neueren Tendenzen dieses Fachgebiets siehe Daniel, *Kompendium*, 361–379.

18 So Daniel Weidner, der an der exegetischen Forschungsgeschichtsschreibung die teleologische Ausrichtung kritisiert, die „mehr an der Vorgeschichte des momentanen Wissenstandes als an der Geschichte der Probleme interessiert" sei. Weidner, *Bibel*, 19.

Interpretation, trennen sich vermehrt von diesem Modus der Geschichtsschreibung.[19] An Sæbøs Vorgehen ist jedoch problematisch, dass nicht mehr die eine Hand existiert, die die Lesenden durch die Gesamtheit der Geschichte führt, sondern die Darstellung Gefahr läuft, durch unterschiedliche Autoren und wechselnde Themensetzung fragmentiert zu werden.[20]

Die gleiche Tendenz kann auch in dezidiert biographisch arbeitenden Studien beobachtet werden, die entweder als Einzelskizzen die Bedeutung einer Person für einen Wissensbereich herausarbeiten[21] oder durch eine Reihung von Kurzportraits sich einer konziseren Darstellung der Wissenschaftsgeschichte annähern.[22] In einem gewissen Kontrast dazu stehen Darstellungen wie etwa die Dissertation von Edward Frederick Miller *The Influence of Gesenius on Hebrew Lexicography*[23] oder der von Stefan Schorch und Ernst-Joachim Waschke anlässlich des 200. Jubiläums des Erscheinens des *Hebräisch-Deutschen Handwörterbuchs* herausgegebene Sammelband *Biblische Exegese und hebräische Lexikographie*, die ihren Fokus auf Werke und deren Wirkungsgeschichte legen. Ähnlich operieren auch Sammelrezensionen[24] und Forschungsretrospektiven.[25]

Einzelstudien, die sich von der Zentrierung an Autor und Werk lösen und sich der konzisen Darstellung einzelner Epochen[26] oder der Geschichte der

---

19 Einen vergleichbaren Paradigmenwechsel vollzieht auch die von Irmtraud Fischer, Mercedes Navarro, Adriana Valerio und Mary Ann Beavis herausgegebene Reihe *Die Bibel und die Frauen. Eine exegetisch-kulturgeschichtliche Enzyklopädie*.

20 Vgl. Sæbø, „Problems", 24.

21 Z.B. die Biographie zu Herman Hupfeld von Otto Kaiser oder die ideengeschichtliche Analyse des Oeuvres von Heinrich Ewald durch Christian Stahmann (Kaiser, *Reaktion* und Stahmann, „Orientalistik").

22 So etwa mittels Selbstdarstellungen (u. a. Grätz/Schipper, *Wissenschaft*). Das umfangreichste Werk, das nach dieser Weise operiert, hat Rudolf Smend 2017 unter dem Titel *Kritiker und Exegeten* vorgelegt. Darin werden die Ergebnisse seiner jahrzehntelangen Beschäftigung mit den Exponenten der deutschsprachigen alttestamentlichen Wissenschaft vereint.

23 Siehe Anm. 446 und Ludwig Köhlers positive Besprechung dieser Dissertation in der *Orientalistischen Literaturzeitung* (Köhler, „Rezension").

24 So etwa Rudolph, „Literatur"; ders., „Geschichte"; Jenni, „Neuerscheinungen" und ders., „Querschnitt".

25 Beispielsweise Hempel, „Grammatik" und Meyer, „Probleme". Zur Geschichte der Aramaistik in monographischer Länge siehe Rosenthal, *Forschung*. Für eine konzise Darstellung der vergleichenden Semitistik vgl. Hospers, „Years".

26 Nach Ute Daniel kann beobachtet werden, dass sich die deutsche(!) Wissenschaftsgeschichtsschreibung in neuerer Zeit verstärkt der Aufarbeitung des Verhältnisses von Politik und Wissenschaft zu bestimmten Epochen widmet. Vgl. Daniel, *Kompendium*, 371. Dieser Trend spiegelt sich auch in der alttestamentlichen Wissenschaftsgeschichtsschreibung wider. So etwa widmet sich Paul Kurtz in seiner Dissertation *Kaiser, Christ, and Canaan* der Verzahnung von

Bearbeitung ausgewählter Probleme widmen, wurden in jüngster Zeit vermehrt vorgelegt.[27] Besondere Beachtung fanden im Rahmen der Historiographie der hebräischen Sprachkunde die Anfänge der Hebraistik und der christliche Hebraismus der frühen Neuzeit.[28] Eine dezidiert problemgeschichtliche Darstellung findet sich in Leslie McFalls Dissertation *The Enigma of the Hebrew Verbal System*, welche die Bearbeitung der Morphosyntax des hebräischen Verbs seit Samuel Lee und Heinrich Ewald untersucht.[29] Auch die der hebräischen Sprachkunde gewidmeten Beiträge in *HBOT* lösen sich von dem Fokus auf Werk und Autor und bieten problemzentrierte Einführungen zu den einzelnen Epochen der Auslegungsgeschichte der Hebräischen Bibel.[30]

1.2 Programm dieser Untersuchung

Die eben referierten tiefgreifenden Verflechtungen der hebräischen Sprachkunde und die unterschiedlichen Darstellungsmöglichkeiten ihrer Geschichte prägen die hier vorgelegte Studie. Um die Geschichte der Idee von der Heiligkeit des Hebräischen, ihren Einfluss auf die hebräische Sprachkunde und die Substitution dieses Topos durch das Forschungsparadigma der Sprachgeschichte zu beleuchten, ist hier die Darstellung dieser Zusammenhänge im Modus von Fallbeispielen gewählt.

Der erste Hauptteil (Kapitel 2) untersucht mittels semantischer Beobachtungen und Kurzexegesen die alttestamentliche Sprachreflexion, um sich der Frage

---

Religion und Geschichte in der alttestamentlichen Wissenschaft des wilhelminischen Kaiserreichs. Vergleichbar versucht auch Cornelia Weber in ihrer Dissertationsschrift Altes Testament und völkische Frage die Interpretation des alttestamentlichen Volksbegriffs während des ‚Dritten Reichs‘ zu beleuchten. Für eine Darstellung der deutschsprachigen Forschungsgeschichte der Orientalistik in der ersten Hälfte des 20. Jahrhunderts siehe Hanisch, *Nachfolger*.

27 Vgl. dazu u. a. Sláma, *Theologies*, der die Funktion der Größe Geschichte in theologiegeschichtlichen Entwürfen zum Alten Testament nachzeichnet. Im Nachgang der durch Edward Said aufgeworfenen und weiterhin anhaltenden Orientalismus-Debatte sind zahlreiche Entwürfe zur deutschsprachigen Orientalistik entstanden. Für dementsprechende monographische Bearbeitungen siehe u. a. Mangold, *Wissenschaft*; Polaschegg, *Orientalismus* und Marchand, *Orientalism*. Ferner fand auch die postkoloniale Kritik Eingang in die Historiographie der alttestamentlichen Wissenschaft. Siehe dazu Wiesgickl, *Testament*.

28 Vgl. dazu die klassische Darstellung bei Geiger, *Studium* sowie die neueren Studien von Burnett, *Hebraism*; Krasemann, „Biblia" und Lange, *Meilenstein*.

29 Siehe dazu Anm. 439.

30 Vgl. Vanderjagt, „Fontes"; Kessler–Mesguich, „Hebraists"; Burnett, „Hebraists"; Gzella, „Expansion" und Fassberg, „Context".

zu stellen, ob und inwieweit darin die Rede von der Heiligkeit der hebräischen Sprache angelegt sei. Der Wirkungsgeschichte dieses Topos ist der nachfolgende Hauptteil (Kapitel 3) gewidmet. Gegenstand der Betrachtung ist die frühneuzeitliche Entfaltung der hebräischen Sprachkunde innerhalb des christlichen Gelehrtendiskurses im deutschsprachigen Raum. Anhand von ideen- und wissenschaftsgeschichtlichen Überblicken wird die Transformation des spätantiken Topos der Heiligkeit des Hebräischen zur frühneuzeitlichen *Sacra Philologia* als metatheoretisches System der religiös motivierten Sprachbetrachtung erläutert und mithilfe unterschiedlicher frühneuzeitlicher Quellen illustriert. Ferner findet sich in diesem Kapitel eine Betrachtung des durch die Profanisierung des Hebräischen induzierten Niedergangs der *Sacra Philologia*. Der abschließende Teil (Kapitel 4) stellt die zu Beginn des 19. Jahrhunderts einsetzende sprachgeschichtliche Analyse des Hebräischen dar. Durch die Besprechung grammatischer Lehr- und Nachschlagewerke werden ausgewählte deutschsprachige[31] Entwürfe zur Sprachgeschichte des Hebräischen diskutiert und sowohl in der allgemeinen Forschungsgeschichte der Hebraistik als auch werkbiographisch verortet.

Durch dieses in der Quellenwahl eklektisch-illustrative und in der Methodenwahl hybride Vorgehen wird eine Geschichte der christlichen Beschäftigung mit dem Hebräischen skizziert, die in ihrem Aufbau einem Triptychon gleicht. In der mittleren Position findet sich eine wissenschaftsgeschichtliche Erläuterung der Entfaltung des Topos von der Heiligkeit des Hebräischen in der frühen Neuzeit. Von dort aus wird einerseits anhand von Elementen der historisch-kritischen Exegese nach den Ursprüngen dieser Idee gefragt und andererseits durch personen- und werkzentrierte Skizzen die Profanisierung des einstmals als Heiliger Sprache verehrten Hebräischen durch die Entwicklung sprachgeschichtlicher Theorien dargestellt. So wird mit dieser Untersuchung ein Vorschlag zur Geschichtsschreibung der christlichen Sprachkunde vom Hebräischen im Modus der heuristischen Annäherung unterbreitet.

---

31 Da die Zielsprache des hebraistischen Arbeitens die Theorieentwicklung unabdingbar prägt, beschränkt sich die Darstellung im dritten Hauptteil auf den deutschsprachigen Diskurs. Siehe zum Problem der Auswirkung der Zielsprache auf die Theorieentwicklung der Hebraistik McFall, *Enigma*, 184f.

2 Anlagen zur Rede von einer Heiligen Sprache in der alttestamentlichen Sprachreflexion

„Es ist nicht leicht, den Abschluss fest zu stellen von dem komplizierten und langwierigen Prozess des Werdens biblischer Literatur; in manchen Fällen lassen sich die Anfänge der Exegese geradezu bezeichnen als Ausläufer des Wachstums von biblischen Texten."[32]

Die Entstehung des Gedankens von der Einzigartigkeit des Hebräischen und die sich bis heute perpetuierende Rezeption dieser Idee in Form der Rede von der Heiligkeit dieser Sprache sind Paradebeispiele für die mannigfaltige Rezeptions- und Wirkungsgeschichte alttestamentlicher Texte. Nicht nur spätantike Stimmen jüdischer und christlicher Provenienz verwoben um dieses Idiom mit dem Ziel der Veranschaulichung seiner Heiligkeit mythische Vorstellungen, sondern auch für die frühe Neuzeit war das Hebräische als *lingua sacra* Gegenstand der gelehrten Spekulation. Insbesondere die bereits aus der patristischen Literatur[33] bekannte Idee vom außerordentlichen Ursprungs- und Offenbarungscharakter dieser Sprache prägte durch das christliche Mittelalter über den Renaissance-Humanismus bis in die mitteleuropäische Reformation Vorstellungen über das Hebräische.[34] Angesichts des breiten geistesgeschichtlichen Widerhalls dieser Ideen gilt es zu klären, ob und in welcher Weise das Alte Testament die Rede vom Hebräischen als Heilige Sprache ermöglicht. Dies soll nachfolgend versucht werden. Die dabei getroffene Beschränkung auf die hebräische Gestalt und den masoretisch tradierten Umfang des alttestamentlichen Korpus ist methodisch betrachtet ein Anachronismus in doppelter Weise:

(1) Die sich etappenweise vollziehende Kanonisierung der alttestamentlichen Schriften ereignete sich teilweise synchron zur Entstehung der einzelnen Schriften, sodass bereits in der hebräischen Bibel Texte zu finden sind, die andere Texte aus diesem Korpus ‚kanonisch' behandeln.

(2) Gleichzeitig zur Kanonisierung des Alten Testaments wurden bereits erste Übersetzungen ins Griechische und Aramäische angefertigt, die ihrerseits einen von der Kanonisierung der hebräischen Schriften teilweise

---

32 Seeligmann, „Midraschexegese", 151.

33 Siehe dazu die Darstellung in Kapitel 3.1.

34 Die Rezeption dieser Idee scheint derart beständig gewesen zu sein, dass sich selbst Gesenius in der *Geschichte der hebräischen Sprache und Schrift* ausführlich am traditionellen Gedankengut und den dazugehörigen Begründungsmustern abarbeitete. Vgl. Gesenius, *Geschichte*, § 6 und die Ausführungen dazu unter 4.1.

https://doi.org/10.1515/9783110749106-002

unabhängigen Prozess der Kanonbildung durchliefen und schließlich als eigenständige Rezensionen einer Heiligen Schrift dienten.

Beides – die innerbiblische Rezeptionsgeschichte und der faktische Kanonspluralismus – hat zur Folge, dass der exegetische Zugriff auf das hebräisch tradierte Alte Testament weder ein normatives noch historisch akkurates Bild liefert, sondern nur eine erste heuristische Annäherung ermöglicht. Letzteres ist auch der Anspruch der nachfolgenden Darstellung.

Um einen Eindruck von der Bedeutung des Hebräischen für die Formulierung sprachspekulativer Ideen zu gewinnen, lohnt es sich, einen exemplarischen Blick in christlich tradierte Vorstellungen über die Sprache des Alten Testaments am Übergang von Spätantike zum Frühmittelalter zu werfen. So rekurriert Isidor von Sevilla (560–636 n. Chr.) in seinen *Etymologiae*, denen des Öfteren die Funktion einer Brücke zwischen dem Wissen der römischen Spätantike und dem Frühmittelalter Europas zugesprochen wird,[35] wiederholt auf das Hebräische, um den Ursprung der Sprache und die Vielfältigkeit der Sprachen zu thematisieren. Beide Topoi sind für Isidor sowohl aus universal- als auch heilsgeschichtlicher Perspektive von Bedeutung.[36] So identifiziert er an mehreren Stellen das Hebräische mit dem Idiom des prälapsarischen Menschen,[37] das bis zur Sprachverwirrung in Babel der menschlichen Kommunikation gedient habe. Erst das göttliche Strafhandeln habe die Vielfalt der Sprachen entstehen und die Zahl der Sprachen und Völker auf 72 steigen lassen. Die Anzahl an Sprachen – die der Völkertafel in Gen^{LXX} 10 entnommen ist[38] – sei durch die Geschichte hindurch konstant geblieben, wohingegen sich die Zahl der Völker durch den Verlauf der Geschichte hindurch wandle.[39] Neben diesen heils- und universalgeschichtlichen Topoi

---

35 Zur Bedeutung der *Etymologiarum sive originum Libri XX* als „Grundbuch des ganzen Mittelalters" (so Curtius) vgl. Curtius, *Literatur*, 486ff.; Borst, „Bild", 1–9 und Diesner, *Isidor*, 21. Zur Editionsgeschichte siehe Möller, *Enzyklopädie*, 16f. und Barney, *Etymologies*, 27–28.

36 Vgl. Borst, „Bild", 53f.

37 „Linguarum diversitas exorta est in aedificatione turris post diluvium. Nam priusquam superbia turris illius in diversos signorum sonos humanam divderet societatem, una omnium nationum lingua fuit, quae Hebraea vocatur; quam Patriarchae et Prophetae usi sunt non solum in sermonibus suis, verum etiam in litteris sacris." Isidor von Sevilla, *Etymologiae*, 1962, 1:IX, i, 1 und Anm. 193.

38 Zum unterschiedlichen Textbestand von MT und LXX in Gen 10 siehe Wevers, *Notes*, 127–146 und Rösel, *Übersetzung*, 205–212. Zur mittelalterlichen Wirkungsgeschichte von Gen^{LXX} 10 vgl. Borst, *Turmbau*, 1995, 1:6f.

39 „Initio autem quot gentes, tot linguae fuerunt, deinde plures gentes quam linguae; quia ex una lingua multae sunt gentes exortae. [...] Ideo autem prius de linguis, ac deinde de gentibus

verbindet Isidor auch sprachphilosophische und sprachmystische Vorstellungen mit dem alttestamentlichen Idiom. So seien im Hebräischen Reminiszenzen der ursprünglichen Schöpfungsordnung – wie etwa die Entsprechung der Buchstabenanzahl mit der Zahl der göttlichen Schöpfungstage nach Gen 1 – erkennbar.[40]

Dieses Florilegium von Passagen aus Isidors *Etymologiae* illustriert den vielfältigen Gebrauch des Hebräischen als Projektionsfläche für gängige sprachkundliche, sprachphilosophische und theologische Topoi der Spätantike. Stellt man diesen Vorstellungskomplexen den alttestamentlichen Ausgangstext zur Seite, erstaunt diese Wirkungs- und Rezeptionsgeschichte. Denn in keinem der Texte des Alten Testaments – zumindest in seiner hebräischen Gestalt – werden vergleichbare Ideen bezüglich der Einzigartigkeit des Hebräischen in solch expliziter Weise formuliert.

Die nachfolgende Untersuchung wird jedoch vor Augen führen, dass zwar die spätere Rede von der Heiligkeit des Hebräischen nicht der alttestamentlichen Sprachreflexion entstammt, aber darin angelegt ist. Es kann nämlich gezeigt werden, dass sowohl in begrifflicher als auch in narrativer Form komplex über das Phänomen Sprache gedacht und geschrieben wurde. Einerseits lässt sich beobachten, dass der Abstraktionsgrad der metasprachlichen Begriffe und die Pragmatik ihres Gebrauchs ansteigt und andererseits kann festgehalten werden, dass, obwohl die biblische Urgeschichte (Gen 1–11) keine auktorial intendierte Rede von der Heiligen Sprache wiedergibt, sie durch ihre polyphone Thematisierung der *Genesis der Sprache(n)* die nachkanonische Interpretation bezüglich dieser Vorstellung begünstigt. Bevor diese Thesen ausführlich dargestellt werden, erfolgen allgemeine Überlegungen zur alttestamentlichen Sprachreflexion.

2.1 Überlegungen zur Sprachreflexion im Alten Testament

Das Alte Testament bietet keine Antwortmöglichkeit auf die Frage nach den Ursachen der Rede von der Heiligkeit des Hebräischen, wenn man diesen auf hebräische Entsprechungen zu *lingua sacra* wie etwa לשון הקדש | *heilige Sprache*[41] hin

---

posuimus, quia ex linguis gentes, non ex gentibus linguae exortae sunt" Isidor von Sevilla, *Etymologiae*, 1:IX, i, 1.14.

40 Vgl. Isidor von Sevilla, *Etymologiae*, 2:XVI, xxvi, 10. Weitere zahlensymbolische Entsprechungen zieht Isidor zwischen der Buchstabenanzahl und den 22 Büchern des hebräischen Kanons. Siehe ders., *Etymologiae*, 1:VI, i, 3 und VI, iii, 2.

41 Erst in der rabbinischen Literatur ist לשון הקדש ein geläufiger Begriff, wobei לשון הקדש mehr als Ehrentitel zu verstehen ist. Für einen konzisen Überblick über die älteren Rabbinica siehe u. a. Smelik, „Language". Ob damit aber immer zwingend das Hebräische gemeint ist und

untersucht. Das Ergebnis einer solchen Analyse wäre ernüchternd, denn der masoretische Text kennt eine solche Begrifflichkeit nicht. Überhaupt findet sich auf der Oberfläche der alttestamentlichen Texte selten sprachreflexives Wissen; selbst das Glottonym עברית | *Hebräisch* ist erst nachalttestamentlich bezeugt.[42] Abgesehen davon, dass sich das Alte Testament scheinbar über das Hebräische ausschweigt, wäre das eingangs skizzierte Vorgehen auch aus der Warte der israelitisch-frühjüdischen Religionsgeschichte zu problematisieren, da ein solches Vorgehen den Bedeutungswandel der Chiffre קָדוֹשׁ | *heilig* nicht beachten würde. Auch wenn im hebräischen Kanon die Bedeutung der Chiffre קָדוֹשׁ durchaus facettenreich schillert,[43] lässt sich der Bedeutungswandel, wie nachfolgend ausgeführt, vereinfacht darstellen. Nach israelitisch-frühjüdischer Vorstellung ist *Heiligkeit* in erster Linie eine Qualität oder eine Akzidenz, die von der Gottheit auf Konkreta wie Gegenstände, Orte oder Personen übergeht. Dabei wird diese Übertragung der *Heiligkeit* entweder durch die Gottheit verursacht oder kann durch einen menschlichen Akt der Darbringung vollbracht werden. Dass abstrakte Größen durch die Chiffre קָדוֹשׁ qualifiziert werden, ist hingegen eine sekundäre Entwicklung. Auf den hier zu betrachtenden Zusammenhang der Rede vom Hebräischen als לשׁוֹן הקדשׁ trifft – wie David Aaron ausführt – diese Beobachtung in einem besonderen Maße zu.[44] Dies erklärt auch die nachalttestamentliche Häufung solcher Ideen.[45]

---

welche sonstigen Vorstellungen mitspielen, muss jeweils im konkreten Fall neu entschieden werden. So kann לשׁון הקדשׁ auch mit *Sprache des Heiligtums* übersetzt werden, was der nur aus den Targumin bekannten aramäischen Wendung לישׁן בית קודשׁא entspräche. Eine Liste mit einschlägigen Belegen ist Shinan, „Targum", 248f. zu entnehmen. Die vermutlich älteste Bezeugung des Terminus לשׁון הקדשׁ aus Qumran (4Q464) ist schwierig zu deuten, da der Text davor und danach korrupiert ist. Siehe dazu Stone/Eshel, „Exposition"; Aaron, „Judaism", 75f. und Anm. 228.

42 Der früheste Beleg des Glottonyms Hebräisch findet sich im Prolog zum Sirachbuch. Diese Stelle ist jedoch genuin Griechisch. Zur Gattung des Sirach-Prolog siehe Kreuzer, „Prolog". Laut Stefan Schorch ist das hebräische Glottonym עברית erst aus dem Babylonischen Talmud bekannt (Schorch, „Pre-Eminence", 44). Für eine Übersicht der antiken Bezeichnungen für das Hebräische und Aramäische siehe Penner, „Names" und Anm. 236.

43 Siehe dazu Kornfeld/Ringgren, „קדשׁ"; Müller, „קדשׁ"; Rudnig, „Heilig"; Angelini/Nihan, „Holiness" und Holtz, „קָדַשׁ".

44 „Within the conceptual constraints of the biblical notion of holiness, a language can be neither sanctified nor desecrated [...] Thus, the notion that the Hebrew language could garner the status of 'holiness' signals a shift in the conceptualization of the 'sacred', from its original biblical roots in the material world toward a more abstract principle in post-biblical eras." Aaron, „Holy Tongue", 208. Für eine ausführlichere Darstellung unter Einbezug der spätantiken Wirkungsgeschichte der Hebräischen Bibel siehe Aaron, „Judaism". Eine kritische Besprechung der Darstellung von Aaron findet sich bei Power, „Peoples", 384–387.

45 Siehe dazu die ausführlichere Darstellung unter 3.1.1.

Aus diesen Gründen wäre eine Untersuchung, die nach alttestamentlichen Ideen hinsichtlich der Heiligkeit des Hebräischen fragt, nicht nur positivistisch, sondern in ihrer Anlage anachronistisch. Daraus folgt jedoch im Rückschluss nicht, dass die hebräische Bibel am Phänomen *Sprache* desinteressiert ist. Vielmehr kann gezeigt werden, dass Sprache im Allgemeinen und das eigene Idiom im Speziellen in einer solchen Weise thematisiert werden, die sowohl die spätere Rede von einer לשון הקדש vorbereitet als auch die Identifikation dieser mit dem Hebräischen ermöglicht. Für diesen Zweck soll nachfolgend weder die explizite noch die implizite Kennzeichnung des Hebräischen als *lingua sacra* untersucht werden, sondern das alttestamentliche „Denken" über das Phänomen *Sprache* in den Fokus der Betrachtung stellen.

Erstaunlicherweise scheint die alttestamentliche Sprachreflexion kaum monographische Bearbeitung gefunden zu haben,[46] wohingegen eine Vielzahl von eigenständigen Aufsätzen[47] und in anderen Untersuchungen eingebettete Exkurse[48] einzelne Aspekte dieser Fragestellung verhandeln. Die aus dieser doch mageren Forschungslage ableitbare Zurückhaltung gegenüber Gesamtdarstellungen der Sprachreflexion in der israelitisch-frühjüdischen Literatur ist mit der vielschichtigen Problemstellung des alttestamentlichen Korpus als Quelle zu erklären. Es gilt erstens zu beachten, dass die durch Fortschreibung, Redaktion und Kanonisierungsprozesse durchwirkte alttestamentliche Traditionsliteratur, die stets im Austausch zu nicht in den Kanon aufgenommenen israelitisch-frühjüdischen Texten stand, eine stringent diachrone Darstellung ihrer Sprachreflexion massiv erschwert. Zweitens darf

---

46 Die einzige mir bekannte Ausnahme ist die 2015 erschienene Dissertation von Cian Joseph Power *Many People of Obscure Speech and Difficult Language*, die sich der Wahrnehmung von linguistischer Differenz in der Hebräischen Bibel widmet. Auch *Power* kommt zu einer ähnlichen Beurteilung der Forschungslage und merkt die Diskrepanz zwischen einer Unmenge von Untersuchungen zur Sprache *der* alttestamentlichen Texte und der im Vergleich dazu verschwindenden Beachtung des Themas Sprache *in* der Hebräischen Bibel an. Vgl. Power, „Peoples", 3. Ausgewählte Topoi der alttestamentlichen Sprachreflexion, wie die Herkunft und Gebrauch von Euphemismen oder die hebräische Gerichtssprache, fanden jedoch öfters Beachtung. Siehe dazu u. a. Schorch, *Euphemismen* und Seeligmann, „Terminologie".

47 So u. a. in Überblicksartikeln von Edward Ullendorf, Daniel Block und Werner Weinberg sowie auf Deutsch von Wolfgang Schenk (Ullendorff, „Knowledge"; Weinberg, „Consciousness"; Block, „Role" und Schenk, „Sprachauffassungen"). Im Rahmen des von 2008–2015 von der DFG an der Martin-Luther-Universität Halle-Wittenberg geförderten Projektes „Auffassungen von der Sprache und ihrem Wirklichkeitsgehalt im Alten Testament und bei den ersten Grammatikern des Hebräischen" wurde versucht, sich der alttestamentlichen Thematisierung von Sprache systematisch zu nähern. Es entstanden eine ganze Reihe eigenständiger Aufsätze und ein Sammelband zu dieser Fragestellung (u. a. Thon, „Sprache" und Thon/Waschke/Veltri, *Sprachbewusstsein und Sprachkonzepte*).

48 So z.B. im Rahmen anthropologischer Studien oder in den Prolegomena der Grammatiken zum Biblisch-Hebräischen.

nicht vergessen werden, dass es sich bei einem großen Teil der erhaltenen Quellen aus dem Korpus der israelitisch-frühjüdischen Literatur um Texte handelt, die in einer oder anderen Weise mit dem Kult, der religiösen Bildung oder anderem Gegenstand der Religion zusammenhängen. Eine ‚profane' Thematisierung des Phänomens Sprache ist daher nur in einem verminderten Maße zu erwarten.

Das fortan *Sprachreflexion* genannte Denken über das Phänomen *Sprache* wird – der Definition der Romanistin Teresa Gruber folgend – als das Produkt metasprachlicher[49] Abstraktionsleistung verstanden, das, sich auf unterschiedliche Aspekte des Sprachlichen beziehend, in konkrete Äußerungen mündet.[50] In diesem Definitionsvorschlag sind bereits die Klassifikationsmöglichkeiten für sprachreflexive Äußerungen angelegt; sie lassen sich sowohl anhand des Gegenstands, auf den sich ihre Abstraktionsleistung bezieht, als auch nach der Form ihrer Äußerung differenzieren. Gegenstand von Sprachreflexion kann nach der Beobachtung von Gruber (1) die Sprachhandlung, (2) das Sprachsystem, d.h. konkrete Einzelsprachen oder Sprachvarietäten oder (3) die fixierte Gestalt der Sprache in Form eines konkreten Textes sein.[51] Der Form nach sind die konkreten Äußerungen dieser Abstraktionsleistung laut Wilhelm Köller in begrifflicher und narrativer Sprachreflexion zu klassifizieren.[52]

---

49 Im Anschluss an die Konventionen der Sprachwissenschaft wird nachfolgend unter *Metasprache* objektivierende Begrifflichkeiten verstanden, durch die eine *Sprache über Sprache* ermöglicht wird. Neben taxonomischen Begriffen für die Unterscheidung von morphologischen, syntaktischen und weiteren grammatischen Phänomenen werden Sprachbezeichnungen (Glottonyme) auch als Metasprache klassifiziert Für eine weitergehende Diskussion des Begriffs Metasprache und dessen Analyseleistung siehe Miller, *Representation*, 49–50. Das Auftreten von metasprachlichen Begriffen wird landläufig von der Warte der Geschichtsschreibung der Sprachwissenschaft als Indiz für die Entstehung sprachkundlicher Reflexion gewertet. Zur Problematisierung dieses Vorgehens siehe Koerner, „Historiography", 13f.
50 Vgl. Gruber, *Mehrsprachigkeit*, 73.
51 Die oben vorgeschlagene Nomenklatur einer dreistufigen Taxonomie sprachreflexiver Äußerungen stammt von mir; Gruber nennt diese, den Kontexten der Sprachgeschichtsschreibung der frühneuzeitlichen Romanistik entsprechend, (1) Sprechtätigkeit, (2) historische Einzelsprachen und Diskurstraditionen sowie (3) konkrete Diskurse und Texte. Mit dieser Differenzierung der Sprachreflexion in drei Größen folgt Gruber Eugenio Coserius Unterscheidung der Sprache (*langage*) in eine universale (d.h. sprachaktive), historische (d.h. einzelsprachliche) und besondere (d.h. diskursive/‚textliche') Ebene. Vgl. Coseriu, „Universalien", 242.
52 Vgl. dazu Köller, *Formen*, 7–61, insbesondere 22f. und 31f.
Wie in Anm. 49 ausgeführt, ist der Rückgriff auf metasprachliche Begrifflichkeiten ein gängiges Mittel der Geschichtsschreibung der Sprachwissenschaft. Die narrative Sprachreflexion wurde nach Köller oft zu Unrecht im Gegensatz zur begrifflichen Sprachreflexion als amateurhaft abgewertet. Vgl. ebd., 3.

Für den Zweck einer Kartographie der alttestamentlichen Sprachreflexion ist die Differenzierung dieser Äußerungen auf Basis ihrer Form eingängiger. Daher sollen nachfolgend sowohl begriffliche als auch narrative Formen von Sprachreflexion gesondert betrachtet werden. Im ersten Abschnitt erfolgt eine exemplarische Darstellung metasprachlicher Begrifflichkeiten des Alten Testament, die sich auf die Sprachhandlung oder konkrete Einzelsprachen sowie Sprachvarietäten beziehen.[53] In einem zweiten Schritt soll mithilfe der biblischen Urgeschichte illustriert werden, welche Gestalt narrative Formen der Sprachreflexion annehmen und inwiefern darin konkrete sprachreflexive Konzepte transportiert werden können.

2.2 Das Reden über Sprache im Alten Testament

Die Erfassung begrifflicher Formen von sprachreflexiven Äußerungen geschieht oft unter den folgenden Gesichtspunkten: (1) Aus der Perspektive der Hebraistik, die sich um eine lexigraphische Verzeichnung der metasprachlichen[54] Taxonomie des Alten Testaments bemüht, und (2) im Rahmen der Rekonstruktion der alttestamentlichen Anthropologie, die sich von der Analyse dieser Begriffe einen Zugang zum hebräischen Denken über das Phänomen *Sprache* erhofft. Auch wenn sich die Anliegen beider Fragerichtungen unterscheiden, kommt ein Großteil der so angelegten Studien zum Schluss, dass angesichts der vorliegenden Quellenlage keine stringente Systematisierung metasprachlicher Begriffe festzustellen sei. Die Interpretation dieses Befundes ist jedoch facettenreich; die Bandbreite reicht von der Bezweiflung einer Existenz alttestamentlicher Sprachreflexion bis zur Feststellung, dass eine solche noch im Entstehen begriffen sei.[55] Nachfolgend soll auf ausgewählte metasprachliche Begrifflichkeiten eingegangen und die These von ihrem unsystematischen Gebrauch geprüft werden.

---

53 Auf die Darstellung von sprachreflexiven Äußerungen im Alten Testament, die als Gegenstand ihrer Abstraktion konkrete Texte haben, wurde verzichtet. Obwohl es eine ganze Reihe von solchen Texten gibt (u. a. die Toralesungen in Esra-Nehemia und Erklärung der Tora in Neh 8,8 (Vgl. Schaper, „Hebrew"), das Menetekel und seine Deutung in Dan 5 oder die Übersetzungsnotiz im Prolog zum Sirachbuch. Siehe dazu Kreuzer, „Prolog" und Lauber, „Proömium"), würde eine ausführliche Erläuterung dieser Stellen im Rahmen der vorliegenden Untersuchung nur mit methodischen Schwierigkeiten gelingen. Denn hier sind die Grenzen zwischen Reflexion über Sprache und Metatexualität fließend. Siehe dazu u. a. Bosshard-Nepustil, *Schriftwerdung*; Sanders, *Adapa* und Schaper, *Media* sowie die bibelwissenschaftlichen Beiträge in Focken/Ott, *Metatexte*.
54 Siehe Anm. 49.
55 Für eine kritische Evaluation des Forschungsstands siehe Thon, „Sprachbewusstsein".

2.2.1 Das Reden von der tätigen Sprache

Die an Komplexität niedrigste Form von metasprachlicher Abstraktion des Hebräischen findet sich im Kontext der Markierung von direkter wie indirekter Rede. Auch wenn die Möglichkeiten der Ausgestaltung dieser sogenannten Redeeinleitungen im Alten Testament vielfältig sind und sich kaum systematisieren lassen,[56] können laut Samuel Meier einige sprach- und religionsgeschichtlich begründbare Akzentverschiebungen beobachtet werden. Die Repräsentation von gewöhnlicher Rede im Hebräischen wird in den meisten Fällen durch die Kombination von Redeeinleitung und dem eigentlichen Redeinhalt in Form eines direkten oder indirekten Zitats erzielt. Die Redeeinleitung beinhaltet entweder ein oder mehrere Verben, wobei als letztes Verb in den meisten Fällen das Lexem אמר | *sagen* dient. Laut Meier kann beobachtet werden, dass mit der Zeit die Wendung לֵאמֹר die finite Formen von אמר verdrängt[57] und schließlich auch selbst ihre ursprüngliche Funktion als echte Infinitivkonstruktion verloren habe. Bedenkt man die Etymologie von אמר[58] und das semantische Feld, das אמר im Alten Testament abdeckt,[59] ist der hier skizzierte Gebrauch der finiten und infiniten Formen dieser Wurzel als metasprachliche Strategie im Rahmen der Markierung von Rede zu werten. Denn durch diese Verwendung von אמר wird die Pragmatik der nachfolgend zitierten Rede eineindeutig markiert – daher beschreibt Cynthia

---

56 Laut Meier liegen die Gründe für uneinheitliche Markierung von direkter Rede im Alten Testament einerseits an der unterschiedlichen Anwendung von sprachlichen Konventionen in Prosa und Poesie andererseits an der Vielzahl von literarischen Idiomen („variegated set of literary idioms"), die im Rahmen von Kompilations- und Redaktionsprozessen in diesen Texten zusammengeflossen sind. Vgl. Meier, *Speaking*, 323. In ihrer sich nur auf Prosatexte fokussierenden Untersuchung betont Miller, dass die meist aus der Perspektive von indoeuropäischen Zielsprachen geschehende grammatische Beschreibung der Strategien der Redemarkierung zu unbewussten Urteilen neige, die nicht dem hebräischen Sprachgefühl entsprächen. So könne gezeigt werden, dass gegensätzlich zu den Konventionen in den indoeuropäischen Sprachen indirekte Rede im Hebräischen durchaus als akkuratere Wiedergabe des Redeinhaltes wahrgenommen wurde und der Schreiber sich mehr Freiheiten in der Ausgestaltung der direkten Rede leistete. Siehe Miller, *Representation*, 406f. Zu den Problemen der Identifikation von Zitaten und der Deutung ihrer Pragmatik in argumentativ verfahrenden Texten aus Kohelet und Hiob siehe Gordis, „Quotation" und Michel, *Qohelet*, 27–33.
57 Meier, *Speaking*, 325.
58 Nach Mats Eskult liegt hinter der Wurzel אמר ein in allen semitischen Sprachen widerhallendes Bedeutungsfeld, das ursprünglich einen visuell-kognitiven Kommunikationsprozess im Sinne von „'hell, klar sein', 'sichtlich, deutlich sein' > 'deutlich machen', 'zeigen', 'sagen'" bezeichnet haben soll. Eskhult, „Verben", 31.
59 Siehe dazu Wagner, „אָמַר"; Schmid, „אמר" und Metzenthin, „אָמַר".

Miller die Funktion eines so benutzten אמר auch als *metapragmatisch*.[60] Diese metapragmatischen Strategien der Verwendung von אמר können jedoch nicht als Begriffe im eigentlichen Sinne gewertet werden, da sie ihre Funktion immer nur im Zusammenhang der Markierung von Rede entfalten.

Im Rahmen der Markierung außergewöhnlicher – in diesem Fall unvermittelte oder prophetische oder durch einen anderen Emissär vermittelte göttliche – Rede scheint das Hebräische, spezifische metapragmatische Strategien entwickelt zu haben. Dazu gehören die sogenannte Botenformel (כֹּה אָמַר יהוה),[61] die Wortereignisformel (וַיְהִי דְבַר־יהוה אֶל) und die Gottesspruchformel (נְאֻם יהוה). Insbesondere die Gottesspruchformel ist, wie Meier schreibt, in mehrfacher Hinsicht auffällig:[62]

(1) Der Konsonantenwert und damit die Etymologie von נאם haben keine direkte Entsprechung im Hebräischen.[63]

(2) Die hier vorgenommene masoretische Vokalisation ist ungewöhnlich.[64]

(3) Die syntaktischen Verflechtungen – sowohl die Verbindung mit dem Eigennamen יהוה als auch der Gebrauch als Einleitung, Unterbrechung und Schluss von (göttlicher) Rede – sind einmalig.[65]

Auch die diachrone Streuung dieses Begriffs innerhalb des prophetischen Korpus ist auffällig; es kann eine Zunahme des Gebrauchs der Wendung נְאֻם יהוה in nachexilischen Texten festgestellt werden.[66] Ferner deute nach Meier die inkon-

---

60 „The quotative frame describes or characterizes various pragmatic features of the original speech event. It is metapragmatic (i.e., recursively pragmatic) in both senses of the term „pragmatic": (1) it encodes what the reporting speaker believes was the purposive function of the original speech event; and (2) it encodes important aspects of the indexical function of language, that is, the relation of the (putatively original) linguistic signal to its original context of use." Miller, *Representation*, 50.

61 Für eine diachrone Analyse der Funktion der כֹּה אָמַר יהוה-Formel siehe Wagner, *Prophetie*, 313–329.

62 Vgl. Meier, *Speaking*, 299.

63 Zur Etymologie von נאם und zur Orthographie im nachbiblischen Hebräisch siehe Gordon, „Consonants" und Rendsburg, „Notes", 29f.

64 Neben der masoretischen Vokalisation (ne'um) scheint auch eine einsilbige Aussprache (num) möglich gewesen zu sein, die den hebräischen Lautgesetzen folgend das א ignoriert habe. Eine solche Vokalisation scheint sowohl Origenes bekannt gewesen zu sein, der נאם mit νουμ transkribiert haben soll (vgl. Meier, Speaking, 302). Auch könnte diese Vokalisation der Grund für die inkonsequente Setzung eines ו als Matres Lectiones vor oder nach dem א in den Texten von Qumran sein. Siehe dazu Perrin, „נְאֻם", 845.

65 Siehe dazu die Versuche von Baumgärtel, „Formel"; Noble, „Function" und die Darstellung der Syntax von נְאֻם bei Meier, *Speaking*, 308–314.

66 Vgl. Meier, *Speaking*, 313.

sequente Positionierung der Gottesspruchformel zur zitierten Rede in diesen Texten auf die Entstehung dieser metapragmatischen Strategie in dieser Periode hin.[67] Trotz der inkonsequenten Positionierung von נְאֻם יהוה ist die Funktion dieser Wendung vergleichbar mit der von לֵאמֹר. Dennoch kann der Gebrauch von נְאֻם יהוה als Zunahme metasprachlicher Abstraktionsleistung gewertet werden, weil so eine Differenzierung von gewöhnlicher und göttlicher Rede ermöglicht wird.

Im Gebrauch von Lexemen für die Bezeichnung des semantischen Feldes *Sprache,* die ursprünglich Körperteile benennen, findet sich ein deutlich höherer Grad der metasprachlichen Abstraktion. Zu den am meisten verbreiteten dieser Lexeme gehören לָשׁוֹן[68], שָׂפָה[69] und פֶּה[70] sowie etwas

---

67 „The conclusion is inescapable that the perception of the boundaries of God's word, along with the need – and means – to define it, was unstable and in a process of seeking resolution in these texts. This lack of standardization, indeed what one might even term experimentation, in texts that emerge primarily from the sixth century confirms the conclusion that this is the formative period for the phenomena." Meier, *Speaking*, 324f.

68 לָשׁוֹן steht für die menschliche, tierische und in Jes 30,27 auch für die göttliche Zunge. Übertragen kann לָשׁוֹן Dinge beschreiben, die wie etwa Flammen der Gestalt nach einer Zunge ähneln. In den meisten Fällen steht jedoch das uneigentlich gesetzte לָשׁוֹן für die mit der Zunge produzierte sprachliche Äußerung. Hier umfasst das Bedeutungsspektrum dieses Lexems den einzelnen Sprechakt, die Sprechweise oder die Sprechart im Sinne eines spezifischen Idioms, aber auch die menschliche Fähigkeit zur Sprache insgesamt. Dieses breite semantische Feld führt zu Bedeutungsüberlappungen mit שָׂפָה, פֶּה, חֵךְ und גָּרוֹן. Erscheint לָשׁוֹן im Parallelismus membrorum, wird es meist im zweiten Glied geführt (so Kedar-Kopfstein, „לָשׁוֹן"). Zum Gebrauch von לָשׁוֹן für die Bezeichnung von Idiomen siehe Power, „Peoples", 28–41. Ferner zur Semantik dieser Wurzel in den Schriften aus Qumran vgl. Bonfiglio, „לָשׁוֹן".

69 Grundsätzlich wäre שָׂפָה mit *Lippe* zu verdeutlichen; meist wird dabei die menschliche Lippe gemeint, in Jes 11,4 und 30,27 bezieht sich שָׂפָה auch auf Gott. Dieses Lexem kann auch übertragen für Saum und Rand benutzt werden. Wie bei לָשׁוֹן entfaltet sich ein breites Bedeutungsfeld für diese Wurzel, die mit einer metonymischen Kausalitätssetzung zwischen Sprechorgan und Produkt dieses Sprechorgans operiert. Siehe dazu Anm. 68. Ob semantisch ein Unterschied zwischen לָשׁוֹן und שָׂפָה in ihrem abstrakten sich auf ein Idiom beziehenden Gebrauch gezogen werden kann, hängt von der Deutung von den zehn Belegen ab, in denen שָׂפָה für eine spezifische Sprache steht. Siehe dazu Power, „Peoples", 44f. Fünf dieser Belege finden sich in Gen 11 (siehe dazu Kapitel 2.3.3 und Uehlinger, *Weltreich*, 347–350); in weiteren vier tritt שָׂפָה im ersten Teil eines Parallelismus auf, während לָשׁוֹן jeweils im nachfolgenden Glied Verwendung findet (Jes 28,11; 33,19 und Ez 3,5.6). Zu Jes 19,16 siehe die Darstellung unter 2.2.2. Im Rahmen dieser Studie wird für den Zweck der konkordanten Wiedergabe Buber/Rosenzweig folgend das katachretisch gebrauchte שָׂפָה mit *Mundart* verdeutlicht. Siehe ferner Weinberg, „Consciousness", 186; Kedar-Kopfstein, „שָׂפָה" und Dahmen, „שָׂפָה".

70 In seiner Ausgangsbedeutung kann sich פֶּה sowohl auf Tier, Mensch und Gott als auch auf Götterbilder beziehen, bezeichnet jedoch nur bei Gott und den Menschen – eine Ausnahme ist

seltener חֵךְ[71] und גָּרוֹן[72], die alle als Katachresen das Phänomen Sprache bezeichnen.[73]

> Die Funktionsweise der erwähnten Begriffe für die Bezeichnung des semantischen Feldes Sprache nutzt das Verhältnis von Kausalität zwischen den Sprechorganen und der mittels dieser Organe erzeugten Sprache. Somit könnte der oben beschriebene Gebrauch von somatischen Lexemen für die Bezeichnung der verbalen Äußerung durchaus als Metonymie bezeichnet werden, die die Ursache für die Wirkung setzt.[74] Erstens ist jedoch die hier verhandelte Übertragung so häufig, dass diese Stilfigur nicht mehr als bewusst eingesetzte Trope erscheint, und zweitens gibt es keine eigenständige Bezeichnung des semantischen Feldes *Sprache*, so dass hier die eigentliche Umbenennung (Metonymie) oder Substitution nicht geschieht. Daher kann der oben beschriebene Vorgang als lexikalisierte Katachrese mit ursprünglicher metonymisch Kausalität übertragender Denkfigur beschrieben werden.[75]

Den durch diese Verwendung der genannten Begriffe entstehenden quasilexikalisierten Tropen ist gemeinsam, dass durch die Wahl der Lexeme *Kehle, Gaumen, Zunge, Lippe* und *Mund* eine Kausalität zwischen Sprache und Körperteil insinuiert wird, obwohl im Grunde eine uneigentliche Setzung vorgenommen wird. Gleichzeitig verlieren diese Körperteilbezeichnungen nie ihre ursprüngliche Bedeutung und bespielen für den unaufmerksamen Betrachter quasi bedeutungsüberlappend das semantische Feld *Sprache*. Im Grunde finden sich strukturell gleich oder ähnlich aufgebaute Tropen sowohl in anderen semitischen

---

die Eselin in Num 22,28 – „metonymisch das, was aus dem Mund herauskommt (Sprache, Worte, Befehle [...]).“ Garcia López, „פֶּה", 525. Siehe auch Labuschagne, „פֶּה" und Fabry, „פֶּה".

71 Steht in der Grundbedeutung für *Gaumen* und kann einerseits metonymisch für den Geschmackssinn stehen (siehe dazu Avrahami, *Senses*, 123f.) oder in Kombination mit anderen Sprechorganen für die Sprachfähigkeit. Vgl. *DCH*, s.v. חַךְ; *KAHAL*, s.v. חֵךְ und *Ges*[18], s.v. חֵךְ.

72 Im Grunde *Kehle* oder *Luftröhre* bedeutend taucht גָּרוֹן meist in poetischen Kontexten auf und kann als Ort der Lautproduktion Sprache bezeichnen. Vgl. *DCH* s.v. גָּרוֹן; *Ges*[18] s.v. גָּרוֹן und *KAHAL* s.v. גָּרוֹן.

73 Angesichts dieser zahlreichen Möglichkeiten das semantische Feld *Sprache* zu bezeichnen – „Keine menschliche Tätigkeit hat mithin so viele Organbezeichnungen wie die Sprache" (Wolff, *Anthropologie*, 127) – wird nachfolgend auf eine systematische Evaluation dieser verzichtet. Für eine breitere Diskussion dieser Lexeme und deren semantischen Gebrauch siehe Weinberg, „Consciousness", 186f.; Schenk, „Sprachauffassungen", 3–5; Uehlinger, *Weltreich*, 345–50; Wolff, *Anthropologie*, 126f.; Avrahami, *Senses*, 84–93.120–124 und Power, „Peoples", 28–48.

74 So etwa König, *Stilistik*, 17f

75 Zum Begriff der Katachrese angesichts der neueren Diskussion der Metapherntheorie siehe Posselt, *Katachrese*, 19. Für eine Diskussion der Begriffsgeschichte und der Problematiken bezüglich der Abgrenzung der Katachrese von der Metapher siehe Parker, „Metapher".

Sprachen[76] als auch im Klassisch-Ägyptischen,[77] dennoch schenkte die neuzeitliche Rückfrage der Bibelwissenschaften nach einer Anthropologie des Alten Testaments dieser aus ihrer Perspektive auffälligen Häufung von Sprachspielen besondere Beachtung.

Die beabsichtigte Stoßrichtung solcher Untersuchungen liegt in der Rekonstruktion der ‚alttestamentlichen‘ Ideen- und Denkwelt bezüglich menschlicher Sprachfähigkeit. Die ursprünglich somatische Bedeutung dieser Lexeme wird dabei als Indiz für ein nicht-kognitives Verständnis menschlicher Sprachfähigkeit im Alten Testament gewertet. Die positive Rekonstruktion des Stellenwerts von *Sprache* innerhalb der alttestamentlichen Anthropologie fällt jedoch unterschiedlich aus. Die für die deutschsprachige Bibelwissenschaft der zweiten Hälfte des 20. Jahrhunderts am wirkmächtigsten gewordene *Anthropologie des Alten Testaments* von Hans Walter Wolff verhandelt die Sprache als letzten Locus der anthropologischen Sprachlehre unter der Überschrift „Das Wesen des Menschen“.[78] Dort beschreibt er *Sprache* als reaktive Tätigkeit auf die durch Auge und Ohr eingegangenen Reize, die den Menschen erst zum Menschen machen würden.[79] Dabei steht für Wolff Gott als Ursprung der audio-visuellen Reize im Zentrum seiner Betrachtung.[80] Eine ähnliche, auf äußere Reize, antwortende Konzeption der menschlichen Sprache findet sich auch bei Bernd Janowski, wohingegen bei ihm die zwischenmenschliche Kommunikation im Vordergrund steht.[81] Einen gänzlich anderen Weg geht Yael Avrahami, die im Rahmen ihrer Evaluation der alttestamentlichen Rede von den Sinneswahrnehmungen zu dem Schluss

---

76 So auch im Akkadischen, wo gemäß Ulrike Steinert Körperteilbezeichnungen sowohl für mit ihnen ausgeübte Tätigkeiten als auch für mit ihnen verknüpfte abstrakte Konzepte stehen. Sie führt als Beispiele pû | *Mund, Wort, Befehl, Autorenschaft*; lišānu | *Zunge, Rede, Sprache*; unzu | *Ohr, Aufmerksamkeit, Weisheit* und īnu | *Auge, Sicht, Wahrnehmung* an. Vgl. Steinert, *Aspekte*, 219.

77 Vgl. dazu Werning, „Verwendung“.

78 Eine Darstellung der von Wolff angewandten Methode mitsamt kritischer Würdigung und Einordnung von Bernd Janowski findet sich im Anhang zur 2010 neu aufgelegten wolff'schen Anthropologie. Vgl. Janowski, „Wolff“.

79 Wolff, *Anthropologie*, 126–128.

80 Zur Kritik an der theologischen Tendenz in Wolffs Anthropologie in Richtung der Wort-Gottes-Theologie siehe Schmitt, „Perspektiven“, 181 sowie die etwas wohlwollendere Einschätzung bei Janowski, *Anthropologie*, 17–19.

81 Vgl. Janowski, *Anthropologie*, 152.271–276. Die Rezeption der Sprechakttheorie in der alttestamentlichen Exegese – im deutschsprachigen Raum vor allem durch die Arbeiten von Christof Hardmeier und Andreas Wagner propagiert – scheint auch auf Janowskis anthropologische Studien gewirkt zu haben. So verschwindet in seiner Darstellung die Grenzziehung zwischen sprachlichem Handeln und literarischem Text.

kommt, dass darin neben den fünf (aristotelischen) Sinnen auch die *Raumwahrnehmung* („Kinaesthesia') und die *Sprachbefähigung* („Speech') zum hebräischen Sensorium gehören.[82] Dabei versteht sie *Sprache* nicht nur als phonetische Realisation von Äußerungen, sondern verweist auch darauf, dass etwa אמר ebenso benutzt werden kann, um Denkprozesse zu beschreiben.[83] Auch wenn hier keine abschließende Klärung der alttestamentlichen Konzeption der Anthropologie des Sprechens erfolgen kann, liegt es nahe anzunehmen, dass für das Alte Testament durch die katachrestische Benutzung von ursprünglich Körperteile bezeichnenden Lexemen für die Beschreibung des Phänomens *Sprache* die Fähigkeit, sich der Sprache zu bedienen, eng im Zusammenhang mit dem Körper und seiner Lebendigkeit steht.[84]

Der hier versuchte kursorische Blick auf die begriffliche Rede über das tätige Sprechen bestätigt den Eindruck, dass das Alte Testament eine schwer zu systematisierende Taxonomie metasprachlicher Begriffe bietet. Dies lässt sich erstens literatur- und theologiegeschichtlich erklären, wie der oben dargestellte Anstieg der Komplexität von metasprachlichen Strategien im Rahmen der Markierung von Redeereignissen illustriert. Zweitens muss attestiert werden, wie am Beispiel der Vielzahl von lexikalisierten Katachresen für das Abstraktum *Sprache* gezeigt, dass eine begriffliche Schärfe in der metasprachlichen Taxonomie nicht zu beobachten ist. Dies deutet jedoch nicht zwingend auf den unbewussten Umgang mit solchen Begriffen hin, wie die nachfolgende Betrachtung der Glottonyme zeigen wird.

---

82 Zu diesem Model der sieben Sinne gelangt Avrahami durch einen kreativen Winkelzug: Sie untersucht Texte mit Götzenpolemiken (Ps 115,4–7; Ps 135,15–17 und Deut 4,28) und deutet die dort den Götzen abgesprochenen Fähigkeiten als ‚Sinne', wobei jedoch bei Avrahami der Sinnesbegriff immer durch die Brille eines kulturanthropologischen Relativismus verstanden werden muss. Damit vermag sie nach eigener Ansicht die Quellenlage in der hebräischen Bibel mit der sich hinter Sir 17,1–7 verbergenden anthropologischen Konzeption in Einklang zu bringen. Siehe dazu Avrahami, *Senses*, 65–69.

83 „Speech in the Hebrew Bible is a verbal thought, namely, speech is not only a representation of information extracted from the mind, but the actual process of thought." Avrahami, *Senses*, 84.

84 Hier gilt es ferner zu beachten, dass auch verminderte Sprachfähigkeit mit somatischen Begriffen beschrieben wird. Vgl. dazu die mit Beispielen versehene Darstellung in Olyan, *Disability*, 48–53.60f. Beides, des Sprechen mächtig sein und diese Fähigkeit vermindert oder gänzlich nicht zu besitzen, wird wie in Ex 4,11 jedoch als Teil der göttlichen Vorsehung gedacht.

2.2.2 Das Reden über konkrete Einzelsprachen

Eine weitere Gruppe von metasprachlichen Begriffen sind Eigennamen, die der Kennzeichnung der eigenen Sprache, unterschiedlicher Sprachvarietäten derselben oder fremder Sprachen dienen. Diese nachfolgend pars pro toto Glottonyme genannten Sprachnamen tauchen zwar im alttestamentlichen Korpus auf, sind aber vergleichsweise rar. So fehlt, wie bereits ausgeführt, eine im Alten Testament durchgehend einheitlich verwendete Eigenbezeichnung des Hebräischen.[85] Andere Glottonyme (wie etwa שְׂפַת כְּנַעַן | *Mundart Kanaans*[86] oder יְהוּדִית | *Jehudisch*[87]), die von vielen als archaische oder alte Glottonyme für die Bezeichnung des Hebräischen gedeutet werden,[88] finden keine korpusübergreifende Verwendung und sind, sobald der konkrete Kontext ihrer Verwendung betrachtet wird, keineswegs zwingend eindeutig. Nachfolgend werden exemplarisch die vermeintlichen Glottonyme שְׂפַת כְּנַעַן und אַשְׁדּוֹדִית besprochen und die Deutung ihres jeweiligen Verwendungskontextes diskutiert.

An der nur[89] im Jesajabuch auftretenden Wendung שְׂפַת כְּנַעַן (Jes 19,18) kann die Unschärfe im Gebrauch von Glottonymen im Alten Testament eingängig erläutert werden. Sowohl in hebraistischer[90] als auch exegetischer Sekundärliteratur wird שְׂפַת כְּנַעַן als archaisches Synonym für *Hebräisch* gedeutet; manche sehen darin auch einen fernen Nachklang der Erinnerung an die Herkunft des Hebräischen aus dem kanaanäischen Dialektkontinuum. Jedoch gilt es zu beachten, dass die Deutung dieser Wendung sowohl aus syntakto-semantischen

---

85 Besonders merkwürdig ist dieses Phänomen, wenn man bedenkt, dass innerhalb der hebräischen Bibel das Aramäische stringent unter dem Namen אֲרָמִית wiedergegeben wird. So in 2Kön 18,26; Jes 36,11; Ez 4,7 und Dan 2,4. Vgl. dazu Penner, „Names", 218. Eine mögliche Ausnahme findet sich in Dan 1,4 in der Wendung סֵפֶר וּלְשׁוֹן כַּשְׂדִּים, die jedoch mehrdeutig ist. Siehe die Diskussion darüber bei Power, „Peoples", 63f.

86 Siehe dazu Anm. 69.

87 Um das Idiom des Südreiches und der persischen Provinz Jehud zu bezeichnen, ist hier in Anlehnung an den Sprachgebrauch der Hebräischen Bibel der Neologismus *Jehudisch* gewählt. Damit soll eine terminologische Abgrenzung gegenüber den Begriffen *judäisch* und *jüdisch* erzielt werden.

88 So u. a. von Gesenius, *Geschichte*, §§ 5.8 und Albertz, „Frage", 2f.

89 Kurioserweise verzeichnet die Masora Parva der BHS die Einmaligkeit dieser Wendung nicht.

90 Beispiele für das klassische Verständnis von שְׂפַת כְּנַעַן als glottonymes Synonym für ‚Hebräisch' finden sich bei *GRK*[28], § 2.a; *GKB*[29], § 2.e; Bauer/Leander, *Grammatik*, § 2.a und Joüon/Muraoka, *Grammar*, § 2.e. Differenzierter ist die Darstellung bei Meyer, *Grammatik*, § 1 und Ullendorff, „Knowledge", 456. Laut Ullendorff stehe שְׂפַת כְּנַעַן für ein ‚kanaanäisches Patois', dass in der Kommunikation unter den verschiedenen Sprachgruppen der südlichen Levante und mit den Ägyptern verwendet worden wäre.

Gründen als auch wegen ihres Gebrauchs in Jes 19 schwierig ist.[91] Aus syntakto-semantischen Gründen ist die Wendung שְׂפַת כְּנַעַן ungewöhnlich, weil שָׂפָה[92] in der Regel mit Kardinalzahlen oder Adjektiven attribuiert wird.[93] Nur an dieser Stelle steht שָׂפָה als Nomen Regens mit einer Gebietsbezeichnung.[94]

Betrachtet man die Wendung שְׂפַת כְּנַעַן im Kontext der Ägyptenworte aus Jes 19 werden weitere Auffälligkeiten deutlich. Der derzeitig herrschende For-schungskonsens teilt das Kapitel 19 in ein älteres, in poetischer Sprache gehalte-nes Unheilsorakel (vv1–15) und in einen aus fünf Einheiten bestehenden und in Prosa verfassten jüngeren Anhang ein (vv16–25).[95] V18 bildet eine solche Einheit und berichtet von fünf Städten in Ägypten, die בַּיּוֹם הַהוּא | *an jenem Tag* die *Mund-art Kanaans* sprechen und וְנִשְׁבָּעוֹת לַיהוה צְבָאוֹת | *zu JHWH-Zebaoth schwören wer-den*. In einer nachgetragenen Ellipse wird der Name einer dieser fünf Städte mit עִיר הַהֶרֶס [96] angegeben. Generell wird für den zweiten Teil von Jes 19 eine späte Datierung, d.h. entweder in die Perserzeit oder während des Hellenismus, vorge-schlagen; durch die Bezeugung in Qumran gilt ca. 100 v.Chr. als *Terminus quo ante*.[97]

---

91 Der entsprechende Abschnitt aus Otto Kaisers Jesajakommentar illustriert beispielshaft die Schwierigkeiten der Auslegung dieser Stelle. Darin formuliert er die im Verlauf der Forschungs-geschichte an diese Perikope herangetragenen Verständnisprobleme als Fragen und verzichtet im Anschluss auf eine vollständige Klärung derer. Vgl. Kaiser, *Jesaja*, 87f.

92 Siehe Anm. 69.

93 Vgl. *DCH* s.v. שָׂפָה; *KAHAL* s.v. שָׂפָה und *Ges¹⁸* s.v. שָׂפָה.

94 Zu Dan 1,4 siehe Anm. 85.

95 So Georg Fohrer, der von fünf in Prosa gehaltenen Anhänge in Jes 19,16–25 ausgeht. Vgl. Fohrer, *Jesaja*, 1:228f. Auch Willem Beuken setzt vv16–25 von der ersten Kapitelhälfte ab und sieht darin „fünf selbstständige Orakel, die redaktionell eingeleitet und untereinander mit der Formel „an jenem Tag" [...] verbunden sind". Beuken, *Jesaja* 13–27, 178. Ähnlich schätzt dies auch Ernst Haag ein, der jedoch von einer „zu einer Komposition zusammengefassten Reihe sinnvoll hintereinander geordneter Aussagen"(Haag, „Volk", 139) spricht. In einem neueren Bei-trag thematisiert Bernd Schipper, der eine synchrone Auslegung von Jes 19 vor dem gemeinsa-men Hintergrund innerbiblischen Anspielungen und prophetischer Literatur aus der Ptolemäer-zeit befürwortet, die die Grenzen einer diachronen Lektüre dieses Ägyptenorakels. Vgl. Schipper, „City", 29.

96 Zu den textkritischen Problemen und der Identifikation dieses Städtenamens siehe Lauber, „JHWH", 371.376.

97 So Lauber, „JHWH", 374. Für die Datierung ist die Interpretation der Antworten auf das Zeit-geschehen ausschlaggebend, die sich in Form von Utopien in den Text niedergeschlagen haben. Da jedoch diese Codes derart polyvalent zu sein scheinen, sind die Datierungsvorschlägen breit gestreut. So datiert beispielsweise Haag Jes 19,16–25 in die Zeit nach dem Tode Alexander des Großen und vor den Konflikten mit den Seleukiden – also in einer Epoche, in der die südliche Levante maßgeblich vom Antagonismus der Ptolemäer (Ägypten) gegen die Seleukiden (Assur)

Eine Spätdatierung von Jes 19,18 hilft jedoch bei der Dechiffrierung der Wendung שְׂפַת כְּנַעַן nicht sonderlich weiter, da die anderen Chiffren in diesem Vers doppeldeutig verbleiben. Denn sowohl die Identifikation der fünf Städte als auch die Bedeutung von וְנִשְׁבָּעוֹת לַיהוה צְבָאוֹת [98] und die historischen Bezüge bleiben dunkel. Ausschlaggebend für das Verständnis der Wendung שְׂפַת כְּנַעַן ist die Bestimmung der ethno-linguistischen Gruppe, die Jes 19,18 vor Augen hat. In der Forschung wurde u.a. Hebräisch[99], Aramäisch[100] oder Kanaanäisch[101] vorgeschlagen. Auch die Einschätzung, dass שְׂפַת כְּנַעַן nicht als Glottonym zu verstehen sei,

---

geprägt war. Vgl. Haag, „Volk", 145. Lauber sieht hingegen in Jes 19,16–25 keine Antwort auf „tagesaktuelle Reaktionen auf militärische und politische Entwicklungen" (Lauber, „JHWH", 389), sondern eine grundsätzliche Erneuerung zentraler Traditionen Israels für das Diasporajudentum der Ptolemäerzeit. Auch Schipper datiert Jes 19 in die Ptolemäerzeit, jedoch fußt seine Einschätzung auf seiner doppelten Kontextualisierung dieses Ägyptenwortes in die zeitgenössische jüdische und ägyptische Literatur. Vgl. Schipper, „City", 51.

98 Siehe dazu Anm. 103.

99 So Gesenius, *Jesaja*, 628 und König, *Jesaja*, 203. Etwas neuer wieder Fohrer, der postuliert, dass hier Hebräisch gemeint sei, aber als Kultsprache. Weiter geht er davon aus, dass sich auch ägyptische Proselyten unter den Bewohnern der fünf Städte gefunden haben sollen. Insgesamt sei aber שְׂפַת כְּנַעַן als Archaismus zu verstehen, der eine Reminiszenz an die Annahme der Sprache der indigenen Bevölkerung, der Kanaanitern, im Gefolge der Landnahme sei. Ihre eigene Sprache hätten die Israeliten laut Fohrer abgelegt und mit Änderungen die Sprache der Kanaaniter angenommen. Vgl. Fohrer, *Jesaja*, 1:230. Diese Erklärung ist ein Rückgriff auf die Mischsprachenhypothese von Bauer/Leander.

100 Diese Möglichkeit prüft u.a. Wildberger, der darauf hinweist, dass aktive Kenntnisse des Hebräischen in der ägyptischen Diaspora nicht nachzuweisen seien und dass man auch nicht von solchen ausgehen könne. Vielmehr müsse man mit einer völligen Aramaisierung der Judäer (u. a. in Elephantine) rechnen. Wildberger votiert aber schließlich aber dafür שְׂפַת כְּנַעַן als Chiffre für das Hebräische zu verstehen, das sich im Kultkontext vielleicht noch gehalten habe. Vgl. Wildberger, *Jesaja*, 735.

101 Dem ‚alten Israel' ein ausgeprägtes Sprachbewusstsein zubilligende Ausleger sehen in שְׂפַת כְּנַעַן ein Indiz für das Bewusstsein der Israeliten, dass ihr Idiom von einer Varietät des kanaanäischen Dialektkontinuum abstamme. Siehe dazu beispielsweise Albertz, „Frage", 2f. Ein solches Vermögen zur komparativen Sprachreflexion kann schwerlich vorausgesetzt werden. Denn einerseits sind kaum philologische Texte aus der südlichen Levante der vorhellenistischen Zeit bekannt und andererseits sind nach Ullendorff die Voraussetzungen für derlei sprachkundliches Wissen zu umfangreich. Für letzteres müsste die Analyse der Beziehungen zwischen den semitischen Idiomen aus einer nicht-semitischsprechenden, dritten Perspektive erfolgen und mit einem hohen Abstraktionsvermögen systematisiert werden. Vgl. Ullendorff, „Knowledge", 458f.

wurde diskutiert.[102] Insbesondere die Idee, שְׂפַת כְּנַעַן als Chiffre für die Konversion von Ägyptern zu lesen, findet hier und da Anhänger.[103]

Wahrscheinlich ist hier dem Gedankengang zu folgen, dass es sich bei שְׂפַת כְּנַעַן um kein Glottonym im eigentlichen Sinn, sondern um eine bedeutungs-verschleiernde Chiffre handelt, die mit lexikalischen und inhaltlichen Schwierig-keiten spielt. Denn die in nächster Nähe vorkommende Wendung אַדְמַת יְהוּדָה | *Ackerboden Jehuds*[104] in v17 und das ungewöhnliche Kompositum אֶרֶץ מִצְרַיִם | *Ägyptenland*[105] in v18 sind gleichermaßen auffällig.[106] Alle drei Constructus-Verbindungen verlaufen quer zu ihren eigentlichen semantischen Bedeutungsfeldern und stören damit den antizipierten Lesefluss, indem sie durch semantische Verschiebungen neue Sinnpotentiale eröffnen. Daher liegt es nahe, bei der Häufung solch ungewöhnlicher Wendungen ein intendiertes Sprachspiel zu vermuten, das mit semantischen Neologismen operiert. Ohne wei-ter die Implikationen einer solchen Lesart für die Auslegung von Jes 19,16–25 zu erläutern, kann hier festgehalten werden, dass es sich bei שְׂפַת כְּנַעַן um eine kom-plexe Chiffre handeln könnte, die bewusst mit der Geläufigkeit von Glottonymen

---

102 Weinberg weist darauf hin, dass das Ägyptenwort zu vage sei, um hier eine eindeutige Zu-weisung der Sprache vorzunehmen. Vgl. Weinberg, „Consciousness", 186.

103 So Willhelm Gesenius, der Hieronymus und Campegius Vitringa folgend in der Erlernung des Hebräischen durch Nichtjuden einen Bekenntnisakt sieht, da dadurch ein Zugang zu den Offenbarungsschriften ermöglicht werde. Vgl. Gesenius, *Jesaja*, 628. Siehe auch die ausführliche Besprechung bei Vitringa, der von Jes 19,18 ausgehend den Stellenwert des Hebräischen erläu-tert. Vgl. Vitringa, *Jesaia*, 761–763. Auch in neuerer Zeit wurde diese Interpretation wiederholt. So z.B. durch Haag, der שְׂפַת כְּנַעַן metonymisch als „Bekenntnis Kanaans" zu JHWH und nicht als Idiom oder Dialekt versteht. So sei שְׂפַת כְּנַעַן parallel zu וְנִשְׁבָּעוֹת לַיהוה צְבָאוֹת zu verstehen, sodass sich der ganze Vers angelehnt an das in Jes 45,23f. als das „angekündigte Bekenntnis der Hei-denvölker zu Jahwe anlässlich der universalen Manifestation seiner Königsherrschaft auf dem Zion" lese. Vgl. Haag, „Volk", 143.

104 אֲדָמָה tritt als Nomen Regens einer Constructus-Verbindung meist mit Abstracta (z.B. אַדְמַת־עָפָר (Dan 12,2) oder אַדְמַת עַמִּי (Jes 32,13)) auf. Die einzige andere belegte Möglichkeit eines Anschlusses von אֲדָמָה an ein Toponym ist die Wendung אַדְמַת יִשְׂרָאֵל. Alle Belege dazu finden sich im Ezechielbuch (Ez 7,2; 11,17; 12,19.22; 13,9; 18,2; 20,38.42; 21,7.8 und 25,3). Siehe auch *DCH* s.v. אֲדָמָה I; *KAHAL* s.v. אֲדָמָה I. und *Ges*[18] s.v. אֲדָמָה I.

105 Zwar ist die Constructus-Verbindung אֶרֶץ מִצְרַיִם häufig belegt (alleine bei Jesaja fünf Mal); aber da מִצְרַיִם ausreicht, um Ägypten zu benennen, wirkt in Jes 19,18 die Verwendung von אֶרֶץ מִצְרַיִם als betonende Leseanweisung. Siehe *DCH* s. v. אֶרֶץ; *KAHAL* s. v. אֶרֶץ und *Ges*[18] s. v. אֶרֶץ.

106 Kurioserweise übersetzen wiederholt Kommentatoren von Jes 19 אֲדָמָה und אֶרֶץ konkordant mit Land. So etwa Kaiser, *Jesaja*, 85f.; Wildberger, *Jesaja*, 727; Haag, „Volk", 140; Schmid, *Jesaja*, 148 und Balogh, *Stele*, 250. Andere versuchen den semantischen Unterschied zwischen אֲדָמָה und אֶרֶץ zu verdeutlichen, indem diese אֲדָמָה mit Landschaft (vgl. König, *Jesaja*, 203) oder Boden (vgl. Fohrer, *Jesaja*, 1:229 und Beuken, *Jesaja* 13–27, 174) verdeutschen.

spielt, um eine polyphone Lesbarkeit zu erreichen. Letztere reiht sich gut in die Mehrdeutigkeit der universalistischen Ägyptenworte in Jes 19,16 ein.

Ein weiteres Beispiel für eine möglicherweise übertragene Verwendung von Glottonymen ist die Polemik gegen ‚Mischehen'[107] in Neh 13. Der nehemianische Ich-Erzähler führt als Beweis für die negativen Auswirkungen dieser Verbindungen die Sprachfähigkeit der aus diesen Ehen stammenden Nachkommenschaft an. So berichtet er, dass ihre Kinder חֲצִי מְדַבֵּר אַשְׁדּוֹדִית | *das Aschdoditische halbwegs sprechen*[108] (v24) und keine Kenntnis des *Jehudischen* haben,[109] sodass ein Wirrwarr von Sprachen herrsche.[110] U.a. fällt hier auf, dass, obwohl in Neh 13,23 aschdoditische, ammonitische und moabitische Frauen erwähnt werden, in v24 nur die Sprachbezeichnungen יְהוּדִית[111] und אַשְׁדּוֹדִית[112] vorkommen. Die Sprache der Ammoniterinnen und Moabiterinnen scheint nicht der Rede wert, bzw. versteckt sich hinter der Formulierung וְכִלְשׁוֹן עַם וָעָם. Gleichermaßen ungewöhnlich

---

107 Der Begriff *Mischehe* hat im deutschen Sprachraum eine unrühmliche Geschichte. Hier wird dennoch an dieser Begrifflichkeit festgehalten, da sich einerseits meines Wissens keine alternative Bezeichnung etabliert hat und anderseits weiterhin im Englischen (*mixed marriage*), Französischen (*mariage mixte*) und Spanischen (*matrimonio mixto*) analoge Begriffe üblich sind.

108 Der Codex Leningradensis enthält die Constructus-Verbindung חֲצִי מְדַבֵּר, welche als eine adverbiale Näherbestimmung von מְדַבֵּר durch חֲצִי, im Sinne von halbsprechend, zu deuten ist. Der von Wilhelm Rudolph besorgte kritische Apparat der BHS schlägt einer nicht weiter gekennzeichneten Handschrift folgend vor, anstelle von חֲצִי das mit der dritten Person Plural suffigierte חֶצְיָם zu lesen. Den Wegfall des מ erklärt Rudolph als Haplographie. Siehe dazu auch Rudolph, *Esra*, 208. Folgt man dieser Variante, müsste וּבְנֵיהֶם חֶצְיָם als Einheit gelesen werden, so dass eine Verdeutschung etwa und *ihre Kinder, die Hälfte von ihnen* lauten müsste. Dieser Lesart wird hier aber aufgrund ihrer schwachen Bezeugung und syntaktischer Bedenken nicht gefolgt. Im dementsprechenden Faszikel der BHQ und in der BHK³ ist die eben referierte Variante nicht verzeichnet. Die aktuellen Standardübersetzungen ins Deutsche (ZB²⁰⁰⁷, Luther²⁰¹7, EÜ²⁰¹⁶) bilden die Konjektur der BHS ab. Für eine eingehendere Erläuterung der hebraistischen Fragen und zu den Übersetzungen in das Französische siehe Lemaire, „Ashdodien", 154f. Zu Fragen der Übertragung ins Englische vgl. Weinberg, „Consciousness", 187.

109 Siehe dazu die Diskussion bei Thon, „Sprache", 567f.

110 Einige Zeugen der Septuaginta kennen den syntaktisch schwierigen Nachsatz וְכִלְשׁוֹן עַם וָעָם nicht. Dies wird von einigen Forscherinnen und Forschern neben der erwähnten Kohärenzstörung als weiteres Indiz für die Bewertung von 13,24b als sekundäre Glosse ins Feld geführt. Siehe dazu Berlejung, „Aschdodisch", 12.

111 Sowohl *Ges¹⁸* als auch *KAHAL* verzeichnen das Lexem יְהוּדִית als Ableitung des Gentilizium יְהוּדִי. יְהוּדִית ist in 2Kön 18,26.28; Jes 36.11.13; Neh 13,24 und 2Chr 32,18 belegt. Vgl. *DCH* s.v. יְהוּדִי; *KAHAL* s.v. יְהוּדִי und *Ges¹⁸* s.v. יְהוּדִי.

112 Analog zu יְהוּדִית behandeln *DCH*, *KAHAL* und *Ges¹⁸* das Hapaxlegomenon אַשְׁדּוֹדִית als Ableitung des Gentilizium אַשְׁדּוֹדִי. Vgl. *DCH* s.v. אַשְׁדּוֹדִי; *KAHAL* s.v. אַשְׁדּוֹדִי und *Ges¹⁸* s.v. אַשְׁדּוֹדִי.

ist es, dass in diesem spätpersisch/frühhellenistisch zu datierenden Text[113] nicht wie üblich die Polemik gegen Mischehen mit der Gefährdung der Kultreinheit begründet wird, sondern die sprachliche Verwirrung als Ergebnis der unzulässigen ‚Mischehen' verurteilt wird. Erst in v26 wird die archetypische Verführung Salomos durch die fremde(n) Frau(en) bemüht.[114]

Wirft man einen Blick auf den Gebrauch der Glottonyme im vorliegenden Text, fällt auf, dass im Gegensatz zu יְהוּדִית als Idiom der Provinz Jehud die Identität der sich hinter dem Hapaxlegomenon אַשְׁדּוֹדִית verbergenden Sprache unklar ist. Weder ist etwas über eine spezifische Sprache bekannt, die aus Aschdod[115] stammt, noch findet sich in einem anderen Text ein dem in Neh 13 gebrauchten אַשְׁדּוֹדִית entsprechendes Glottonym. So ist es kaum erstaunlich, dass die Debatte um die Identifikation mit dem Glottonym אַשְׁדּוֹדִית gemeinten Idiom unterschiedliche Vorschläge hervorgebracht hat, die sich alle bislang noch nicht durchsetzen konnten. So wurde u.a. Aramäisch,[116] Griechisch,[117] Phönizisch,[118] ein bislang

---

113 Neh 13,23–25 wird mehrheitlich als sekundäre Anfügung zur nehemianischen Bauerzählung angesehen. Für eine ausführlichere Besprechung der redaktionsgeschichtlichen Zusammenhänge und Fragen der Datierung vgl. Berlejung, „Aschdodisch", 15.

114 Im Rahmen einer genaueren Analyse müsste geklärt werden, welche dieser Themen (Polemik gegen ‚Mischehen' und Sprachpolitik) hier ursprünglich ist und welche nachträglich eingetragen wurde. Berlejung stellt dazu kurz die Diskussionslage dar, aber scheint sich nicht festzulegen. Vgl. Berlejung, „Aschdodisch", 13.

115 Unter Aschdod ist hier nicht nur die gleichnamige und ehemalig philistäische Küstenstadt zu verstehen, sondern eine nicht klar umreißbare politische Einheit. Berlejung zählt dazu Tel Mor, Tel Aschdod, Tel Aschdod-Jam, Aschdod-ad-Halom, Giv'at Yonah und Nebi Yunus. Vgl. Berlejung, „Aschdodisch", 16.

116 So u.a. bereits Alt, „Bedeutung", 247. Dieser Vorschlag ist trotz der in Aschdod bezeugten (möglicherweise) aramäischen Inschriften (siehe dazu Berlejung, „Aschdodisch", 14 Anm. 8) nicht sonderlich überzeugend, da die hebräische Bibel durchgängig das eindeutigere Glottonym אֲרָמִית für die Bezeichnung des Reicharamäische verwendet. Siehe dazu auch Power, „Peoples", 371.

117 So etwa Thon, „Sprachbewusstsein", 569. אַשְׁדּוֹדִית könnte als antihellenistische Polemik gelesen werden, wenn man Armin Lange folgend die Polemik gegen ‚Mischehen' in Esra-Nehemia im Kontext der Texte aus Qumran neu zu bewerten sucht. Vgl. Lange, „Töchter".

118 Für das Phönizische sprechen eine Reihe von epigraphischen Funden, phönizische Eigennamen und der rege Handelskontakt mit den Stadtstaaten an der nord-levantinischen Küste. Siehe dazu Berlejung, „Aschdodisch", 16.

noch hypothetischer Lokaldialekt des Philistäischen,[119] ein kanaanäischer Regiolekt[120] oder gar eine regionale Varietät des Hebräischen[121] vorgeschlagen.

Diese Bandbreite an Identifikationsvorschlägen zeigt, dass angesichts der aktuellen Datenlage die Deutung von אַשְׁדּוֹדִית als Glottonym nicht eindeutig zu bewerkstelligen ist. Vielmehr sprechen laut Angelika Berlejung sowohl die epigraphischen Funde aus Aschdod als auch historische Analogien zu anderen Küstenstädten der levantinischen Mittelmeerküste für die Annahme, das Aschdod linguistisch wie kulturell mehrsprachig gewesen sein muss und das nicht erst seit der persischen Hegemonie.[122] Dementsprechend könnte אַשְׁדּוֹדִית, wie Edward Ullendorff schon 1968 schrieb,[123] als Chiffre für Mehrsprachigkeit gedeutet werden. Letzteres weist darauf hin, dass der in Neh 13,23ff. zu beobachtende Drang nach Herstellung kollektiver Identität mittels eindeutiger Zuordnung von Sprache zu Volk, ähnlichen Tendenzen im masoretischen Esterbuch gleicht.[124] So findet sich in Est[MT] 1,22; 3,12 und 8,9 im Rahmen der Schilderung der Aussendung von königlichen Anordnungen jeweils das Formular מְדִינָה וּמְדִינָה כִּכְתָבָהּ וְעַם וָעָם כִּלְשׁוֹנוֹ | *Provinz um Provinz in seiner Schrift und Volk um Volk in seiner Sprache.*[125] Diese so im Esterbuch berichtete doppelte Adressierung kollektiver Größen durch die

---

119 Ullendorff geht von einer nicht-semitischen Sprache der Philister, die nicht mehr rekonstruierbar sei, und einer gesamtkanaanäischen Umgangssprache aus, in der die Kontakte zwischen den Israeliten und Philistern stattgefunden haben sollen. Welche dieser beiden hypothetischen Sprachen sich hinter אַשְׁדּוֹדִית verbergen soll, führt Ullendorff nicht aus. Vgl. Ullendorff, „Knowledge", 459–461.

120 So z.B. Daniel Block, der davon ausgeht, dass die Philister die Sprache Kanaans angenommen hätten. Mit אַשְׁדּוֹדִית sei daher ein Dialekt gemeint, der im familiären Kontext tradiert wurde und so synekdochisch für eine fremde Kultur stehe. Vgl. Block, „Role", 330f. Anm. 38. Ähnlich, aber ohne sprachgeschichtliche Spekulation, schlägt Power vor hier eine lokale Varietät des kanaanäischen Dialektkontinuums anzunehmen. Siehe Power, „Peoples", 374.

121 Sehr abenteuerlich identifiziert David Talshir אַשְׁדּוֹדִית als einen hebräischen(!) ‚Dialekt des Unterlandes', der sich bis in die hellenistische Zeit gehalten habe und daher von den Makkabäern aus Modi'in gesprochen wurde. Durch das Hasmonäische Königshaus sei das Prestige dieses Dialekts gestiegen und habe auch in Jerusalem Ansehen genossen. Ferner habe laut Talshir dieser Dialekt auch das rabbinische Hebräisch geprägt. Vgl. Talshir, „Habitat", 262–264.

122 Vgl. Berlejung, „Aschdodisch", 17.

123 Ullendorff schlägt eine übertragene Lektüre von אַשְׁדּוֹדִית als „barbarous and unintelligble tongue [...] a model of a non-Semitic and totally incomprehensible language" vor. Ullendorff, „Hébreu", 133.

124 Siehe dazu auch die Besprechung der Völkertafel unter 2.3.2.2.

125 Est[LXX(B)] folgt diesem Formular nicht wörtlich, jedoch ist die nach außen gerichtete mehrsprachige Kommunikation des achämenidischen Hofes zu jederzeit ein Thema. Bei Est[Alpha-Text] (früher der lukianischen Rezension zugeordnet) fehlt diese Thematik völlig. Siehe zum Verhältnis von Est[MT], Est[LXX(B)] und Est[Alpha-Text] Troyer, *Text*, 27f. 88f.

persische Administration – als administrative Einheit mit einem spezifischen Schriftsystem und ethnische Gruppen in ihrem Idiom – bildet die historischen Gegebenheiten im Achämenidenreich gut ab.[126] Nur in Est[MT] 8,9 werden הַיְּהוּדִים כִּכְתָבָם וְכִלְשׁוֹנָם | *die Juden*[127] *in ihrer Schrift und ihrer Sprache* als spezielle Gruppe in beiderlei Gestalt angesprochen, so dass es hier scheint, dass jüdische Identität nicht strikt an Provinzgrenzen und Volkszugehörigkeit gebunden war.

Liest man Neh 13,23f. vor diesem Hintergrund – insbesondere die fast wörtliche Übereinstimmung der Glosse in Neh 13,24b (וְכִלְשׁוֹן עַם וָעָם) mit den ähnlichen Formulierungen in Est[MT] 1,22; 3,12 und 8,9 bedenkend – wird ersichtlich, dass das primäre Anliegen der nehemianischen Polemik gegen ‚Mischehen' und das Insistieren auf die Beherrschung von יְהוּדִית der Sicherung der kollektiven Identität in der Provinz Jehud diente. Diese kollektive Identität stand jedoch unter ständiger Anfechtung; der jehudische Mann sah sich sowohl von Westen (Aschdod) als auch von Osten (Moab, Ammon) von fremden Frauen umzingelt. Letztere verführten schon seit Bileams Zeiten das Volk zum Götzendienst, die Mehrsprachigkeit ersterer war mehr als suspekt. In diesem Sinne kann das äußerlich im Gewand eines Glottonyms erscheinende אַשְׁדּוֹדִית als polemische Chiffre gegen die Küstenbewohner gelesen werden.

Diese eben besprochenen Beispiele שְׂפַת כְּנַעַן und אַשְׁדּוֹדִית zeigen, dass Glottonyme, deren ursprünglicher Gebrauch der klaren Bezeichnung von konkreten Sprachen diente, in sowohl heilstheologischen als auch polemischen Kontexten als Chiffren für komplexe, ihr eigentliches semantisches Feld übersteigende Vorstellungen benutzt werden konnten. Beide Beispiele stammen aus späteren Texten der israelitisch-frühjüdischen Literurgeschichte und zeigen einen hohen Grad an Komplexität im Umgang mit metasprachlichen Begrifflichkeiten. Zieht man die hier nicht weiter besprochenen Belege für den Gebrauch von Glottonymen[128] und Stellen hinzu, in denen linguistische Differenz ohne entsprechende

---

126 Vgl. dazu Ego, *Ester*, 150f.

127 Zur Frage der adäquaten Verdeutschung von הַיְּהוּדִים und Diskussion um die Interpretation dieses Begriffs siehe Ego, *Ester*, 73.

128 So etwa:

(1) Im Bericht von der Rede des Rabschake vor Mauern von Jerusalem (1Kön 18.26.28, Jes 36,11.13; entpersonalisiert auch in 2Chr 32,18), in denen der Gesandte – nach Bericht der Chronisten die Gesandtschaft – יְהוּדִית statt אֲרָמִית spricht, um eine größere Wirkung bei der Zuhörerschaft zu erzielen. Vgl. dazu Machinist, „Rab Sāqēh", 157f.

(2) Dan 1,4 siehe dazu Anm. 85.

(3) Die sprachbezeichnend gebrauchte Wendung τῇ πατρίῳ φωνῇ | *in der Sprache der Väter* in 2Mak 7,8.21.27;12,37;15,29. Für eine Übersicht des Gebrauchs dieser Wendung im 2Mak siehe van Henten, „Language".

Markierung thematisiert wird,[129] kann man dem Alten Testament einen bewussten Gebrauch von Sprachbezeichnungen attestieren, dessen Einsatz mit der Zeit an Komplexität gewinnt.

2.3 Die Polyphonie urgeschichtlicher Aussagen zur Genesis der Sprache(n)

Auch wenn sich im Windschatten der europäischen Aufklärung die buchstabengetreue Bezugnahme auf die kosmologischen und anthropologischen Mythologeme der ersten elf Kapitel der Genesis als naiv und schlichtweg nicht mehr haltbar erwiesen haben, erfreut sich die Ouvertüre zur Tora weiterhin höchster Beliebtheit. Ihren Erzählungen von der Erschaffung der Welt, des Paradieses, der Sintflut und des Stadt- und Turmbaus zu Babel wird sowohl der Nimbus des vorwissenschaftlichen Nullpunkts der menschlichen Erschließung seiner Umwelt zugesprochen als auch mit der Vorannahme begegnet, dass sich darin die grundlegenden Versuche der menschlichen Reflexion über die Herkunft seiner Kulturleistungen fänden. Wenn auch mittlerweile Quellen älterer Provenienz und größerer historischer Verbreitung vorliegen, deren Mythen vergleichbares Potential für eine wissenschafts- und ideengeschichtliche Aneignung bieten, bleibt die Rezeption der Einleitung der Tora ein weiterhin beliebter Kunstgriff. Er lässt sich besonders gehäuft auch in der außertheologischen wie nichtreligiösen Lektüre dieser Texte betrachten. In dieser Rezeption lässt sich eine der Allegorese der Kirchenväter ähnelnde Hermeneutik der Erzählungen der biblischen Urgeschichte beobachten, mit der meist beabsichtigt wird, die Universalität der eigenen

---

129 Dazu gehören unter anderem:

(1) Die hebräische und aramäische Namensgebung einer Ortslage in Gen 31,47. Vgl. dazu Bompiani, „Narratives", der diese doppelte Namensgebung in einer Reihe von Stilwechsel im Zusammenhang der Jakob-Laban-Erzählungen stellt und dabei als narrative Verarbeitung der transjordanischen Herkunft von Laban deutet. Zur Wirkungsgeschichte dieses Verses siehe Anm. 228.

(2) Im Bericht von Josefs Scharade als Ägypter vor seinen Brüdern wird in Gen 42,23 erwähnt, dass dieser einen מֵלִיץ | Redeführer, Dolmetscher verwendete, um seine Identität zu verschleiern. Für eine ausführliche Kontextualisierung in die Josefsnovelle siehe Power, „Peoples", 316–327.

(3) Das Schibboleth an den Jordanfurten in Ri 12,5f. Vgl. dazu die Diskussion bei Beeston, „Šibbôlet" und Gross, *Richter*, 614f.

(4) Der Sprachwechsel im Esra- und Danielbuch. Zur These, dass Dan 1 sekundär ins Hebräische übertragen wurde vgl. Kratz, *Translatio*, 11–76.

(5) Die Erklärung der Tora-Lesung in Neh 8,8. Siehe Anm. 53.

Darstellung zu beweisen.[130] Besonders oft ist zu beobachten, dass wissenschaftsgeschichtliche Entwürfe die ersten Kapitel der Genesis gern als faktischen Null-
punkt oder ideengeschichtliche Präfiguration der jeweils behandelten Disziplin
beschreiben. Es überrascht nicht sonderlich, dass letztere Beobachtung auch auf
Entwürfe zur Geschichte der Sprachwissenschaft und ihrer Einzeldisziplinen zu-
trifft.[131]

Wenn nachfolgend die biblische Urgeschichte untersucht werden soll, um
nachzuzeichnen, wie und in welcher Form dort eine *Genesis der Sprache(n)*[132] erzählt, verhandelt und gedacht wird, muss dies in der bewussten Abgrenzung zu
den eben dargestellten, durchaus für ihre Zwecke legitimen Inanspruchnahmen
von Gen 1–11 erfolgen. Daher steht nachfolgend nicht die Geschichte der Auslegung dieser Kapitel noch deren Wirkungsgeschichte[133] im Mittelpunkt der Betrachtung, sondern die Intention(en) der an diesen Texten beteiligten Hände als
auch deren Zusammenspiel im vorliegenden Text. Damit wird nicht allein auf die
kanonisch vorliegende Endgestalt der Urgeschichte fokussiert. Vielmehr sollen
die darin enthaltene vorendredaktionell-nichtpriesterschriftliche Urgeschichte
(nP^{UG}), die priesterschriftlichen Texte zu Gen 1–11 (P^{UG}) und die endredaktionellen Anteile (R^{UG}) einzeln gewürdigt werden, um dann abschließend das Zusammenspiel ihrer Intentionen zu betrachten. Des Weiteren werden sprachreflexive
Ideen, Konzepte oder Theoreme betrachtet, die sich in narrativer Form sowohl zu
der Frage nach der Herkunft der Sprache als auch zur Entstehung der menschlichen Vielsprachigkeit äußern. Im Nachgang zu dieser Analyse wird deutlich,
dass die in ihrer kanonisch gewordenen Form leicht als kunstvolle Kompilation
erkennbare Urgeschichte die *Genesis der Sprache(n)* polyphon und bruchstück-
haft erzählt, sodass sie die Rezipienten durch die Art und Weise ihrer Komposition anstößt, Lücken in Eigenregie zu füllen.

---

130 So etwa Immanuel Kant im Rahmen seiner geschichtsphilosophischen Auslegung der Genesis (siehe dazu Kaiser, „Anweisungen" und Sommer, „Peccator") oder bei Johann Gottfried
Herder. Eine Darstellung Herders Interpretation der Genesis kann Bultmann, *Urgeschichte*, 131–
169 entnommen werden. Zur Sprachursprungsdebatte vgl. Olender, *Sprachen*, 26–29 und Anm.
361 und 419.
131 So z.B. bei Eco, *Suche*, 21–37; Trabant, *Sprachdenken* und Köller, *Formen*, 61–120. Einen kursorischen Abriss der Geschichte der Sprachursprungsreflexion und der Bedeutung der Urgeschichte dafür bietet Neis, *Anthropologie*, 9–69.
132 Diese Phrase ist von Franz Delitzsch entlehnt, der in seinem *Neuen Commentar zur Genesis*
schreibt, dass in Gen 2,16–20 „nur ein Stück der Genesis der Sprache" erzählt werde. Delitzsch,
Commentar, 93.
133 Siehe dazu die Ausführungen zur Wirkungsgeschichte in Kapitel 3.1.1.

Wenn angesichts der derzeit wieder stärker sichtbar gewordenen Vielfalt der pentateuchkritischen Theoreme[134] eine thematische Untersuchung der Urgeschichte versucht wird, muss diese entweder unter Vorlage eines eigenen Modells geschehen oder innerhalb eines vorliegenden Entwurfs operieren. Die nachfolgende Analyse folgt letzterer Option und baut in weiten Strecken auf dem von Jan Christian Gertz zuletzt in seinem Genesiskommentar vorgelegten redaktionsgeschichtlichen Modell auf. Eine solche explizite Positionierung innerhalb der divergierenden Meinungen der Forschungslandschaft zur Pentateuchentstehung kann für das hier versuchte Vorhaben unnötig erscheinen. Jedoch wird sich zeigen, dass sich insbesondere in der Beurteilung der Sprachreflexion der Textanteile, die die neuere Urkundenhypothese dem „Jahwisten" zusprach, durch die Anwendung der kombinierten Theoreme der Grundschriften- und Fragmentenhypothese mit der Annahme eines absichtsvoll wirkenden Endredaktors, wie es Gertz sowie Markus Witte und Walter Bührer vertreten, die Deutung massiv verschiebt. Auf die Implikationen, die durch die unterschiedliche Beurteilung der Pentateuchentstehung zwischen älterer Forschung und neuesten Vorschlägen entstehen, wird insbesondere in der Darstellung der Sprachreflexion in nP[UG] eingegangen. Bezüglich der groben Zuordnung der literarischen Schichten wird der Darstellung im besagten Kommentar von Gertz gefolgt.[135]

2.3.1 Sprachreflexion in der vorendredaktionellen nicht-priesterschriftlichen Urgeschichte

Die Interpretation von vorendredaktionellen nicht-priesterschriftlichen Passagen aus der Urgeschichte, die Sprachreflexion in narrativer Form betreibenden, entscheidet sich, wie bereits oben erwähnt, an der Wahl des pentateuchkritischen Modells. Die bis in die 1970er Jahre des letzten Jahrhunderts als das schlüssigste Modell der Pentateuchentstehung angesehene Urkundenhypothese[136] ordnete diese Passagen einer königszeitlichen jahwistischen Quellenschrift zu. Für eine erste Annäherung und zum Zweck der begrenzten forschungsgeschichtlichen Tiefenschärfe soll nachfolgend dargestellt werden, welche Möglichkeiten der Deutung der für die Sprachreflexion relevanten nicht-priesterschriftlichen Anteile von Gen 1–11 unter Annahme einer jahwistischen Quellenschrift bestehen. Dies geschieht durch ein konzises Referat des Beitrags *Die Frage des*

---

134 Zur neueren und neusten pentateuchkritischen Debattenlage siehe Carr, „Criticism".
135 Vgl. Gertz, *Genesis*, 8.15.18.
136 Siehe dazu Carr, „Criticism", 440–444 und Gertz, *Genesis*, 10.

Ursprungs der Sprache im Alten Testament von Rainer Albertz, der auch außerhalb alttestamentlicher Fachkreise rezipiert wurde.[137] Danach folgt eine die veränderte pentateuchkritische Forschungslage berücksichtigende Analyse der Sprachreflexion der vorendredaktionellen nicht-priesterschriftlichen Urgeschichte (nP^{UG}).

Albertz lässt sich in seiner Analyse der sprachreflexiven Momente der jahwistischen Urgeschichte von der Annahme leiten, dass der Jahwist eine dichotome Aussagestruktur bevorzugt, die wiederholt sowohl die positive Ermöglichung menschlicher Existenz als auch deren Gefährdung thematisiere. Jedoch weist er bereits zu Beginn seines Beitrags darauf hin, dass der Ursprung der Sprache für das alte Israel eine untergeordnete und für die Frage nach der Bedeutung der eigenen Sprache gar keine Rolle gespielt habe.[138] Im Vergleich dazu müsse das später entstandene Interesse an ethnozentrischen Sprachursprungsthesen – wie beispielsweise im Buch der Jubiläen oder in der rabbinischen Literatur breiter belegt[139] – durch die Geschichte des Frühjudentums erklärt werden. Nach Albertz sei der Gedanke der Heiligkeit der eigenen Sprache und eine entsprechende Interpretation der Texte vor dem Hintergrund des sozio-demographischen Wandels der judäischen Bevölkerung im Übergang von der persischen Hegemonie zum Hellenismus zu deuten. Dies erkläre auch, warum die von Albertz ins 9. Jahrhundert v. Chr. datierte jahwistische Quellenschrift[140] sich nur zweitrangig den Topoi der Herkunft der Sprache und der Entstehung der Vielsprachigkeit widme. Das

---

137 Der genannte Beitrag wurde zuerst im zweibändigen interdisziplinären Sammelband *Theorien vom Ursprung der Sprache* 1989 veröffentlicht, eine zweite Auflage dieses Bandes erschien 2010. Die Zweitpublikation des Aufsatzes erfolgte 2003 in einem Sammelband mit Titel *Geschichte und Theologie. Studien zur Exegese des Alten Testaments und zur Religionsgeschichte Israels*. Durch die prominente Platzierung als Eröffnungsbeitrag in *Theorien vom Ursprung der Sprache*, das scheinbar selbst einen gewissen Handbuchcharakter erreicht hat, genoss Albertz' Beitrag eine breite Rezeption. So z.B. bei Neis, *Anthropologie*, 14–17; Radscheit, „Arabisch", 114 und Schneider, „Auffassungen", 152.

138 Albertz, „Frage", 2.

139 Zur Idee der göttlichen Sprachbegabung im Buch der Jubiläen siehe Müller, „Sprache"; Kratz, „Abraham" und die Ausführungen unter 3.1.1.

140 Rainer Albertz orientiert sich an den klassischen Vertretern der neueren Urkundenhypothese wie Reuss, Graf, Kuenen und Wellhausen (vgl. dazu Houtman, *Pentateuch*, § 41–44), ohne auf die sich damals bereits formierende Kritik an diesem Theorem weiter einzugehen. In seiner vier Jahre später erschienenen Religionsgeschichte folgt er der von Crüsemann postulierten These der Eigenständigkeit der nicht-priesterlichen Urgeschichte von den Erzelternerzählungen und Exodus-Texten. Siehe Crüsemann, „Urgeschichte"; Albertz, „Frage", 5 und ders., *Religionsgeschichte*, 2:495–535 und zur besseren Verortung innerhalb des breiteren Diskures Carr, „Criticism", 447.

Augenmerk des Jahwisten sei vielmehr auf die Darstellung der Sprachbefähigung als conditio sine qua non menschlichen Vermögens zur Gemeinschaftsbildung ausgerichtet. Diese sieht Albertz ausdrücklich in Gen 2,18–23 verhandelt. Dort werde der bislang schweigende *Adam* durch die Benennung der Tiere und der Frau zu einem mit seinen Mitgeschöpfen interagierenden und somit zur Gemeinschaft befähigten Wesen.[141] Obwohl hier eine eigentliche Thematisierung der Herkunft menschlicher Sprache unterbleibe, sei die Intention des Jahwisten zu erkennen, der durch diesen Akt der Benennung den Menschen zum ersten Mal autonom agieren lasse. Die Kehrseite der zur Gemeinschaft befähigenden Sprache ist gemäß Albertz in Gen 11,1–9 thematisiert. Hier verurteile die jahwistische Quellenschrift zwar nicht die Sprache an sich oder gar ihre ursprüngliche Einheit, aber sie formuliere ihre Kritik an der Verwendung von Sprache „zur Planung, Organisation und Durchführung hybrider Großprojekte"[142] durch die Darstellung des interventionistischen Handelns JHWHS. Jedoch könne nach seiner Ansicht der Stadt- und Turmbaubericht nicht vollständig dichotom zur Paradieserzählung gedeutet werden, da darin gewisse Annahmen getroffen werden, die in der Schwebe bleiben.[143]

Diese dichotome Zuordnung von Gen 2,18–24 und 11,1–9 als Ausdruck einer jahwistischen Sprachreflexion lässt sich nur aufrechterhalten, wenn der These von einer gemeinsamen Herkunft beider Passagen zugestimmt werden kann. Wie oben erwähnt ist die Annahme einer jahwistischen Quellenschrift kaum zu halten,[144] da die sprachlichen, theologischen und inhaltlichen Inkohärenzen zu stark wiegen.[145] Gertz hält zwar an einer eigenständigen P^{UG} fest, schränkt aber deren Umfang ein: Neben Texterweiterungen müsse aus inhaltlichen Gründen die Zugehörigkeit der Stadt- und Turmbauerzählung in Gen 11,1–9 zu einer solchen Komposition bezweifelt werden.[146] Daher sei Witte und Norbert Baumgarten

---

141 Vgl. Albertz, „Frage", 7.

142 Albertz, „Frage", 15.

143 Vgl. Albertz, „Frage", 10.

144 Anders verhält es sich, wenn man, wie Christoph Levin, von der Annahme eines nachkönigszeitlichen Jahwisten als planvoll agierenden und auf vorjahwistische Quellen zurückgreifenden Redaktors ausgeht. Siehe dazu Levin, *Jahwist*, 34f. sowie seine Kritik an der Schulbildung um das Schlagwort „Abschied vom Jahwisten" in Levin, „Abschied".

145 Forschungsgeschichtliche Durchschlagkraft erreichte diese These mit Crüsemanns Aufsatz *Die Eigenständigkeit der Urgeschichte* aus dem Jahre 1981, obschon die Kritik an der starren Applikation der neueren Urkundenhypothese durchaus älter ist. Siehe dazu Witte, *Urgeschichte*, 10–16 und Carr, „Criticism", 434–444.

146 Siehe dazu die Diskussion bei Gertz, „Babel", 15f.

zu folgen, welche beide nP[UG] mit der Flutgeschichte enden lassen.[147] Sowohl inhaltliche Verstrebungen[148] mit P[UG] und nP[UG] als auch proleptische Bezüge zu Elementenaus den Erzelternerzählungen[149] würden nahelegen, dass Gen 11,1–9 als ein für die Verschmelzung von Urgeschichte und Erzelternerzählung beabsichtigtes Werk verfasst worden sei.[150] Diese literargeschichtliche Einschätzung macht Interpretation der Sprachreflexion der nichtpriesterschriftlichen Anteile der Urgeschichte, die eine dichotomische Zuordnung von Gen 2–3 und 11,1–9 vornimmt, obsolet. Vielmehr gilt es, beide Texte zunächst unabhängig zu behandeln.

In diesem Sinne erfolgt eine Beurteilung der Sprachreflexion von Gen 11,1–9 gesondert in Kapitel 2.3.3. Die nP[UG] thematisieren die Sprachlichkeit des Menschen nur beiläufig. Nachfolgend geschieht eine Annäherung an zwei Passagen, die im besonderen Fokus der Exegese stehen und oft im Rahmen der Rekonstruktion alttestamentlicher Sprachreflexion angeführt werden: (1) die Formung des *Adam*[151] in Gen 2,7 sowie (2) die Verleihung der Namen an die Tiere und die Frau in Gen 2,18–23; 3,20.

2.3.1.1 Die Formung des *Adam* und die Einhauchung des Lebensatems

Die in Gen 2,7 berichtete Formung des *Adam* zählt zu einem der beliebtesten Kronzeugen für die Rückfrage nach der alttestamentlichen Anthropologie.[152]

---

147 Vgl. Witte, *Urgeschichte*, 184–205 und Baumgart, *Umkehr*, 385–389. Diese These wurde bereits von Rendtorff vorweggenommen, der Gen 8,21 als Abschluss einer jahwistischen Urgeschichte sieht. Siehe Rentdorff, „Genesis".

148 Siehe dazu Witte, *Urgeschichte*, 97–99 und Gertz, „Babel", 25f.

149 Vgl. Baumgart, *Umkehr*, 18–28 und Gertz, „Babel".

150 So Gertz, *Genesis*, 342.

151 Die doppelte Lesbarkeit von הָאָדָם als Gattungsbezeichnung und als Bezeichnung des Individuums wird hier mittels Kursivierung angedeutet. Manche Textzeugen (prominent darunter LXX, Targumim und Peshitta) lesen הָאָדָם als Eigennamen. Jedoch ergeben diese Lesarten kein deckungsgleiches Bild, sodass von jeweils textzeugenspezifischen Versuchen der Komplexitätsreduktion ausgegangen werden muss. Siehe dazu Rösel, *Übersetzung*, 68; Bauks, „Selbstreflexivität", 113–115 und Gertz, *Genesis*, 81 Anm. 10.

152 Auch wenn neuere Untersuchungen in der hebräischen Bibel eine Tendenz zur synthetischen Konzeption der alttestamentlichen Anthropologie auszumachen glauben (siehe dazu den forschungsgeschichtlichen Abriss bei Wagner, „Bedeutungsspektrum", 1f.), darf die früh einsetzende dualistische Rezeption von Gen 2,7 nicht ausgeblendet werden. Siehe dazu den 2016 erschienen Sammelband von Ruiten Kooten zu Gen 2,7, in dem die einzelnen Beiträge versuchen einerseits die dualistischen Modelle jüdischer wie christlicher Provenienz in ihrer Eigenheit zu würdigen und andererseits die darin bereits formulierten Kritiken an solchen dualistischen Konzeptionen darzustellen. Vgl. Ruiten/Kooten, *Dust*.

Insbesondere im Rahmen der Bestimmung der Differenz zwischen Tier und Mensch erhielt dieser Schlüsselvers besondere Beachtung.[153] Spezifikum dieser Stelle ist, dass nP[UG] darin vom formenden (יצר) und hauchenden (נפח) Handeln JHWHs erzählt, das den *Adam* מִן־הָאֲדָמָה | *aus dem Ackerboden* zu einer נֶפֶשׁ חַיָּה | *einem lebendigen Wesen* werden lässt,[154] währenddessen sich die in v19 berichtete Erschaffung der Tiere nur durch JHWHs Formung des Ackerbodens ereignet.[155] Das nach diesem Bericht ausschlaggebende Alleinstellungsmerkmal des Menschen gegenüber dem Tier – die Einhauchung mit נִשְׁמַת חַיִּים | *Lebensatem* – wurde bereits früh als Beseelung des Menschen interpretiert.[156]

Klaus Koch widerspricht in seiner Untersuchung *Der Güter Gefährlichstes, die Sprache dem Menschen gegeben*[157] entschieden dieser ideengeschichtlich wirkmächtigen Deutung. Gleichermaßen überzeugen ihn die zeitgenössischen philologischen und historisch-kritischen Deutungen von נִשְׁמַת חַיִּים nicht.[158] Die נְשָׁמָה-Einhauchung, die in Gen 2–3 den *Adam* als einziges vom Tier unterscheidet,[159] müsse man nach Koch als Befähigung des Menschen zur Sprache lesen. Diese Deutung der נְשָׁמָה als *Sprachodem* stützt sich hauptsächlich auf den Targum Onkelos, der in Gen 2,7 das masoretische וַיְהִי הָאָדָם לְנֶפֶשׁ חַיָּה mit

---

153 Siehe dazu die Darstellung bei Schellenberg, *Mensch*, 191–204.191–204
154 Die Erweiterung des Gottesnamens mit אֱלֹהִים und die Glosse עָפָר sind als sekundäre Erweiterungen zu nP[UG] zu sehen. Vgl. u. a. Gertz, *Genesis*, 83. Auch v7b (וַיְהִי הָאָדָם לְנֶפֶשׁ חַיָּה) ist als endredaktionelle Glosse zu behandeln. So auch Levin, *Jahwist*, 89.
155 Vgl. die Darstellung dazu unter 2.3.1.2.
156 Siehe dazu u. a. die Beiträge in Ruiten/Kooten, *Dust*.
157 Dieser Titel entstammt einem Zitat aus einem Gedichtfragment von Hölderlin.
158 Vgl. Koch, „Güter", 238.
159 Siehe dazu Anm. 167.

והות באדם לרוח ממללא [160] überträgt. Sowohl in den anderen Targumim[161] als auch in 1QH^a IX,29–33[162] findet sich die Interpretation der נְשָׁמָה-Einhauchung als Sprachbegabung, die nach Koch um einiges besser in den Erzählzusammenhang von Gen 2 passen würde. Im weiteren sieht Koch seinen Lesevorschlag durch die von נְשָׁמָה an anderen Stellen des Kanons eingenommene semantische Funktion bestätigt.[163] Dementsprechend sei נְשָׁמָה als derjenige „Odem, den der Mensch – oder auch Gott – zur Sprache benötigt, der erst zur Sprachlichkeit"[164] befähige, zu verstehen und analog zur רוּחַ-Konzeption zu setzen. Folgt man dieser, der etymologischen Herleitung widersprechenden, semantischen Bestimmung von נְשָׁמָה, kann Gen 2,7 durchaus mit Koch als Erzählung vom göttlichen Ursprung menschlicher Sprache verstanden werden.

---

160 Der vollständige Wortlaut des Targum Onkelos zu Gen 2,7 lautet:

וברא יוי אלהים ית אדם עפרא מן ארעא	*Und JWJ ELOHIM schuf den Adam [aus] Staub von der Erde*
ונפח באפוהי נשמתא דחיי	*Und blies in seine Nase den Odem des Lebens*
והות באדם לרוח ממללא	*Und er wurde im Adam zu einem sprechenden Geist*

[Text nach Sperber, Targum Onkelos, 2f.] [Übersetzung BP]

Vgl. auch die Übersetzung ins Englische bei Grossfeld, *Targum Onkelos*, 44.
Im kritischen Apparat verzeichnet Sperber, dass in frühen Editionen des Targum Onkelos – darunter auch Inkunabeln – die Präposition ב fehle und nur והות אדם geführt werde. Neben der geringeren Qualität der Textzeugen, spricht gegen diese Minderheitslesart, dass sie zum MT hin glättet. Daher ist dem von Sperber gebotenen Fließtext zu folgen.
161 Sowohl Targum Neofiti als auch Targum Pseudo-Jonathan interpretieren Gen 2,7 mit der Idee der Sprachbefähigung. Während der Targum Neofiti dem hebräischen Wortlaut treu bleibt (והוה אדם לנפש דחייה ממללא | *und Adam wurde zu einem lebendigen Wesen, ein Sprechendes* [Text nach Díez Macho, *Targum Neophyti*, 1:11.]), entfaltet der Targum Pseudo-Jonathan Gen 2,7 im Rahmen einer ausgefeilten Anthropologie: Der Lebensodem bewirkt im Körper des *Adam* den Sprachgeist (לרוח ממללא), das Augenleuchten (לאנהרות עינין) und das Ohrenhören (ולמצתות אודנין) [Text nach Clarke, *Targum Pseudo-Jonathan*, 2]. Siehe dazu die vergleichenden Ausführungen bei Hayward, „Adam."
162 Vgl. Text und Übersetzung bei Schuller/Newsom, *Hodayot*, 30f. und Dahmen, *Loblieder*, 36–39.
163 Im Hintergrund dazu steht eine Studie von Terence Mitchell zum Gebrauch von נְשָׁמָה (und verwandten Begriffen) im Alten Testament. Darin kommt Mitchell zum Schluss, dass נְשָׁמָה den Atem Gottes (‚breath of God') bezeichne, der im Nachgang zur Einhauchung in den Menschen (‚when imparted to men'), diesen vom Tier abhebt (Mitchell, „Testament"). Siehe ferner Lamberty-Zielinski, „נְשָׁמָה".
164 Koch, „Güter", 245.

Kochs These von der Sprachbegabung des Menschen im Garten Eden hat an sich einen gewissen Reiz; insbesondere, wenn man die Verwertbarkeit alttestamentlicher Anthropologie im Rahmen der theologischen Enzyklopädie bedenkt. Jedoch muss die Valenz dieser These aus den nachfolgend angeführten Punkten bestritten werden:

(1) Es kann bezweifelt werden, dass sich durch eine Targumtradition das auktoriale Verständnis von נְשָׁמָה eruieren lässt.[165] Nicht an jeder Stelle, die נְשָׁמָה bezeugt, schwingt ein sinnvolles Verständnis als *Sprachodem* mit. So ist beispielsweise eine solche Deutung in Gen 7,22 nicht besonders sinnvoll.[166]

(2) Syntaktische Schwierigkeiten in Gen 2,19b deuten darauf hin, dass die Qualifizierung der Tiere als נֶפֶשׁ חַיָּה nicht zwingend zum ursprünglichen Textbestand von nP[UG] gehört haben muss,[167] sodass die Deutung der נְשָׁמָה-Einhauchung als Alleinstellungsmerkmal des Menschen in der Anthropologie der nP[UG] entfällt.

(3) Das wohl gewichtigstes Gegenargument gegen Kochs Deutung der נְשָׁמָה als Sprachodem ist die sprechende Schlange in Gen 3 zu betrachten, von der nicht berichtet wird, dass sie mit einer נְשָׁמָה begabt ist. Obwohl ansonsten nur im Bileamzyklus (Num 22,28–30) belegt, sind sprechende Tiere innerhalb der altorientalischen Erzählwelt keinesfalls eine Besonderheit.[168] Generell scheint die Sonderstellung des Menschen zum Tier in altorientalischen Texten selten durch dessen Sprachbegabung begründet zu werden.[169]

(4) Schließlich gilt es zu beachten, dass im masoretischen Text keinerlei Ursprungsnotiz der נְשָׁמָה zu finden ist. Die Verfasser und spätere Tradenten von

---

165 Siehe dazu die ausführliche und wiederholte Kritik durch Annette Schellenberg, die sich in ihrer Habilitationsschrift *Der Mensch, das Bild Gottes?* am oben besprochenen Entwurf abarbeitet und auch mit Kochs Auslegung von Gen 1 auseinandersetzt. Vgl. Koch, *Imago* und Schellenberg, *Mensch*, 121.195f.201 u. 270f.

166 Vgl. Schellenberg, *Mensch*, 195f.

167 Es kann der Eindruck entstehen, dass in nP[UG] wie in P[UG] neben dem *Adam* auch die Tiere als נֶפֶשׁ חַיָּה bezeichnet werden. Dies erfolgt jedoch nur auf der Textoberfläche der Endgestalt dieser Texte. Die syntaktische Verflechtung von נֶפֶשׁ חַיָּה in Gen 2,19b ist dermaßen ungewöhnlich (siehe dazu die Besprechung unter 2.3.1.2), dass hier der Schluss nahe liegt, dass es sich um eine Glosse handelt. Auch gibt es nicht wenige Stimmen, die den Nachsatz וַיְהִי הָאָדָם לְנֶפֶשׁ חַיָּה als sekundär ansehen. Vgl. dazu Anm. 154.

168 Siehe dazu Schüle, *Urgeschichte*, 74 und Steinert, *Aspekte*, 26f. Anm. 27.

169 Als einzig ihr bekannte Ausnahme führt Schellenberg den Papyrus Lansing an. Vgl. Schellenberg, *Mensch*, 270f.

nP[UG] geben sehr genau Auskunft über das Material, aus dem der *Adam* geformt wird, liefern aber keine nähere Spezifizierung der נְשָׁמָה.[170]

Aus den genannten Gründen ist Gen 2,7 nicht als Sprachbefähigung des *Adam* zu deuten. Dennoch gilt es festzuhalten, dass die נְשָׁמָה-Einhauchung den *Adam* vom Tier und strenggenommen auch von der Frau abhebt.[171] Eine weitere Annäherung an das auktoriale Verständnis von נְשָׁמָה scheint nicht möglich zu sein. Obwohl vor allem aus methodischen Überlegungen von Kochs Deutung der נְשָׁמָה-Einhauchung Abstand genommen wird, sind seine Beobachtungen zur Rezeption von Gen 2,7 auf die Targumim aus wirkungsgeschichtlicher Perspektive bedeutsam. Denn daran lässt sich erkennen, dass bereits für Targumtraditionen die Beantwortung der Frage nach der Herkunft der menschlichen Sprache wichtig war und sich relativ früh schon an den Bericht über die Formung des *Adam* band.

2.3.1.2 Das Motiv der *nominatio rerum* bei nP[UG]

Die Thematisierung von Sprache in Gen 2,18–23 sowie 3,20[172] ist offensichtlicher. Im Bericht über die Formung der Tiere und den Bau (בנה) der Frau führt Jhwh beide vor den *Adam*, um diesen zur Benennung und damit zur Kontaktaufnahme mit demjenigen Gegenüber zu bringen. Dies geschieht auch. Viermal (vv19aβ.19b.20a.23b) bezieht sich nP[UG] auf den Akt der Benennung durch den *Adam*, in v23 lässt er ihn durch eine direkte Rede vollziehen. In allen vier Fällen benutzt nP[UG] die Wendung קרא[impf/nar] *NN* ל[obj/suf+].[173] V19b ist ein zweigliedriger Partizipialsatz, wobei das erstgenannte Glied ein syndetisch eingeleiteter אֲשֶׁר-Relativsatz ist und als *Mubtada* („Subjekt") zu lesen ist.[174] Das Verständnis dieses Verses wird zusätzlich erschwert durch das unklare Verhältnis zwischen נֶפֶשׁ חַיָּה und der Wendung קרא[impf/nar] *NN* ל[obj/suf+]. Die drei nachfolgend dargestellten syntaktischen Verständnismöglichkeiten sind möglich:

---

170 Siehe Noort, „Soil", 9 und Gertz, *Genesis*, 106.

171 So auch Mitchell, „Testament".

172 Zum redaktionsgeschichtlichen Zusammenhang zwischen Gen 2,18–23 und 3,20 siehe u. a. Levin, *Jahwist*, 83f.; Witte, *Urgeschichte*, 164 und Gertz, „Adam", 233.

173 *NN* steht in dieser Formel für den Namen der vergeben wird oder für ein Referenzwort, das auf diesen Namen verweist. Das Präpositionalobjekt zu קרא „ל[obj/suf+]" gibt stets die Sache oder die Person, die benannt wird, an. Da aber nP die Wortfolge der Wendung von „קרא[impf/nar] *NN* ל[obj/suf+]" variabel gestaltet und das Subjekt wahlweise zusätzlich expliziert, erscheint dieser vierfache Gebrauch nicht als redundant. Vgl. Dillmann, *Genesis*, 66f.

174 Eine konzise Darstellung der hier angewendeten Nominalsatzsyntax und Terminologie findet sich bei Lehmann, „Überlegungen", 27f.

(1) נֶפֶשׁ חַיָּה ist zu deuten als Apposition zu הָאָדָם. Insbesondere die Wortstellung legt diese Deutung nahe. Eine Verdeutschung von v19b könnte demnach lauten: „Und jeden Namen, den der *Adam* als lebendiges Wesen ihm [dem Tier] gibt, soll es haben." In diesem Falle müsste jedoch נֶפֶשׁ חַיָּה determiniert sein.[175]

(2) נֶפֶשׁ חַיָּה ist als Apposition zum יִקְרָא nachgestellten לוֹ zu deuten.[176] Demnach müsste es lauten: „Und jeden Namen, den der *Adam* ihm [dem Tier], einem lebendigen Wesen, gibt, soll es haben." Gegen diese Lesart spricht einerseits die Wortstellung[177] und andererseits das Fehlen der ansonsten üblichen Affigierung mit der Präposition לְ.[178]

(3) נֶפֶשׁ חַיָּה ist als das direkte Objekt (*NN*) von קרא und לוֹ und in diesem Falle als *dativus ethicus* zu verstehen.[179] Demnach müsste es lauten: „Und jedes [Tier], das der *Adam* für sich lebendiges Wesen nennt, soll so heißen." Diese Analyse entspricht dem Schema der Wendung קרא[impf/nar] *NN* לְ[obj/suf+]" aus dem Schöpfungsbericht von P[UG]. Jedoch lässt diese syntaktische Auflösung von v19 einen Widerspruch zu v20 entstehen. Denn dort erfolgt die eigentliche Verleihung der Namen (שֵׁמוֹת, beachte den Plural!) an die Tiere.[180]

---

175 Diese Kritik teilt auch Bührer, der hingegen die Möglichkeit favorisiert, נֶפֶשׁ חַיָּה als prädikativen Akkusativ, der קרא adverbiell beschreibt, zu lesen. Vgl. Bührer, *Anfang*, 223. Demnach wäre es dann wie nachfolgend vorgeschlagen zu verdeutschen: „Und jeden Namen, den er, der *Adam*, ihm [dem Tier] gibt [in Art und Weise des *Adam*] als lebendiges Wesen, soll es haben." Ähnlich (jedoch mit dem Terminus ‚adverbieller Akkusativ') argumentieren auch Schellenberg und Schüle. Vgl. Schüle, *Prolog*, 150; Schellenberg, „Beobachtungen", 330f. und dies., *Mensch*, 181.199. Gertz folgt diesen Übersetzungsvorschlägen, aber bezeichnet נֶפֶשׁ חַיָּה ungenau als adverbiellen Akkusativ ‚zu הָאָדָם', es müsste jedoch ‚zu קרא' lauten. Vgl. Gertz, *Genesis*, 81.

176 Die Septuaginta deutet נֶפֶשׁ חַיָּה auch als Apposition zu לוֹ: καὶ πᾶν, ὃ ἐὰν ἐκάλεσεν αὐτὸ Αδαμ ψυχὴν ζῶσαν, τοῦτο ὄνομα αὐτοῦ (GenLXX 2,19b). Buber/Rosenzweig folgt der dahinterstehenden Analyse. Vgl. dazu Delitzsch, *Commentar*, 93; König, *Lehrgebäude*, 3:§ 249e; Strack, *Genesis*, 12; Dillmann, *Genesis*, 67 und Koch, „Güter", 246.

177 Diese Kritik äußert bereits König und deutet dies als Hinweis auf einen sekundären Ursprung. Vgl. König, *Lehrgebäude*, 3:§ 333ε und ferner Gertz, *Genesis*, 81.

178 Vgl. Schellenberg, „Beobachtungen", 299f. und Bührer, *Anfang*, 222.

179 So u. a. Skinner, *Genesis*, 67. Gordon Wenham übersetzt ohne Dativus Ethicus; es fehlt jedoch eine genauere syntaktische Klärung des Halbverses. Dies ist eine Auffälligkeit, die in seiner ansonsten philologisch ausführlichen Kommentierung heraussticht. Vgl. Wenham, *Genesis*, 44.47.68f. Inhaltlich ähnlich, aber mit einer anderen Analyse übersetzt Gunkel: Die syntaktische Stellung von נֶפֶשׁ חַיָּה sei „unmöglich" und könne nur aufgelöst werden, wenn es dem Nominalsatz zugeschlagen werde. Dann sei zu übersetzen „[...] und was der Mensch zu ihnen sagen würde, *lebende Wesen* genau so sollten sie auch heißen." Vgl. Gunkel, *Genesis*, 11.

180 So verwirft Skinner diese Analyse mit der Einschätzung „that is contrary to the writer's usage, and yields a jejune sense." Skinner, *Genesis*, 67; siehe auch Bührer, *Anfang*, 223.

Diese dargestellten syntaktischen Schwierigkeiten weisen auf eine Kohärenzstörung hin.[181] Das weder morphologisch angebundene noch ausreichend syntaktisch eingebettete[182] נֶפֶשׁ חַיָּה müsste in diesem Fall entweder als ursprünglich erklärende, versehentlich in den Fließtext geschriebene Randglosse[183] oder im Zuge der Endredaktion eingefügte inhaltliche Glättung[184] gewertet werden.[185] Der Ausfall von נֶפֶשׁ חַיָּה verändert vordergründig nicht die Aussage der vv18–23, da weder das semantische Feld der Wendung קרא[impf/nar] *NN* ל+[obj/suf] verändert noch der Erzählfluss sonderlich gestört werden. Rechnet man ferner auch die Bezeichnung des *Adam* in Gen 2,7 als נֶפֶשׁ חַיָּה einer endredaktionellen Erweiterung zu,[186] verbleibt als Differenz zwischen *Adam* und den Tieren nur noch dessen נְשָׁמָה-Einhauchung.

In Gegensatz zur Benennung der Tiere des Feldes und der Vögel des Himmels, die in der nP[UG] aus der Perspektive Jhwhs und in *voce passim* berichtet

---

181 Auch Raschi nimmt die syntaktischen Schwierigkeiten wahr und schlägt folgende Wortumstellung vor: כל נפש חיה אשר יקרא לו האדם שם הוא שמו לעול | *Allen Lebewesen, denen der Adam einen Namen gibt, sollen diesen bis in die Olam haben.* Vgl. Berliner, *Kommentar*, 6. Siehe ferner Bamberger, *Raschis Penateuchkommentar*, 8. Auch gegen diesen Vorschlag wendet sich Skinner: „Even if (with Ra) we transpose [...] the discord of gender would be fatal, to say nothing of the addition of שֵׁם." Skinner, *Genesis*, 67f.

182 Die einzig sinnvolle Art der grammatischen Deutung des synchronen Textbestands von v19b wäre es, נֶפֶשׁ חַיָּה als im Akkusativ stehende Näherbestimmung (je nach grammatischer Terminologie wird das adverbieller Akkusativ oder prädikativer Akkusativ genannt) der Verbalhandlung קרא zu bestimmen. So etwa u.a. Schellenberg, „Beobachtungen", 298–303 und Bührer, *Anfang*, 223. Siehe auch Anm. 175. Ferner sprechen sich Koch (in der syntaktischen Schwierigkeit von 19b sieht er ein Indiz für dessen Ursprünglichkeit, vgl. Koch, „Güter", 246 Anm. 23) und Arneth (gegen Witte und Levin mit Verweis auf die chiastische Anlage der vv18–20, vgl. Arneth, *Fall*, 137. Siehe dazu die kritische Besprechung bei Bührer, *Anfang*, 224 Anm. 265) für die literarische Kohärenz aus.

183 So etwa schon König, der im נֶפֶשׁ חַיָּה eine „aufmerksam machende Apposition" eines Erklärers sieht. Der Erklärer, der nicht näher bestimmt wird, versuche laut König das לוֹ durch das nachhinkende Interpretament zu explizieren. Siehe König, *Genesis*, 218. Bührer sieht in נֶפֶשׁ חַיָּה eine sowohl den Adam als auch die Tiere qualifizierende Randglosse, die in einem Rezeptionsverhältnis zu P steht. Vgl. Bührer, *Anfang*, 224.

184 Nach Gunkel wäre es möglich, dass נֶפֶשׁ חַיָּה eine Angleichung an v7 darstellt. Siehe Gunkel, *Genesis*, 11. Witte identifiziert den ganzen Teilvers 19ay.b, von dessen literarischer Einheitlichkeit er ausgeht, als endredaktionelle Erweiterung. Wie in 2,7b sei anzunehmen, dass die Absicht Stichwortverbindungen zwischen P[UG] und nP[UG] zu schaffen der Impetus dieser Eingriffe gewesen sei. Vgl. Witte, *Urgeschichte*, 86f.

185 Gertz ordnet v19b auch als Nachtrag zu nP[UG] ein, lässt jedoch unbestimmt, ob es sich hier um einen redaktionellen Eingriff oder eine Randglosse handelt. Vgl. Gertz, *Genesis*, 18.81 Anm. 9.

186 Siehe dazu Anm. 154.

werden, wird vom Bau und von der Benennung der Frau unmittelbarer erzählt. Der *Adam* kommt mittels direkter Rede zu Wort, äußert sich poetisch über die Frau und benennt diese mit einer etymologischen Begründung. Analog dazu ist die zweite Benennung der Frau in Gen 3,20 aufgebaut – diese Stelle wird oft von den einschlägigen Untersuchungen übersehen. In Gen 3,20 berichtet der Erzähler der nP[UG] davon, dass der *Adam* beabsichtige, seine Frau von nun an חַוָּה | *Leben* zu nennen und begründet die Namenswahl damit, dass diese die Mutter allen Lebens sei. Jedoch wird eine andere Wendung gebraucht: *NN obj* שֵׁם קרא.[187] Somit berichtet hier nP[UG] von einer anderen Art der Benennung: Während der Frau in Gen 2,23 ein Klassenname gegeben wird, bekommt sie in Gen 3,20 einen Eigennamen verliehen.

Es lässt sich festhalten, dass sich bei nP[UG] nur in Gen 2,18–23 und 3,20 Passagen finden, die in narrativer Form Sprachreflexion betreiben. Jedoch findet keine Theoriebildung bezüglich einer wie auch immer gearteten *Genesis der Sprache(n)* statt. Vielmehr liegt an allen drei Stellen der Fokus auf der Darstellung der Sprache als Mittel zur Gemeinschaftsbildung zwischen Tier und dem *Adam* bzw. zwischen der Frau und dem *Adam*. In der Auseinandersetzung mit dem Gegenüber scheint der *Adam* kognitive Fähigkeiten zu gewinnen, die im Rahmen des Erzählverlaufs zunehmen. Ferner kann aufgrund der Darstellung der Schlange als sprechendes und listiges Wesen, die genaugenommen nur mit der Frau interagiert, die These vom Alleinstellungsmerkmal qua Sprachbefähigung des Menschen in der anthropologischen Konzeption von nP[UG] nicht aufrechterhalten werden.

2.3.2 Sprachreflexion in der vorendredaktionellen Priesterschrift

Die vorendredaktionell-priesterschriftlichen Texte der Urgeschichte (P[UG]), abgesehen vom Schöpfungsbericht in Gen 1,1–2,4a und den P[UG]-Anteilen der Flutgeschichte, wirken im Vergleich zur vorendredaktionell-nichtpriesterschriftlichen Urgeschichte (nP[UG]) erzähltechnisch geradezu arm und farblos. Dieser Eindruck verstärkt sich leicht, sobald P[UG] kursorisch bezüglich narrativer Verarbeitung von Sprachreflexion betrachtet wird. Zwar lässt P[UG] ELOHIM als eine durch Sprache

---

187 Gegen Willi-Plein, die erst in Gen 3,20 die mit der Verleihung der Tiernamen in 2,19.20 korrespondierende Benennung der Frau sieht. In 3,20 ist die Benennung semantisch anders aufgebaut und steht der von P[UG] gebrauchten Wendung *NN* [suffix+]אֶת־שְׁמֹ קרא[nar] näher. Vgl. Willi-Plein, „Sprache", 31.

schöpfende und mittels Wortereignissen sich offenbarende Gottheit auftreten,[188] aber die menschlicher Sprachbefähigung wird nur am Rande thematisiert. Auch menschliche Rede, sei sie zwischen Menschen formuliert oder als Anrede an ELO-HIM gerichtet, wird von P[UG] spärlich eingesetzt. Nachfolgend soll auf zwei Ausnahmen zum eben referierten Befund bezüglich Sprachreflexion bei P[UG] eingegangen werden: (1) das bereits in Kapitel 2.3.1.2 angetroffenen Motiv der *nominatio rerum* und (2) die sogenannte Völkertafel.

2.3.2.1 Das Motiv der *nominatio rerum* bei P[UG]

Das erste Mal, dass P[UG] von menschlicher Rede berichtet, geschieht im Rahmen einer Benennung. In Gen 5,3 nennt Adam seinen בִּדְמוּתוֹ כְּצַלְמוֹ | *in seiner Gestalt, gemäß seinem Abbild* gezeugten Sohn Set.[189] Diese *nominatio rerum* wird mithilfe der Formel *NN* [suffix+]שְׁמ־אֶת קרא[nar] ausgedrückt, die bereits in v2 Verwendung findet: Hier gibt ELOHIM dem männlich und weiblich geschaffenen Menschen den (Klassen-)Namen אָדָם. P[UG] benutzt das Verb קרא bereits in Gen 1,5.8.10, jedoch mit nachfolgender Präpositionalkonstruktion (*NN* [obj+]לְ קרא[perf/nar]). Die Konstruktion *NN* [obj+]לְ קרא[perf/nar] beschreibt ebenfalls eine *nominatio rerum*, besitzt jedoch nicht denselben Charakter einer Formel wie die etwas umständliche Formel *NN* [suffix+]שְׁמ־אֶת קרא[nar]. Erstere scheint mehr der Benennung von Abstrakta, letztere der von konkreten Personen zu dienen. Daneben bewirkt die nah aufeinanderfolgende Verwendung der Formel *NN* [suffix+]שְׁמ־אֶת קרא[nar] mitsamt der inhaltlichen Parallelen zwischen Gen 5,1f. und v3, dass die durch Adam vorgenommene *nominatio rerum* als mittels Nachahmung vollzogene Abbildung des göttlichen Schöpfungshandelns erscheint.[190]

Abgesehen von einem Beleg im selben Kapitel (v29)[191] benutzt P erst in Gen 17 die Formel *NN* [suffix+]שְׁמ־אֶת קרא[nar]; dort wird die Umbenennung von Abram zu Abraham (v5) bzw. Sarai zu Sara (v15) im Zuge der Nachkommensverheißung durch ELOHIM angeordnet. Abrahams Entgegnung auf diese aus mehreren

---

188 Für eine die einzelnen theologischen Topoi von Gen 1,1–2,4a forschungsgeschichtlich kontextualisierende Darstellung siehe Levin, „Tatbericht".

189 Zur Weitergabe der Gottesebenbildlichkeit durch die Geburt siehe Dillmann, *Genesis*, 113. Für die neuere Diskussion dazu siehe Hieke, *Genealogien*, 71.

190 So auch Hieke, *Genealogien*, 72.

191 Die Benennung von Noah und die Ätiologie seines Namens wird oft aufgrund ihres die Kohärenz störenden Potentials als nachträgliche Einfügung behandelt (so Gertz, *Genesis*, 188 und Witte, *Urgeschichte*, 128.217), der sich jedoch gut innerhalb des genealogischen Textkontextes (Noah ist der erste Nachkomme von Adam, der nach Adams Tod geboren wird) erklären lässt. Vgl. dazu Hieke, *Genealogien*, 73.

Redeteilen bestehende Gottesrede geschieht jedoch nicht mehr in der Form der Nachahmung der göttlichen Rede durch den Erzvater, sondern er lacht (v17). P gibt Einblick in Abrahams Zweifel an Gottes Verheißung in Form eines Selbstgesprächs und schildert, wie sich der Erzvater anschließend an ELOHIM wendet, um seine Zweifel anzubringen und Fürbitte für seinen Erstgeborenen einzulegen. Diese Reaktion Abrahams auf die göttliche Verheißung ist daneben das erste Mal, dass P einen Menschen nicht ELOHIM nachahmend oder formelhaft, sondern frei formulierend sprechen lässt.

Basierend auf diesen oben referierten Textbeobachtungen liegt der Schluss nahe, dass sich bei P durchaus sprachreflexive Konzepte finden lassen, die aber meist in einen theologischen Gesamtzusammenhang eingebettet sind. Die sich in P^UG findende *nominatio rerum* wird in Verbindung der Gottesebenbildlichkeit dargestellt. Eine von der Nachahmung Gottes unabhängige Rede des Menschen findet sich bei P aber erst in der Erzelternerzählung.

2.3.2.2 Die Völkertafel

Geradezu beiläufig erklärt P^UG in der sogenannten Völkertafel die Herkunft der unterschiedlichen Sprachen. Formal handelt es sich bei Gen 10 um keinen narrativen Text, vielmehr ist dieser in die Tradition der altorientalischen Listenwissenschaft einzuordnen.[192] Eine narrative Funktion erreicht dieser Text jedoch durch seine Einbettung in den Erzählverlauf der P^UG. Die vorliegende Endgestalt der hebräischen Version der Völkertafel[193] ist Resultat nachpriesterschriftlich-nachdeuteronomistischer Fortschreibung(en) eines P^UG-Textes, der aber bereits in seiner literarkritisch rekonstruierbaren Grundform sorgfältig komponiert vorgelegen haben muss.[194]

Durch ihre segmentär-synchrone Notation der Abstammungsverhältnisse hebt sich Gen 10 von dem in P häufigeren Typ der linearen Genealogien ab, aber die Völkertafel fügt sich dennoch gut in den etwas technischen Duktus der

---

192 Der Begriff *Listenwissenschaft* entstammt einem Beitrag von Wolfram von Soden aus dem Jahre 1936. Der Entstehungszusammenhang dieser fortan als Gattungsbezeichnung Furore machenden Begriffs ist Sodens Gegenüberstellung von griechischer Wissenschaft und sumerischer Wissenschaft. Siehe dazu Soden, „Leistung". Zu Geschichte und Leistungspotential dieser Gattungsbezeichnung siehe Hilgert, „Listenwissenschaft".
193 Für eine Darstellung der Rezeptionsgeschichte der Völkertafel von ihrer Rezension in der Septuaginta bis zu Isidor von Sevilla siehe Major, „Seventy-Two", insbesondere die Tabelle auf Seite 36.
194 So u. a. Witte, *Urgeschichte*, 113f.; Schüle, *Prolog*, 47.396; Arneth, *Fall*, 93 und Gertz, *Genesis*, 297. Eine synchrone Deutung bietet Hieke, *Genealogien*, 99–107.

nichtnarrativen Passagen von P ein.[195] Als Über- und Unterschriften rahmen die Verse 1 und 32 die תּוֹלְדֹת בְּנֵי־נֹחַ | *Geschlechterfolge der Söhne Noahs* ein und verankern diese zugleich durch datierende Verweise auf die Sintflut (אַחַד הַמַּבּוּל) im Plot der P[UG]. Daneben wird durch die Verbreitungsnotiz in v32 (וּמֵאֵלֶּה נִפְרְדוּ הַגּוֹיִם בָּאָרֶץ | *und von diesen aus verzweigten sich die Völker auf der Erde*) das ätiologische Interesse dieses Abschnittes klar herausgestellt. Auch die literarkritisch rekonstruierbare Grundform der untergeordneten Einzelgenealogien der Noahsöhne Jafet (vv2f.4a.5), Ham (vv.6f.20) und Sem (22f.31) folgt einem formalisierten Aufbau:[196] Eine Überschrift (*PN* בְּנֵי) leitet jeweils in vv2.6.22 die Aufzählung der Nachkommen der einzelnen Noahsöhne ein, die von einer Unterschrift (vv5.20.31) abgeschlossen wird. Obwohl der Wortlaut der vv5.20.32 nicht gänzlich identisch ist,[197] sind diese Unterschriften inhaltlich als gleichlautend zu behandeln: Sie beschreiben alle die Verzweigung (פרד *ni*) der Menschheit entlang der Kriterien אֶרֶץ | *Land*, גּוֹי | *Volk*, מִשְׁפָּחָה | *Großfamilie* und לָשׁוֹן | *Sprache*.[198] Diese Differenzierung nach politisch-räumlichen (אֶרֶץ), übergreifenden (גּוֹי) und spezifischen (מִשְׁפָּחָה) ethnologischen sowie linguistischen (לָשׁוֹן) Kriterien reiht sich in die alttestamentliche Taxonomie der Identitätskonstruktion und -zuschreibung von soziopolitischen Entitäten ein.

Es fällt auf, dass sich in Gen 10 keine theologische Kommentierung der Entstehung dieser soziologischen Differenzierungen findet, sondern diese lediglich als beiläufiges Produkt menschlicher Reproduktion (v.1.31 תּוֹלְדֹת) und Verzweigung (v5.32 פרד *ni*) beschrieben wird.[199] Setzt man die Datierung der Grundschicht der Völkertafel – ohne dabei auszuschließen, dass älteres Listenwissen in Gen 10 verarbeitet wurde[200] – zeitgleich zur Komposition der Grundschicht von P[UG] an, kann von einer perserzeitlichen Niederschrift ausgegangen werden.[201] Die größte biblische Entsprechung der in Gen 10 verwendeten Taxonomie mittels der Kriterien *Land*, *Volk*, *Großfamilie* und *Sprache* findet sich abgesehen von den

---

195 Vgl. Witte, „Völkertafel" und Arneth, *Fall*, 97f.

196 Siehe dazu die ausführliche Darstellung bei Hieke, *Genealogien*, 99–107.

197 Aufgrund dieser Unterschiedlichkeiten wurde wiederholt literarkritische Konjekturen empfohlen. Arneth bezeichnet dies als „völlig überflüssige Gleichmacherei" und verweist auf die invertiert-chiastische Struktur der Unterschriften zueinander. Arneth, *Fall*, 95.

198 Zu den Fragen der Übersetzung dieser vier Begriffe ins Französische siehe Cazelles, „Table", 70–74.

199 Diese Beiläufigkeit entsteht durch die Einschreibung von Gen 11,1–9 in den Erzählbogen von P[UG]. So etwa Weimar, „Toledot-Formel", 74 und Albertz, „Frage", 11f.

200 Vgl. Weimar, „Toledot-Formel", 72 und Witte, „Völkertafel".

201 Zur perserzeitlichen Datierung der Völkertafel trotz Nichtnennung der Perser siehe Gertz, *Genesis*, 305 und Witte, „Völkertafel".

Ähnlichkeiten zu Gen 11,1–9 im masoretischen Esterbuch, so dass sich hier die Frage stellt, inwiefern sich die achämenidische Herrschafts- und Verwaltungsordnung hier abbildet.[202] Jedoch muss die Völkertafel – sowohl in ihrer literarkritisch rekonstruierbaren Grundform als auch in der durch spätere Fortschreitungen erweiterten vorliegenden Gestalt – als erste ihrer Art verstanden werden,[203] die auch eine breite Wirkungsgeschichte entfaltete.[204]

Bezüglich der sprachreflexiven Intention dieses Textes kann einerseits seine ätiologisch-deskriptive Natur festgehalten und andererseits muss betrachtet werden, welche Funktion Gen 10 innerhalb von P^{UG} einnimmt. Am Ende der Urgeschichte bzw. als Überleitung zur Erzelternerzählung stehend, leitet die Völkertafel die in P^{UG} entfaltete Universalgeschichte in die partikulare Geschichte des Volkes Israel über, die ab Gen 11,10 mit der Toledot Terachs beginnt. Im Rahmen dieser Überleitung gelingt es der Völkertafel, die Anfänge des Volkes Israel in eine universale Verzweigungsgeschichte der Menschheit zu verorten. Dabei werden die zukünftigen Kategorien kollektiver Identität des noch im Entstehen begriffenen Gottesvolks mithilfe der Kriterien *Land*, *Volk*, *Großfamilie* und *Sprache* antizipiert.

2.3.3 Sprachreflexion in den endredaktionellen Anteilen der Urgeschichte

Der oft simplifizierend mit der Überschrift ‚Turmbau zu Babel' versehene Abschnitt in Gen 11,1–9 bietet die einzige eindeutige Thematisierung von Sprache innerhalb der Urgeschichte, wobei sie weder zu P^{UG} noch zu nP^{UG} zu rechnen ist, sondern mit größter Wahrscheinlichkeit für den endredaktionellen Zusammenhang verfasst wurde.[205] Sich daher zum Rest der Urgeschichte scheinbar „völlig in der Schwebe"[206] befindend, geben diese Verse Bericht vom Turm- und Stadtbau zu Babel, der durch göttliche Intervention an seiner Vollendung gehindert wird. Diese Erzählung von nur neun Versen bespielt für ihre Kürze eine erstaunlich breite Palette an Motiven, mit denen es ihr gelingt, in dreifacher Weise eine

---

202 Vgl. dazu Anm.126. Es können ferner interessante Parallelen zu altägyptischen Texten aus dem Neuen Reich und der Spätzeit gezogen werden, in denen ethnizistische Diskurse mithilfe der Unterschiede zwischen Eigen- und Fremdsprache expliziert werden. Siehe dazu Moers, „Sprache", 81–98.
203 Gertz, *Genesis*, 303f.
204 Siehe dazu Witte, „Völkertafel"; Major, „Seventy-Two"; Köller, *Formen*, 91–120 und Borst, *Turmbau*, 1995.
205 Vgl. Witte, *Urgeschichte*, 97–99.
206 Albertz, „Frage", 10.

ätiologisch-narrative Brücke von der Urgeschichte zu den Erzelternerzählungen zu spannen: (1) Gen 11,1–9 konterkariert die in der sogenannten Völkertafel neutral berichtete Verzweigung (פרד *ni*) der Menschheit in Völker mit der Beschreibung desselben Sachverhalts als Resultat des zerstreuenden (פוץ *q./hi.*) Handelns JHWHs; (2) durch die ätiologische Notiz in v11 und die Nennung von Ortslagen in v2 wird die Verortung des Ausgangspunkts des Abraham/Sarah-Zyklus im südlichen Mesopotamien vorbereitet und (3) menschliche Vielsprachigkeit thematisiert. Diese breite Palette an Motiven, gepaart mit der hohen Dichte an den in Gen 11,1–9 zu beobachtenden Stilmitteln hat zu einer intensiven Debatte über die literarische Einheitlichkeit der vorliegenden Perikope geführt.[207] Aus heuristischen Gründen und aus der Beobachtung, dass der Text in der vorliegenden Endgestalt durchaus stimmig zu funktionieren scheint, soll nachfolgend die in Gen 11,1–9 stattfindende Sprachreflexion erläutert werden.

Gen 11,1–9 lässt sich als Konfliktgeschichte zwischen den Menschen[208] als Verursacher und JHWH als reagierender Konfliktpartei lesen. Angetrieben von der Angst, עַל־פְּנֵי כָל־הָאָרֶץ | *über die ganze Erde* zerstreut (פוץ) zu werden, fassen die Menschen in v4 den Plan, sich durch ein kollektives Bauprojekt (עִיר וּמִגְדָּל וְרֹאשׁוֹ בַשָּׁמַיִם) zu vereinen und sich dabei einen Namen zu machen (שֵׁם ל+suffix עשׂה).[209] JHWH steigt (ירד) vom Himmel hinab, sieht sich das Treiben der Menschen an und befürchtet, dass dies nur הַחִלָּם לַעֲשׂוֹת[210] | *der Anfang ihres Handelns* sei. Um Schlimmeres zu verhindern, entschließt sich JHWH, die שָׂפָה אֶחָת | *eine Mundart* der Menschen zu vermengen (בלל). Die Zerstreuung der Menschen und die Verwirrung der Sprache resultiert aus diesem Handeln. Damit und mit der Ätiologie des Stadtnamens Babel, der bereits in v2 vorbereitet wurde und wie eine Benennung formuliert ist,[211] endet der Bericht.

---

207 Siehe dazu die divergierenden Darstellungen bei Gertz, „Babel", 18–24 und Witte, *Urgeschichte*, 87–97.

208 Auf das Kollektiv der Menschen wird unterschiedlich Bezug genommen, so in vv1.9a als כָל־הָאָרֶץ | *die ganze Erde*, in vv2–4.9b ohne Subjektbezug durch eine Verbform in 1. Person Plural und in der Einleitung zur göttlichen Rede in v5 als בְּנֵי הָאָדָם | *Menschenkinder*.

209 Siehe zur Wendung שֵׁם ל+suffix עשׂה und ihrer theologischen Bedeutung im Alten Testament Witte, *Urgeschichte*, 94 Anm. 71.

210 Ob mit der doppelten Lesbarkeit von חלל als *anfangen* und *entweihen* bewusst gespielt wird (so etwa LaCocque, *Captivity*, 58), lässt sich nicht mehr bestimmen.

211 NN suffix+שמ קרא, dies ist eine Aufnahme der Nominationsformel aus Gen 3,20 (NN obj שֵׁם קרא).

Die שָׂפָה אַחַת | *eine Mundart*[212] und ihre Vermengung (בלל) sind der rote Faden dieser Erzählung, obwohl die genaue Bedeutung dieser *einen Mundart* schillert. Bereits im ersten Vers eröffnet der R^UG-Erzähler mit dem Bericht von der Universalität dieser *einen Mundart* und stört dabei den Lesefluss, indem er anstelle des in der Völkertafel benutzten Lexems לָשׁוֹן (Gen 10,5.20.31) das seltenere שָׂפָה gebraucht. Im Verlauf von Gen 11,1–9 versucht der R^UG-Erzähler die Chiffre שָׂפָה אַחַת näher zu präzisieren, indem er ihre einende Wirkung zu unterstreichen sucht. So umspannt die *eine Mundart* (1) in v1a כָל־הָאָרֶץ | *die ganze Erde*, (2) wird sie in v1b mit der Wendung דְּבָרִים אֲחָדִים | *einerlei Worte*[213] synonym näherbestimmt und (3) zieht JHWH in v6 eine Beziehung zwischen der *einen Mundart* und dem Funktionieren der Menschen als עַם אֶחָד | *ein Volk*. Mit letztgenannter Wendung עַם אֶחָד in v6 konterkariert R^UG wiederum die Taxonomie der Völkertafel, die den Begriff גּוֹי dem Lexem לָשׁוֹן zuordnet. Ferner distanziert sich JHWH in v6 von der *einen Mundart*, indem er sie als die der anderen (לְכֻלָּם) bezeichnet. Der Gebrauch des Verbs בלל ist auffällig, da es nur im Rahmen von Gen 11 die Bedeutung *vermischen, vermengen* annimmt und ansonsten im qal mit anfeuchten zu *verdeutschen* wäre.[214] Durch JHWHs Vermengung der *einen Mundart* können sich die Menschen nicht mehr etwa verstehen (בין, נכר oder ידע), sondern nicht mehr hören (שמע). Hier merkt man, dass Gen 11,1–9 mit der *einen Mundart* nicht nur eine gemeinsame Sprache meint, sondern etwas eine reine Einsprachlichkeit Überragendes. Die *eine Mundart* ist im Erzählzusammengang von Gen 11,1–9 ein Band, das gemeinsame Absprachen (v3,4 und passivisch in v6b זמם) und daraus folgendes gemeinsames Handeln ermöglicht. Über die genauen Konsequenzen der Vermengung der *einen Mundart* bleibt Gen 11,1–9 vage und berichtet nicht wirklich über die plötzliche Entstehung der Vielsprachigkeit und ihrer Auswirkungen, etwa für den Baubetrieb. Vielmehr liegt der Fokus dieser Perikope auf der Lokalisierung des Ortes, an dem JHWH *die Mundart aller Welt* vermengt hatte (v9aβ) und in der Darstellung, dass aus dieser Vermengung die Zerstreuung der Menschen resultiert.

Beiderlei Annäherungen an den Text – als Konfliktgeschichte und in der Untersuchung der Vorstellungskomplexe, die mit der *einen Mundart* und der

---

212 Zur Frage der ädaquaten Widergabe von שָׂפָה im Deutschen siehe Anm. 69.

213 So Buber/Rosenzweig. Die Wendung דְּבָרִים אֲחָדִים ist ungewöhnlich, da das masc. Pl. von אַחַת nur weitere vier Mal in der hebräischen Bibel erscheint; davon drei Mal in Verbindung mit יָמִים (in Gen 27,44 und 29,20 sowie Dan 10,20). Eine inhaltliche Analogie findet sich in Ez 37,17 (וְהָיוּ לַאֲחָדִים בְּיָדֶךָ | *und sie sollen eins werden in deiner Hand*), wo Ezechiel angewiesen wird, mittels einer Zeichenhandlung die zukünftige Restitution des vereinigten Königreichs zu verkünden.

214 Vgl. Clines, *DCH*, s.v. בלל; *KAHAL*, s.v. בלל; Gesenius, *Ges^18*, s.v. בלל.

Vermengung verbunden sind –zeigen, dass Gen 11,1–9 sowohl für sich genommen als auch im Nahkontext zur Völkertafel nicht nur das Phänomen *Sprache* und den Verlust ihrer Einheit behandelt. Die שָׂפָה אֶחָת | *eine Mundart* ist in Gen 11,1–9 eine Chiffre für uniformes gemeinschaftliches Handeln, das eine gemeinsame Sprache im Sinne eines phonetisch geäußerten Zeichensystems zum Zweck der Kommunikation miteinschließt, aber darüber hinaus uniformes Planen und Umsetzen der Menschen umfasst. Indem Gen 11,1–9 so eine alternative Ätiologie der menschlichen Vielsprachigkeit zu Gen 10 bietet und gleichzeitig als kritische Reflexion über die Gefahren uniformen Handelns lesbar wird, erreicht dieser kurze Text von neun Versen eine schillernde Doppeldeutigkeit, die die bleibende Faszination dieses Textes erklärt.

2.3.4 Die sich perpetuierende Genesis der Sprache(n)

Aus den bisher vorgenommenen Textbeobachtungen lässt sich in Abwandlung von dem eingangs erwähnten Zitat von Franz Delitzsch[215] konstatieren, dass die Urgeschichte lediglich die Genesis der Sprache in Bezug auf ihre Vielfältigkeit erzählt. In den hier schematisch untersuchten Größen P^{UG}, nP^{UG}, R^{UG} findet sich keine auktorial intendierte mythische, ätiologische oder anthropologische Auseinandersetzung mit der Frage nach der Herkunft der menschlichen Fähigkeit zur Sprache, geschweige denn eine theologische Reflexion darüber. Man ist geneigt zu spekulieren, ob die Erzähler dieser Texte an der Klärung dieser Frage nicht interessiert waren oder diese ihnen als redundant erschien.[216] Auch wenn Aussagen dazu nie mehr denn als blosse Konjektur gelten können, spricht doch einiges dafür, dass der zweiten Option zuzustimmen wäre – insbesondere, wenn die Darstellung anderer Topoi der Sprachreflexion im Rahmen der Urgeschichte berücksichtigt wird. Sowohl die Herkunft der Namen der Dinge und Wesen als auch die Entstehung der Vielsprachigkeit werden in Gen 1–11 teilweise auch explizit entfaltet.

In allen drei hier betrachteten, redaktionskritisch fassbaren Bestandteilen der Urgeschichte, die von einer auktorialen Eigenständigkeit gezeichnet sind, findet sich jeweils eine spezifische Bearbeitung des Motivs der *nominatio rerum*. Nach nP^{UG} findet die Namensverleihung an die Mitgeschöpfe durch

---

215 Siehe Anm. 132.
216 Man denke beispielsweise an Ex 4,11, worin sowohl Befähigung zur Rede als auch deren Mangel als göttliche Gabe gedacht wird (vgl. Olyan, *Disability*, 49) oder an die schöpfungstheologischen Aussagen in Hi^{LXX} 38,14. Siehe dazu Witte, „Cosmos", 62.

den *Adam* statt. Dabei werden durch die Wahl unterschiedlicher Formulare ([obj/suf+]ל *NN* קרא[impf/nar] für Klassennamen und *NN obj* שֵׁם קרא für Eigennamen) spezifische soziale Bezüge zwischen dem *Adam* und den Mitgeschöpfen ausgedrückt. In Gen 2,19f.23 verleiht der *Adam* den Tieren und vorerst auch seinem weiblichen Gegenpart die die Klasse bezeichnenden Namen, was erst durch die Beteiligung Jhwhs ermöglicht wird, von dem der Anstoß zur Namensgebung ausgeht. Erst in 3,20 bekommt die Frau חַוָּה als Eigennamen verliehen. Bei P[UG] muss das Motiv der *nominatio rerum* im Kontext des größeren kompositorischen Zusammenhangs der Priesterschrift gelesen werden. Im Anfang erscheint Elohim als ein die Welt ordnender und die Ordnungselemente benennender Akteur (*NN* [obj+]ל קרא[perf/nar]), der dann in Gen 5,2 dem Menschen seinen Namen verleiht (*NN* [suffix]קרא אֶת־שְׁמ[nar]). Unter Verwendung der Formulierung, die bei seiner eigenen Benennung Anwendung gefunden hatte, gibt der Mensch dem nach seinem Abbild gezeugten Sohn seinen Namen. Diese durch Adam vorgenommene Nachahmung der Gottheit erscheint somit als Nachvollzug und Abbildung des göttlichen Schöpfungshandelns innerhalb der menschlichen Sphäre. Auch im Bericht der R[UG] über den Stadt- und Turmbau zu Babel findet sich das Motiv der *nominatio rerum*; hier jedoch versucht sich das *eine Mundart* sprechende Kollektiv durch seine Bautätigkeit einen Namen zu machen (שֵׁם [suffix+]ל עשׂה). Dies wird bekanntermaßen durch Jhwhs Verwirrung der *einen Mundart* verhindert und R[UG] berichtet, dass in Reminiszenz an dieses göttliche Handeln die Stadt Babel genannt werde. Die abschließende ätiologische Aussage in v9 wird in Abwandlung der Nominationsformel aus nP[UG] (*NN obj* שֵׁם קרא) formuliert und eröffnet so analeptische Bezüge zum Trachten nach einem Namen in Gen 11 und den zuvor berichteten Namensverleihungen.

Ähnlich polyphon sind die Aussagen zur Herkunft der Vielsprachigkeit des Menschen in der Urgeschichte. Synchron betrachtet konterkarieren sich scheinbar die Völkertafel und der Bericht von der Verwirrung der *einen Mundart* in Gen 11 in ihren Aussagen über die Gründe für die Entstehung der Vielfalt der menschlichen Sprachen. Gen 10 lässt sich trotz nachträglicher Erweiterungen gut in die narrative und theologische Tendenz von P[UG] einordnen, in der mithilfe sowohl von Genealogien als auch genealogischer Figuration von Texten versucht wird, die grundlegende Ordnung der beobachtbaren Welt in Bezug zu ihren Herkunftszusammenhängen zu beschreiben. In dieser Konzeption ist die Vielfalt der Sprachen neben der Vielfalt von Ländern, Völkern und Großfamilien ein „natürliches" Produkt der Verbreitung der Menschen. Eine spezifisch theologische Zuspitzung findet in der Völkertafel nicht statt. Der in den Erzählzusammenhang von P[UG] eingeschriebene Bericht von der Verwirrung der *einen Mundart* kontrastiert diese Darstellung, indem er die Vielsprachigkeit der Menschen auf Jhwhs präventiv-strafendes Handeln zurückführt. Jedoch ist, wie oben ausgeführt, mit der *einen Mundart* nicht alleine das ursprüngliche Idiom der Menschen gemeint, sondern auch ihr einmütiges Handeln als ein Kollektiv.

Dieses polyphone Nebeneinander verschiedener Topoi der narrativen Sprachreflexion erklärt nicht die sprachphilosophische Wirkungsgeschichte von Gen 1–11, die bereits in Schriften des Judentums des Zweiten Tempels beobachtbar ist und sich heute fortsetzt. Auch wenn keine auktorial intendierte Verhandlung der Sprachursprungsfrage feststellbar ist, eröffnet die Urgeschichte im Zusammenklang ihrer Einzelteile die Möglichkeit einer solchen Lesbarkeit. Dafür sind zwei Momente bedeutsam, die nachträglich und unabsichtlich in das Erzählgefälle dieses Textes gelangt sind: (1) die unvermittelte Erwähnung der *einen Mundart* in Gen 11 und (2) die Glossierung von נֶפֶשׁ חַיָּה in Gen 2,7.19b. Bei einer synchronen Lektüre kann die unvermittelte Erwähnung der *einen Mundart* überraschen, insofern sich unweigerlich im Anschluss an die Lektüre von Gen 11 die Frage nach der Herkunft dieser *einen Mundart* stellt. Geschieht eine erneute Lektüre der Urgeschichte, fällt bei einem zweiten Durchgang auf, dass in Gen 2,7.19 Mensch und Tier als *lebendige Wesen* nur die Einhauchung mit der נִשְׁמַת חַיִּים trennt. Die erste Handlung des mit der נְשָׁמָה-begabten Menschen ist die Benennung der Tiere, so dass unweigerlich die נְשָׁמָה mit der Sprachbefähigung in Bezug gesetzt werden kann. Dadurch eröffnet sich ein Deutungspotential für die Interpretation der narrativen wie logischen Lücken und Doppelungen der Urgeschichte hinsichtlich ihrer Verhandlung der sprachreflexiven Topoi. Obwohl nicht der auktorialen Intention der an der Entstehung von Gen 1–11 beteiligten Hände entsprechend, aber im Zusammenklang dieser angelegt perpetuiert sich so aus dem Text der Urgeschichte eine narrativ verfasste Vorlage für die Reflexion hinsichtlich der Genesis der Sprache(n). Im Verbund mit dem Komplexitätsanstieg begrifflicher Sprachreflexion im Alten Testament, den Zusammenhängen der israelitisch-frühjüdischen Religions- und Literaturgeschichte zur Zeit des Zweiten Tempels sowie den sozialen Umbrüchen im Hellenismus und unter der römischen Herrschaft, werden die Entstehungszusammenhänge der Idee des Hebräischen als Heilige Sprache erkennbar.[217]

---

217 Für eine geschichtliche Einordnung der soziolinguistischen Veränderung siehe Kratz, „Abraham".

3 Aufstieg und Niedergang der *Philologia Sacra*

„[...] der Theologe und der Philologe kamen ganz gut miteinander aus, solange nur der Sprachhistoriker nicht zu energisch nachfragte und empirisch überzeugende Beweise verlangte."[218]

Bis in die frühe Neuzeit verband das christliche Europa Zuschreibungen wie Heiligkeit, Ursprünglichkeit und Einzigartigkeit mit dem Hebräischen.[219] Nicht nur in theologischer oder religiöser Literatur wurde auf diese Vorstellungen eingegangen, sondern auch in sprachwissenschaftlichen oder -philosophischen Abhandlungen war die Bezugnahme auf die Sonderstellung des Hebräischen gängig. Eine Vorstellung, die sich nicht nur auf Gelehrtenkreise beschränkte, sondern auch eine gewisse Breitenwirkung entfaltete. In der späteren Neuzeit hingegen verminderte sich der Stellenwert des Hebräischen – außerhalb religiöser Kreise spielte es, wenn überhaupt, eine marginale Rolle. Zuschreibungen, sofern sie überhaupt auf das Hebräische appliziert werden, wirken eigentümlich desakralisiert, nüchtern uninteressiert und gelegentlich gefährlich nah an antijudaistischen/-semitischen Tropen.[220]

Ziel dieses Kapitels ist es, erstens der (Wieder-)Entdeckung des Hebräischen als Gegenstand der gelehrten Betrachtung unter europäischen Christen nachzugehen, zweitens die Auswirkung der Rede vom Hebräischen als Heilige Sprache auf die Theoriebildung der frühneuzeitlichen Hebraistik und Sprachreflexion zu beleuchten und drittens die Gründe für die Verweltlichung dieser *Philologia Sacra* am Vorabend des 19. Jahrhunderts zu erklären. Durch eine eklektische Reihung verschiedener Quellen und die Darstellung ihrer Kontexte werden nachfolgend wissenschaftsgeschichtliche Zusammenhänge skizziert, die den Aufstieg der Hebraistik und die *Profanisierung*[221] des Hebräischen bedingten. Dabei wird

---

218 Klein, „Einheit", 37.

219 Dieses Kapitel ist eine erweiterte und überarbeitete Version eines englischsprachigen Vortrages, der anlässlich des 13. Mainz International Colloquium on Ancient Hebrew (MICAH) am 05.11.18 gehalten wurde, der gekürzt und in englischer Sprache als Aufsatz in einem Tagungsband in der Reihe Kleine Untersuchungen zur Sprache des Alten Testaments und seiner Umwelt (KUSATU) erscheint. Dazu vorbereitende Grundgedanken wurden ebenfalls auf Englisch auf dem internationalen Meeting der SBL 2017 in Berlin und auf Deutsch anlässlich einer Nachwuchstagung in Kiel (HeSeKiel 2.0) 2017 vorgetragen.

220 Eine Darstellung des Beitrags der historisch-vergleichenden Sprachwissenschaften, insbesondere der Semitistik, zur Entwicklung europäischer Rassentheorien ist bei Olender, *Sprachen* zu finden.

221 Ich habe an dieser Stelle den Terminus *Profanisierung* gewählt, um eine terminologische Differenz zur *Säkularisierung* des Hebräischen zu erreichen. Die Judaistin ANDREA SCHATZ

https://doi.org/10.1515/9783110749106-003

ersichtlich werden, dass einerseits der Aufstieg der *Philologia Sacra* sowohl eine Konsequenz des ideengeschichtlichen Erbes der Beschäftigung mit dem Hebräischen als auch ein Ergebnis des zeitgenössischen Diskurses war und dass anderseits Bestrebungen, deren eigentliches Anliegen die philologische Beweisführung der Heiligkeit des Hebräischen waren, die *Profanisierung* der Hebraistik verursachten.

3.1 Ein kurzer Abriss der Geschichte der hebräischen Sprachkunde von ihren Wurzeln bis in die frühe Neuzeit

Wie bereits in Kapitel 2 dargestellt, findet sich in der Hebräischen Bibel weder eine explizite Rede über das Hebräische als *heilige Sprache* noch eine auktorial-intendierte Verarbeitung solcher Ideen zu einer mythischen Narration. Auch fehlen Quellen, die Formen der kultischen Inszenierung oder kulturellen Praxis bezeugen, die auf eine breite performative Realisierung von „Heiligkeit" auf das alttestamentliche Idiom schließen lassen. Jedoch gibt es Indizien, die darauf hindeuten, dass ein reflektiertes Wissen über Sprache, das auch Eingang in narrativen Texten gefunden hat, im Entstehen begriffen war. Gleiches gilt auch für die Sprachpraxis.

Im Kontrast dazu ist die Geschichte der hebräischen Sprachkunde[222] maßgeblich von der Vorstellung geprägt, dass das Hebräische eine heilige Sprache sei. Um die ideengeschichtliche Tiefenschärfe für die Darstellung und Einordnung der *Philologia Sacra* als Phänomen christlicher Sprachbetrachtung der frühen Neuzeit zu erlangen, soll nachfolgend die Geschichte dieser Vorstellung in drei Schritten kurz skizziert werden.[223]

---

beschreibt in ihrer Dissertation *Sprache in der Zerstreuung* die Bestrebungen der Maskilim im 18. und 19. Jahrhundert, „die heilige Sprache zur modernen Sprache der jüdischen Nation in der Diaspora zu machen" (Schatz, *Sprache*, 12) als *Säkularisierung*. Gleichzeitig problematisiert Schatz den Terminus ‚Säkularisierung' aufgrund seiner ursprünglichen christentumszentrischen Bedeutung: Er bezeichne ein spezifisches Phänomen der Geschichte des Christentums in Europa und könne nicht ohne Vorbehalte auf andere Kontexte angewendet werden. Vgl. Schatz, 21–28. Um diese begriffliche Unschärfe und die damit einhergehende Debatte über das Verständnis der Säkularisierung zu vermeiden, wird hier der aus dem kanonischen Recht stammende Begriff *Profanisierung* entlehnt, um den Prozess der Entkräftung der ehemaligen sakralen bzw. quasi-sakralen Zuschreibung des (Biblisch-)Hebräischen zu fassen. Kongruente Benutzung findet der Begriff Profanisierung bei Paul Tillich. Vgl. dazu Hammer, „Profanisierung."

222 Siehe Anm. 2.

223 Für eine Auswahl von Werken, die sich der Darstellung dieser Epochen der hebräischen Sprachkunde widmen, vgl. Anm. 4.

3.1.1 Sprachreflexion im antiken Judentum und Neuen Testament

Die Schriften des antiken Judentums, die außerhalb des masoretischen Kanons stehen, setzen sich häufiger als die Texte der hebräischen Bibel mit der Größe *Sprache* auseinander. Daher lässt sich die Transformation des Hebräischen zur *Lingua Sacra* des Judentums um einiges einfacher als die alttestamentliche Sprachreflexion betrachten. Diese breitere Behandlung des Themenkomplexes *Sprache* in der frühjüdischen Literatur bildet sich auch in der großen Anzahl wissenschaftlicher Darstellungen ab, die sich der Rede von der heiligen Sprache,[224] der mythologischen Verarbeitung dieser Idee[225] und ihrer alltäglichen Praxis[226] im

---

224 Eine diachrone Studie über die Idee einer heiligen Sprache im antiken Judentum findet sich bei Gallagher, *Scripture*, 111–123. Ähnlich ist auch die Darstellung bei David Aaron, wobei hier jedoch die Analyse weniger auf diachrone Merkmale, als auf die Zugehörigkeit zu den unterschiedlichen Korpora (LXX, Qumran, Rabbinica, ect.) des antiken Judentums abzielt. Siehe Aaron, „Judaism", 64–77. Steven Fraades Vorschlag der konsequenten Kontextualisierung der Rede von der Heiligkeit des Hebräischen als Topos des linguistischen Exzeptionalismus innerhalb der gelebten und reflektierten Mehrsprachigkeit des Antiken Judentums ergänzt die beiden oben genannten Beiträge. Vgl. Fraade, „Babel".

225 Die These, dass ethno-linguistische und religiöse Gruppierungen der Levante im Zuge spätantiker, identitätspolitischer Polemiken die Idee von der göttlichen Sprachbegabung verwandten und so auch die Rede vom Hebräischen als Sprache der Schöpfung zu interpretieren sei, ist seit Rubins Analyse der betreffenden Stellen in ihrem Beitrag „Language" diskursbestimmend. Ähnlich einflussreich für diesen Themenkomplex, Milka Rubins These vorwegnehmend, war die ereignisgeschichtlich angelegte Studie von Seth Schwartz. Vgl. Schwartz, „Language". In einem neueren Beitrag relativiert Yonatan Moss diese Sichtweise, indem er einerseits den Topos der göttlichen Sprachbegabung diachron zu betrachten versuchte und andererseits die soziolinguistischen Gegebenheiten berücksichtigte. Dabei konnte er aufzeigen, dass die Identifikation der *adamitischen* Sprache nicht zwingend mit der eigenen ethno-linguistischen oder religiösen Identität zusammenhängt. Vgl. Moss, „Language".
Im Zuge seiner Analyse von Gen 11 hat sich Christoph Uehlinger ausführlich mit der Rezeption des Topos der Sprachverwirrung in der frühjüdischen und rabbinischen Literatur beschäftigt. Siehe Uehlinger, *Weltreich*. Ähnlich angelegt ist auch die Dissertation von Phillip Shermann aus dem Jahre 2013, die sich auf die Neuinterpretation der Turmbauperikope in ausgewählten jüdischen Schriften wie dem Jubiläenbuch oder dem Midrasch Genesis Rabba konzentriert. Vgl. Sherman, *Tower*.

226 Siehe zur hebräischen Sprachkunde in Qumran Campbell, „Hebrew" und bei Ben Sira Aitken, „Study". Mit einem breiteren Horizont angelegt ist die Studie *Jewish literacy in Roman Palestine* von Cathrine Hezser, die versucht, die *Schreib- und Lesefähigkeit* [engl. literacy] der jüdischen Bevölkerung des römischen Palästinas zu eruieren. Dabei kommt sie zum Schluss, dass die Lese- und Schreibbildung der jüdischen Bevölkerung in Palästina im Vergleich zum römischen Umfeld geringer gewesen sei. Vgl. Hezser, *Literarcy*, 496. Hezsers These wurde durch Michael Wise revidiert, der mittels Quellen aus der Zeit des Bar Kochba Aufstandes zeigte, dass sich die Lese- und Schreibfähigkeit der höheren Schichten der jüdischen Bevölkerung Palästinas

antiken Judentum widmen. Ohne sich hier in einer Darstellung der Einzelheiten der Rekonstruktion der Geschichte der Sprachreflexion der israelitisch-frühjüdischen Tradition und ihrer Verästelungen zu verlieren, kann festgehalten werden, dass Entstehung und Entfaltung der verschiedenen Vorstellungen über die Heiligkeit des Hebräischen durch nachfolgende Faktoren maßgeblich geprägt war: Zwar fußen viele metasprachliche Topoi der nicht kanonisch gewordenen Literatur des antiken Judentums auf den Texten der Hebräischen Bibel, es findet aber eine Transformation und Adaption dieser Vorstellungen statt. Die letzteren Triebfedern sind die sich stets wandelnden soziolinguistischen Kontexte, die immer wieder eine Anpassung des Denkens über die eigene(n) Sprache(n) einforderten.[227]

Das palästinische Judentum der Spätantike zeichnete sich durch eine konsequente Mehrsprachigkeit aus. Denn zur hebräisch-aramäischen Zweisprachigkeit[228] des palästinischen Judentums unter der Ägide der Perser[229] gesellten sich

---

durchaus mit denen ihrer Umwelt vergleichen lassen. Denn zur hebräisch-aramäischen Diglossie, die bereits seit der Perserzeit bestand, kamen auch Kenntnisse des Griechischen hinzu, die nach Wise auf eine höhere *Schreib- und Lesefähigkeit* deute. Vgl. Wise, *Language*.

227 Vgl. Moss, „Language" und Gallagher, *Scripture*, 106–110.

228 Der Targum Pseudo-Jonathan zu Gen 31,47 illustriert eindrücklich diese hebräisch-aramäische Zweisprachigkeit:

וקרא ליה לבן אוגר סהיד	*Und Laban nannte es ‚Ogar Sahid'*
ויעקב קרא ליה בלישן בית קדשא גלעד	*und Jakob nannte es in der Sprache des heiligen Hauses ‚Gilead'*

[Text: CLARKE, *Targum Pseudo-Jonathan*, 39]　　　[*Übersetzung BP*]

Im Gegensatz zum masoretischen Text, in dem kein Sprachwechsel markiert und davon ausgegangen wird, dass der Leser den Sprachwechsel mithilfe seiner Sprachkenntnis nachvollziehen kann, verdeutlicht der *Meturgeman* des Targum Pseudo-Jonathan den Sprachwechsel, indem er der Ortsbezeichnung ‚Gilead' der Sprache des Tempels zuschreibt. Die Markierung des Hebräischen als לישן בית קדשא | *Sprache des heiligen Hauses* in Gen 31,47 findet sich nur im Targum Neofiti wieder und fehlt im Palästinischen Targum aus der Kairoer Geniza, dem Targum Onkelos sowie dem Samaritanischen Targum.

229 Eine breite forschungsgeschichtliche Wirkung entfaltete die Annahme, dass sich mit der Rückkehr aus dem Babylonischen Exil das Hebräische in einer Konkurrenzsituation mit dem Aramäischen wiedergefunden hatte. Zwar solle sich das Hebräische bis vor die Zeitenwende gehalten haben, als Indiz dafür gilt der Prolog zu Jesus Sirach, aber schließlich sei nur noch das Aramäische gesprochen worden (so beispielsweise *GRK*[28], § 2t oder *GKB*[29], § 2m). Derzeit wird jedoch eine nuanciertere Beurteilung der soziolinguistischen Situation der persischen Provinz Jehud diskutiert. Denn durch die Entdeckung der Schriften aus der judäischen Wüste und anderer Funde, wie etwa der Sirach-Manuskripte aus der Kairoer Geniza, musste die Frage nach dem

mit der Hellenisierung das Griechische und mit der administrativ-kulturellen Inkorporation ins Imperium Romanum schließlich das Lateinische. Diese Viersprachigkeit wird im nachfolgenden Ausspruch, der Rabbi Jonathan von Beit Guvrin zugerechnet wird, greifbar.

אמר רבי יונתן דבית גוברין
ארבעה לשונות נאים שישתמש בהן העולם ואילו לעז
הן לעז לזמר רומי לקרב סורסי לאיליא עברי לדיבור

*Rabbi Yonatan aus Bet Guvrin sagte:
„Es gibt vier schöne Sprachen, die die Welt nutzen soll. Und diese fremden Sprachen sind: Die fremde Sprache*[230] *für den Gesang, Latein für das Schwert, Syrisch für die Klage, Hebräisch für die Rede."*

ויש אומרים
אף אשורי לכתב[231]

*Und es gibt einige, die sagen:
„Auch Assyrisch*[232] *für das Schreiben."*

Auch wenn die hier vorgenommene funktionale Zuordnung – das Griechische für den Gesang,[233] das Lateinische für den Krieg, das Syrische für die Klage und das ‚Hebräische' für das Gesprochene – mehr einer Idealvorstellung als der Realität entsprach, macht sie den diffizilen Aushandlungsprozess zwischen den verschiedenen Sprachen und ihren Trägerkreisen greifbar. Konzepte der Heiligkeit des antiken Judentums müssen dementsprechend auch als Topoi sprachapologetischer Diskurse verstanden werden. Denn die mit der Hellenisierung einsetzende

---

Verhältnis zwischen dem Biblisch-Hebräischen, dem Idiom dieser neu entdeckten Dokumente und dem Rabbinisch-Hebräischen neu verhandelt werden. Konsens scheint zu sein, dass eine hebräisch-aramäische Zweisprachigkeit mit der persischen Hegemonie einsetzt habe. Gegenstand des Diskurses ist jedoch die Natur dieses Hebräischen. Gewisse Indizien deuten auf eine registerspezifische Diglossie des Hebräischen in der Provinz Jehud hin. So soll neben dem vernakularen Hebräischen gewisser Bevölkerungsschichten, von dem die Sprache der Rabbinen abstamme, ein nachexilisches Hebräisch geschrieben worden sein. Dieses ausschließlich schriftsprachliche Register des Hebräischen wäre zwar vom Reichsaramäischen und dem vernakularen Hebräischen dieser Epoche beeinflusst gewesen, soll sich aber selbst als Weiterführung der Literatursprache der Königszeit verstanden haben. Siehe dazu u. a. die Diskussion bei Schaper, „Hebrew", 16–18 und Talshir, „Habitat".

230 לעז steht wörtlich für die *fremde Sprache*. Hier ist aber wohl *Griechisch* gemeint. So auch Hüttenmeister, *Megilla*, 43 Anm. 283.

231 yMeg 71b; Konsonantentext nach Guggenheimer, *Talmud*, 237f. Für weitere Belegstellen vgl. FRAADE, „Babel", 59 Anm. 68.

232 Mit אשורי ist die Quadratschrift gemeint. Der hier wiedergegebener Talmudtraktat differenziert zwischen dem Syrischen, Hebräischen und Aramäischen als unterschiedliche Sprachen und dem Assyrischen als Schrift ohne Sprache (אשורי יש לו כתב ואין לו לשון). Vgl. Guggenheimer, *Talmud*, 237f. und Anm. 306.

233 Siehe dazu die Zusammenfassung der neueren Forschung, die sich mit der Rolle des Griechischen im antiken Judentum beschäftigt, bei Gallagher, *Scripture*, 106f. insbesondere Anm. 3f.

griechisch-aramäische Zweisprachigkeit verdrängte das Hebräische zunehmend, sodass es sich in religiöse Nischen zurückzog.[234] Das Verhältnis zwischen dem Hebräischen und dem Aramäischen war aber nicht nur von Rangstreitigkeiten geprägt, manchmal scheint das Nebeneinander dieser beiden Sprachen auch die Grenzen zwischen ihnen aufgelöst zu haben. Das kann besonderes an dem ständigen Sprachwechsel innerhalb der rabbinischen Literatur oder in der unklaren Nomenklatur beider Sprachen beobachtet werden. Dass die Glottonyme Aramäisch und Hebräisch verwechselt werden, kann nicht nur in der Literatur des antiken Judentums beobachtet werden,[235] sondern ist sowohl aus dem Neuen Testament[236] als auch von den Kirchenvätern[237] bekannt.

Trotz dieses zutiefst mehrsprachigen Kontextes scheinen sprachapologetische Diskurse wenig Eingang in das Neue Testament gefunden zu haben. Selbst die Thematisierung von *Sprache* erfolgt selten und geschieht meist ohne Systematisierung.[238] Neben dem Phänomen der Glossolalie, das bei Markus, Paulus und in der Apostelgeschichte erwähnt wird, und der Notiz über die

---

234 Interessanterweise revitalisierte sich das Hebräische stets im Kontext jüdisch-nationaler Besinnung und Abgrenzung gegen die Außenwelt. So erlebte das Hebräische sowohl unter den Makkabäern als auch während des Jüdischen Krieges und im Zuge des Bar-Kochba Aufstandes eine Renaissance als Sprache der nationalen Identität und eigenstaatlichen Administration. Für eine ausführliche Rekonstruktion der Verbreitung von *Schreib- und Lesefähigkeit* [engl. ‚literacy'] unter den Hasmonäern und in der römischen Provinz Judäa bis zum Bar Kochba Aufstand siehe Wise, *Language*, 279–355.
235 Eine Besprechung der irreführenden Verwendung der Glottonyme bei Philo und Josephus findet sich bei Gallagher, *Scripture*, 123f.
236 Zur Bedeutung der Charakterisierung von Paulus als einen Ἑβραῖος (2Kor 11,22 und Phil 3,5) und mit dem Ἑβραΐδι διαλέκτῳ (Apg 21,40) Vertrauten siehe Kobel, *Paulus*, 67f. insbesondere Anm. 7 (hier danke ich Prof. Dr. Esther Kobel, die mir freundlicherweise das unveröffentlichte Manuskript ihrer Habilitationsschrift zur Verfügung gestellt hat. Zitiert wird jedoch aus dem mittlerweile erschienenen Band). Für eine kritische Evaluation der Wendung Ἑβραΐδι διαλέκτῳ λέγων und ähnlicher Formulierungen vor dem Hintergrund sprachgeschichtlicher Erwägungen siehe Penner, „Names".
237 Für Beispiele aus der patristischen Literatur, in denen offensichtlich aramäische Texte als Hebräisch klassifiziert werden siehe Gallagher, *Scripture*, 127f.
238 Eine Strategie hinter den vereinzelt auftauchenden aramäischen Ausdrücken und Wendungen ist kaum zu erkennen. Meist handelt es sich dabei um Orts- oder Personalnamen und um liturgische Ausdrücke (ὡσαννά Mk 11,9; μαράνα θά 1Kor 16,22). Eine Ausnahme bilden die Heilungsimperative im Markusevangelium (ταλιθα κουμ Mk 5,41; εφφαθα Mk 7,34) und das Schriftzitat des Gekreuzigten (Mk 15,34f. und abhängig davon Mt 27,46f). Siehe zu den Heilungsimperativen die Diskussion bei Collins, *Mark*, 284f.340. Spannend für die hier verhandelten Zusammenhänge ist Mt 5,18, da hier möglicherweise auf die Gestalt der Quadratschrift bzw. der griechischen Buchstaben eingegangen wird. Jedoch ist nicht gänzlich geklärt, ob hier eine stehende Wendung wiedergegeben wird.

Dreisprachigkeit der Kreuzesinschrift (*titulus crucis*) im Johannesevangelium, findet nur im lukanischen Doppelwerk eine signifikante Reflexion über die linguistische Differenz und deren Überwindung[239] statt. Diese ‚Sprachvergessenheit' des Neuen Testaments, die eine Gemeinsamkeit mit der Randständigkeit der Sprachreflexion im hebräischen Kanon hat, erstaunt angesichts der Thematisierung von Sprache in der zeitgenössischen Literatur, seiner mehrsprachigen Umwelt und insbesondere angesichts der Mehrsprachligkeit seiner Autoren.[240]

Trotz dieses Mangels an systematisierter Reflexion über Sprache bzw. der Schwierigkeit, eine solche Abstraktion des Sprachwissens zu erkennen, haben die oben genannten Textstellen im Zusammenspiel mit den ähnlich gelagerten Stellen des Alten Testaments eine enorme Wirkung auf das Denken über Sprache entwickelt. Kronzeuge dieses Phänomens ist das Pfingstwunder, das trotz seiner spezifischen Funktion innerhalb des lukanischen Doppelwerks seine wirkungsgeschichtliche Signifikanz erst im gesamtkanonischen Zusammenhang entfaltet. Die kanonische Interpretation von Apg 2 als Restitution der Sprachverwirrung in Gen 11 setzte bereits sehr früh ein.[241] Ein weiteres Beispiel ist die Kreuzesinschrift, die durch die Nennung der drei Sprachen Hebräisch, Griechisch und Latein auch die Ideengeschichte der christlichen Sprachreflexion maßgeblich beeinflusste. Die darauf fußende Rede von den *tres linguae sacrae* fand enormen Anklang in der christlichen Literatur, aber eine Klärung der Begrifflichkeit *heilige Sprache* blieb aus, wie nachfolgend gezeigt wird.

3.1.2 Die Anfänge der hebräischen Sprachkunde

Die patristische Reflexion über Sprache und Sprachlichkeit, die in neuerer Zeit verstärkt in den Fokus wissenschaftlicher Bearbeitung geraten ist,[242] fand zwar

---

239 Das Lukasevangelium gibt die aramäischen Ausdrücke aus Mk (siehe Anm. 238) nicht wieder. Es ist jedoch auffällig, dass im lukanischen Doppelwerk die Jesajarolle physisch erscheint und verlesen wird (Lk 4,16–29; Apg 8,26–39). In beiden Perikopen wird jedoch nicht ersichtlich, ob die auftretenden Kommentatoren der Jesajarolle (Jesus und der Diakon Philippus) auch die Rolle eines *Meturgemans* annehmen.
240 Zur Mehrsprachigkeit von Paulus siehe Kobel, *Paulus*, 66–70.
241 Denecker, *Ideas*, 201–203.
242 So haben sich zwei neuere Dissertationen den unterschiedlichen Aspekten der Sprachreflexion in der patristischen Literatur gewidmet. Ein Panoptikum der Sprachreflexion der lateinischen Kirchenväter bietet Tim Denecker in *Ideas*. Yuliya Minets' unveröffentlichte Dissertation „Fall", versucht eine konsequente Kontextualisierung des Denkens über Sprache von lateinischen, griechischen und syrischen Autoren angesichts des Spannungsfeldes zwischen deren

selten prominent, aber durchgehend statt. Dabei war das Problembewusstsein der Kirchenväter für sprachtheoretische Fragestellungen unweigerlich von der Heiligen Schrift geprägt. Einige wenige Stellen wurden dabei, wie Denecker ausführt, zu „authoritative landmarks in early Christian thought about language".[243] Als solche führt Denecker den ersten Schöpfungsbericht (Gen 1) durch die Erschaffung der Welt durch das göttliche Wort, die *Nominatio Rerum* durch den Menschen (Gen 2,19f.23), die Sprachverwirrung zu Babel (Gen 11,1–9), den Johannesprolog (Joh 1,1–18) und das Pfingstwunder (Apg 2,1–13) an. Entlang dieser Stellen und im Gespräch mit paganen sprachphilosophischen Vorstellungen wurden die wichtigsten sprachtheoretischen Fragen aus christlicher Perspektive beantwortet. Die Loci patristischer Sprachreflexion drehen sich erstens um den Ursprung der Sprache und die Herkunft der Worte, zweitens um den Widerspruch zwischen der ursprünglichen Einheit der Sprache und der gegenwärtigen Vielfalt, drittens um die Möglichkeit der Überwindung der Sprachverwirrung und viertens um die theologische Relevanz der Sprachenfrage sowie die Rolle Christi darin.[244]

Bei dieser Breite der Diskussionslage über Sprache im antiken Christentum lässt sich festhalten, dass oft das Hebräische zur Beantwortung der oben gestellten Fragen herbeigezogen wurde. Dabei lässt sich eine Nähe zwischen den jüdischen Schriften aus hellenistisch-römischer Zeit und den Kirchenvätern bezüglich der Beantwortung der Ursprachenthematik und des Problems der Sprachverwirrung feststellen.[245] Insbesondere die metalinguistischen Konzepte des Jubiläenbuchs[246] wurden von christlicher als auch jüdischer Seite häufig

---

Gruppenidentitäten und dem Universalitätsanspruch des Christentums. Auch der auf Rezeptionsgeschichte spezialisierte Alttestamentler Edmon Gallagher legte 2012 eine Monographie (*Scripture*) vor, welche die patristische Theoriebildung zur hebräischen Sprache im Kontext der Kanonstheologie darstellt. Im Weiteren sind auch die Dissertationen von Almut Trenkler und Gerd-Dietrich Warns zu berücksichtigen, die sich der Geschichte der lateinischen Übersetzung des Buches Hiob bei Augustin und Hieronymus widmen. Siehe Trenkler, *Rezensionen* und Warns, *Textvorlage*. Ein Überblick über die Forschung zur patristischen Beschäftigung mit Sprache/Sprachlichkeit und Berichte über neuere Entwicklungen in diesem Feld kann Denecker, *Ideas*, 2f. entnommen werden.

243 Denecker, *Ideas*, 8.

244 Eine systematische Besprechung der Topoi patristischer Sprachreflexion kann Denecker, *Ideas*, 25–222. entnommen werden. Ferner Borst, *Turmbau* 1:227–292; Borst, *Turmbau* 2.1:366–404 und Trabant, *Sprachdenken*, 45–52.

245 So auch Denecker, *Ideas*, 93 und Gallagher, *Scripture*, 10.

246 Für eine Zusammenfassung und Evaluation der metasprachlichen Diskurse im Jubiläenbuch siehe Sherman, *Tower*, 97–120.

rezipiert.[247] Spezifisch für die patristische Sprachreflexion ist die metalinguistische Bearbeitung des Pfingstwunders und die Idee der *tres linguae sacrae* in Rezeption des dreisprachigen *Titulus Crucis* nach Johannes.

Verglichen mit den durchaus elaborierten metalinguistischen Theoriegebäuden der Kirchenväter, die nicht selten das Hebräische in das Zentrum der Betrachtung rückten, erstaunt auf den ersten Blick ihr Mangel an sprachkundlichem Wissen. Wenige Ausnahmen ausgenommen – worunter unter anderen Origenes und Hieronymus zählen – scheint kaum Interesse am Erwerb von Hebräischkenntnissen geherrscht zu haben. Dieses Desinteresse ist jedoch im Kontext der allgemeineren reservierten Haltung gegenüber fremden Sprachen im römischen Imperium zu sehen, die auch die christlichen Schriftsteller betraf. Im Fall der lateinischen Kirchenväter scheint die konkrete sprachkundliche Auseinandersetzung mit hebräischen, aber auch griechischen Texten verebbt zu sein, sobald eine kanonisierte lateinische Übersetzung zur Verfügung stand.[248] Trotz des hohen Lobes des Hebräischen in Texten mit metasprachlichen Überlegungen war die sprachkundliche Erschließung der Sprache des Alten Testaments für viele nicht erfolgsversprechend genug. Die wenigen christlichen Intellektuellen, denen wie Hieronymus die Erschließung des Alten Testament in seiner hebräischen Form ein besonderes Anliegen war, waren auf Vermittlung von Sprachkenntnissen durch jüdische Gelehrte angewiesen. Da aufgrund der geringen Zahl die Traditionsbildung einer hebräischen Sprachkunde unter den Christen nicht stattfand, blieb neben dem Unterricht bei jüdischen Gelehrten nur die Rekapitulation sprachkundlichen Wissens aus der patristischen Literatur als einzige Möglichkeit der Auseinandersetzung mit der hebräischen Sprache.[249]

Die Ursprünge der hebräischen Sprachkunde im engeren Sinne entstammen eindeutig dem frühmittelalterlichen Judentum. Im Vergleich zu anderen Grammatiktraditionen, wie etwa der Latinistik oder der indigenen Sanskritkunde, setzte die grammatische Erfassung des Hebräischen relativ spät ein, was nach Téné auf die vergleichsweise späte Festlegung auf einen normativen Text zurückzuführen ist.[250] Die u.a. vom masoretischen Strang der Texttransmission angewandten Methoden der Textsicherung – von der Bewahrung des

---

247 Am offensichtlichsten scheint dies beim anonymen Schriftsteller von *Quaestiones ueteris et noui testamenti*, der manchmal auch unter dem Namen Pseudo-Augustinus (Ambrosiaster) bekannt ist, zu geschehen. Siehe dazu Denecker, *Ideas*, 62f.
248 Der Briefwechsel zwischen Augustin und Hieronymus, in dem Augustins Kritik an der Vulgata deutlich wird, steht symptomatisch für den Widerstand vieler christlicher Schriftsteller der Antike gegen Neuübersetzungen oder Revisionen. Dazu einführend Fürst, „Veritas".
249 Siehe dazu Punkt 3.1.3 und dort insbesondere Anm. 256.
250 Vgl. Téné, „Tradition", 21f.

Konsonantentexts über die Wiedergabe der Akzentuierung, Syntax und musikalischen Realisierung mittels der Kantillationszeichen bis hin zur Fixierung der Aussprache mithilfe von diakritischen Vokalzeichen sowie der Randglossierung in Masora parva und magna – setzten ein Bewusstsein über die Grammatik des Hebräischen voraus. Letzteres schlägt sich durchaus in der Masora nieder,[251] aber die Systematisierung dieser Lehrsätze findet erst in Folge der Auseinandersetzungen zwischen dem (rabbinischen) Mehrheitsjudentum und den Karaiten sowie unter Einfluss der arabischen Grammatiktradition statt.[252] Als erstes Werk der eigenständigen hebräischen Sprachkunde ist wohl das auf Arabisch verfasste *Kutub al-Lugah*[253] von Saadia Gaon (ca 882–942) zu zählen, in dem zum ersten Mal eine systematische Besprechung des Biblisch-Hebräischen mithilfe der Loci der arabischen Grammatiktradition vorlegt wurde.

Beachtet man die große Nähe der metasprachlichen Konzeptionen des Judentums und des Christentums der Spätantike und im frühen Mittelalter, erstaunt das oben dargestellte Desinteresse christlicher Kreise vor der sprachkundlichen Erschließung des Hebräischen. Die dahinterliegenden Gründe sind mehrdimensional. Zuerst gilt es die Breitenwirkung der antiken Versionen des Alten Testament zu beachten. Insbesondere Septuaginta, Vulgata und Peschitta ermöglichten in den verschiedenen Sprachräumen des römischen Reiches und darüber hinaus eine konsekutive Lektüre beider Kanonteile in den jeweiligen Verkehrssprachen. Alle drei Versionen wurden lange als Ausgangspunkt theologischer Reflexion rezipiert sowie im Rahmen der verschiedenen kirchlichen Liturgien als heilige Sprachen inszeniert und dies auch dann, wenn nicht alle Gottesdienstteilnehmer die jeweilige Liturgiesprache beherrschten.[254] Da die

---

251 Für Beispiele zur Besprechung grammatischer Phänomene durch die Masoreten siehe Dotan, „Massora".

252 Vgl. Lange, *Meilenstein*, 35.

253 Das *Kutub al-Lugah* wurde im Gegensatz zu den exegetischen und philosophischen Werken Gaons weit seltener rezipiert. So wussten die jüdischen Hebraisten des mittelalterlichen Spaniens wie Ibn Janah oder Ibn Ezra von der Existenz dieses Werkes, aber kannten dessen Inhalt nur auszugsweise. Lange galt das *Kutub al-Lugah* als verloren – abgesehen von den Auszügen in Gaons Kommentar zum *Sefer Jeṣira* und bei anderen Werken der frühen jüdisch-spanischen Hebraisten. Jedoch sind seit der Publikation von Wilhelm Bachers Studien zu den Anfängen der Hebraistik einige bis dahin unbekannte Fragmente des *Kutub al-Lugah* in der Firkovitch-Sammlung identifiziert worden. Eine erste Bearbeitung hatte Skoss in zwei Aufsätzen 1952 resp. 1954 (vgl. „Saadia"; „Saadia (Continued)") auf Englisch vorgelegt. Eine kritische Ausgabe mitsamt Übersetzung (jedoch nur auf Ivrit) erfolgte erst 1997 in Aron Dotans zweibändigem Werk אור ראשון בחכמת הלשון.

254 Als außereuropäisches Beispiel für dieses Phänomen ist der ‚Export' syrischer Liturgie bis nach Turfan oder Kerala zu nennen. Für einen kurzen Überblick über das Konzept der heiligen

Übersetzungen als inspiriert galten, war der Rückgriff auf das in der alltäglichen Sprachpraxis wenn überhaupt marginale Hebräisch für die Christen nicht nötig. Zweitens war der Zugriff auf die hebräische Sprache aufgrund der oben erwähnten späten Genese einer Grammatiktradition für viele schlichtweg zu beschwerlich, insbesondere da die frühen hebraistischen Werke auf Arabisch verfasst wurden. Drittens gilt es zu bedenken, dass die durch die griechisch-römische Antike beeinflusste Sprachkunde im europäischen Raum stets dazu neigte, sprachphilosophische Fragestellungen der sprachkundlichen Erschließung eines Idioms vorzuziehen.[255] Viertens dürfen antijudaistische Vorbehalte, die das Erlernen des Hebräischen erschwerten, nicht vergessen werden.

3.1.3 Die christliche (Wieder-)Entdeckung des Hebräischen

Das Hebräische entschwand nie gänzlich aus dem Blickfeld der christlichen Gelehrten.[256] Trotz der Versuche herausragender Theologen des europäischen Mittelalters wie Beda Venerabilis,[257] Hugo von St. Viktor[258] oder Nikolaus von Lyra[259] des Hebräischen mächtig zu werden, begegnete die breite Masse dem Erwerb des als Sprache der Juden negativ konnotierten Hebräischen mit Skepsis. Insbesondere anekdotenhaftes Wissen *über* das Hebräische, das oft mit der Idee einer heiligen Sprache verbunden war, taucht vereinzelt in mittelalterlichen Texten auf.

Sprache und der Sprachpraxis unter den Christen der syrischen Tradition, insbesondere angesichts der islamischen Expansion und der anschließenden Arabisierung, siehe Radscheit, „Arabisch", 106–108.

255 Diese Neigung wird klar ersichtlich, wenn man die durch die griechisch-römische Antike entscheidend geprägte europäische Tradition der Sprachreflexion mit der Geschichte der Sprachwissenschaften auf dem indischen Subkontinent vergleicht. Dort entwickelte sich in den verschiedenen Sprachräumen zuerst die Tradition der sprachkundlichen Beschreibung eines Idioms. Erst danach wurden die Fragen der Sprachphilosophie verhandelt. Vgl. Coseriu, *Geschichte*, 19f.

256 Ein Überblick über das Verhältnis von jüdischer und christlicher Gelehrsamkeit im 12. Jahrhundert, die von christlicher Rezeption jüdischer Sprachkunde und Polemik gegen die Juden geprägt war, ist bei Singer, „Polemic" zu finden. Zur Rezeption hebraistischen Wissens der Kirchenväter im frühen Mittelalter siehe McNally, „Linguae". Zur Geschichte der hebräischen Sprachkunde auf den Britischen Inseln in der Spätantike und im Frühmittelalter siehe Fleming, „Language".

257 Vgl. Reventlow, *Epochen*, 2:118–127. Für eine Untersuchung des Stellenwerts von etymologischen Erklärungen auf Basis des Hebräischen in den Homilien von Beda Venerabilis siehe Fleming, „Language", 142–161.

258 Vgl. Reventlow, *Epochen*, 2:170–180.

259 Vgl. Reventlow, *Epochen*, 2:269–172.

Der nachfolgende Ausschnitt aus Hugo von Trimbergs (ca. 1235–1313)[260] bekanntestem Werk *Der Renner* illustriert beispielhaft solches Wissen *über* das Hebräische.

> Jüdisch, kriechisch und latîn
> Müezen in allen messen sîn,
> Wenne aller sprâche lêrerîn
> Ist kriechisch, sô muoz jüdisch sîn
> Der sprâche muoter über alliu lant,
> Daz ist den wîsen wol bekannt:
> Aber aller sprâche künigîn
> Über alle die werlt ist latîn[261]

Hugo von Trimberg versuchte in *Der Renner* das Wissen seiner Zeit enzyklopädisch zu sammeln und als theologisches Lehrgedicht darzustellen.[262] Zu diesem Zweck stellte er Sprachlisten zusammen, die neben der Nennung der Idiome und Dialekte auch eine kurze Charakterisierung beinhalten. In diesem Kontext nennt er Latein, Griechisch und Hebräisch (hier Jüdisch) und weist auf ihre liturgische Funktion hin. Obwohl das ‚Jüdische‘ kaum eine größere Rolle in der Messe spielte,[263] ist die Nennung des Hebräischen an dieser Stelle als Konsequenz der Idee der *tres linguae sacrae* zu deuten. Denn Hugo hebt diese Sprache von den anderen Idiomen ab, indem er versucht, die herausragende Stellung der *tres linguae sacrae* inhaltlich zu füllen. Er versieht die einzelnen Sprachen mit verschiedenen Epitheta: Latein als Königin aller Sprachen, Griechisch als Lehrerin aller Sprachen und Hebräisch als Mutter aller Sprachen. Es fällt auf, dass er lediglich für die Begründung des Ehrentitels des Hebräischen keine näher bestimmte Gelehrte nennt, als sei dieses Epitheton für seine Leser nicht nachvollziehbar.

Die wissenschaftliche Entdeckung und Aneignung des Hebräischen durch das christliche Europa begann in Italien.[264] Insbesondere Florenz scheint ein erster Nexus der Begegnung zwischen jüdischer Sprachgelehrsamkeit und der durch den Renaissance-Humanismus begünstigten christlichen Philologie des

---

260 Vgl. Weigand, „Hugo".
261 Ehrismann, *Renner*, 3:223.
262 Vgl. Weigand, *Renner*.
263 Dem interessanten Phänomen der mittelalterlichen Übersetzung christlich-liturgischer Texte wie etwa dem *Vaterunser* ins Hebräische, geht Pinchas Lapide nach. Siehe dazu Lapide, *Hebräisch*, 19–32.
264 Für eine Einführung in die Rezeption des Hebräischen in der italienischen Renaissance siehe Vanderjagt, „Fontes", 167–174.

Hebräischen gewesen zu sein.[265] Als weiterer Meilenstein der Ideengeschichte der Hebraistik ist der berühmte Beschluss des Konzils von Vienne (1311/12) über die Einrichtung von Lehrstühlen für das Studium der ‚orientalischen' Sprachen Hebräisch, Chaldäisch und Arabisch zu nennen. Sowohl frühneuzeitliche Gelehrte[266] als auch die neuere Forschung[267] beziehen sich häufig auf diesen Beschluss als kirchenpolitisch-ideologische Grundlegung für die christliche Hebraistik. Ob der Konzilsbeschluss die Einrichtung von Lehrstühlen für orientalische Philologie tatsächlich verursachte, ist aber mehr als fraglich.[268] Vielmehr scheint der Bezug auf das Konzil von Vienne für die frühneuzeitliche Hebraistik als eine in die Vergangenheit projizierte Gründungsurkunde zu dienen.[269] Gleichzeitig macht dieser Beschluss das von Missions- und Unionsbestrebungen geleitete Interesse der Kirchenpolitik an der Sprachwissenschaft greifbar.

Als Beginn der christlichen Hebraistik im deutschsprachigen Raum wird meist die Veröffentlichung von Reuchlins *De rudimentis Hebraicis* im Jahre 1506 angeführt. Conrad Pellican veröffentlichte jedoch vier Jahre vorher seine achtunddreißigseitige Abhandlung *Grammatica Hebraea*,[270] die nebst einer Einführung in die hebräische Schrift auch eine kurze Darstellung der Morphologie und eine Chrestomathie aus Jesajatexten sowie eine Vokabelliste enthält. Beiden Werken ist sowohl deren Prägung durch die lateinische Schulgrammatik[271] als auch deren Verwurzelung in der christlichen Tradition gemein. Letzteres wird

---

265 Vgl. Krasemann, „Biblia", 198.

266 So z.B. Flacius, der sich in seiner *Adhortatio* auf den besagten Konzilsbeschluss zu Vienne bezieht. Vgl. Vanek, „Philologie", 117.

267 Seit Edward Saids Studie *Orientalism* wird gerne das Konzil von Vienne als Geburtsstunde des Europäischen Orientalismus bezeichnet. Vgl. Said, *Orientalism*, 49f. 357 Anm. 18.

268 Siehe dazu die polemische Kritik bei Irwin, *Lust*, 47f. sowie die forschungsgeschichtliche Kontextualisierung bei Krasemann, „Biblia", 196.

269 So auch Lovell, „Créance", 149.

270 Die *Grammatica Hebraea* erschien in einigen Ausgaben der Enzyklopädie *Margarita Phylosophica* von Georg Reisch. Für eine ausführliche Besprechung Pellicans *Grammatica Hebraea* siehe Ego, „Anfänge".

271 Besonders die Art und Weise, wie Pellican die Morphosyntax der Verben behandelt, verdeutlicht die Prägung der frühen christlichen Hebraistik durch die lateinische Schulgrammatik. Anhand von פקד im Qal und Niphal werden die Tempora vorgeführt. Laut Ego zeigt sich in der Wahl von פקד als Paradigmenverb die Abhängigkeit Pellicans von den Grammatiken der Kimchi-Familie. Vgl. Ego, „Anfänge", 81. Pellican benutzt für die Nomenklatur der Konjugationsklassen lateinische Begriffe (*qatal* als ‚preterito perfecto ad masculi' und *yiqtol* als ‚futurum indicativi') und interpretiert die Stammesmodifikationen als Modi (Qal als Aktiv, und Niphal als Passiv). Eine Besprechung der anderen Stammesmodifikationen unterbleibt, sodass nach Pellicans Analyse das Hebräische ein dem Lateinischen kongruentes Verbalsystem zu haben scheint. Vgl. Pellican, „Grammatica", fol. Fxv[r] [94]–Fcvi[r] [96].

besonders deutlich, wenn Pellican zum Abschluss seiner kurzen Darstellung der Hebräischen Grammatik auch die wichtigsten Gottesnamen (u. a. שַׁדַּי [272] als omnipotens)[273] und dabei den *Titulus Crucis* in allen drei heiligen Sprachen wiedergibt.[274] Sowohl die Verwurzelung in der lateinischen Grammatiktradition als auch im Christentum war jedoch der Rezeption dieser Hebraisten nicht abträglich. So lassen sich viele christliche Hebraisten des deutschsprachigen Raumes entweder auf Reuchlin oder Pellican zurückführen. Die eigentlichen Geburtshelfer der christlichen Hebraistik waren aber jüdische Gelehrte, Juden und getaufte Juden gleichermaßen, die trotz der langen christlichen Feindschaft gegenüber allem Jüdischen und ihrer geringen Zahl wirkmächtig als persönliche Tutoren, Buchhändler, aber auch Professoren den Christen den Zugang zum Hebräischen ermöglichten.[275]

Obwohl der im Entstehen begriffenen christlichen Hebraistik durchaus mit Argwohn begegnet wurde – das wohl berühmteste Beispiel dafür ist der sogenannte „Judenbücherstreit" – konnte sie sich im deutschsprachigen Raum breit etablieren und erlebte in der ersten Hälfte des 16. Jahrhunderts ein selten übertroffenes Wachstum,[276] das in die Einrichtung von Lehrstühlen für Hebraistik mündete.[277] Aber nicht nur an Universitäten, sondern auch an Kollegien, gegründet nach dem Vorbild des *Collegium Trilingue* von Leuven,[278] an denen die Interessierten vor Studienbeginn an die *tres linguae sacrae* herangeführt wurden,

---

272 Im Original fehlt ein diakritischer Punkt über dem שׁ vgl. Pellican, „Grammatica", fol. Fxviii[r] [99].

273 Zur Rezeptionsgeschichte des JHWH-Epithetons שַׁדַּי in der Antike siehe Witte, „El" und Zimmermann, *Namen*, 233–271.

274 Pellican, „Grammatica", fol. Fxviii[r] [99].

275 Für eine Darstellung des jüdischen Beitrags zur christlichen Hebraistik siehe u. a. Willi/Veltri, „Hebraistik"; Burnett, „Vermittler" und Burnett, *Hebraism*, 135–137.

276 Vgl. zu dieser Einschätzung Friedman, *Testimony*, 5 und Kessler–Mesguich, „Étude", 673f.

277 Eine nach Konfessionen unterteilte tabellarische Zusammenstellung aller Universitätsstandorte an denen um 1660 Hebräisch unterrichtet wurde, ist zu finden bei Burnett, *Hebraism*, 27–42.

278 Das Collegium Trilingue ist aus dem Nachlass des Humanisten Hieronymus Busleyden entstanden. Unter der Federführung von Erasmus wurde es als eine von einer Universität unabhängige Institution, die vornehmlich der Vertiefung des Studiums der *tres linguae sacrae* unter den Studierenden gewidmet ist, konzipiert. Sowohl der spätere Inhaber des Lehrstuhls für Hebräisch an der University of Oxford Robert Wakefield (siehe Anm. 283) als auch Matthäus Adrianus, der für kurze Zeit in Wittenberg eine Professur für Hebräisch innehatte, waren zuerst als Hebräischlehrer am Collegium Trilingue tätig. Neuere Einzelstudien zur Geschichte des Collegiums sind zu finden bei Denecker/Van Hecke, „Hebrew" und Papy, *Collegium*. Eine umfangreiche Abhandlung der Geschichte des Collegiums hat Henry de Vocht in dem vierbändigen Werk *History of the foundation and the rise of the collegium trilingue lovainense* vorgelegt.

erhielt das Hebräische einen hervorgehobenen Platz im humanistischen Bildungskanon.

Die Blüte der Hebraistik im 16. Jahrhundert lässt sich laut Vanek auf mehrere Faktoren zurückführen.[279] Erstens rückte die Frage der Bibelhermeneutik in das Zentrum der Streitigkeiten der Reformationszeit. Insbesondere Gruppierungen, die dem Literalsinn höchste Gültigkeit zumaßen, entdeckten das Hebräische. Zweitens war der oben schon erwähnte Wissenstransfer zwischen jüdischen Gelehrten und christlichen Hebraisten auschlaggebend. Drittens darf nicht vergessen werden, dass dieser jüdisch-christliche Wissenstransfer auch eine negative Seite hatte, denn antijudaistisch motivierte Judenmission war auch eine Triebfeder für die christliche Hebraistik. Viertens erleichterte der Buchdruck die Vervielfältigung und Verbreitung von hebräischer und hebraistischer Literatur.[280] Schließlich wirkten fünftens auch die Hebraisten selbst auf eine bessere Verankerung ihrer Disziplin in der Öffentlichkeit hin. Zu diesem Zweck wurden apologetische Reden gehalten, die dann in gedruckter Form eine breitere Wirkung entwickelten. Eine solche apologetische Rede, die zum Zweck des Lobes der hebräischen Sprache und zur Verteidigung ihres Studiums gehalten und publiziert wurde, soll im folgenden Abschnitt besprochen und kontextualisiert werden.

3.2 Vom Lob der heiligen Sprache

Nicht selten ergriffen christliche Hebraisten der Frühen Neuzeit die Möglichkeit der öffentlichen Rede, um den Nutzen und die Notwendigkeit des Besitzes von Hebräischkenntnissen anzupreisen.[281] Die doppelte Apologie des Hebräischen –

---

279 Vanek, „Philologie", 104.

280 Statistiken über die Publikationsraten hebräischer Bücher mit christlicher Leserschaft finden sich bei Burnett, *Hebraism*, 192–200.

281 Aus der Vielzahl dieser Lobreden auf das Hebräische erfuhren u.a. nachfolgende drei Reden eine ausführlichere wissenschaftliche Bearbeitung:

(1) Robert Wakefields *Oratio de laudibus et utilitate trium linguarum* aus dem Jahre 1524 wurde von Gareth Lloyd Jones ediert, ins Englische übersetzt, kommentiert und unter dem Titel *Languages* publiziert.

(2) Ebenfalls findet sich eine Übersetzung und Kommentierung Valerius Andreas' *Linguae Hebraicae Encomium* (1614) bei Denecker/Van Hecke, „Hebrew".

(3) Eine historische Kontextualisierung der *Adhortatio ad studium linguae Hebraeae* von Matthias Flacius Illyricus bietet Klara Vanek in „Philologie".

Für die Forschungsgeschichte sind im Weiteren die Schrift über den Ursprung des Hebräischen von Guillaume Postel (*De originibus*) und Philip Melanchthons *De studiis linguae Graecae* zu

notwendig, weil sich die Heilige Schrift erst durch die Kenntnis dieser Sprache vollständig erschließen lasse, und nützlich, weil hebraistisches Wissen in vielerlei Gebieten angewendet werde – ist eines der wiederkehrenden Topoi frühneuzeitlicher Lobreden auf das Hebräische.[282] Neben den inhaltlichen Parallelen ähneln sich die Begebenheiten, an denen diese Orationes gehalten wurden. Insbesondere in Übergangssituationen des akademischen Lebens, beispielsweise anlässlich eines Stellenantritts,[283] ergriffen christliche Hebraisten der ersten Stunde die Möglichkeit, mithilfe ihrer Reden der Hebraistik den Weg als vollwertige akademische Disziplin zu bahnen oder ihren Platz an der Universität zu behaupten. Solche Orationes, die sich nicht nur auf das Hebräische beschränkten,[284] versuchten oft eine Brücke zwischen der hebraistischen Forschung des Lobredners und dem Allgemeinwissen der Adressaten zu schlagen.[285] Eben diese Anliegen der Wissenschaftskommunikation machen solche Vorträge und Reden zu einer ergiebigen Quelle für die Forschungsgeschichte. Durch die kritische Lektüre solcher Lobreden wird einerseits eine Annäherung an die intellektuelle Landschaft, in der das Hebräische entfaltet wurde, möglich. Andererseits kann durch die Betrachtung der Gestaltung der Argumentarien in diesen Texten eruiert werden, bei welchen Legitimationsstrategien die Lobredner davon ausgingen, dass sie sich bei ihrem Publikum verfangen würden. Anhand der Vorstellung einer Lobrede auf das Hebräische des Theologen Georg Witzels wird nachfolgend eine Annäherung an die frühneuzeitliche Hebraistik geleistet. Um der besseren

---

beachten. Einen umfassenderen Überblick über das Phänomen der Lobreden auf das Hebräische ist bei Klein, „Einheit", 37–43 zu finden.

282 Vgl. dazu Vanek, „Philologie", 111–114.

283 So etwa die *Oratio de laudibus,* die Robert Wakefield anlässlich seines Stellenantritts als Professor für Hebräisch an der University of Oxford hielt. Wakefield war sowohl ein Schüler Erasmus' als auch Reuchlins und amtierte kurzzeitig als dessen Nachfolger in Tübingen. Von dort wechselte er auf Bestreben König Heinrich VIII. von England zuerst nach Cambridge und später nach Oxford. Nebenbei ist zu bemerken, dass die *Oratio de laudibus* das erste Druckerzeugnis mit hebräischen Buchstaben auf den britischen Inseln war und einen interessanten Einblick in die Anfangszeit der Hebraistik im englischsprachigen Raum bietet. Laut Jones ist es größtenteils Wakefields Verdienst, das König Jakob I. von England auf genügend Hebraisten für die Verwirklichung der King James Bible zugreifen konnte. Vgl. Wakefield, *Languages,* 35. Nicht zu verwechseln ist Robert Wakefield mit seinem Bruder Thomas Wakefield, der ab 1540 als erster Regius Professor of Hebrew in Cambridge amtete.

284 Die Vorzüge des Arabischen, Aramäischen und Hebräischen werden von Wakefield in der *Oratio de laudibus* angepriesen. Dem Nutzen des Griechischen widmet sich Melanchthon in *De studiis linguae Graecae.*

285 Zum weiteren Kontext der frühneuzeitlichen Wissenschaftskommunikation mittels Lobreden siehe Klein, „Einheit", 42f.

Kontextualisierung willen ist dieser Besprechung eine kurze biographische Skizze vorangestellt.

3.2.1 Georg Witzels Weg zur *Oratio in laudem Hebraicae linguae*

Die *Oratio in laudem Hebraicae linguae*[286] von Georg Witzel ermöglicht einen Einblick in die oben geschilderten Sachverhalte. Der Reformationsgeschichte ist Georg Witzel (1501 in Vacha geboren, 1573 in Mainz gestorben) besonders als Grenzgänger zwischen den verschiedenen Fraktionen der frühen Reformationszeit bekannt, der trotz einer sich immer klarer abzeichnenden Spaltung nicht aufhörte, sich für die Aufrechterhaltung der Einheit der Gesamtkirche einzusetzen.[287] Weit seltener wurden seine exegetischen und hebraistischen Schriften wissenschaftlich rezipiert,[288] obwohl Witzel u.a. als pointierter Kritiker der ersten Lutherübersetzung in Erscheinung trat.[289] Witzels Hinwendung zu den

---

286 Die *Oratio in laudem Hebraicae linguae* hat zwei Auflagen erfahren: eine erste im Jahre 1534, mit einem kurzen Nachwort zum Sprachenerwerb (*Leges Scholares*), und eine zweite Auflage, die einen leicht orthographisch aufgearbeiteten Text bietet. So auch Böning, *Witzel*, 29. Die zweite Auflage erschien im Jahr 1538 im Verbund mit zwei Homilien über das Tauf- und Altarsakrament (*Homiliae Duae de Ecclesiae Myteriis, Baptismo et Eucharistia*) und dem Titelzusatz *Encomium sanctae linguae*. Steiger erwähnt, dass Johann Michael Dillherr die *Oratio* in einem Sammelband 1643 nachdrucken ließ. Vgl. Steiger, *Philologia*, 79.238. Der Wortlaut der zweiten Auflage wurde unverändert 1704 zusammen mit einer weiteren Schrift von Witzel (*De Fontium Hebraicorum Interpretatione*) durch den Helmstedter Orientalisten Hermann von der Hardt erneut aufgelegt. Siehe von der Hardt, *Programma*. Für weitere bibliographische Angaben vgl. Richter, *Schriften*, 13.44f. und Henze, *Liebe*, 372.358. Wenn nicht anderweitig angegeben, folgt der vorliegende Beitrag dem orthographisch normalisierten Wortlaut der zweiten Auflage von 1538, jedoch ist dort die Paginierung/Foliierung unvollständig, sodass ergänzend in eckigen Klammern Seitenzahlen angegeben werden.

287 Biographische Angaben mitsamt einer kritischen Würdigung der reformationsgeschichtlichen Relevanz Witzels finden sich bei Trusen, *Reform* und Henze, *Liebe*. Ein um Vollständigkeit bemühtes Schriftenverzeichnis hat Richter, *Schriften* vorgelegt, das zuletzt von Henze in *Aus Liebe zur Kirche Reform* überarbeitet wurde.

288 Zuletzt wurden Witzels hebraistische Schriften und Exegetica von Böning, Melchior und Risse eingehender bearbeitet. Siehe Böning, *Witzel*; Melchior, „Testament" und Risse, „Witzel".

289 Zur konfliktbehafteten Beziehung zwischen Luther bzw. seinen Nachfolgern und den Wittenberger Hebräischlehrern, insbesondere in der Bewertung der Lutherbibel siehe Willi, „Hebraistik" und Krasemann, „Biblia", 214. Auch Robert Wakefield betrachtete Luther als „agrestis hebraista", da sich dieser gegen die Miteinbeziehung der Targumim aussprach. Vgl. Wakefield, *Languages*, 193. Erst mit Flacius scheint das Verhältnis zwischen „theologischer Norm und buchstäblichem Sinn" vorerst befriedigend gelöst worden zu sein: Flacius nahm von vergleichenden

altsprachlichen Quellen und ihrer philologischen Erschließung rührt aus seiner Studienzeit an der Universität Erfurt 1516–1518, in der er schon früh in Kreise eintrat, die vornehmlich durch Erasmus von Rotterdam geprägt wurden.[290] Zeitgleich ergaben sich aber auch erste Verbindungen zu Luther und so auch nach Wittenberg, wo er schließlich auch für eine kurze Zeit studierte. Nach der unter dem Druck seines Vaters zustande gekommenen Priesterweihe ersuchte Witzel 1526 einen Ehedispens beim Stiftsabt zu Fulda. Obwohl dieser nie beantwortet wurde, ging er bald darauf eine Ehe ein. Nach einem ersten missglückten Pfarrdienst in Thüringen, den er aufgrund der Wirren der Bauernkriege aufgeben musste, verschlug es Witzel nach Niemegk. Dort scheint er Muße und Zeit gehabt zu haben, sich u.a. dem Studium des Hebräischen zu widmen. Laut Henze kann aus einer handschriftlichen Notiz aus einem Psalter in der Freiburger Universitätsbibliothek geschlossen werden, dass Witzel wahrscheinlich u.a. von Antonius Margarita[291] Hebräisch erlernt hat.[292] Die pfarramtliche Tätigkeit in Niemegk, in der Witzel neben dem Studium des Hebräischen auch Zeit für eine eingehendere Auseinandersetzung mit den Kirchenvätern gefunden hatte, endete jedoch nach fünf Jahren jäh mit einem Gefängnisaufenthalt. Die ihm vorgeworfenen, antitrinitarischen Umtriebe konnten zwar nie erhärtet werden, aber Witzel kam erst auf Fürsprache Luthers frei.[293] Witzel war gezwungen, 1531 nach Vacha zurückzukehren, und bewarb sich aufgrund der Stellenlosigkeit und der daraus resultierenden Armut auch in Erfurt auf den Lehrstuhl für Hebräisch. Es scheint, dass er sich sehr sicher gewesen ist, den Ruf zu erhalten, denn er formulierte bereits seine Antrittsrede. Diese Personalie stieß jedoch auf den Widerspruch von Martin

---

Sprachstudien und der Bearbeitung nichtbiblischer hebräischer Texte Abstand. Vgl. dazu Vanek, „Philologie", 117f.

290 Einen knappen Überblick über das für die hier behandelten Zusammenhänge wichtige Verhältnis zwischen Witzel und Erasmus bietet Höss, „Witzel".

291 Der 1522 zum Christentum konvertierte Sohn eines Regensburger Rabbiners, Antonius Margarita (1492–1542) ist hauptsächlich für seine antijudaistische Schrift *Der Gantz Jüdisch Glaub*, die maßgeblich Luthers Polemik gegen die Juden beeinflusste, bekannt. Siehe dazu u. a. Osten-Sacken, *Luther*. Weniger Beachtung findet sein Einfluss auf die christliche Hebraistik, den er als Hebräischlehrer in Augsburg, Meißen, Zell, Leipzig und zuletzt in Wien entfaltete. Vgl. Suler, „Margarita".

292 Vgl. Henze, *Liebe*, 18.

293 Diese Verdächtigungen fußten wohl auf den mit Argwohn betrachteten Kontakten Witzels zu den Zwinglianern anlässlich der Marburger Religionsgespräche, an denen Witzel teilnahm, und seiner Begegnung mit Johann Campanus, der 1530 tatsächlich antitrinitarische Schriften veröffentlicht hatte. Siehe dazu Henze, *Liebe*, 20f.

Luther und Justus Jonas.[294] Beide wurden beim Rat der Stadt vorstellig und versuchten die Berufung Witzels zu verhindern, was ihnen schließlich gelang.[295] Witzel sah sich nach anderen Tätigkeitsfeldern um und trat schließlich im Spätsommer 1533 eine Predigerstelle in Eisleben an. Jedoch veröffentlichte Witzel 1534 seine bereits verfasste Antrittsrede als *Oratio in laudem Hebraicae linguae* (fortan *Oratio* genannt) als eigenständige Publikation, der er eine Widmung an Bernhard Walter aus Leipzig voranstellte und die er mit einem Nachwort zum Spracherwerb versah.

3.2.2 Die Apologie der Heilswirksamkeit des Hebräischen

Die *Oratio* gliedert sich in *exordium, narratio, argumentatio* und *peroratio* und folgt so dem bis in die frühe Neuzeit rege gebrauchten Formular eines *enkomions*.[296] Witzels Absicht ist es, mithilfe dieser Rede erstens die *Würde* und *Erhabenheit* der hebräischen Sprache zu rühmen[297] und zweitens die Zuhörerschaft zu

---

294 Gelegentlich wird mit Luther und der Wittenberger Reformation die eigentliche Geburtsstunde der hebräischen Philologie verbunden. Diese Sicht ist zu einseitig, da damit die vereinnahmenden Aspekte der Reformation auf die Hebraistik ausgeblendet werden. So stand Luther im wiederholten Konflikt mit den in Wittenberg ansässigen Hebräischlehrern, die sich sowohl als prominente Kritiker seiner Übersetzungen als auch als eigenständige Theologen zu profilieren versuchten. Siehe dazu Willi, „Hebraistik". Entscheidend durch die antijudaistische Polemik Luthers geprägt verwahrten sich Teile der Wittenberger Hebraistik der Berücksichtigung hebräischer Texte, die nicht Teil des Kanons waren. Siehe dazu Krasemann, „Biblia", 214f. Bereits Ludwig Geiger formulierte eine geistesgeschichtliche Kritik des protestantischen Narrativs der reformatorischen Entdeckung des Hebräischen. Eine konzise Würdigung und Aktualisierung Geigers Positionen findet sich bei Herrmann, „Geiger".
Eine insgesamt positivere Aufnahme fanden die Judaika bei reformierten und nicht konfessionell gebundenen Hebraisten. Diesen konfessionell bedingten Bruchlinien innerhalb der Hebraistik ging u.a. Jerome Friedmann in seiner Studie *The Most Ancient Testimony* nach und prägte mit dem Begriff *Basel-Wittenberg Conflict* die forschungsgeschichtliche Bearbeitung dieser scheinbaren Dichotomie. Siehe dazu Friedman, *Testimony*, 165–181. Eine differenzierte Würdigung dieser These ist bei Burnett, „Basel-Wittenberg-Conflict" zu finden.
295 Zum dahingehenden Briefwechsel siehe Henze, *Liebe*, 21 Anm. 123.
296 An dieser Stelle sei Karoline Totsche für den im Nachgang zum Vortrag am MICAH 2018 gemachten Hinweis auf das Enkomion als verbreitete Gattung der spätantiken Rede gedankt. In der nachbereitenden Prüfung stellte sich heraus, dass Witzel die zweite Auflage der *Oratio* aus dem Jahre 1538 als *Encomium sanctae linguae* auf dem Titelblatt verzeichnet. Vgl. Witzel, *Homiliae*, o. A. [S.1]. Siehe auch Anm. 286.
297 „Dicturus enim sum de linguae Hebraeae maiestate ac eminentia." Witzel, „Oratio", fol. E^r [65].

ermutigen, sich mit der hebräischen Bibel („Bibliis [...] Hebraicis"!) vertraut zu machen und sich ihre sprachlichen Besonderheiten anzueignen.[298] Wiederholt betont er die Heiligkeit des Hebräischen und leitet daraus ab, dass Kenntnisse dieser Sprache integraler Bestandteil der Religion seien.[299] Die zentrale These der *Oratio* ist die Heiligkeit der hebräischen Sprache sowie ihre offenbarungs- und heilstheologische Signifikanz. Beides versucht Witzel durch die thetische Setzung von Attributen wie etwa *Würde* (*maiestas*), *Vorzüglichkeit* (*praestantia*), *Göttlichkeit* (*divinitas*), *Nutzen* (*utilitas*) und *Notwendigkeit* (*necessitas*) zu untermauern.[300]

Die Wahl und der Einsatz solcher Attribute sind ein übliches Phänomen sprachapologetischer Diskurse der frühen Neuzeit. Die Absicht solcher Diskurse, die sowohl monographisch als auch in Exkursen und Glossen thematisiert wurden,[301] war es, die soziale Funktion einzelner Idiome zu bestimmen. Durch die in diesen Schriften propagierte Aufwertung regionaler Vernakularsprachen auf Kosten des Lateinischen und den dadurch entstehenden Wettstreit um den Rang als neue Hauptsprachen unter den verschiedenen Vernakularsprachen wurde somit eine Neuverhandlung des Ortes und Nutzens einzelner Idiome notwendig.[302] Die in diesen Apologien und Polemiken genutzten Begründungszusammenhänge greifen nach Gerda Haßler auf „metasprachliche Diskursstrategien" zurück, die nicht im eigentlichen Sinne beweispflichtig sind, sondern mehr „auf kollektive Empfindungen und Topoi rekurrieren"[303]. Reden, die beabsichtigen, eine nicht vernakulare Sprache, wie etwa das Hebräische oder das Griechische, aufzuwerten und so die Relevanz des Lateinischen als Bildungssprache gefährdeten, standen quer zu den oben erwähnten Diskursen über das Verhältnis zwischen Latein und der Vernakularsprachen bzw. zwischen den verschiedenen

---

298 Siehe Anm. 324.

299 „Hanc cum maiores haud abs re sanctam dixerunt, et eandem ad religionem pertinere certum est" Witzel, „Oratio", o. A. [65].

300 „Vos adolescentes hortor, ut rei magnitudine, maiestate, praestantia, divinitate, utilitate atque necessitate expensa, animos vestros ad hoc studiorum genus confirmetis, ut ii qui se dei cultores esse norint, et ii qui non dubitent, de factis olim reddendam rationem [...]." Witzel, „Oratio", fol. Fii^r–Fii^v [83f.].

301 Eine das Phänomen illustrierende Materialsammlung bietet Haßler, „Apologie".

302 Zum Prestigegewinn der europäischen Hauptsprachen im Generellen, zu den unterschiedlichen Kontexten und zur Funktionsweise sprachapologetischer Topoi in diesen Diskursen siehe u. a. Trabant, *Sprachdenken*, 106–116; Eco, *Suche*, 105–113; Schneider, „Auffassungen"; Olender, *Sprachen*, 22–29 und Stockhammer, *Grammatik*, 121–126.

303 Haßler, „Apologie", 719.

Vernakularsprachen.[304] Dennoch ähneln sich die Argumentationsstrategien. Hasslers Feststellung, dass sich sprachapologetische Schriften kaum um begriffliche Klarheit bemühen,[305] trifft im Falle der *Oratio* zu, denn Zuschreibungen wie *Würde* oder *Vorzüglichkeit* werden kaum begründet. Jedoch finden sich im ersten Teil der *argumentatio* begründende Ausführungen der für die *Oratio* zentralen Topoi *Alter* und *Göttlichkeit*, die mit historisierenden Argumenten operieren.

Um *Alter* und *Göttlichkeit* der hebräischen Sprache zu verdeutlichen, widmet sich Witzel der Frage nach dem Ursprung des Hebräischen. Bei der Beantwortung dieser Frage unterscheidet er zwischen der Herkunft der Sprache und der Erfindung der Schrift. Letztere versucht er nachvollziehbarerweise einem Protagonisten des Alten Testaments zuzuschreiben. Die rabbinische Tradition, die überliefert, dass die Schrift auf Esra[306] zurückzuführen sei, findet zwar kurze Erwähnung, aber Witzel geht von einem weitaus höheren Alter der Hebräischen Schrift aus.[307] Es werden unterschiedliche Vorschläge antiker Schriftsteller

---

304 Die Aufwertung der Vernakularsprachen zum Nachteil des Lateins hatte in den unterschiedlichen Sprachregionen Europas verschiedene Gründe. Insbesondere für den deutschsprachigen Raum hängt dies mit der Verdeutschung der Schrift durch Luther zusammen, die als Akt der Quasiheiligung der deutschen Sprache empfunden wurde. Siehe dazu Stockhammer, *Grammatik*, 125 und Trabant, *Sprachdenken*, 116. Der Rückgriff des Renaissance-Humanismus auf die klassischen Sprachen im Allgemeinen und in seiner reformatorischen Spielart auf das Hebräische und Griechische im Speziellen kann somit als der Versuch einer ahistorischen und anachronistischen Anknüpfung an das klassische Original bzw. die biblische Ursprünglichkeit verstanden werden.

305 Siehe Haßler, „Apologie", 747.

306 Der Babylonische Talmud berichtet basierend auf Esra 4,7, dass Esra die althebräische Type der Tora mit den Buchstaben der Quadratschrift ausgetauscht habe. Gemäß dieser Notiz wäre die Quadratschrift zwar dem jüdischen Volk am Sinai offenbart worden, jedoch sei das Wissen darum wegen ihrer Sündhaftigkeit verloren gegangen, so bSan 21b22a; ebenfalls Tosefta Sanhedrin IV:7–8 sowie yMeg 1:11 (71b–c). Siehe dazu Graetz, *Geschichte*, 400 und Fraade, „Babel", 46f. Anm. 37.
Diese Interpretation von Esra 4,7 fußt neben der Möglichkeit eines historischen Kerns der talmudischen Notiz auf der Lektüre von נִשְׁתְּוָן (wahrscheinlich ein persisches Lehnwort aus der aramäischen Kanzleisprache der Achämenidenzeit [so *Ges*[18], s.v. נִשְׁתְּוָן]) als Hitp. mit Metathesis der Wurzel שׁנה (im q: *ändern*).

307 „Equidem si vetustas rei dignitatem adauget, nihil dignius lingua Hebraea sit oportet, utpote, quae neque a Mercurio, neque ae Cadmo, neque Phoenicibus, neque Palamede, neque a Simonide, neque ab Eurandri matre, sed vel a Mose, quod tradit Eusebius, vel ab Abrahamo, sicuti, visum est Philoni, vel (ut ad orbis initium recta regrediar) a libris Sethi, si quid Iosepho credimus, orginem ducit (ut videas fide carere, quod quidam dicunt, Esram invenisse Hebraeas literas)" Witzel, „Oratio", o.A.–fol. Eii[r] [66f.].

diskutiert,[308] darunter auch eine Plinius-Notiz über die syrische Schrift.[309] Abschließend folgt Witzel einer These Tertullians – dieser hatte mithilfe eines Verses aus dem Judasbrief Henoch als vorsintflutlichen Schrifterfinder identifiziert.[310] Das Glottonym *Hebräisch* sei jedoch jünger, da es von Heber, dem Sohn Sems abstammen solle.[311] Der hier kurz skizzierte Argumentationsgang zeigt einerseits, wie gut sich Witzel mit patristischen Texten, antiken paganen Schriftstellern und auch teilweise mit der rabbinischen Literatur auskannte und diese auch rhetorisch gekonnt einzusetzen vermochte, und andererseits weder er selbst noch seine Zuhörer sich mit einer rein biblisch begründeten Antwort zufrieden gaben. Gleichzeitig illustriert dieser Argumentationsgang Witzels Rückgriff auf den frühneuzeitlichen Sprachdiskurs. Denn der Topos *Alter*, der oft verbunden wurde mit Hypothesen über die Ursprache, erscheint regelmäßig in sprachapologetischen Texten der frühen Neuzeit und dient oft als Ausgangspunkt ethnozentrischer Sprachspekulation. Jede Vernakularsprache wollte die Älteste sein oder zu mindestens von der ältesten Sprache abstammen.[312] Jenseits solcher ethnozentrisch-partikularen Argumentationsstrategien genoss jedoch die Hypothese, dass das Hebräische das älteste Idiom sei, den größten Konsens[313] – ein Phänomen, das sich bis in die levantinische Spätantike nachverfolgen lässt.[314]

Nachdem dargestellt wurde, dass die Schrifterfindung auf den vorsintflutlichen Henoch zurückzuführen sei – eine These mit langer Tradition[315] –, wendet sich Witzel, nicht wie zu erwarten wäre, der Beantwortung der Frage nach dem Ursprung der hebräischen Sprache zu, sondern der Begründung ihrer *Göttlichkeit*. Die linguistische Differenz zwischen der Sprache Gottes und den Adressaten

---

308 Witzel referiert die Meinungen von Eusebius (Mose als Schrifterfinder, Eus., *Praep. ev.* 9.26.1), Philo (Abraham sei die Schrift eingegeben worden, Philo, *Somn.* 26.1.160f) und Josephus (Die Kinder Seths seien die Schrifterfinder, Josephus, *Ant.* 1.2.3).

309 Plin., *Nat.* 5.57.

310 Vgl. Tert., *Cult. Fem.* 1.3 und Jud 14. Siehe auch Jub 4,17. Zur Ideengeschichte der Henochgestalt in der spätantiken Buchstabenspekulation siehe auch Bandt, *Traktat*, 49–52.

311 "Si scripsit igitur Enoch, his profecto literis scripsit quas postea ab Heber filio Sem Hebraeas appellavere" Witzel, „Oratio", fol. Eii^v–o.A.[67f.]. Das Glottonym Hebräisch wurde in der Auslegungsgeschichte entweder vom Eigenamen Heber oder von Abraham mit Verweis auf Gen 14,13 hergeleitet. Witzel wählt hier bewusst die Etymologie mit der größeren Ancienität. Zu Heber in der Rabbinischen Literatur siehe Böning, *Witzel*, 110 Anm. 29. Zur patristischen Aufnahme dieser Tradition siehe Denecker, *Ideas*, 61–64.

312 Siehe dazu die Ausführungen zu Conrad Gessner unter 3.3.3.2.

313 Vgl. Klein, „Einheit", 28.

314 Vgl. Rubin, „Language", 332f. und Moss, „Language", 120f.

315 Jub 4,17. Siehe auch Anm. 310.

göttlicher Rede spielt in alttestamentlichen Theophanien oder Texten mit Offenbarungsinhalt kaum eine Rolle – die einzige Ausnahme ist das *Menetekel* in Dan 5, das jedoch auf Aramäisch erscheint. Darin und in der Tatsache, dass die poetischen Texte – deren Schönheit und Vermögen, ihren Lesern Trost zu spenden, Witzel ausdrücklich lobt – und die Gebete der Heiligen Schrift auf Hebräisch verfasst seien, sieht Witzel bestätigt, dass Gott Hebräisch spreche. So fände die hebräischsprachige Selbstoffenbarung Gottes im Dornbusch als אֶהְיֶה אֲשֶׁר אֶהְיֶה in Ex 3,14, mittels des Tetragramms[316] und im Hebräisch sprechenden Christus(!) seinen Höhepunkt. Denn entgegen der aus der rabbinischen Tradition entnommenen Nachricht, dass im Nachklang zum Babylonischen Exil ein Sprachwandel unter den Juden stattgefunden habe und das Aramäische zur Alltagssprache geworden sei[317] – wiederum zeigt sich hier die Vertrautheit des Lobredners mit der rabbinischen Literatur – müsse, so Witzel, davon ausgegangen werden, dass Christus Hebräisch gesprochen habe. Dass diese These höchst spekulativen Charakter besitzt, scheint sich Witzel selbst bewusst zu sein, denn er vermag kein konkretes Argument für diese Aussage anzuführen. Es findet sich nur polemische Rhetorik gegen das Aramäische und eine etwas unvermittelt eingeführte Notiz über die Herkunft des Aramäischen – es solle nachsintflutlich aus dem Hebräischen entstanden sein.[318] Dieser Exkurs, der für eine wissenschaftsgeschichtliche Rekonstruktion von phylogenetischen Vorstellungen eine gewisse Relevanz haben könnte, erscheint an dieser Stelle sehr unvermittelt. Fast scheint es, als würde versucht, mit diesem Exkurs die Zuhörer von der gegenstandslosen Behauptung, dass Jesus Hebräisch gesprochen habe, abzulenken oder als wolle Witzel mit dieser These seine Belesenheit illustrieren. Wahrscheinlich stimmt beides.

Das *Alter*, durch den Schrifterfinder Henoch bezeugt, und die *Göttlichkeit*, durch die kontinuierliche Selbstoffenbarung Gottes bestätigt, bündelt Witzel in der Aussage, dass das Hebräische einen himmlischen Ursprung habe. So sei es Mittel der Offenbarung, das die himmlischen Geheimnisse (*mysteria coeli*)

---

316 "Vox Dei Opt. Max. huius linguae adminiculo ad humanas aures pervasit, atque hoc eo etiam tempore, quando ne Graium neque Latium nomen in orbe esset. Is deus se a Mose huius linguae notulis, Ero qui Ero, nominari voluit, Qua nimirum origine descendit sacrosanctum illud et ter adorandum ADONAI, quod ob reverentiam ἄφρασον habent." Witzel, „Oratio", fol. Eiiiʳ [69].
317 „Scio gentem Iudaicam e Babylone paululum muatata lingua reducem Hierosolymam venisse. Scio toto post tempore usam Babylonica seu Chaldaica, cui assueverant" Witzel, „Oratio", fol. Eiiiiᵛ [72].
318 „Ea enim post cataclysmus primum exorta scribitur, et exorta a vicinia Hebraicea" Witzel, „Oratio", fol. Evʳ [73].

erschließe, und schließlich Werkzeug des Heils der Menschen.[319] Diese Überblendung von offenbarungstheologischen und soteriologischen Vorstellungen auf die hebräische Sprache und Schrift ist das systematische Herzstück der *Oratio in laudem Hebraicae linguae*. So verwundert es nicht, dass Witzel der zweiten Auflage der *Oratio* jeweils eine Homilie zur Taufe und zur Eucharistie voranstellt. Beide Sakramente, auf dem Titelblatt als *mysteria ecclesiae* geführt, stehen so mit dem Hebräischen als Werkzeug des Heils und Mittel der Offenbarung der himmlischen Geheimnisse, der *mysteria coeli*, in Beziehung.

Während der erste Teil der *Oratio* thetisch argumentiert, um die theologische Signifikanz des Hebräischen zu skizzieren, wählt Witzel für den zweiten Teil einen dialektisch-dialogischen Vortragsstil, um die *Nützlichkeit* des Hebräischen konkreter zu umreißen. Dabei wendet er sich ausdrücklich an jene, denen zwar die außerordentliche Bedeutung des alttestamentlichen Idioms bewusst ist, sich aber dennoch davor scheuen, das Hebräische zu erlernen. Nach anfänglicher Polemik gegen andere universitäre Disziplinen, die mit der Spitze endet, dass Witzel göttliche und himmlische Dinge den menschlichen und irdischen Angelegenheiten vorziehe,[320] folgt eine Aufzählung von Gründen, um die *Nützlichkeit* des Hebräischen zu illustrieren. Zurückgreifend auf die vorher geäußerte These, dass Christus Hebräisch gesprochen habe, stellt er klar, dass das Evangelium, das auf Hebräisch offenbart wurde, auch auf Hebräisch studiert werden sollte. Ein Theologiestudium ohne das Studium der Offenbarungssprache sei sinnlos.[321] Ein zweiter Nutzen des Hebräischstudiums sei es, dass der Glaube dadurch gefestigt werde.[322] Insbesondere werde durch Sprachkenntnisse auch eine bessere Argumentationsführung in der Apologie des wahren Glaubens gegen das Judentum

---

319 „Sed autoritatem atque dignitatem sactissimae linguae vix disertissimus rhetor verbis assequatur. Haec lingua a nullo homine reperta, nec invecta, sed a divino spiritu procedens, in homines eius capaces demissa est, Et ea ipsa usus est dominus ominium, quando aperiret mysteria coeli reverenda, Ea denique salutis humanae primum intrumentum. Vos pro vestra sapientia auditores singula in animis vestris copiosius accuratiusque, quam a me in praesentiarum dicuntur, reputetis." Witzel, „Oratio", o.A. [75f.].

320 „Humanis divina praefero, et terrenis coelestia" Witzel, „Oratio", o.A. [S.79].

321 „Iam constat, eam non scientiam modo eximiam atque singularem raramque esse, verumetiam e coelo descendisse, id quod in superioribus pro certo affirmavimus. Tune loqui linguis inutile putas? Quasi non ea ratione fuerit impressa pectoribus mortalium doctrina regni. Tolle linguarum usum, et Evangeliorum omne sustuleris." Witzel, „Oratio", fol. Fiii^r–Fiii^v [S.85f.].

322 „Praeterea afferet hoc quoque emolumenti linguae Hebraicae cognitio, quod te de fidei Christianae veritate certissimum reddit. Exhibet enim illa tuae religiosae curiositati fontem ipsum et fundamentum veritatis scripturarum mysticarum, omni excluso dubio." Witzel, „Oratio", fol. Fiiii^r–Fiiii^v [S.87f.].

ermöglicht.[323] Zuletzt weist Witzel darauf hin, dass ein des Hebräischen Kundiger eigenständig auf die Schrift zugreifen könne und somit unabhängig vom Übersetzer werde.

Den letzten Teil der *argumentatio* bildet eine ausführliche Zurückweisung zweier beliebter Einwände gegen das Hebräische. Zuerst wendet er sich gegen die Einschätzung, dass der Aufwand, den man erbringen müsse, um das Hebräische zu erlernen, zu groß sei, da es sich um eine überaus komplexe und fremdartige Sprache handle, und danach gegen den Einwand, dass das Studium des Hebräischen keine christliche Angelegenheit sei und auch kaum von Christen betrieben worden wäre. Die Ausrede, dass der Nutzen, den das Lernen des Hebräischen erbringe, nicht den damit verbundenen Aufwand rechtfertige, weist Witzel kategorisch zurück. Denn einerseits werde für das Lateinstudium viel Zeit verwendet, ohne dass es einen religiösen Mehrwert wie das Hebräische habe. Und andererseits sei das Ziel der Hebraistik nicht, ihre Studierenden anzuleiten, eigenständig in dieser Sprache zu formulieren, sondern dessen Eigentümlichkeiten und Ausdrücke zu erkennen.[324] Diese Einschränkung ist nicht so selbstverständlich wie sie klingen mag.[325]

Die Auseinandersetzung mit der Fremdheit und Komplexität des Hebräischen ist ein häufiger Locus in frühneuzeitlichen Sprachapologien. Ein beliebtes Gegenargument dazu ist der Verweis auf die angebliche *Einfachheit* (*simplicitas/facilitas*) des Hebräischen, was sich auf die grammatischen Auffälligkeiten

---

323 „Non unquam vidisti Hebraeum aenei muri instar invictum stare in conflictu, quoties ad huius linguae praesidium cucurrerit? Qui posset homo Christianus de Iudaeo victoriam reportare, nisi praesidiis sanctae linguae?" Witzel, „Oratio", Fv[r] [S.89]. Vgl. dazu die Ausführungen unter 3.1.3.

324 „Porro qui causantur difficultatem linguae huius immodicam, vehementer errant. Fortasse reris te eam una diecula, et citra laboris molestiam consecuturum. An est sine labore virtus? Adeoque quid sine labore dulce aut honestum? Dic mihi, quot annos Romanae linguae addiscendae dedisti? Horum dimidium imperti Hebraeae. Nec refert, si non conscendas ad summum, Satis esto, si in medio consistas. Est aliquid, pauca posse intelligere. Non exigo a te Epistolas Hebraicas, marte tuo scriptas, non colloquia Hebraica, nec aliorum omnium scriptorum dictorumve intelligentiam, sed illud volvo, ut Bibliis adsuescas Hebraicis, ut phrasin et idiomata imbibas, ut vocabulorum rationes rimeris, ut ex his translationes iudices. Breviter, ut animum tuum his literis obfirmes, ceu vere Hieroglyphicis, vere Sybyllinis vere Delphicis." Witzel, „Oratio", [S.95f.].

325 So versuchten einzelne Hebraisten den aktiven Gebrauch des Hebräischen einzuführen, in dem sie auf Hebräisch dichteten. Vgl. Bobzin, „Sinn", 156. Besonders eindrücklich ist auch Oswald Schreckenfuchs' Grabrede auf Sebastian Münster, die gänzlich auf Hebräisch gehalten wurde. Eine Übersetzung ins Deutsche dieser *oratio funebris* ist bei Emmerling, *Trauerrede* zu finden.

des Hebräischen bezieht.[326] Namentlich das Fehlen der Deklination führte in den Augen eines an indoeuropäischen Sprachen gewöhnten Betrachters zur Einschätzung, dass diese Sprache simpel sei. Auf einen eben solchen Betrachter müsste die hebräische Wortbildung fremd und andersartig erscheinen – ein Eindruck, der sich verschärft, wenn mithilfe der Werkzeuge der klassischen Philologie versucht wird, sich der Hebräischen Morphologie und Syntax zu nähern. Dies ist eine methodologische Problemlage, die sich häufig in der Forschungsgeschichte der Hebraistik beobachten lässt.[327] Besonders die Tatsache, dass sich die meisten hebräischen Wörter auf drei Radikale reduzieren lassen,[328] hinterließ einen bleibenden Eindruck.[329] Neben der ästhetischen Konnotation des Topos *Einfachheit* wurde in der Dreizahl der hebräischen Wurzelkonsonanten eine Reminiszenz der Trinität gesehen. Diese Kombination von hebraistischer Theoriebildung zur Morphologie und christlichen Offenbarungstheologie erfuhr rege Aufnahme und Anwendung in der christlichen Kabbala.[330]

Dem zweiten Einwand, dass die christliche Hebraistik gar keine Tradition habe, begegnet Witzel mit einem geschichtlichen Abriss der christlichen Beschäftigung mit dem Hebräischen, den er mit den Kirchenvätern beginnen lässt. Dass

---

326 Vgl. Klein, „Einheit", 44 insbesondere Anm. 36. Bei Flacius scheint die Idee der Einfachheit der hebräischen Sprache mit dem *simplex sensus*, dem einfachen Schriftsinn, zusammenzuhängen. Vgl. Vanek, „Philologie", 92–99.

327 So ist es wohl eine Ironie der Geschichte, dass der erste ‚westliche Hebraist' Hieronymus ein Schüler des Aelius Donatus war, dessen *Ars grammatica* bis in die frühe Neuzeit die klassische Philologie prägte und auch als metatheoretische Vorlage für die ersten christlichen Hebraisten diente. Zu der Verbindung zwischen Hieronymus und Donatus siehe Denecker, *Ideas*, 13 Anm. 21 und Markschies, „Hieronymus", 133–135. Weitere Untersuchungen des Einflusses der lateinischen Schulgrammatik auf die Theoriebildung frühneuzeitlicher Sprachwissenschaft kann Klein, „Wörter", 9 Anm. 19, entnommen werden. Für die Hebraistik zeigt sich der problematische Einfluss der lateinischen Schulgrammatik symptomatisch in der Wahrnehmung der morphologischen Phänomene des hebräischen Verbalsystems, der Schwierigkeit bei der Wahl der Terminologie für jene Phänomene und vor allem in der Annäherung an die Pragmatik der dahinter stehenden Aussagen. Zum Problem, dass in der Analyse des Hebräischen Verbalsystems stets die Gefahr der unreflektierten Projektion des Tempussystems der Zielsprache besteht siehe McFall, *Enigma*, 184 und die Anm. 271.

328 Zur bleibenden Valenz der Dreiradikalismusthese für die Hebraistik siehe Gzella, „Sprache", 65–70.

329 Ein eindrückliches Beispiel der Rezeption und Anwendung dieser These ist Elias Hutters Edition der Hebräische Bibel (דרך הקדש – *Via Sancta*). Darin werden alle Konsonanten, die nicht zur dreikonsonantischen Wurzel gehören, in Kontur gedruckt. Eine ausführliche Besprechung und Kontextualisierung dieser Edition innerhalb Hutters Gesamtwerks und der frühneuzeitlichen Hebraistik ist zu finden bei Krasemann, „Biblia".

330 Siehe dazu Kapitel 3.3.2.1.

jedoch das Hebräische unter den Christen lange als Marginalie gesehen wurde, müsse nach Witzel in erster Linie mit dem durchschlagenden Erfolg der Septuaginta erklärt werden. Insbesondere in Hieronymus sieht Witzel den prototypischen Hebraisten,[331] der sich gegen die unkritische Übernahme der Septuaginta wehrte, aber durch den wirkmächtigen Augustin gehindert worden sei. Die patristische Begründung, dass die Unterschiede zwischen der Septuaginta und den verschiedenen Septuaginta-Rezensionen eine ausführlichere Auseinandersetzung mit dem Hebräischen verlangt, behalte weiterhin Geltung.[332] Weiter weist Witzel auf die jüngste Forschungssituation hin, denn durch die Wiederentdeckung des Hebräischen durch christlich-europäischen Gelehrten und durch den aufkommenden Buchdruck[333] sei auch genügend Literatur zusammengetragen worden, so dass eine universitäre Hebraistik möglich gewesen sei.

Witzel schließt die *Oratio* mit einem erneuten Aufruf zum Studium der göttlichen, notwendigen und heilswirksamen Wissenschaft und verspricht denjenigen himmlischen Beistand, die sich trotz aller Vorbehalte darin versuchen. Zuallerletzt weist er auf die Bedeutung der Verbalwurzel עבר | *überschreiten, vorüber-, hindurchgehen*[334] hin und sagt, dass es als Ehrenbezeichnung zu gelten hat, wenn jemand aufgrund seines Hebräischstudiums Hebräer genannt werden würde, denn ein Hebräer sei nichts anderes als ein περώτης, ein ‚Vorübergehender' ins künftige Leben.[335] Kurioserweise baut Witzel hier das einzige Mal in der ganzen Rede explizit die hebräische Sprache in seine Argumentation ein.

Dieser abschließende Teil von der göttlichen, notwendigen und heilswirksamen Wissenschaft fasst die Essenz der *Oratio* prägnant zusammen und weist

---

331 Die Bezugnahme auf HIERONYMUS und die angebliche Restauration früherer Zustände durch die gegenwärtigen Hebraisten ist ein wiederkehrender Locus. Vgl. Klein, „Einheit", 30f.

332 „Adeoque si nulla esset causa, cur hebraicari in animum induceres, sat, puto, causae foret, quod tot modis pugnant inter sese Graeci interpretes septuaginta et posteriores illi tres. Quid igitur consultius, quad certam illam atque nativam scripturam se adplicare, quae sola sibi constat, sola non errat, sola rata, firma, probaque est, citra quam in ambiguo relinquere miser et miserandus?" Witzel, „Oratio", fol. Giiii^r–Giiii^v [S.103f.].

333 Zur Logistik des christlichen Büchermarkts siehe Burnett, *Hebraism*, 189–221.

334 Für eine Diskussion der Herleitung des Demonyms עִבְרִי und des nur außerhalb der hebräischen Bibel belegten Glottonyms עברית über die Verbalwurzel עבר vgl. u. a. Bauer/Leander, *Grammatik*, § 2f. Zu עברית siehe Anm. 42 und 236.

335 „Hos itaque quotquot passim vivunt, vobis ceu stimulos quosdam coelitus esse datos existimate, quorum recordatione fiat, ut evigiletis ad tam divinas, neccessarias, salubres literas. [...] Is cuius est peculiare munus lingua ist haec, audenti aderit. Persuasum habete vobis praeclarissimum esse, dici Hebraeum. Quid enim est Hebraeus, nisi περώτης, hoc est, transitor? Quicunque ita ad futuram vitam transire festinant, merito Hebraeos vocari conveniet." Witzel, „Oratio", o.A. [107f.].

auch darüber hinaus auf die Argumentationsstrategie des Lobredners hin. Denn Witzel versucht, durch diese Trias den göttlichen Eigenwert des Hebräischen, seine Notwendigkeit für den menschlichen Glauben und die eschatologische Heilswirksamkeit zu einem typisch renaissance-humanistischen Bildungsprogramm zu verknüpfen. Dabei benutzt er Elemente der patristischen Literatur und verschiedener klassischer Schriftsteller und lässt diese mit Topoi sprachapologetischer Diskurse der frühen Neuzeit interagieren. Diese doppelte Diskursstrategie – auf der einen Seite die Ansprache an religiöse Heilserwartung, auf der anderen Seite das breite Schöpfen aus renaissance-humanistischer Gelehrsamkeit – machte Witzels Lobrede, obwohl sie nie gehalten wurde, für die damaligen Leser eingängig und erklärt deren lange Nachwirkung.

3.3 Die frühneuzeitliche Hebraistik als *Philologia Sacra* – eine wissenschaftsgeschichtliche Verortung

Wie oben ausführlich dargestellt, zeigt die *Oratio in laudem Hebraicae linguae* von Georg Witzel eine enge Verzahnung von Hebraistik und Theologie. Dass das Hebräische als Offenbarungsträger gesehen und die Sprachkunde über das vermeintlich göttliche Idiom mit heiligem Ernst betrieben wurde, ist kein auf frühneuzeitliche Lobreden beschränktes Phänomen. Solche Anschauungen sind für die frühneuzeitliche Hebraistik insgesamt prägend. Daher wird in Darstellungen der Geschichte der europäischen Sprachwissenschaften diese Epoche oft unter dem Schlagwort *Philologia Sacra* subsummiert.[336]

In den nachfolgenden Abschnitten wird eine Annäherung an dieses Phänomen geboten. In einem ersten Schritt soll das Phänomen *Philologia Sacra* mithilfe einer Definition abgesteckt werden. In einem zweiten Schritt wird diese Definition mittels einer kurzen Besprechung konkreter sprachwissenschaftlicher Entwürfe illustriert.

---

336 So etwa u.a. Bobzin, „Hebraistik"; Gzella, „Sprache", 72; Lange, *Meilenstein*, 40; Klein, „Wörter", 7 und Smend, „Generationen", 224.

3.3.1 *Philologia Sacra* als Chiffre für die Epoche, das Ethos und die Methode der frühneuzeitlichen Hebraistik

Der etwas lyrisch anmutende Titel *Gottes Sprache in der philologischen Werkstatt*[337] eines von Guiseppe Veltri und Gerold Necker herausgegebenen Tagungsbandes fasst prägnant und treffend das Ziel der frühneuzeitlichen Hebraistik zusammen. Diese Periode der Geschichte der Hebraistik, deren Vielfältigkeit, Innovationskraft und Breitenwirkung immer wieder erstaunt, begann mit der (Wieder-)Entdeckung der hebräischen Sprache durch die europäischen Christen. Sowohl der Buchdruck als auch das Aufkommen des Renaissance-Humanismus sowie die Streitigkeiten der Reformationszeit begünstigten die frühneuzeitliche Hebraistik. Nach vorne begrenzt der Siegeszug der historisch-vergleichenden Methode und der damit bedingte Paradigmenwechsel in den Sprachwissenschaften im Übergang zum 19. Jahrhundert diese Periode. Dass diese erste Blütezeit der hebräischen Sprachkunde unter den europäischen Christen als *Philologia Sacra* bezeichnet wird, ist durchaus einprägsam. Denn mit dem Schlagwort *Philologia Sacra* wird nicht nur diese Epoche der Geschichte der Hebraistik betitelt, sondern auf die eigentümliche Verzahnung von Theologie und Philologie angespielt, die sowohl Einfluss auf die theologische Hermeneutik[338] als auch auf die philologische Theoriebildung nahm. Auch sind hinter *Philologia Sacra* Ethos wie Telos der philologischen Bearbeitung der *lingua sacra* subsummiert, die durch die, wie Wolf Peter Klein treffend formuliert, „Verbindung zwischen linguistischer Sprachkenntnis, Textorientiertheit und theologischer Einbettung"[339] um ein besseres Verständnis von kanonischen, aber auch von ‚neuen' heiligen Texten in ihrer jeweiligen Originalsprache bemüht war.[340]

Dass der Begriff *Philologia Sacra* auch in anderen Kontexten benutzt wird, führt zu einigen Missverständnissen. In altertumswissenschaftlichen Disziplinen kann der Begriff *Philologie* auf antike Phänomene der Schriftlichkeit und Schreiberkultur verweisen.[341] Daneben wird das Phänomen, dass sich israelitisch-frühjüdische Schreiber – die des Hebräischen als Umgangssprache nicht mehr mächtig waren, es nicht als Alltagssprache verwendeten oder in einer anderen

---

337 Veltri/Necker, *Sprache*.

338 Vgl. Steiger, „Development".

339 Klein, „Wörter", 7.

340 Siehe dazu auch Anm. 355.

341 So definieren Cancik-Kirschbaum/Kahl Philologie als „eine umfassende, von Methodenbewusstsein und Fachsprachlichkeit geprägte Beschäftigung mit Texten im Medium der Schrift" (Cancik-Kirschbaum/Kahl, *Philologien*, 44). Zur in dieser Studie vorgenommen Differenzierung zwischen Philologie und Sprachkunde siehe Anm. 2.

Sprachstufe dieses Idioms beheimatet waren – mit dem Ziel der Performanz von *Heiligkeit* in archaisierender Weise des Duktus der bereits bestehenden Schriften bedienen, auch als *Philologia Sacra* bezeichnet.[342] Die vorliegende Studie bezieht sich hingegen nur auf frühneuzeitliche Zusammenhänge.

Auch in reformationsgeschichtlichen Darstellungen taucht hier und da der Begriff *Philologia Sacra* auf, der hier eine nahezu symbiotische Verbindung zwischen Exegese und Hermeneutik in der protestantischen Orthodoxie bezeichnet. Jedoch war die enge Verzahnung von Theologie und Philologie keinesfalls auf die altprotestantische Orthodoxie beschränkt, sondern war ein konfessionsübergreifendes Phänomen. So waren die Vertreter der *Philologia Sacra* nicht nur an den Reformationsbestrebungen beteiligt, sondern konnten sich Rom verpflichtet fühlen,[343] den Mittelweg von Erasmus bevorzugen[344] oder wie Guillaume Postel gänzlich eigenständige Wege gehen.

Auch darum wäre es unsachgemäß, die *Philologia Sacra* als eine Denkschule oder Methodik der frühneuzeitlichen Beschäftigung mit Sprache zu fassen. Vielmehr ist die *Philologia Sacra* als metatheoretisches System zu verstehen, das mit einer religiösen Zielsetzung das Hebräische und andere Sprachen betrachtete. Als solches war es das Produkt der Interaktion hebraistischer, sprachphilosophischer und spekulativ-theologischer Diskurse. Eine weitere definitorische Engführung ist hingegen schwierig, da für viele zeitgenössische Betrachter die Grundsätze der *Philologia Sacra* durchaus als Axiome sprachwissenschaftlicher Arbeit nachvollziehbar waren. Eine Annäherung an das Phänomen *Philologia Sacra* kann jedoch durch eine Betrachtung dieser Grundsätze geleistet werden. Dabei sind die nachfolgenden vier axiomatischen Vorstellungskomplexe zu beobachten:

(1) *Das Hebräische ist die älteste Sprache der Menschheit.* Gerne wurde das Hebräische mit der prälapsaren Ursprache Adams gleichgesetzt und so als die *perfekte Sprache*[345] identifiziert. Auch war der Gedanke, dass Gott die Welt mithilfe des Hebräischen geschaffen habe, weit verbreitet. Dass jedoch eine Vielzahl von Sprachen gesprochen wurden, wurde mit dem Verlust der adamitischen Sprache erklärt. Dieser Verlust wurde meist als Konsequenz göttlichen Strafhandelns angesichts des Sündenfalls bzw. Turm- und Stadtbaus zu

---

342 So etwa Mathys, „Philologia". Siehe auch Anm. 229.
343 Beispielsweise Johann Albrecht Widmannstetter, dessen Beitrag das Studium der syrischen Sprache in Europa überhaupt ermöglichte. Siehe dazu Klein, „Wörter", 10 und Wilkinson, *Orientalism*, 137–169 sowie unter 3.3.2.1.
344 So Georg Witzel, siehe dazu Kapitel 3.2.1.
345 Für eine Darstellung des Topos der *perfekten Sprache* innerhalb der europäischen Ideengeschichte siehe Eco, *Suche*.

Babel dargestellt. Im Zuge der göttlicher Offenbarungshandlungen innerhalb der Heilsgeschichte (Verheißung an Abraham, Moseoffenbarung, Inkarnation Christi, Pfingstwunder) wurde jedoch der Menschheit wieder der Zugang zum Hebräischen ermöglicht.[346]

(2) *Zwischen den Dingen und deren hebräischen Namen besteht eine quasi ontologische Kongruenz.*[347] Dieser Ideenkomplex folgt aus der oben erwähnten Gleichsetzung des Hebräischen mit der adamitischen Ursprache, zweitens aus den biblischen Narrativen mit dem Motiv der *nominatio rerum*[348] und drittens aus sprachphilosophischen Vorstellungen, die seit Platons *Kratylos* die klassische Diskussion prägen. Der biblische Ausgangspunkt ist die *nominatio rerum* nach Gen 2,18–24, wo der erste Mensch als Namensgeber auftritt, der durch die Namensgebung die Lebendigkeit seiner Mitgeschöpfe (נֶפֶשׁ חַיָּה) erwirkt und ihnen Bestimmung überträgt.[349] Auch verstärkten die häufig in alttestamentlichen Erzähltexten auftauchenden, sogenannten ‚Volksetymologien' wie z.B. Gen 2,23 oder 3,20 die Vorstellung, dass die Dinge und ihre hebräischen Bezeichnungen in einer außergewöhnlichen Kongruenz stünden. Diese sprachphilosophische Rezeption der *nominatio rerum* auf Grundlage der in Platons *Kratylos* formulierten Konzepte ist nicht grundsätzlich neu. Bereits bei Eusebius finden sich analoge sprachapologetische Topoi.[350] Jedoch erhält diese Denkweise durch die *Philologia Sacra* neuen Elan, der auch durch die christliche Rezeption kabbalistischer Literatur befördert wurde und gleichzeitig diese begünstigte.[351]

(3) *Falls das Hebräische die älteste Sprache ist, muss jede andere Sprache in einem Verhältnis zum Hebräischen stehen.* Genau wie die Frage nach der Ursprache ein wiederholendes Thema sprachphilosophischer Diskurse der frühen Neuzeit ist, fand das Problem der Vielfalt der menschlichen Sprachen

---

346 Vgl. dazu Borst, *Turmbau*, 1:6f.

347 „Im Kern der heiligen Sprache regiert ein Mechanismus, durch den sich aus einfachen bedeutungstragenden Elementen alles überhaupt irgendwie Sagbare ergeben können soll oder, in umgekehrter Richtung, dem jedwede semantische Verworrenheit am Ende durch Auflösung in die einfachen Elemente geklärte werden könnte." Klein, „Wörter", 16.

348 Vgl. Neis, „Ursprung", 463.

349 Die Interpretation von Gen 2,19b[MT] ist Gegenstand intensiver Debatten. Die Bandbreite der philologischen Auslegungsmöglichkeiten kann Bührer, *Anfang*, 222–224 und Schellenberg, „Beobachtungen" entnommen werden. Siehe dazu Kapitel 2.3.1.2.

350 Eus. *Praep. ev.* 11.6.2–7.

351 Für eine Untersuchung der weitgefächerten Rezeptions- und Transformationsgeschichte der Kabbala innerhalb der europäischen Wissenschaftsgesichte siehe Kilcher, *Sprachtheorie*. Eine weitere Diskussion der Kabbala unter dem Vorzeichen der *Philologia Sacra* findet in 3.3.2.1 statt.

kontinuierliche Beachtung.[352] Die Vorstellung, dass es sich beim Hebräischen um die Mutter aller Sprachen handle und die anderen Idiome sich von der Sprache des Alten Testaments ableiten ließen, war ungemein populär. Insbesondere das Konzept einer allgemeinen Sprachharmonie,[353] d.h. dass jedes Wort in jeder Sprache in phonetisch-semantischer Kongruenz zu dem Urwort aus der Ursprache stehe, fand rege Beachtung durch Hebraisten. Die Tendenz des Hebräischen, mithilfe dreier Konsonanten seine Wortwurzeln zu bilden, wurde als Indiz der ursprünglichen *einfachheit* der Ursprache verstanden und es wurde als möglich erachtet, die Wörter aller beobachtbarer Sprachen auf diese hebräischen Urwörter zurückzuführen.[354]

(4) *Den außereuropäischen, sogenannten orientalischen Sprachen und Literaturen ist aufgrund ihrer linguistischen, geographischen und kulturellen Nähe zum Hebräischen besondere Beachtung zu schenken und sie sollen Teil des universitären Curriculum werden.* Die Hoffnung, dass durch die Klärung textkritischer und lexikalischer Fragen ein besserer Zugang zur Heiligen Schrift ermöglicht werde, war eine der Triebfedern der philologischen Beschäftigung mit den sogenannten *orientalischen* Sprachen und Literaturen.[355] Aber auch der Gedanke der Expansion der Kirche bzw. des christlichen Glaubens, zuerst im Rahmen römischer Unionsbestrebungen mit den Ostkirchen und dann

---

352 Siehe dazu auch die Einleitung zu 3.3.2.

353 Für eine Einordnung der unterschiedlichen sprachharmonischen Zugänge innerhalb des frühneuzeitlichen Diskurses siehe Klein, „Wortbildung", 297–317. Zum Einfluss der Idee der Sprachharmonie auf die Hebraistik siehe Gesenius, *Geschichte*, § 35.

354 Siehe dazu die Ausführungen unter 3.3.2.1.

355 Beispielsweise wurden im Zuge der *Philologia Sacra* das Arabische und somit auch der Koran Gegenstand der philologischen Betrachtung. Siehe dazu Bobzin, „Sinn" und ders., *Koran*. Dies trifft auch auf das Syrische und die syrischen Versionen der Heiligen Schrift zu. Vgl. Wilkinson, *Orientalism*, 3f. Aber auch die Sprachen, Religionen und Heiligen Schriften des indischen Subkontinents wurden, wie dies etwa Adluri/Bagchee in ihrer Studie *The Nay Science* ausführlich gezeigt haben, mithilfe von Methoden, die der alttestamentlichen Wissenschaft entstammten, beschrieben. Es ist als ein Resultat der Breitenwirkung der *Philologia Sacra* zu betrachten, dass trotz großer räumlicher und zeitlicher Distanzen zwischen der hebräischen Bibel und den Heiligen Schriften des indischen Subkontinents letztere mit dem Blick der alttestamentlichen Wissenschaft betrachtet wurden. Diese gegenseitige Wechselwirkung zwischen alttestamentlicher Wissenschaft/Hebraistik und Sanskritkunde/Indologie wird u. a. im philologischen Oeuvre von Heinrich Ewald ersichtlich. Siehe dazu Kapitel 4.2. Für eine Darstellung der historischen und forschungsgeschichtlichen Implikationen der ehemals engen Verbindung zwischen diesen beiden Wissenschaftsdisziplinen siehe Olender, *Sprachen*, 30–44 und Wiesgickl, *Testament*, 103–109.

während der christlichen Überseemission, ermöglichte und förderte die Beschäftigung mit nicht-europäischen Sprachen.[356]

Diese vier axiomatischen Vorstellungskomplexe eignen sich nicht als Kriterienkatalog für die Anwendung der Taxonomie *Philologia Sacra*, da sie nicht in jedem Entwurf formuliert wurden. Vielmehr umreißen sie einen *Meinungskorridor*, innerhalb dessen sich diese Spielart der frühneuzeitlichen Sprachbetrachtung entfaltet hat, und sie illustrieren zugleich, aus welchen Zusammenhängen sich die *Philologia Sacra* nährte. Dementsprechend ist der von dieser Studie vorgeschlagene Definitionsvorschlag nur heuristischer Natur.

Namenspate für die in dieser Untersuchung gewählte Bezeichnung dieses Phänomen ist das fünfbändige Werk *Philologia Sacra* von Salomon Glassius.[357] Diese „biblisch-philologische Enzyklopädie"[358] zeigt sowohl im Aufbau als auch im Inhalt die für das hier besprochene Phänomen typische Verzahnung von Bibelhermeneutik und Philologie. Galssius' *Philologia Sacra* besaß eine große Wirkmächtigkeit; noch Wilhelm Dilthey bezog sich darauf, jedoch lediglich, um darin die Vorboten der Frontstellung zwischen der altprotestantischen Orthodoxie und der Aufklärung zu wittern.[359] In den ersten beiden Bänden der *Philologia Sacra* legt Glassius eine kritische Analyse der Textzeugen der Hebräischen Bibel sowie des Neuen Testaments und eine systematische Besprechung der Schriftsinne vor. In den Bänden drei bis fünf finden sich eine ausführliche Grammatik sowie Darstellung der rhetorischen Eigentümlichkeiten des Biblisch-Hebräischen und des neutestamentlichen Griechischen. Dabei werden die beiden Idiome der Bibel nicht konsekutiv besprochen, sondern harmonisch, d.h. parallelisierend zu jedem grammatikalischen Locus.[360] Zwischen den beiden ersten Bänden und den grammatisch-rhetorischen Bänden drei, vier, fünf ist als Scharnier eine Lobrede auf das Hebräische eingebaut, in der Glassius die Notwendigkeit und den Nutzen der Hebraistik preist.

Wie an Galssius' *Philologia Sacra* exemplarisch deutlich wird, trafen sich im Phänomen *Philologia Sacra* eine Vielzahl von Diskursen. Nachfolgend soll ausgewählten Topoi der *Philologia Sacra* nachgegangen werden, um deren

---

356 Siehe dazu die Ausführungen unter 3.3.2.

357 Für eine Diskussion der Inhalte Salomon Galssius' *Philologia Sacra* und eine Kontextualisierung der darin enthaltenen hermeneutischen Ideen in das Verständnis der frühneuzeitlichen Wissenschaftsdisziplinen siehe Danneberg, „Grammatica".

358 Bautz, „Glassius", 252.

359 Dilthey, *Weltanschauung*, 128.

360 Siehe Ausführungen zu Sprachharmonien unter 3.3.3.2 und Anm. 353.

Breitenwirkung auf den frühneuzeitlichen Sprachdiskurs zu illustrieren, aber auch, um den Wirkungen auf die Hebraistik nachzugehen.

3.3.2 Buchstabenmystik, Buchdruck und Sprachharmonie – Momente der *Philologia Sacra*

Die Doppelfrage nach der Herkunft der Sprache und das Problem ihrer vielfältigen Erscheinungsform in den unterschiedlichen Idiomen war das wiederkehrende Thema der frühneuzeitlichen Sprachreflexion, die in den Preisfragen der Berliner Akademie der Wissenschaften ihren Höhepunkt fand.[361] Auch für die *Philologia Sacra* war das Problem der Herkunft und Vielfalt menschlicher Sprache prägendes Thema der metatheoretischen Reflexion. Denn obwohl mit Schöpfung und Turmbau zu Babel zwei niederschwellige Narrative für eine biblisch-theologische Beantwortung dieser Doppelfrage zur Verfügung standen, bestand das Bedürfnis, die phänomenologische Unterschiedlichkeit der Idiome zu erklären. Dies war auch für die *Philologia Sacra* ein fruchtbares Umfeld.

Nachfolgend sind für die *Philologia Sacra* charakteristische Antwortversuche dieser Doppelfrage dargestellt. Die Fragen nach Ursprung und Vielfalt von Sprache treffen sich unvermittelt in der unter 3.3.2.1 besprochenen Illustration, in der Elemente kabbalistischer Buchstabenmystik mit klassischen Topoi christlicher (Wort-)Theologie verbunden werden. In Kapitel 3.3.2.2 wird der Adaption des Sprachvergleichs unter den Voraussetzungen der *Philologia Sacra* nachgegangen.

3.3.2.1 Buchstabenmystik und Buchdruck

Die *Philologia Sacra* trug zu einer positiven Wahrnehmung der Sprachvielfalt bei, indem sie die philologische Beschreibung sogenannter orientalischer Sprachen und Literaturen förderte. Daneben war auch die Drucklegung, Übersetzung und

---

361 Einen Überblick über die sprachtheoretischen Preisfragen der Berliner Akademie bietet Haßler in „Preisfragen". Der Beitrag der (alttestamentlichen) Theologen sticht hier besonders hervor. So gewann beispielsweise Johann David Michaelis mit seiner Antwort die Preisfrage aus dem Jahre 1759. Aber auch Daniel Jenisch, damals Pfarrer an der Berliner Nikolaikirche, reüssierte in der Preisfrage 1792/94 zur ,Vergleichung der Hauptsprachen Europas'. Vgl. zum letzteren Trabant, *Weltansichten*, 113. Die größte Resonanz erreichte die Frage nach der anthropologischen Herkunft der Sprache (1771), die bekanntlich Herder gewann. Für eine ausführliche Darstellung der philosophiegeschichtlichen Kontexte dieser Frage und der eingesandten Antworten siehe Neis, *Anthropologie*.

Kommentierung solcher Werke ein beliebtes Betätigungsfeld frühneuzeitlicher Hebraisten. Besonderes Interesse genossen dabei religiöse Texte jüdischer oder nicht-okzidentaler Provenienz sowie Werke, die nicht in lateinischer Schrift verfasst waren. Dies geschah, wie bereits erwähnt, mit der Absicht, durch diese Beschäftigung einen tieferen Zugang zur göttlichen Sprache zu entwickeln oder in den Kontexten der römischen Unionsbestrebungen und der äußeren Mission.[362]

Insbesondere die Beschäftigung mit kabbalistischen Schriften stand im Mittelpunkt philologischer Bearbeitung durch Hebraisten. Das Werk Johann Reuchlins illustriert den engen Zusammengang zwischen der philologischen Bearbeitung der Hebräischen Bibel und der christlichen Rezeption der Kabbala. Nachdem Reuchlin seine Grammatik (*De Rudimentis Hebraicis*) im Jahre 1506 veröffentlicht hatte, nahm er seine vorherige Beschäftigung mit der Kabbala wieder auf, die 1517 in dem Werk *De arte cabalistica* kulminierte.[363] Ähnliches gilt auch für den anderen großen Orientalisten der Frühzeit der *Philologia Sacra* Guillaume Postel. Er schrieb nicht nur 1538 eine Abhandlung über die Herkunft der Sprache,[364] sondern machte kabbalistische oder der Kabbala nahestehende Werke wie den *Sefer Jeṣira* für eine christliche Leserschaft zugänglich, indem er sie übersetzte und veröffentlichte. Auch war Postel von der Gestalt nicht-lateinischer Schriften fasziniert und trieb deren Drucklegung voran. So beschrieb er in seiner Studie *Linguarum duodecim characteribus differentium alphabetum introductio*[365] aus dem Jahre 1538 zwölf unterschiedliche Schriftsysteme, beschrieb kurzgefasst

---

362 Die gegenseitige positive Beeinflussung von Buchdruck und äußerer Mission sowie den Aufstieg des philologischen Interesses an außereuropäischen Sprachen illustriert die portugiesische Jesuitenmission in Südindien/Sri Lanka. Der Jesuit Henrique Henriques (1520–1600) erlernte in Indien Tamil, verfasste eine erste Grammatik und war schließlich verantwortlich für die im Jahre 1578 erfolgte Drucklegung des Katechismus தம்பிரான் வணக்கம் *(Tampirāṉ vaṇakkam)*; mit letzterem wurde zum ersten Mal eine indische Type gedruckt. Vgl. Barreto Xavier/Županov, *Orientalism*, 212–221.227f.

363 Für eine Zusammenstellung der Tendenzen der neueren Reuchlin-Forschung siehe Kessler–Mesguich, „Hebraists", 263f. insbesondere Anm. 40.

364 Siehe dazu Céard, „Originibus".

365 Diese Schrift ist für die Forschungsgeschichte des Alten Testaments und der Hebraistik von nicht geringem Interesse. Postel kam im Rahmen seiner Reisen mit den Samaritanern in Kontakt und brachte auch eine Grammatik des Samaritanischen zurück. Durch die Veröffentlichung der *Linguarum duodecim characteribus differentium alphabetum introductio* wurde zum ersten Mal für die breitere europäische Öffentlichkeit die samaritanische Schrift zugänglich. In dieser Abhandlung finden sich auch erste Abbildungen von Münzinschriften, die Postel für Samaritanisch hält, aber wahrscheinlich hasmonäischen Ursprungs waren. Vgl. Kuntz, „Language", 126. Zum Beitrag Postels für die Erforschung der Samaritana siehe Fraser, „Postel".

die betreffenden Sprachen und versuchte diese ähnlich wie Conrad Gessner[366] mithilfe des *Vaterunsers* zu vergleichen.

Ein eindrückliches Beispiel der durch die *Philologia Sacra* beeinflussten Verbindung christlicher Aneignung kabbalistischer Buchstabenmystik mit der Drucklegung nicht-lateinischer Texte bietet eine Illustration (Abb. 3.1) aus dem *Liber Sacrosancti Evangelii de Iesu Christo*. Der *Liber Sacrosancti Evangelii* entstand auf Betreiben von Moses Mardenus, der im Auftrag des syrisch-orthodoxen Patriarchs von Antiochien beim Heiligen Stuhl die Union vorantreiben sollte, und wurde 1555 von Johann Albrecht Widmannstetter[367] veröffentlicht.[368] Der dort wiedergegebene Mischtext verschiedener syrischer Texttraditionen[369] umfasst die Evangelien, das Corpus Paulinum, die Apostelgeschichte sowie einige ausgewählte katholische Briefe.[370] Den Evangelien ist jeweils ein lateinisches Vorwort vorangestellt. Zusätzlich wird eine Rahmung durch jeweils zwei Illustrationen erzielt, die den Evangelien vor- und nachgeschaltet sind. Sowohl das Vorwort zum Johannesevangelium als auch die dazugehörige Illustration durchbrechen das Muster.

Die dem Johannesevangelium vorangeschaltete Illustration, ein Holzschnitt, hat eine außergewöhnlich reichhaltige Bildsprache, die aus verschiedenen Quellen schöpft und es so vermag, verschiedene Register zu bespielen. Zu den klassischen Topoi christlicher Ikonographie gehört der sich im Vordergrund befindende Evangelist, der, mit Heiligenschein versehen und zum Gekreuzigten emporschauend, in der Schreiberpose dargestellt ist. Auch die Darstellung des Gekreuzigten selbst folgt klassischen Konventionen; auffällig ist nur der hebräische *titulus crucis* (ינמה).[371] Kleinere Elemente wie ein Adler, der sowohl als

---

366 Siehe zum Sprachenvergleich bei Gessner Kapitel 3.3.3.2.

367 Widmannstetter gilt als Wegbereiter des Studiums des Syrischen in Europa, da er 1555 eine erste Grammatik des Syrischen mit dem Titel *Syriacae linguae. Prima elementa* vorlegte.

368 Für eine ausführliche Darstellung der historischen Kontexte des *Liber Sacrosancti Evangelii* siehe Wilkinson, *Orientalism*.

369 Für nähere Angaben zum im *Liber Sacrosancti Evangeliis* wiedergegebenen Texttypus siehe Wilkinson, *Orientalism.*, 172f.

370 Der Umfang des neutestamentlichen Kanons nach der syrischen Tradition weicht vom westlichen Kanon ab. Der im *Liber Sacrosancti Evangelii* wiedergegebene neutestamentliche Kanon ist sowohl in Umfang als auch in Anordnung für die syrische Tradition üblich. Vgl. Brock, *Bible*, 34f.

371 Der *titulus crucis* ist im gesamten *Liber Sacrosancti Evangelii* nur durch das Kürzel ינמה wiedergegeben. Zwar scheint das hebräische Pendant zum Kürzel INRI nicht völlig unbekannt gewesen zu sein, aber wurde meist mit den lateinischen und griechischen *tituli* verwendet. Die Schreibweise des hebräischen *titulus crucis* divergiert, sodass angenommen werden muss, dass in den unterschiedlichen Kontexten ad hoc übersetzt wurde.

Evangelistensymbol als auch Wappentier der habsburgischen Mäzene des *Liber Sacrosancti Evangelii* steht, ergänzen das klassische Register frühneuzeitlicher Bildsprache. Die Darstellung der kabbalistischen Theogonie in der Form eines Lebensbaums im linken Bildteil hingegen ist gänzlich präzedenzlos. Dem verbreiteten Anordnungsprinzip nach werden die unterschiedlichen Sephirot dargestellt und mithilfe von Symbolen expliziert, wobei diese Symbole aus der christlichen Ikonographie der Renaissance stammen. Von einer Mandorla umgeben und bewacht von Seraphim, fußt der Lebensbaum auf einem mit einer Menora versehenen Weltenglobus. Zwischen den einzelnen Sephirot und dem Kopf, den Lenden sowie den fünf heiligen Wunden des Gekreuzigten sind gerade Linien gezogen. Vervollständigt wird die Illustration mit zwei lateinischen Überschriften: einerseits der Eröffnung des Johannesevangeliums und andererseits mit dem Ausspruch „Qui expansis in cruce manibus, traxisti omnia ad te secula", der in verschiedenen liturgischen Texten aus dieser Zeit als Addendum zum *kyrie* begegnet.[372] Beide Überschriften sind wie die habsburgische Flagge in Rot gehalten.

Die Ikonographie dieser außergewöhnlich symbolreichen Illustration ist trotz ihrer Dichte keineswegs willkürlich, sondern verfolgt ein klares Programm. Die Mandorla um den Lebensbaum hat beispielsweise die Funktion eines Lesehinweises: So wird sichergestellt, dass ein christlicher Betrachter hier das Erscheinen des Lebensbaums als Theophanie interpretiert.[373] Auch sind die Verbindungen zwischen den Sephirot und dem Körper Christi nicht zufällig oder ästhetisch bedingt. Beispielsweise sind so die Sephirot בינה und חכמה mit dem Kopf des Gekreuzigten verbunden und die Lenden Christi mit der Sephira יסוד, die in der Kabbala meist mit Aspekten der Sexualität verbunden wurde.

Insbesondere letzteres lässt die theologische Aussageabsicht dieser Illustration erkennen: Die kabbalistische Theogonie/Schöpfung steht in Kongruenz zum Heilsereignis im Kreuzesgeschehen. Denn die Zuordnungen zwischen dem Lebensbaum und dem Körper des Gekreuzigten entsprechen dem Anordnungsprinzip der Sephirot gemäß der kabbalistischen Rezeption der Idee des *Adam*

---

372 Vgl. Raw, *Trinity*, 179.

373 In der mittelalterlichen Ikonographie wurde die Mandorla eingesetzt, um das Göttliche zu kennzeichnen. Insbesondere Theophanien wie der Besuch der drei bei Mamre (Gen 18) oder die Verklärung Jesu (Mk 9 par.) wurden oft mit diesem Mittel ausgeschmückt. Seit der Renaissance scheint der Gebrauch der Mandorla nicht mehr strikt mit dem Göttlichen verknüpft gewesen zu sein. Beispielsweise gibt es Darstellungen bei denen die Marienfigur oder der römisch-deutsche Kaiser von einer Mandorla umgeben sind. Vgl. Messerer, „Mandorla".

Qadmon.[374] Diese Überblendung schöpfungstheologischer und soteriologischer Loci im Rahmen des Überbaus zur Philologie ähnelt der zentralen These Witzels in seiner *Oratio* zum Hebräischen als Mittel und Werkzeug des Heils.

Die Frage nach den intendierten Adressaten dieser Illustration stellt sich bei einem reichhaltigen ikonographischen Programm mit einer durchaus filigranen Aussageabsicht sofort. Denn wie Wilkinson bemerkt, gibt es weder Indizien für eine christliche Rezeption kabbalistischer Werke in der syrisch-orthodoxen Kirche (Patriarchat von Antiochien) noch unter anderen syrisch-sprachigen Konfessionen.[375] Daher liegt die Annahme nahe, dass christliche Gelehrte aus Europa die intendierten Adressaten dieser Illustration gewesen sind. Denn im Gegensatz zu den anderen Illustrationen des *Liber Sacrosancti Evangelii*, die mit lateinischen und syrischen Erklärungen versehen sind, ist die im Bild integrierte Kommentierung dieser Illustration nur auf Latein formuliert. Daher waren nur europäische Hebraisten, die mit den Grundzügen kabbalistischer Literatur vertraut waren, fähig, diese Illustration zu deuten.[376] Üblicherweise wird die oben besprochene Illustration Guillaume Postel zugeschrieben.[377] Auch wenn seine Beteiligung am *Liber Sacrosancti Evangelii* unbestritten ist, kann aus meiner Sicht eine ältere ideengeschichtliche Herkunft dieser Illustration nachgewiesen werden. Während meiner Recherchen bin ich auf drei Handschriften in unterschiedlichen Kodizes gestoßen, die alle den gleichen Kommentar zum *Sefer Jeṣira* enthalten.[378] Dieser leider nur fragmentarisch erhaltene Kommentar ohne Autorenangabe mit der Überschrift מפרוש ספר יצירה stammt nach paläographischen Untersuchungen aus dem 14. Jahrhundert[379] und bietet ein auffälliges Amalgam kabbalistischer Theogonie mit christlicher Kreuzessymbolik, das der hier verhandelten Illustration aus dem *Liber Sacrosancti Evangelii* ähnelt. In allen Handschriften dieses

---

374 Zur kabbalistischen Ikonographie des *Adam Qadmon* siehe HORODEZKY, „Adam", 784 und Necker, „Kabbala", 134. Man beachte auch die ‚ditheistischen' Strömungen innerhalb des antiken Judentums. Vgl. dazu Schäfer, *Götter*.

375 Vgl. Wilkinson, *Orientalism*, 184.

376 Eine ausführliche Kommentierung und Auslegung dieser Illustration findet sich in der knapp 100 Jahre später erschienen christlich-kabbalistischen Schrift von Johannes Steudner *Jüdische ABC Schul*. Auch findet sich hier eine Nachzeichnung der Illustration aus dem *Liber Sacrosancti Evangelii*. Vgl. STEUDNER, *Schul*, 304–310.

377 Vgl. Klein, „Wortbildung", 92 und Wilkinson, *Orientalism*, 183f.

378 MS Rom, Biblioteca Apostolica Vaticana, *Cod. Vat. Ebr. 214*, fol. 3^r–7^v; MS Paris, Bibliothèque National de France *Hébreu 766*, fol. 52^r–75^v; MS Hamburg, Staats- und Universitätsbibliothek, *Cod. Levy 151*, fol. 1^v–35^r.

379 *Cod. Levy 151* wird auf das Ende des 15. Jahrhunderts datiert (So RÓTH/STRIDL, *Handschriften*, 236), *Cod. Vat. Ebr. 214* wurde um 1400 geschrieben und bietet einen byzantinischen Schrifttypus. Siehe dazu Richler, *Hebrew*, 152.

Kommentars ist eine Zeichnung (Abb. 3.2)[380] zu finden, die eine Gegenüberstellung einiger Sephirot mit einem stilisierten Kreuz vornimmt. Die Positionierungen der Sephirot auf dem Kreuz entsprechen denjenigen, die im *Liber Sacrosancti Evangelii* angedeutet sind. Eine solche Synthese kabbalistischer Theogonie bzw. der Vorstellung eines *Adam Qadmon* mit der Person Christi ist ein sich häufig wiederholendes Motiv der christlichen Kabbala.[381]

Trotz dieser nicht in Gänze geklärten Frage der ideengeschichtlichen Verortung der hier verhandelten Illustration aus dem *Liber Sacrosancti Evangelii* verdichten sich in ihr verschiedene Diskurslinien der *Philologia Sacra*. Neben dem Drang, die Drucklegung fremder Schriften zu ermöglichen, und der Aneignung kabbalistischer Gedanken sowie deren Neuformulierung unter der Prämisse des Christentums, veranschaulicht der *Liber Sacrosancti Evangelii* das innovative Potential der *Philologia Sacra* angesichts der Auseinandersetzung mit der Vielfalt der Sprachen. Aber die *Philologia Sacra* beantwortete dieses Problem nicht nur durch sprachphilosophische und theologische Abstraktion, sondern versuchte auch empirische Systeme zu entwickeln, die fähig waren, im konkreten Einzelfall die Entstehung der sprachlichen Vielfalt aus der ursprünglichen Einheit zu klären. In den nachfolgenden Abschnitten werden ausgewählte Beispiele für solche um Konkretion und Empirie bemühte Entwürfe behandelt.

---

380 *Cod. Vat. Ebr. 214*, fol. 5ʳ; *Hébreu 766*, fol. 54ʳ und *Cod. Levy 151*, fol. 4ʳ. Zusätzlich findet sich im *Catalogus Voluminum hebraeorum Bibliothecae Palatinae* (MS Rom, Biblioteca Apostolica Vaticana, *Pal. lat. 1950*, fol. 33ʳ) eine sekundäre Kopie dieser Skizze. Siehe dazu auch Wilkinson, *Orientalism*, 182.

381 Z.B. Gottfried Christoph Sommers *Specimen theologiae Soharicae*. Siehe dazu einführend Roling, „Erlösung", 418. Vgl. auch Necker, „Kabbala", 134.

Abb. 3.1: Widmannstetter, Johann Albrecht. *Liber Sacrosancti Evangelii de Jesu Christo*, fol. D 2ᵛ [262].
Original und digitale Bereitstellung: Bayerische Staatsbibliothek München, Rar. 155, urn:nbn:de:bvb:12- bsb00070810-5 [Zuletzt aufgerufen am 21.02.2022].

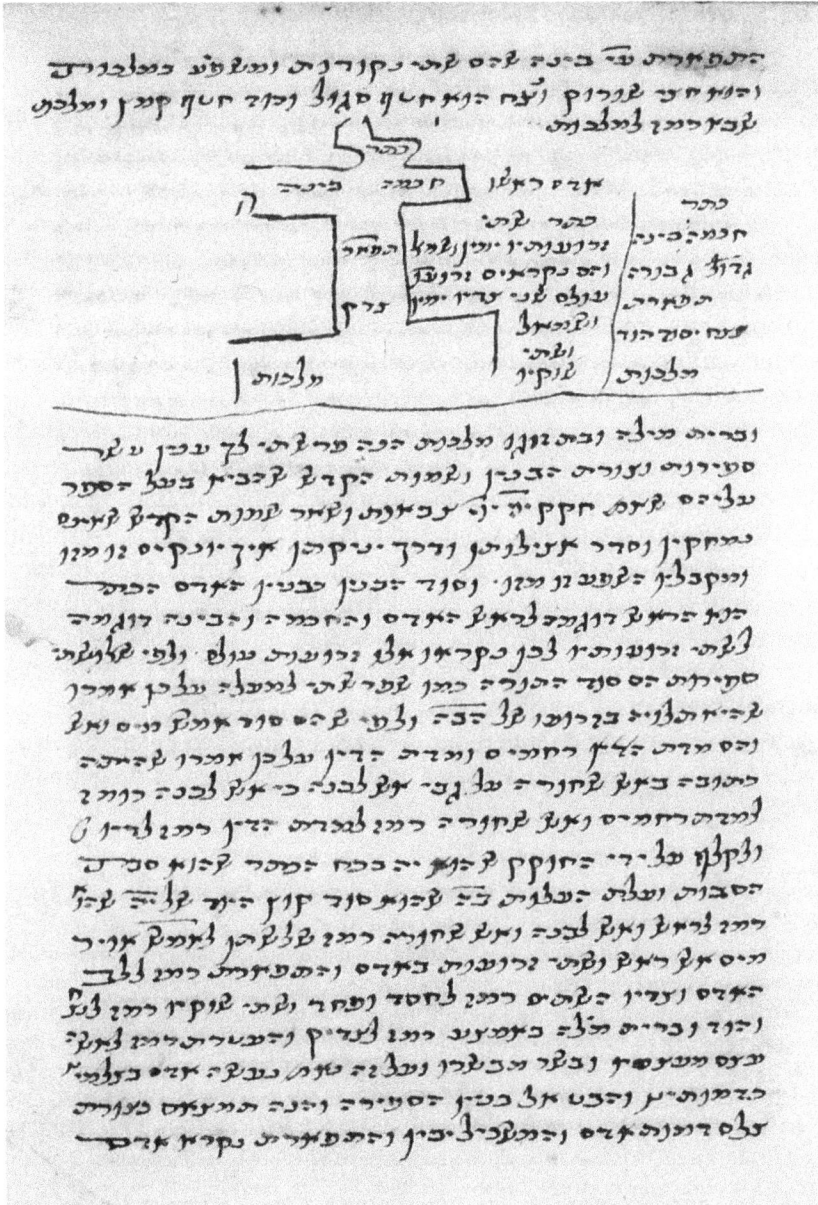

Abb. 3.2: מפרוש ספר יצירה, o.A.
Original und digitale Bereitstellung: Staats- und Universitätsbibliothek Hamburg Carl von Ossietzky, Cod. Levy 151, fol. 4ʳ [8], http://resolver.sub.uni-hamburg.de/kitodo/PPN100107873X [Zuletzt aufgerufen am 21.02.2022].

3.3.2.2 Sprachharmonie und Sprachvergleich

Die Versöhnung des Gedankens der ursprünglichen Einheit der Sprachen mit der beobachteten Vielfalt der Idiome war ein Anliegen des frühneuzeitlichen Sprachdiskurses. Um dies zu erreichen, musste der Beweis geführt werden, dass alle Sprachen kongruent sind und sich auf die gleiche Ausgangssprache zurückführen lassen. Einige Entwürfe, die der *Philologia Sacra* zuzurechnen sind, stellten sich dieser Aufgabe, indem sie die Vergleichbarkeit der einzelnen Sprachen darzustellen und den Sprachursprung mithilfe lexikalischer und morphologischer Argumente auf das Hebräische zurückzuführen versuchten. Nachfolgend werden exemplarisch zwei solche Zugänge skizziert, zum einen das sprachvergleichende Programm von Conrad Gessner, zum anderen die Umsetzung der Idee der Sprachharmonie durch Georg Cruciger.

Der Naturforscher und Universalgelehrte Conrad Gessner[382] widmete sich in seinem philologischen Hauptwerk *Mithridates sive de differentiis linguarum*[383] der Vielfalt der Sprachen mithilfe eines sprachvergleichenden Ansatzes. In diesem Band, der nach dem pontischen König Mithridates VI.[384] benannt ist, bespricht Gessner 55 Sprachen in alphabetischer Folge. Insgesamt werden über 110 Sprachen erwähnt; darunter auch einige aus der Neuen Welt.[385] Diese Auswahl weist einerseits auf die umfangreiche Recherche Gessners hin und andererseits illustriert sie die Abkehr von der, durch die Rezeptionsgeschichte der Völkertafel zu erklärenden populären Vorstellung, dass es insgesamt 70 bzw. 72 Sprachen auf der Welt gäbe.[386] Gessner diskutiert die 55 einzelnen Sprachen unterschiedlich, sowohl Länge als auch Inhalt variieren. Neben Einleitungen in die jeweilige

---

382 Für eine ausführliche Darstellung der Vita Conrad Gessners und einer Verortung seines Werks in der Geistesgeschichte seiner Zeit siehe Leu, *Gessner*.

383 Colombat and Peters veröffentlichten 2009 eine kommentierte und mit einer französischen Übertragung versehene Edition von Gessners *Mithridates*. Siehe Colombat/Peters, *Mithridate*.

384 Gessners Entscheidung, seine Abhandlung nach dem berühmtesten König des pontischen Reiches zu nennen, ist von einer Notiz von Plinius dem Älteren inspiriert. Darin berichtet er, dass Mithridates VI. Eupator (134–63 v. Chr.) fähig gewesen wäre, in jeder der 22 Sprachen seines Königreichs und ohne die Dienste eines Übersetzers Recht zu sprechen (Plin. *Nat.* 7.24). Dieser Bericht reiht sich in die Tendenz zeitgenössisch-römischer Historiographie ein, die das pontische Königreich und deren Herrscher als Antithese zur römischen Republik zeichnete. Diese Dichotomie zeigt sich auch in der oben erwähnten Notiz über die Sprachenpolitik: Plinius stellt der in der lateinischen Sprache beherrschten und perfekt durchorganisierten römischen Republik die Mehrsprachigkeit des pontischen Herrschers gegenüber. Zur Wirkungsgeschichte dieser Dichotomie von der Einheit mittels einer ‚perfekten' Sprache und der Mehrsprachigkeit auf den europäischen Diskurs über Sprache siehe Trabant, *Sprachdenken*.

385 Gessner, *Mithridate*, 268f.

386 Vgl. Leu, *Gessner*, 236; Borst, *Turmbau*, 1:6f. und Anm. 193 und 204.

Sprache, die auch die Frage der Herkunft des jeweiligen Idioms beinhalten können, werden teilweise ganze Wortlisten abgedruckt oder die aktuelle Forschungsliteratur besprochen. Um die eigentliche Vergleichbarkeit dieser Sprachen zu illustrieren, fügt Gessner seinem Werk eine Zusammenstellung von unterschiedlichen Versionen des *Vaterunsers* an.[387]

Das Hebräische hat eine zentrale Stellung in Gessners Erfassung der Vielfalt der Sprachen. So sei es, wie er in der Einführung zu *Mithridates* ausführt, die erste, älteste und reinste aller Sprachen,[388] deren Spuren noch in anderen Sprachen auffindbar seien. Insbesondere das Deutsche sei nach Gessner reich an solchen Spuren des Hebräischen, sodass von einer direkten Verwandtschaft zwischen dem Hebräischen und dem Deutschen ausgegangen werden müsse. Obwohl diese These aus heutiger Perspektive abenteuerlich erscheint, ist sie durchaus ein möglicher Gemeinplatz der frühneuzeitlichen Sprachreflexion.[389] Die ideengeschichtliche Relevanz von Gessners *Mithridates* besteht daher nicht in der Wahl des Hebräischen als Ursprache und der direkten Zuordnung vernakularer Sprachen zur Ursprache, sondern in der Qualifizierung dieser Zuordnung. Denn indem Gessner mithilfe genealogischer Termini die ihm bekannten Sprachen ins Verhältnis setzt und zusätzlich einzelne Idiome als Objekt des Sprachwandels darstellt, weicht er das althergebrachte Axiom von den Hauptsprachen und ihren Derivaten auf.[390] Beide Ideen lassen Gessners *Mithridates*

---

387 Zur Verwendung des *Vaterunsers* als Ausgangs- oder Beispieltext für sprachvergleichende Studien im 18. und 19. Jahrhundert siehe Haarmann, „Sprachsammlungen".

388 „Ex linguis Hebraica, ut prima & antiquissima omnium est, ita sola uidetur pura et syncera: reliquae mixtae sunt pleraeque omnes. nulla enim est quae non ab Hebraica deriuata quaedam & corrupta uocabula habeat." Gessner, *Mithridate*, 103.

389 Analog rückte der Regensburger Philologe Johann Conrad Wack in seiner 1713 erschienenen Schrift דאסכנזית תולדות *oder kurtze Anzeigung* das Deutsche in die direkte Nähe des Aramäischen, von dem er ausgeht, dass es die *lingua adamica* gewesen sei. Sprache Gottes wäre jedoch das Hebräische gewesen, das später offenbart wurde. „Ich kehre mich aber nochmahlen zu unserem Teutschen und sage; daß es älter / als die urälteste Occidental-Sprach / nemlich das Griechische / und der übrigen insgesamt Ursprung und Mutter ist. Dann sie ist der ersten / die uns GOtt durch Adam gegeben / erstgebohrnes Kind / nemlich Chaldäisch / oder Celtisch / so der nechste Dialect vom Ebräischen / und durch ganz Teutschland gemein ist. Biß auf die Bayern und Oesterreicher / so der Sprach nach / so wohl im Reden / als Schreiben Syrer sind." Wack, *Anzeigung*, 230. Für weitere Beispiele, die die Inanspruchnahme des Hebräischen für spekulative Aussagen über die Herkunft des Deutschen illustrieren siehe Gardt, *Sprachreflexion*, 348–360. Der Vorstellung, dass Adam Aramäisch gesprochen habe, kann schon in der rabbinischen Literatur begegnet werden. Breite Rezeption fand jedoch diese Idee erst mit Ibn Ezra. Siehe dazu Zwiep, „Adam".

390 Siehe dazu die forschungsgeschichtliche Kontextualisierung bei Considine, *Dictionaries*, 128–130 und Metcalf, *Language*, 65–84.

erstaunlich modern wirken, da sowohl die genealogische Terminologie und eine evolutionäre Sicht auf Sprache Theoreme aktueller sprachwissenschaftlicher Arbeit sind.[391]

Die Beweisführung einer Korrelation von Sprachen mithilfe von Vokabellisten, wie dies bei Gessner geschieht, ist keine methodische Innovation der frühneuzeitlichen Sprachwissenschaft. So hat der lexikalische Sprachvergleich insbesondere innerhalb der hebräische Sprachkunde eine lange Geschichte, die nahezu zeitgleich mit der grammatikalischen Erfassung des Hebräischen begann.[392] Der hier ausschlaggebende Beitrag der *Philologia Sacra* war im Wesentlichen ihr Bemühen um die Erhöhung der methodischen Stringenz solcher Korrelationen. So versuchten sprachvergleichende Entwürfe, die von der *Philologia Sacra* beeinflusst waren, neben der reinen Gegenüberstellung von Lexemen unterschiedlicher Sprachen auf der Basis ihrer semantischen Bedeutung oder lexigraphischen Gestalt, auch deren morphologische Charakteristika und syntaktische Phänomene, die sie mit dem Hebräischen gemein hatten, zu erfassen. Diese Art des Sprachvergleichs, die mit dem Schlagwort *harmonia linguarum*[393] zusammengefasst wurde, beschränkte sich nicht nur auf später als *semitisch* klassifizierte Idiome, sondern inkorporierte weitere europäische und nichteuropäische Sprachen. Die Idee einer *harmonia linguarum* wurde maßgeblich von Elias Hutter initiiert und war sowohl zusätzlicher epistemologischer Stimulus für sprachvergleichende Studien als auch ein pädagogisch durchdachtes Anordnungsprinzip.[394] So wurden in diesen Werken die verschiedenen Sprachen mit der Absicht, dass eine vermeintliche Kongruenz der morphologischen und syntaktischen Eigenheiten ersichtlich würde, streng nach den unterschiedlichen grammatikalischen Loci behandelt. Ziel dieser komplexen Darstellungsweise war es, dass durch das Lernen einer Sprache ein Mitlernen der anderen Sprache

---

391 Vgl. Metcalf, *Language*, 84.

392 Die älteste bislang bezeugte sprachvergleichende Studie, die Hebräisch, Aramäisch und Arabisch in den Blick nimmt, findet sich in der *Risalah* von Jehūdā ibn Qureīsh (Ende 9. oder Anfang 10. Jahrhundert). In diesem an die jüdische Gemeinde zu Fez adressierten Sendschreiben fordert ibn Qureīsh seine Leser auf, das Studium der Targumim um des genaueren Verständnis der Tora willens nicht zu vernachlässigen. Um dieses Potential des sprachvergleichenden Studiums der Tora zu illustrieren, sind dem eigentlichen Schreiben verschiedene sprachvergleichende Listen und eine kurze grammatische Einführung beigegeben. Siehe dazu Becker, רִסָאלָה. Für eine kritische Bewertung der ideengeschichtlichen Bedeutung der *Risalah* und weiterer früher sprachvergleichenden Studien siehe Téné, „Comparisons".

393 Für eine breitere Darstellung der Idee der *Harmonia Linguarum* und ihren frühneuzeitlichen Kontexten siehe Klein, *Anfang*, 281–296 und Krasemann, „Biblia", 53–85.

394 Eine Bibliographie und Diskussion sprachharmonischer Grammatiken ist bei Klein, *Anfang*, 304–307 zu finden.

ermöglicht werde. Auch wenn ein solches methodisches Vorgehen aus heutiger Sicht naiv und unübersichtlich wirkt, ermöglichten diese sprachharmonischen Darstellungen neue Perspektiven auf die Korrelation der einzelnen Sprachen.[395]

Ein eindrückliches Beispiel der produktiven Verbindung zwischen dem Konzept der Sprachharmonie und frühmoderner Hebraistik ist Georg Crucigers[396] *Harmonia linguarum quatuor cardinalium, Hebraicae, Graecae, Latinae et Germanicae.*[397] Dieses über 1.000 Seiten umfassende Wörterbuch kann als materielle Beweisführung des Theorems der Sprachharmonie verstanden werden: In 2100 Einträgen werden Lexeme aus den vier ‚Hauptsprachen'[398] Hebräisch, Griechisch, Latein und Deutsch verzeichnet und in ramistische Diagramme angeordnet. Ausgehend von hebräischen Lexemen, in den meisten Fällen dreiradikalige Verben, erfolgt die Wahl der Lemmata, von denen eine unterschiedliche Anzahl von hebräischen, griechischen, lateinischen und deutschen Wörtern als abhängige Derivate dargestellt werden. Die Qualifizierung der Beziehung zwischen Lemmata und seinen Derivaten gestaltet Cruciger mittels graphischer Strategien und beschreibender Kommentare. Die theoretische Grundlage und Zielsetzung hinter diesen Anordnungs- und Korrelationsprinzipien kann der Einleitung zur *Harmonia linguarum quatuor cardinalium* entnommen werden: Im Grunde versucht Cruciger zu zeigen, dass die Wörter unterschiedlicher (Haupt-)Sprachen mit kongruenter semantischer Bedeutung auf das gleiche hebräische Urwort

---

395 Ein außerordentlich positives Bild sprachharmonischer Darstellung zeichnet Gesenius. So sei der Nutzen der *Dialekte* (hier sind die mit dem Hebräischen verwandten Sprachen gemeint) für die Grammatik erst durch diese Darstellungsweise, die „die Grammatiken einiger oder aller Dialekte ganz in einander verwebte und harmonisch darstellte" (Gesenius, *Geschichte*, § 36.2), erst in Gänze ersichtlich geworden.

396 Für biographische Notizen zu Georg Cruciger siehe Gundlach, *Catalogus*, 16.

397 Bibliographische Notizen zu *Harmonia linguarum quatuor cardinalium* können Jones, *Lexicography*, 258 entnommen werden.

398 Die biblisch inspirierte Idee einer fixen Zahl von Hauptsprachen wurde auch unter Vorzeichen des Renaissance-Humanismus rege rezipiert. Zählte eine Sprache nicht zu den 72 bzw. 70 Hauptsprachen der Völkertafel, wurde dieses Idiom meist als korrumpiertes Derivat oder Nachfolger einer dieser kanonisierten Sprachen gezählt. Siehe auch Anm. 193 und 204. Frühneuzeitliche sprachapologetische Schriften aus dem deutschsprachigen Raum waren oft darum bemüht, den hauptsprachlichen Charakter des Deutschen herauszustreichen. Eine ferne Reminiszenz dieser Konzeption findet sich im umgangssprachlichen Gebrauch des Begriffs ‚Hauptsprache', insbesondere in oberdeutschen Sprachvarietäten als Synonym für Amtssprache. Ähnlich verhält es sich mit dem Begriff ‚Ursprache'. Dieser Begriff wird insbesondere in kirchlichen Diskursen gebraucht, um die Ausgangssprache eines philologisch(!) erschlossenen antiken Texts zu bezeichnen. Dass aber der Begriff ‚Ursprache' dem sprachphilosophischen Diskurs über die ursprüngliche menschliche Sprache entstammt und gelegentlich auch in diesem Sinne als Lehnwort im Englischen Verwendung findet, wird oft ausgeblendet.

zurückzuführen seien und die Differenz der phonetischen Realisation mittels der Prinzipien des Sprachwandels erklärt werden könne. Um dies zu erreichen, ignoriert Cruciger die Vokale vollständig und nimmt an, dass sich die Anordnung und die phonetische Realisation der Wurzelkonsonanten im Laufe des Sprachwandels verändern und die Wurzeln affigiert werden können.

Der Eintrag Nr. 934 (Abb. 3.3) gibt einen guten Einblick in das Vorgehen von Cruciger: Basis dieses Eintrags ist das Verb ‚לָשַׁן' (hi. verleumden, ein Hapaxlegomenon im masoretischen Korpus), die Verben ‚שָׁנַן' und ‚נָשַׁל' stellt Cruciger als Kognate von ‚לָשַׁן' dar, obwohl keine semantische Übereinstimmung vorliegt.[399] Direkte Derivate mit semantischer Kongruenz sollen nach Cruciger neben dem hebräischen Abstraktum ‚לָשׁוֹן' verschiedene griechische Ableitungen von ‚Λέσχη', ‚loqui'/'loquax' aus dem Lateinischen sowie das deutsche Verb ‚lesen' sein. Entfernte Verwandte von ‚לָשַׁן' seien im Griechischen ‚Γλῶσσα' und ‚γλῶσσημα', im Lateinischen ‚glossa', und ‚glossema' sowie das deutsche Wort ‚Glossen'[sic!]. Alle diese Wörter qualifiziert Cruciger als indirekte Derivate, die durch die Präfigierung mit einem /g/ entstehen. Ferner stamme auch das lateinische ‚lingua' von ‚לָשַׁן' ab, hier jedoch sei eine Metathese von /šn/ und Veränderung des /š/ in ein /g/ verantwortlich für den neuen Lautbestand.

Beide hier dargestellten Beispiele, Gessners *Mithridates* und Crucigers *Harmonia linguarum quatuor cardinalium,* illustrieren die zentrale Rolle des Hebräischen innerhalb frühneuzeitlicher Sprachwissenschaft. Anhand des Hebräischen konnte sowohl die Frage nach dem Ursprung der menschlichen Sprachen, aber auch die Vielfalt der Sprachen verhandelt werden. Jedoch hatten diese Antworten oft den Charakter der *hypothetischen Empirie*, die dann wie im Falle Crucigers *Harmonia linguarum quatuor cardinalium* nur mittels komplexer Theorien aufrechterhalten werden konnte. Diese *hypothetische Empirie* der *Philologia Sacra* verlor im Laufe der zweiten Hälfte des 18. Jahrhunderts ihre Glaubwürdigkeit und wurde durch die *reale Empirie* der historisch-vergleichenden Methodik abgelöst.[400] Diesem Prozess ist der nachfolgende Abschnitt gewidmet.

---

399 ‚שָׁנַן' als auch ‚נָשַׁל' widmet Cruciger eigene Einträge (Nr. 1969, bzw. Nr. 1167), ‚לָשַׁן' wird dort jedoch nicht erwähnt.

400 Zur Beschreibung des Paradigmenwechsels in der europäischen Sprachwissenschaft als Dichotomie zwischen hypothetischer und realer Empirie siehe Neis, *Anthropologie,* 98.

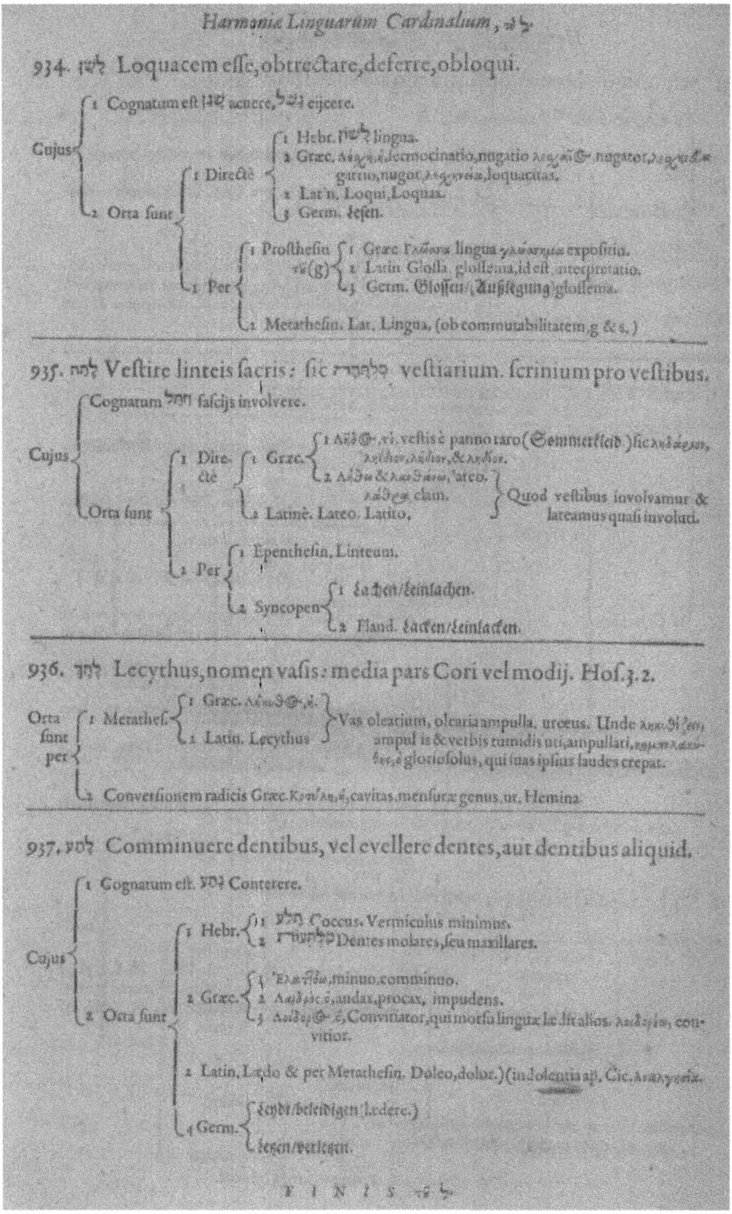

Harmonia Linguarum Cardinalium, ל.

934. לשן Loquacem esse, obtrectare, deferre, obloqui.

Cujus
1 Cognatum est לשן acuere, נשל ejicere.
2 Orta sunt
1 Directè
1 Hebr. לשון lingua.
2 Græc. λαλεῖν, sermocinatio, nugatio, nugator, garrio, nugor, loquacitas.
2 Lat'n. Loqui, Loquax.
3 Germ. lesen.
2 Per
1 Prosthesin τὸ (g)
1 Græc. Γλῶσσα lingua, expositio.
2 Latin. Glossa, glossema, id est, interpretatio.
3 Germ. Glossen/Außlegung glossema.
2 Metathesin. Lat. Lingua. (ob commutabilitatem g & s.)

935. לתח Vestire linteis sacris: sic מלתחה vestiarium. scrinium pro vestibus.

Cujus
Cognatum חתל fasciis involvere.
Orta sunt
1 Directè
1 Græc.
1 vestis è panno raro (Sommerkleid) sic
2 lateo. clam.
2 Latinè. Lateo. Latito.
Quod vestibus involvamur & lateamus quasi involuti.
2 Per
1 Epenthesin. Linteum.
2 Syncopen
1 Laken/Leinlachen.
2 Fland. Laken/Leinlacken.

936. לתך Lecythus, nomen vasis: media pars Cori vel modii. Hos. 3. 2.

Orta sunt per
1 Metathes.
1 Græc. λήκυθος.
2 Latin. Lecythus
Vas oleatium, olearia ampulla, urceus. Unde ampullis & verbis tumidis uti, ampullari, gloriosulus, qui suas ipsius laudes crepat.
2 Conversionem radicis Græc. κοτύλη, cavitas, mensuræ genus, ut, Hemina.

937. לתע Comminuere dentibus, vel evellere dentes, aut dentibus aliquid.

Cujus
1 Cognatum est. נתע Conterere.
2 Orta sunt
1 Hebr.
1 תלע Coccus. Vermiculus minimus.
2 מלתעות Dentes molares, seu maxillares.
2 Græc.
1 ἐλαττόω, minuo, comminuo.
2 audax, procax, impudens.
3 Conviciator, qui morsu linguæ lædit alios. convitior.
2 Latin. Lædo & per Metathesin. Doleo, dolor.) (indolentia ap. Cic.
4 Germ.
Leyd/beleidigen lædere.)
letzen/verletzen.

FINIS ל.

Abb. 3.3: Cruciger, Georg. *Harmonia Linguarum Quatuor Cardinalium, Hebraicae, Graecae, Latinae et Germanicae*, fol. Ii 3ᵛ [474].
Original und digitale Bereitstellung: SLUB Dresden, Ling. var. 4, urn:nbn:de:bsz:14-db-id3655698601 [Zuletzt aufgerufen am 21.02.2022].

3.4 Die Profanisierung des Hebräischen

Beeinflusst von der *Philologia Sacra*, prägten sowohl die Drucklegung von nicht-lateinischen Schriften als auch der ‚hebräischzentrierte' Sprachvergleich die frühneuzeitliche Sprachwissenschaft. Diese wissenschaftsgeschichtlich zentrale Rolle der Hebraistik steht im scharfen Kontrast zum Stellenwert des Hebräischen für die Sprachwissenschaft des *langen 19. Jahrhunderts*. Auf den ersten Blick scheinen die Axiome der *Philologia Sacra* verschwunden zu sein.

Der Fall der *Philologia Sacra* als ein System metatheoretischer Sprachanschauung erfolgte weder durch eine einzelne Schrift noch durch die Kritik eines Individuums oder einer Denkschule. Ihr Niedergang ist vielmehr als das Produkt einer Selbstfalsifikation, die mit der Verweltlichung des Hebräischen endete, zu verstehen. Die Kritik an den Axiomen der *Philologia Sacra* war zwar schon lange bekannt, aber ausschlaggebend für ihre *Profanisierung* waren erstens der massive Anstieg des Wissens über Sprachen im Zeitalter der europäischen Expansion und zweitens die Unfähigkeit der *Philologia Sacra* als metatheoretisches System, dieses Wissen sinnvoll zu integrieren. So verlor die *Philologia Sacra* samt ihrer Axiome ihre Glaubwürdigkeit, denn ihr eigentliches Anliegen – die heilsgeschichtliche Enzyklopädie des Phänomens Sprache mit den Werkzeugen der Philologie – konnte nicht mehr erfüllt werden. An ihre Stelle rückte die historisch-vergleichende Methode, die wie auch Wolf Peter Klein wiederholt betont, das methodische Anliegen der *Philologia Sacra* weiterführte,[401] aber dies in einem profanen Gewand tat. Nachfolgend soll dieser Ablöseprozess mit Beispielen aus der deutschsprachigen Sprachwissenschaft illustriert und die Auswirkungen auf die Hebraistik des 19. Jahrhunderts skizziert werden.

Die Entdeckung und anschließende grammatikalische Erfassung bislang unbekannter Sprachen war eine der größten Triebfedern sprachwissenschaftlicher Innovation im Zeitalter der europäischen Expansion. Dabei gerieten wurzelorientierte und mit linearen Abstammungsverhältnissen arbeitende Sprachvergleiche, wie etwa Cruzigers *Harmonia Linguarum*, zunehmend an ihre Grenzen. Das Konzept der Sprachfamilien – d.h. Sprachen und Dialekte aufgrund grammatischer und morphologischer Gemeinsamkeiten zu gruppieren und diese Verhältnisse mittels genealogischer Termini zu beschreiben – fand vermehrt Anwendung. August Ludwig Schlözer führte den Begriff *semitisch* 1781[402] ein, der jedoch erst

---

401 Siehe Klein, *Anfang*; ders., „Einheit" und ders., „Wörter".
402 Schlözer, „Chaldäer", 161.

durch die zweite Auflage von Eichhorns *Einleitung in das Alte Testament* aus dem
Jahre 1787[403] populär wurde.[404]

Für die Forschungsgeschichte der Hebraistik/Semitistik sind insbesondere
Leibniz' Beobachtungen zu Sprachfamilien ausschlaggebend. In seinem 1710 erschienen Essay *Brevis designatio meditationum de Originibus Gentium* versucht er
mit der Annahme, dass die Verwandtschaft der Sprachen die Verwandtschaft der
Völker abbilde, die Frage nach Herkunft und Ausbildung der Völker zu beant-
worten. Dabei muss er konstatieren, dass eine genetische Beziehung zwischen
den Sprachen des ‚inneren' Afrika und beiden Amerikas zu den europäischen
Sprachen nicht mehr zu erkennen sei. Daher schlägt er vor, dass zwischen den
Sprachen des Nordens und des Südens zu unterscheiden sei; die nördliche
Sprachgruppe nannte er *Japhetisch* (‚Japeticas') und die südliche *Aramäisch*
(‚Aramaeas'). Leibniz ordnet die japhetischen Sprachen den Nachfahren des
Noahsohns Japhet zu und verweist zudem auf den Titanen Iapetos, den einige
Mythen zusammen mit seinem Sohn Prometheus im Kaukasusgebirges verorte-
ten.[405] Leibniz differenziert die Sprachen der Nachfahren von Sem und Ham nicht
weiter, sondern nennt die gesamte Sprachgruppe mit Verweis auf Homer *Aramäisch*.[406] Es fällt auf, dass Leibniz in dieser kleinen Schrift sowohl Klassifikationen
und Regeln historischer Linguistik vorwegnimmt, die immer noch ihre Gültigkeit
haben. Insbesondere sein Konzept der afro-asiatischen (veraltet semito-hamiti-
schen) Sprachfamilie und ihrer Subdivisionen hat heute immer noch ihre

---

403 Eichhorn, *Einleitung*, 1:45–48.
404 Gelegentlich wird behauptet, dass die Nomenklatur *semitisch* nicht von SCHLÖZER stamme,
sondern auf Leibniz zurückzuführen sei. Nach einer eingehenden Prüfung der relevanten Quellen kommt Baasten jedoch zum Schluss, dass auch, wenn Leibniz als erstes den kongruenten
Begriff *japhetisch* vorgeschlagen habe, dieser den Begriff *semitisch* nicht gebraucht habe. Vgl.
Baasten, „Note".
405 Ob und inwiefern Leibniz hier die spätere und im angelsächsischen Raum heute noch verbreitete Rede von der *kaukasischen Rasse* vorwegnimmt, bedarf einer eingehenderen Prüfung.
Üblicherweise wird der Ursprung dieser Taxonomie auf die dritte Auflage der Dissertation des
Göttinger Anthropologen Johann Friedrich Blumenbach aus dem Jahre 1795 zurückgeführt. Insgesamt lässt sich feststellen, dass der Kaukasus ein bevorzugter Raum des gelehrten Phantas-
mas für die Verortung der Herkunft der Sprachen sowie des Ursprungs der Menschen gewesen
zu sein scheint. Siehe dazu auch Olender, „Europe", 17–21. Bei dieser Lokalisierung spielen bis
in die Antike reichende Traditionen zur sogenannten Paradiesesgeographie (Gen 2,10–14) und der
Araratnotiz in der Fluterzählung (Gen 8,4) eine wichtige Rolle. Vgl. Jericke, *Ortsangaben*, 25–
36.39–41 und Gertz, *Genesis*, 114–119.269f.
406 Vgl. Leibniz, „Designatio", 3f. Leibniz bezieht sich dabei auf die Lokalisation des Gefäng-
nisses des Typhons εἰν Ἀρίμοις (Hom. *Il.* 2.783) Siehe zu dieser Herleitung des Glottonym *Aramäisch* Nöldeke, „Namen", 115.

Gültigkeit.[407] Grund dafür könnte sein, dass Leibniz in reger Korrespondenz zum Semitisten Job Ludolf stand. Ludolfs Studien zum Äthiopischen machten diese Sprache dem europäischen Diskurs zugänglich. Seine sprachharmonische Darstellung der später als semitisch bezeichneten Sprachen gilt als epochemachend.[408]

Neben der Adaption des Sprachvergleichs von der wurzelorientierten Korrelation von Lexemen zur phylogenetischen Methode der vergleichenden Sprachwissenschaft vertiefte sich auch die inhaltliche Kritik an den Axiomen der *Philologia Sacra*. Die vergleichende Sprachwissenschaft versuchte sich sowohl von der Theologie als auch der biblischen Urgeschichte zu lösen. Das nachfolgende Zitat aus dem ersten Band von Johann Christoph Adelungs *Mithridates* fasst exemplarischen diese Abkehr von der Urgeschichte als Blaupause sprachwissenschaftlichen Denkens zusammen:

> „Ich leite nicht alle Sprachen von Einer her; Noah's Arche ist mir eine verschlossene Burg, und Babylons Schutt bleibt vor mir völlig in seiner Ruhe. Aber da ich doch mit etwas anfangen musste, so führte mich die Natur der Sache von selbst auf die einsylbigen Sprachen des südöstlichen Asiens, als die Erstlinge des ganzen Sprachwesens, und von diesen durch Indien und Persien in das westliche Asien, welches so oft und so lange für die Quelle des ganzen Sprach- und Menschenstammes gehalten worden, was es doch nicht ist, und nicht seyn kann."[409]

Benannt nach Conrad Gessner *Mithridates* aus dem Jahre 1555, versuchten Adelung und nach seinem Tod Johan Severin Vater, eine enzyklopädische Darstellung des zeitgenössischen Wissens über Sprache vorzulegen. Vergleicht man alleine den Umfang dieses vierbändigen Werkes – auf etwa 3000 Seiten werden über 500 Sprachen verhandelt – mit den 160 Seiten von Gessner, wird der immense Anstieg sprachwissenschaftlichen Wissens auf eindrückliche Weise greifbar.[410] In Anlage und Methodik orientieren sich Adelung/Vater streckenweise an Gessners *Mithridates*: So werden anhand von Übersetzungen des *Vaterunsers* die Eigenheiten der jeweiligen Sprachen illustriert oder es finden sich neben einer Einführung in ein Idiom auch eine Besprechung relevanter Literatur sowie forschungsgeschichtliche Notizen. Neben einigen kleineren Differenzen ist jedoch der augenfälligste Unterschied zwischen den Sprachenzyklopädien von Gessner und Adelung/Vater, dass letztere dem Hebräischen nicht mehr den Vorzug

---

407 Für eine weitere Diskussion des Beitrags von Leibniz zur Semitistik siehe Baasten, „Note".
408 Für die Verbindungen zwischen Leibniz und Ludolf siehe Baasten, „Note", 63, insbesondere Anm. 19.
409 Adelung, *Mithridates*, 1:XI.
410 Vgl. Trabant, *Weltansichten*, 114.

geben. Wie im oben abgebildeten Zitat aus der programmatischen Einführung zum ersten vollständig aus der Hand von Adelung stammenden Band ersichtlich wird, dient nicht mehr die biblische Urgeschichte als Blaupause für Aussagen zur Herkunft und Vielfalt der Sprache. Vielmehr soll *reale Empirie* in Verbund mit axiomatischen Setzungen, wie das Prinzip der Entwicklung von *einfach* zu *komplex*, diese Fragen klären. Dieser methodische Wandel hat zur Folge, dass Adelung und später Vater den Ort des Sprachursprungs und mit ihm der Menschheit selbst nicht mehr im Nahen Osten, sondern in Südostasien lokalisieren. Nach Adelung/Vater sollen südostasiatische Sprachen zu einer einsilbigen Wortbildung neigen, was diese *einfacher* als das zweisilbige Hebräisch erscheinen lässt und den Schluss zulässt, dass es sich bei diesen Sprachen um ursprünglichere Dialekte handelt. Dass Adelung die südostasiatische Sprachwelt als nächsten Nachkommen der Ursprache vorschlägt, illustriert einerseits die *Profanisierung* des Hebräischen im Zuge der Entdeckung fremder nichteuropäischer Sprachen und zeigt andererseits, dass frühneuzeitliche Topoi der Sprachqualifikation wie *Einfachheit* weiterhin ihre Gültigkeit behielten.

Als Resultat der *Profanisierung* und der vermehrten Akzeptanz sprachgenetischer Studien beschränkten Hebraisten/Semitisten sich vermehrt auf die vergleichende Beschreibung der semitischen Sprachen. Wie erwähnt, stellt der Sprachvergleich anhand lexikalischer Korrelation an sich keine methodische Innovation der neuzeitlichen Hebraistik dar, sondern ist seit den frühmittelalterlichen Vergleichen zwischen Arabisch, Hebräisch und Aramäisch Usus.[411] Neu ist hingegen die bewusste Wahl des komparativen Zugangs und der spätestens mit Schlözers Hypothese von einer semitischen Sprachfamilie einsetzenden Intensität dieses Vorgehens, die aber bereits in den Arbeiten von Albert Schultens (1686–1750) vorbereitet wurde.[412] Die von Johan Severin Vater bereits 1802 vorgelegte komparative Beschreibung der damals bekannten semitischen Sprachen ist dafür exemplarisch.[413]

Als weitere und abschließende Etappe der *Profanisierung* des Hebräischen hat die Veröffentlichung des zweibändigen Opus Magnum von Wilhelm Gesenius zu gelten. Sowohl in der 1815 erschienen *Geschichte der Hebräischen Sprache und Schrift* als auch im zwei Jahre später vorgelegten Werk *Ausführliches*

---

411 Zu den ältesten Vergleichen zwischen Hebräisch, Aramäisch und Arabisch siehe Anm. 392.
412 Siehe dazu Mühlau, „Schultens" und Eskhult, „Schultens".
413 Vater skizziert im *Handbuch der Hebräischen, Syrischen, Chaldäischen und Arabischen Grammatik* in Abfolge und ohne sprachharmonische Methodik die Grundlagen dieser Sprachen. Obwohl das Äthiopische damals bekannt war und von den Spezialisten zu den semitischen Sprachen gerechnet wurde, fand es keine Aufnahme im *Handbuch*. Diese Lücke ist auch in der 1817 erschienen zweiten Auflage augenfällig.

grammatisch-kritisches Lehrgebäude der Hebräischen Sprache beschränkt sich Gesenius auf eine materielle Darstellung des Biblisch-Hebräischen. Er zieht das Arabische und Aramäische nur zu Rate, um unübliche Phänomene zu klären. Die epochemachende Neuerung dieser beiden Werke besteht darin, dass sie meines Wissens nach als erste das Biblisch-Hebräische als Gegenstand des geschichtlichen Wandels behandeln.

> Lediglich Wilhelm Friedrich Hezels *Geschichte der hebräischen Sprache und Litteratur* aus dem Jahre 1776 ist mir als ein früherer Entwurf einer Geschichte des Hebräischen bekannt. Darin stellt Hezel die Geschichte der Sprache des Alten Testaments in vier Stufen dar. Von der Schöpfung bis zur Sintflut postuliert er ein „kindliches" Zeitalter, das dann von den „Jünglingsjahren" gefolgt mit Mose seinen Abschluss gefunden habe. Den Höhepunkt erreichte das Hebräische gemäß Hetzel im ‚männlichen' Zeitalter, dessen Ende mit dem babylonischen Exil anzusetzen sei. Die Geschichte des Hebräischen sei dann schließlich mit dem „grauen Alter" ausgeklungen. Mit der Kategorienfolge Kind/Jüngling/Mann/Greis sucht Hetzel neben der Aufnahme altkirchlicher Traditionen[414] den Anschluss an zeitgenössischen Theorien zur Sprachgeschichte des Lateinischen.[415] Letzteres begründet er einerseits mit inhaltlichen Parallelen zwischen beiden Sprachen und andererseits mit besserer Merkfähigkeit einer solchen Periodisierung im Schulkontext. Eine Ausformulierung der Sprachgeschichte mit Fokus auf Grammatik und Wortschatz bleibt jedoch aus; es erfolgt eine, an der in der Bibel erzählten Ereignisgeschichte orientierte Rekonstruktion der Geschichte der Sprecher des Hebräischen. Neben dieser Periodisierung der Geschichte des Hebräischen bietet Hetzel einen Abriss der Geschichte der grammatischen Bearbeitung dieser Sprache. Abgeschlossen wird dieses Werk mit einer Behandlung der verwandten Dialekte.[416]

Dass die einstmals heilige Sprache, die als Werkzeug göttlicher Offenbarung und Instrument seines Heilswirken verehrt wurde, nun wie jede andere Sprache als Objekt der Geschichte zu denken sei, stellt ein Einschnitt in der Ideengeschichte der hebräischen Sprachkunde dar. Im 6. Paragraph der *Geschichte der*

---

414 So findet sich bei Augustin eine kongruente Periodisierung. Er teilt die Geschichte des Gottesvolkes in ein Knabenalter von Noah bis Abraham, ein Jünglingsalter bis David und das anschließende Mannesalter ein. Die Epoche vor der Sintflut hingegen sei nach Augustin in Vergessenheit geraten, insbesondere weil man erst nachsintflutlich angefangen habe, das Hebräische zu sprechen. Vgl. Aug., *Civ.* XIV 43.

415 Hetzels Periodisierung erinnert an Adriano Castellesis Abhandlung *De Sermone Latino et modis latine loquendi* aus dem Jahre 1513, in der die Sprachgeschichte des Lateinischen in die vier Perioden ‚ganz alt', ‚alt', ‚vollkommen' und ‚unvollkommen' unterteilt wird. Es fällt auch auf, dass HEZEL Sprachgeschichte und Sprechergeschichte miteinander verknüpft. Die Verkoppelung von Geschichte eines Staates mit der Geschichte seiner Staatssprache als methodischer Zugang ist seit den Arbeiten von Lorenzo Vallo bekannt und verbreitet. Siehe dazu Haßler, „Apologie", 745–46.

416 Vgl. Hezel, *Geschichte* insbesondere 31–54.

Hebräischen Sprache und Schrift arbeitet Gesenius seine Gründe für die Abkehr von der *Philologia Sacra* aus.[417] Weder könne seiner Ansicht nach sinnvoll über die Beziehung zwischen dem Biblisch-Hebräischen und der Ursprache spekuliert werden noch seien die Rekonstruktionsversuche bezüglich des Ursprungs des Hebräischen überzeugend. Letzteres sei nicht möglich, weil man sich in dieser Frage „von der Geschichte gänzlich verlassen"[418] wiederfinde. Dennoch deute die Gestalt, in der das Hebräische vorläge, auf eine lange Sprachgeschichte hin. Gleichermaßen spricht sich Gesenius dagegen aus, Zuschreibungen wie *Simplizität* oder *poetische Sinnlichkeit*[419] als Indizien für das besondere Alter des Hebräischen gelten zu lassen: Das erstere sei nach seiner Ansicht ein Charakteristikum der semitischen Sprachen, letzteres steche im Vergleich zu anderen Sprachen nicht besonders heraus.

Ebenfalls wird aus dem oben abgebildeten Zitat deutlich, dass sich darin Gesenius ähnlich wie Adelung auf sprachapologetische Topoi der frühen Neuzeit bezieht, die in ähnlicher Form in Witzels *Oratio* zu finden sind. Dabei streitet Gesenius weder die Gültigkeit dieser Topoi ab, noch ignoriert er sie, sondern er argumentiert gegen die Idee eines besonderen *Alters* und *Einfachheit* des Hebräischen. Damit erfolgt bewusst oder unbewusst eine Distanzierung von den Axiomen der *Philologia Sacra*. An deren Stelle rückt eine rein profane Perspektive auf das Hebräische, welche die Sprache des Alten Testaments als Gegenstand des geschichtlichen Wandels begreift.[420] Zu diesem Zweck schlägt Gesenius eine

---

417 Gesenius, *Geschichte*, § 6.3.

418 Gesenius, *Geschichte*, § 6.3.

419 Die Formulierung *Poëtische Sinnlichkeit der Sprache* ist eine explizite Aufnahme Johann Gottfried Herders Programm der ästhetischen Interpretation der hebräischen Sprache. In Aufnahme von Robert Lowths poetologischen Untersuchungen versuchte Herder das Zentrum der theologischen Interpretation auf die hebräische Poesie zu lenken. Er sah im *Poëtischen der Hebräischen Sprache* ein Artefakt des ursprünglichen und nun verschütteten menschlichen Gefühls für das Göttliche. Diese Transformation des Gedankens der heilswirksamen Sprache der Offenbarung zur Idee der Restauration menschlicher Empfindsamkeit für das Göttliche durch das Studium der hebräischen Poesie kann als Wandlung der *Philologia Sacra* im Kontext der Aufklärung gesehen werden. So etwa Bultmann, *Urgeschichte*, 16. Zu Herder siehe Almog, „Readings"; Olender, *Languages*, 3f. und Witte, „Geist" sowie die Beiträge im von Daniel Weidner herausgegebenen Sammelband *Urpoesie und Morgenland*.

420 Interessanterweise führte nicht die methodische Revolution auf dem Gebiet der Hebraistik zu Konflikten mit den halleschen „Neupietisten", sondern Gesenius exegetische Vorlesungen. Diese riefen scharfen Widerspruch und Vorwürfe des Rationalismus gegen Gesenius hervor. Für eine Darstellung des sogenannten ‚Halleschen Streits' zwischen der von Ernst Wilhelm Hengstenberg herausgegebenen Evangelischen Kirchenzeitung und der Halleschen Theologischen Fakultät siehe Smend, *Kritiker*, 223–225 und Zobel, „Gesenius", 216–264.

dreiteilige Periodisierung des Biblisch-Hebräischen vor: ein erstes und zweites Stadium der Geschichte, das durch das Alte Testament bezeugt sei, und eine vorgeschichtliche Stufe der Sprachentwicklung. Nach Gesenius' Einschätzung ist es zwar zwingend, eine solche vorgeschichtliche Stufe anzunehmen, aber durch das Fehlen historischer Quellen bleibt diese Annahme im Raum der hypothetischen Empirie.[421]

Auch wenn außerbiblische Quellen das Wissen über die Sprachgeschichte des Hebräischen und verwandter Sprachen im weiteren Verlauf der Hebraistik zu erhellen vermochten, blieb Gesenius' Stratifikation des Biblisch-Hebräischen in drei Epochen ein Meilenstein der neueren Geschichte der hebräischen Sprachkunde. Wenngleich die *Profanisierung* des Hebräischen, wie in diesem Paragraphen gezeigt, als längerer Prozess zu verstehen ist, der mit Gesenius einen Schlusspunkt fand, ist es dennoch aus den hier genannten Gründen zulässig, mit der Publikation der *Geschichte der Hebräischen Sprache und Schrift* und dem *Lehrgebäude* eine Wasserscheide der Hebraistik anzusetzen.

---

421 Nach Gesenius wäre das Hebräische in seiner Vor- und Frühzeit mit den anderen verwandten Sprachen ‚zusammengeflossen'. Auch habe sich damals das Prinzip der drei Wurzelkonsonanten noch nicht durchgesetzt. Vgl. Gesenius, *Geschichte*, § 6.4.

4 Die Suche nach der Geschichte des Hebräischen

„Bei der Wanderung der Sprache vom Buch ins Leben ist die ‚Seele' verloren gegangen."[422]

In der Rückschau gleicht die Geschichte der Hebraistik des 19. Jahrhunderts im deutschsprachigen Raum einem Experimentierfeld, das der vornehmlich von Protestanten und einigen Katholiken[423] betriebenen Sprachkunde des Idioms des Alten Testaments zu einer neuen Form verhalf.[424] Sich mehr und mehr von den sprachphilosophischen Projektionen der frühen Neuzeit ablösend, entfaltete die deutschsprachige Hebraistik gemeinsam im Verbund mit der Semitistik durch wechselnde Gravitationszentren und Diskursführer ihre wohl größte Blüte. Das gelegentlich kolportierte Bonmot vom Deutschen als wichtigster der semitischen Sprachen zeugt von der weiten Strahlkraft der im deutschsprachigen Raum betriebenen Sprachkunde des Hebräischen.[425]

Diese Blüte war nicht allein von der im vorherigen Kapitel beschriebenen *Profanisierung* der *Philologia Sacra* verursacht, sondern sie lässt sich auf eine Reihe wissenschaftsgeschichtlicher Paradigmenwechsel zurückführen. Vorrangig und von größter Relevanz für die Entfaltung der Hebraistik war erstens der sich seit langem abzeichnende und mit der Publikation Wilhelm Martin Lebercht

---

422 Scholem, *Poetica*, 299.
423 Zur Geschichte der Hebraistik in katholischen Kontexten siehe Dahood, „Studies".
424 Aufgrund der antijudaistischen Diskriminierung an den Hochschulen im deutschsprachigen Raum war jüdischen Gelehrten die akademische Auseinandersetzung mit dem Biblisch-Hebräischen verwehrt oder zumindest erschwert. Zeitgenössische jüdische Hebraisten wurden selten von ihren Kollegen als gleichrangig wahrgenommen, sodass die Ergebnisse ihrer Auseinandersetzung mit dem Biblisch-Hebräischen nur beschränkte Rezeption fanden. So lobt beispielsweise Ludwig Diestel in seiner *Geschichte des Alten Testaments in der christlichen Kirche* die rezenten Publikationen jüdischer Gelehrter zum Hebräischen, aber bespricht sie nicht weiter. Vgl. Diestel, Geschichte, 571. Eine weit positivere Rezeption fanden Untersuchungen von jüdischen Gelehrten zum nachbiblischen Hebräisch und zur Geschichte der hebräischen Sprachkunde. So wurden beispielsweise die von Leopold Dukes und Wilhelm Bacher vorgelegten Darstellungen zur Geschichte der jüdischen Sprachkunde des Hebräischen positiv rezipiert. Auch Moritz Steinschneiders *Bibliographisches Handbuch* zeugt von der intensiven Auseinandersetzung mit der Geschichte der Sprache und deren Kunde von der Seite der jüdischen Gelehrsamkeit. Erst mit Franz Delitzsch hielt das Studium der jüdischen Gelehrsamkeit nachhaltigen Einzug in die deutschsprachige Wissenschaft vom Alten Testament. Vgl. Smend, Kritiker, 278–299.
425 Die Herkunft dieses Bonmot ist nicht geklärt. Vgl. dazu Schorch, „Sprachwissenschaft", 7.

https://doi.org/10.1515/9783110749106-004

de Wettes *Dissertatio*[426] zum Deuteronomium definitiv einsetzende Siegeszug der historisch-kritischen Methode in der Wissenschaft des Alten Testaments.[427] Denn sowohl Befürworter als auch Gegner der historisch-kritischen Betrachtung des Alten Testaments wendeten sich mit erneutem Interesse dem Hebräischen zu.[428] Als zweiten der Hebraistik förderlichen Zusammenhang gilt es, die das Studium der Orientalia begünstigende gesellschaftliche Großwetterlage zu bedenken.[429] Die kritische Beurteilung der deutschsprachigen Spielart dieser seit Edward Wadie Saids gleichnamiger Schrift *Orientalismus* genannten Geisteshaltung ist weiterhin umstritten[430] und hat wahrscheinlich nuancierter als bei Said selbst

---

426 Biographisches zu de Wette findet sich u. a. bei Smend, *Kritiker*, 192–206, insbesondere 194 Anm. 6. Zur forschungsgeschichtlichen Bedeutung der *Dissertatio critico-exegetica qua Deuteronomium a prioribus Pentateuchi libris diversum, alius cuiusdam recentioris auctoris opus esse monstratur* siehe Howard, *Religion*, 38f.; Mathys, „Dissertatio" und Otto, *Deuteronomium 1–11*, 1:69–73.

427 Für eine ideengeschichtliche Kontextualisierung des Aufstiegs der historisch-kritischen Auslegung des Alten Testaments siehe Rohls, „Aspects".

428 Es gilt zu beachten, dass sowohl positive wie negative Beurteilung der historisch-kritischen Methode nicht zwingend zu einer dichotomen Lagerbildung führten. Man denke dabei beispielsweise an den Gegensatz zwischen Friedrich Eduard König und Friedrich Delitzsch, die sich beide als Befürworter der historisch-kritischen Auslegung des Alten Testament nicht nur im Zuge des sogenannten Babel-Bibel-Streits heftige Auseinandersetzungen lieferten (vgl. Lehmann, *Babel-Bibel-Streit*, 142–152), sondern auch auf dem Felde der Hebraistik als Gegenspieler auftraten. Zu den hebraistischen Werken von Delitzsch und wie die Konkurrenz mit König dabei mitgespielt hat siehe Lehmann, „Hebraist", 35f.

429 Bezüglich der Frage der Voraussetzung der Blüte der Orientalistik im deutschsprachigen Raum, kommt Sabine Mangold in ihrer Studie *Eine „weltbürgerliche Wissenschaft"* zum Schluss, dass eine Mehrzahl von historischen Ereignissen und Zusammenhängen zu dieser gesellschaftlichen Großwetterlage beitrugen, auf die „das idealistische Konzept der Orientalistik als einer ‚weltbürgerliche[n] Wissenschaft' sich verwirklichen konnte" (Mangold, *Wissenschaft*, 298). Voraussetzung für letzteres war, dass sich das Studium der Orientalia weitgehend vom Rang einer *ancilla theologiae* löste und sich als eine eigenständige Disziplin emanzipierte. Vgl. Mangold, *Wissenschaft*, 59.

430 Said bemüht sich in seiner epochemachenden Studie *Orientalism*, die Unterschiede der deutschen Orientalistik sowie des Orientalismus in den deutschsprachigen Landen zu den korrespondieren Phänomenen in den anderen europäischen Ländern soziopolitisch zu erklären. So seien bis zum Ende des 19. Jahrhunderts keine nationalen Bestrebungen seitens ‚Deutschland' bezüglich des Orients ausgegangen, so dass kein Schulterschluss zwischen imperialen Interessen und der intellektuellen Beschäftigung mit den Orientalia erfolgen konnte – ganz im Gegensatz zu den Entwicklungen in Folge der britischen oder französischen Präsenz auf dem indischen Subkontinent, in der Levante oder in Nordafrika. Jedoch ist nach Said die gesellschaftliche Bedeutung der deutschsprachigen Orientalistik mit den in den anderen europäischen Ländern vergleichbar, insofern beiderlei Spielarten dieser Disziplin eine gewisse intellektuelle Autorität der Deutung des Orients innerhalb der westlichen Kultur für sich beanspruchten. Vgl. Said,

zu erfolgen.[431] Für die Zwecke der hiesigen Studie kann festgehalten werden, dass es der Hebraistik und der mit ihr zeitweise im Verbund stehenden Semitistik gelang, im Windschatten der unterschiedlichen Wissenschaftspolitiken bezüglich der Erforschung der Orientalia zu segeln und die gesellschaftliche Großwetterlage schlussendlich zu ihrem Vorteil umzumünzen.[432] Als dritter und letzter Grund für die Blüte der Hebraistik ist die zunehmende Bedeutung der historisch-

---

Orientalism, 19. Der daraus folgenden Nicht-Berücksichtigung der deutschsprachigen Orientalistik in Saids *Orientalism* erntete Kritik, die insbesondere auf die methodologischen Fehler von Said abzielte. Siehe dazu Monroy, „Said", 97f.; Jenkins, „Orientalism" und Marchand, *Orientalism*, xviii–xx.

431 Mit einigem Abstand zu Saids Thesen entstanden monographische Studien, die die wissenschafts- und ideengeschichtlichen Zusammenhänge der deutschsprachigen Orientalistik in den Blick nahmen und somit versuchten, die Spezifika des Orientalismus deutscher/deutschsprachiger Prägung herauszuarbeiten – u. a. Polaschegg, *Orientalismus*; Mangold, *Wissenschaft* und Marchand, *Orientalism*.
Auch der alttestamentlichen Wissenschaft deutschsprachig-protestantischer Färbung und ihrer Verortung im Orientalismus des 19. Jahrhunderts wurden Qualifikationsschriften gewidmet. So untersucht etwa Christian Stahmann in seiner bislang unveröffentlichten, aber zum Zwecke der vorliegenden Studie dankenswerter Weise zu Verfügung gestellten, Habilitationsschrift das Werk Heinrich Ewalds auf dessen Archäologie der Topoi Sprache, Wissen und Religion. Vgl. Stahmann, „Orientalistik". Einen etwas anderen Fokus legt die Dissertation von Simon Wiesgickl, die versucht die Zusammenhänge zwischen Kolonialismus-Debatten und der Theoriebildung in der alttestamentlichen Wissenschaft um 1800 zu beleuchten. Siehe Wiesgickl, *Testament*.

432 Exemplarisch dafür steht Justus Olshausen. Siehe dazu die Ausführungen zu Werk und Leben in Kapitel 4.3.
Die deutschsprachige Orientalistik hatte ein komplexes Verhältnis zu den Bibelwissenschaften. Da letztere ihre Entstehung förderten und viele Orientalisten der ersten Generation ausgebildete Theologen waren, gab es durchaus einige gemeinsame sachliche und methodologische Anliegen. Gleichzeitig versuchte die Orientalistik durch eine konsequente sprachwissenschaftliche Engführung ihr Profil zu schärfen, um so ein Analogon zur gesellschaftlich hochangesehenen klassischen Philologie zu bilden. Vgl. Mangold, *Wissenschaft*, 292f. und Marchand, „Philhellenism", 336f. Auch Alttestamentler waren an dieser sprachwissenschaftlichen Fokussierung der Orientalistik beteiligt. So führt Ewald im ersten Heft der von ihm mitgegründeten *Zeitschrift für die Kunde des Morgenlandes* den Gegenstand der Orientalistik und die Zugehörigkeit der Bibel folgendermaßen aus: Die Bibel gehöre zum Orient, jedoch nicht die Theologie; darum solle „das Biblische nicht ausgeschlossen werden: aber [...] alles Theologische der Zeitschrift völlig fremd" (Ewald, „Plan", 10) bleiben. Da diese Ansicht eine breite Zustimmung fand, war es der Hebraistik möglich, sowohl an den Diskursen der Orientalistik teilzunehmen und somit die inhaltlich sinnvolle Verbindung zur Semitistik beizubehalten als auch im Rahmen der theologischen Ausbildung verankert zu bleiben. Siehe dazu auch Hanisch, *Nachfolger*, 15–17 und Mangold, *Wissenschaft*, 53.

vergleichenden Sprachwissenschaft und deren Auswirkung auf die Wahrnehmung des Hebräischen anzuführen.[433]

Allen drei genannten Paradigmenwechseln, die, von den jeweiligen Kontexten der hebräischen Sprachkunde in Theologie, Orientalistik und Sprachwissenschaft ausgehend auf die Hebraistik einwirkten, ist gemein, dass sie in letzter Konsequenz nach neuen Quellen außereuropäischer Provenienz strebten. Letztere standen ab der zweiten Hälfte des 19. Jahrhunderts dank verschiedener Reisen in den Orient einerseits und durch die die Entzifferung bisher unbekannter Schriften andererseits zunehmend zur Verfügung.[434] Spektakuläre, für die Hebraistik unmittelbar relevante Funde blieben jedoch lange aus, bis mit der Entdeckung der Mescha-Stele 1868 zum ersten Mal eine Quelle zugänglich wurde, die einen unmittelbaren außerbiblischen Blick auf die Geschichte des Idioms des Alten Testaments ermöglichte.[435] Der im Nachgang einsetzende Rausch nach Artefakten ähnlicher Provenienz[436] – der sich gut als *archeological turn*[437] bezeichnen lässt – prägte die Disziplin nachhaltig, so dass die Fundgeschichte außerbiblischer Hebraica zum Taktgeber der neueren und neusten Geschichte der Hebraistik wurde.[438]

Die Auswirkungen der oben skizzierten Veränderungen ideen-, wissenschafts- und disziplingeschichtlicher Natur lassen sich paradigmatisch am Umgang mit der Größe *Geschichte* innerhalb der grammatischen Theoriebildung der Hebraistik zeigen. Durch den Niedergang der *Philologia Sacra* verursacht, welche stets die Idee der heilsgeschichtlichen Bedeutung des Hebräischen für die wissenschaftliche Betrachtung dieser und anderer Sprachen urbar zu machen versuchte, stellte sich zu Beginn des 19. Jahrhunderts die Frage nach der Geschichte des Hebräischen unter völlig veränderten Prämissen. Als Sprache unter anderen Sprachen mussten Herkunft, Identität und Einheitlichkeit des alttestamentlichen Idioms, aber auch dessen Wert und Bedeutung neu eruiert werden.

---

433 Vgl. Voigt, „Philologie", 1314f.

434 Die Entzifferung der klassisch-ägyptischen Hieroglyphen und der auf dem Akkadischen basierenden Keilschriftsysteme sind als wichtigste dieser Erfolge zu nennen. Zur Dechiffrierung der Keilschrift siehe Anm. 612.

435 Für Darstellungen zur Mescha-Stele aus forschungsgeschichtlicher Perspektive siehe Römer/Gonzales, *Mésha* und den in Vorbereitung befindlichen Sammelband zur Tagung *Nouvelle Recherches autour de la Stèle de la Mésha* (02–03.10.2018).

436 Zur Geschichte der Pseudo-Moabitica siehe u. a. Reichert, „Euting"; Heide, „Moabitica" und Freye, Kautzsch, 58–117.

437 So auch Blum, „Voraussetzungen", 3.

438 Siehe dazu Fassberg, „Context", 50–54.

Nachfolgend sollen ausgewählte Aspekte des Streits über die Neubestimmung dieser Topoi der Geschichte des Hebräischen skizziert werden. Dies erfolgt durch eine Darstellung der Bedeutung der Größe *Geschichte* in den hebraistischen Werken von Gesenius, Ewald, Olshausen und Stade sowie der forschungsgeschichtlichen Verbindungen zwischen diesen Werken. Die Auswahl dieser vier Autoren und der jeweiligen Werke geschah sowohl aufgrund ihrer forschungsgeschichtlichen Relevanz als auch aufgrund der teils positiven, teils negativen Bezugnahme untereinander. Nach einer jeweils kurzen Einführung zu Leben und Werk sowie zu den forschungsgeschichtlichen Kontexten dieser Autoren erfolgt eine Annäherung an das grammatische System und die Bedeutung der Größe *Geschichte* darin. Dabei wird ein spezielles Augenmerk auf die jeweilige Interpretation des Verbalsystems gelegt, um so eine Vergleichbarkeit zwischen den einzelnen grammatischen Entwürfen zu ermöglichen. Zudem lassen sich durch eine Annäherung an die unterschiedlichen Interpretationen der Morphosyntax des hebräischen Verbs, die auch aktuell noch Gegenstand kontroverser Debatten ist, die Probleme der jeweiligen Entwürfe einfacher ablesen.[439]

Keinesfalls wird nachfolgend die Skizze einer Enzyklopädie der Geschichte der Hebraistik im 19. Jahrhundert versucht. Die hier getroffene Auswahl soll die wichtigsten Entwicklungen dieser Disziplin bis zur Entdeckung der großen Schriftrepositorien der Levante[440] beziehungsweise levantinischer

---

[439] Eine ausführliche forschungsgeschichtliche Studie zur grammatischen Theoriebildung bezüglich der Morphosyntax des Verbs im Hebräischen hat Leslie McFall 1982 in Rahmen seiner Dissertationsschrift *The Enigma of the Hebrew Verbal System* vorgelegt. Darin unternimmt er eine typologische Analyse der modernen Entwürfe zum hebräischen Verbalsystem und bespricht die Schwächen dieser Modelle. Auch wenn McFall die moderne Auseinandersetzung mit diesem grammatischen Locus vor dém Jahr 1827 anfangen lässt – in diesem Jahr erscheinen Arbeiten von Samuel Lee und Ewald, die nach McFall als erste substantiell neue Ansätze zu diesem alten Problem vorlegten (vgl. McFall, *Enigma*, 17) –, stellt er zu Beginn seiner Arbeit Entwürfe zum hebräischen Verb vor, die vor 1827 verbreitet waren, und beleuchtet diese kritisch. In dieser Form stellt diese Studie von McFall ein Unikum dar und bleibt sowohl für die Anliegen der Forschungsgeschichte als auch für das Studium der Morphosyntax des Verbs im Hebräischen und der verschiedenen Modelle dazu unentbehrlich.

[440] Prominent sind darunter die frühen Funde von Monumentalinschriften wie etwa die Mescha-Stele 1868 oder die Siloah-Inschrift 1880. Die grammatische Beschreibung der keilschriftlich fixierten Sprache des Staatsstaates von Ugarit ab 1929 (vgl. dazu Cathcart, „Decipherment") und das allmähliche Bekanntwerden der Schriftrepositorien in der judäischen Wüste ab 1947/48 veränderten jedoch entschieden die Beurteilung der Vor- und Nachgeschichte des Biblisch-Hebräischen.

Provenienz[441] nachzeichnen. Diese Funde veränderten die Gestalt der Hebraistik entscheidend,[442] was aber nicht mehr Gegenstand dieser Studie ist.

4.1 Wilhelm Gesenius und die Geschichte der hebräischen Sprache innerhalb der Grenzen der reinen Empirie

Der auch in dieser Studie vorgenommene und allgemein verbreitete Rückgriff auf Wilhelm Gesenius (1786–1842) zum Zweck der forschungsgeschichtlichen Darstellung insinuiert, dass trotz aller Kontinuitäten[443] zur älteren Sprachkunde des Hebräischen die Geburt der modernen Hebraistik auf ihn und sein Werk zurückzuführen sei. Es erstaunt daher nicht, dass ihn eine größere Zahl von Untersuchungen sowohl aus biographischer Perspektive[444] als auch hinsichtlich seiner Relevanz für die Wissenschaft des Alten Testaments,[445] der Hebraistik[446] oder der

---

441 Für die Hebraistik bahnbrechend war die Entdeckung der Tel al-Amarna Korrespondenz und der durch Jørgen Alexander Knudtzon 1915 erfolgte Beschreibung der darin befindlichen sogenannten kanaano-akkadischen Glossen, die erstmals quellengestützte Einblicke in die Geschichte der südlevantinischen Sprachgeschichte und Schreibkultur ermöglichten. Diese Beobachtungen waren auch ausschlaggebend für die Formulierung der sogenannten Mischsprachenhypothese bei Hans Bauer und Pontus Leander. Siehe dazu Knudtzon, *Tafeln I*; ders., *Tafeln II* und Bauer/Leander, *Grammatik*, § 2.
Ähnlich diskursbestimmend war die bereits 1896/97 erfolgte Wiederentdeckung der Genizah der Ben-Esra Synagoge zu Kairo, die mittels der dort gefundenen hebräischen Fassung des Sirachbuchs und der Damaskusschrift Einblicke in die unmittelbare Nachgeschichte des Idioms des Alten Testaments gewährte. Die sprachgeschichtliche Signifikanz dieser Funde wurde aber erst mit der zunehmenden sprachwissenschaftlichen Bearbeitung der Schriftfunde aus der judäischen Wüste sowie der Renaissance der Septuaginta-Forschung greifbar. Vgl. Reif, „Editions".
442 Sie dazu weiterführend Fassberg, „Context".
443 Zu diesen Verbindungen von Gesenius zur älteren Hebraistik siehe Diestel, *Geschichte*, 563f. und den zweiten Teil seiner *Geschichte der hebräischen Sprache und Schrift*, wo sich Gesenius differenziert zu den zeitgenössischen hebraistischen Schulen äußert und so implizit eine forschungsgeschichtliche Selbstkontextualisierung vornimmt.
444 Konzise Darstellungen der biographischen Eckpunkte von Gesenius sind zu finden bei Smend, *Kritiker*, 207–225 und Zobel, „Gesenius".
445 Vgl. dazu die Überblicksdarstellung bei Diestel, *Geschichte*, 596.656f. Eine forschungsgeschichtliche Einschätzung des Jesaja-Kommentars von Gesenius bieten Becker, „Jesaja-Kommentar" und Waschke, „Auslegung".
446 Siehe dazu die entsprechenden Beiträge aus dem Sammelband Biblische Exegese und Hebräische Lexikographie, der anlässlich der Zweihundertjahrfeier des Erscheinens der 1. Auflage des Hebräisch-Deutschen Handwörterbuchs erstellt wurde sowie die Darstellung von Gzella, „Expansion", 148–156. Daneben gilt es, Edward Frederick Millers Dissertation zum Einfluss von Gesenius auf die Lexikographie des Biblischen Hebräischen trotz ihres Alters (publiziert im Jahre

Semitistik[447] in den Blick nehmen. Angesichts dieser Fülle der bereits zur Verfügung stehenden Untersuchungen sind nachfolgend lediglich einige Beobachtungen zur Methodik von Gesenius und zur Beurteilung durch seine Zeitgenossen zu finden, die eine bessere Einordnung seiner Thesen zur Geschichte des Hebräischen ermöglichen, welche in den nachfolgenden Unterkapiteln dargestellt werden.

Der bereits zu Lebzeiten, insbesondere unter der Studentenschaft sich größter Beliebtheit erfreuende Gesenius[448] musste mit zunehmendem Ruhm zeitweilen heftigem Gegenwind standhalten. Neben inhaltlichen, den Gegenstand seiner wissenschaftlichen Arbeit betreffenden Disputen, die er etwa mit Ewald[449] führte, wurde Gesenius auch seine angebliche Parteinahme zu Gunsten des Rationalismus übelgenommen. Die Form einer Bezichtigung erreichte diese Zurechnung durch einen den Auswirkungen des Rationalismus an der Universität Halle gewidmeten und ohne Autorenangabe veröffentlichten Beitrag, der 1830 in der von Ernst Wilhelm Hengstenberg herausgegebenen *Evangelischen Kirchen-Zeitung* erschien. Darin wurde sowohl Gesenius als auch seinem Dogmatik an der theologischen Fakultät unterrichtenden Kollegen Julius August Ludwig Wegscheider die Zugehörigkeit zum Rationalismus und die damit einhergehende Unfähigkeit zur theologischen Lehre vorgeworfen.[450] Angesichts der Vehemenz der Vorwürfe wurde seitens des preußischen Staates eine Untersuchung eingeleitet, die Gesenius von diesen Anschuldigungen, sowohl wegen der zweifelhaften Beweislage als auch mit Verweis auf die Freiheit der akademischen Lehre, freisprach und so versuchte, diese Auseinandersetzung zu befrieden. Trotzdem flammte diese Kontroverse mehrfach wieder auf.

Ob sich Gesenius als Rationalist verstand, ist nicht bekannt. Jedenfalls versuchte er sich von dem durch den Pietismus hengstenberg'scher Prägung

---

1927) weiterhin heranzuziehen, insbesondere weil darin auch die Übertragungen der Gesenius-Wörterbücher ins Englische beachtet werden.

447 Vgl. dazu die der Forschungsgeschichte der Semitistik gewidmeten Aufsätze aus dem Sammelband *Biblische Exegese und Hebräische Lexikographie*.

448 Zusammen mit dem Systematiker Wegscheider bewog Gesenius eine große Zahl von Studenten, das Studium an der Theologischen Fakultät der Friedrichs-Universität Halle aufzunehmen. Vgl. dazu Schrader, *Geschichte*, 2:136–143.

449 Siehe Anm. 555.

450 Die Vorwürfe gegen Gesenius und Wegscheider sind unterschiedlicher Natur und scheinen sich aus mehreren Quellen zu speisen, so dass der in der *Evangelischen Kirchen-Zeitung* getätigte Rationalismusvorwurf unspezifisch erscheint. Vgl. o.A., „Rationalismus". Eine Darstellung dieser Kontroverse, die trotzdem breite Kreise zog, findet sich u. a. bei Smend, *Kritiker*, 223ff. und Zobel, „Gesenius", 261–66.

skizzierten Schreckgespenst des Rationalismus zu distanzieren.[451] Vielmehr scheint es, dass er stets bedacht war, sich dem – den theologischen Diskurs seiner Zeit dominierenden – Gegensatz zwischen Offenbarungsgläubigkeit und Vernunftglauben durch die Flucht in die Unparteilichkeit zu entziehen.[452] Besonders in Gesenius' sprachwissenschaftlichen Werken wird dieser dritte Weg, den man gut unter dem Schlagwort *Empirie* subsumieren kann, klar ersichtlich.[453] Obwohl er nie diese Bezeichnung für seine Methodik wählte, ist zu beobachten, dass er sich konsequent auf empirisch beschreibbare Quellen beschränkte und die hypothetisch-spekulative Erschließung mied. Letzteres ist auch die Erklärung für die von seinen Zeitgenossen oft geäußerte Kritik an Gesenius' mangelnden Blick auf die übergreifenden (sprach-)philosophischen Zusammenhänge.[454] Schon Ludwig Diestel verortet darin die paradigmatische Abkehr von der älteren Sprachkunde des Hebräischen, die erst eine wissenschaftliche Hebraistik ermöglicht habe.[455] So verstanden, hat die Identifikation Gesenius' als Begründer dieser Disziplin durchaus ihre Wertigkeit. Gleichzeitig muss konstatiert werden, dass eine rein empirische Erklärung des Idioms des Alten Testaments aufgrund der

---

[451] Es erstaunt kaum, dass für die nachträgliche Beurteilung der Etikettierung Gesenius' als Rationalist seine sprachwissenschaftlichen Arbeiten aufgrund ihres Gegenstandes nicht sonderlich geeignet sind. Ob diese Zuschreibung sachlich angemessen sei, entscheidet sich an der Beurteilung der exegetischen Arbeiten von Gesenius. Hier scheiden sich jedoch die Geister der Biographen. So sieht Diestel in Gesenius' Jesaja-Kommentar einen philologisch-kritisch und historisch arbeitenden Exegeten am Werk, der so den „damals geltenden (rationalistischen) Ansichten" (Diestel, *Geschichte*, 656) entgegentritt. In seiner Dissertation zur Gesenius-Wörterbuchtradition kommt Miller hingegen zum Schluss, dass im Jesaja-Kommentar Gesenius' persönliche Weltanschauung offenbar werde: Er sei ein Rationalist mit konservativen Tendenzen gewesen, der sich aber den entsprechenden Grabenkämpfen entzogen habe. Vgl. Miller, *Influence*, 19.

[452] So auch Becker, „Jesaja-Kommentar", 352.

[453] Gesenius hat sich und seine Methodik nie mit dem Schlagwort *Empirie* bezeichnet, aber bereits bei zeitgenössischen Kommentatoren finden zur Beschreibung seines Vorgehens diese Bezeichnung. So bezeichnet beispielsweise Steinschneider in einer forschungsgeschichtlich angelegten Langrezension zu Theodor Benfeys Studie zu den Gemeinsamkeiten zwischen dem Ägyptischen und den semitischen Sprachen Gesenius' Zugang in Kontrast zu dem von Ewald als „Empirie". Vgl. Steinschneider, „Renzension", 282. Ähnliches findet sich auch in einer Biographie zu Ewald von Thomas Witton Davies, der Gesenius mit dem Begründer des Empirismus Francis Bacon gleichsetzt, während Ewald mit Hegel verglichen wird. Vgl. Davies, *Ewald*, 53.

[454] Vgl. Miller, *Influence*, 14.

[455] „Das Werk, noch heute vom hohem Werthe, stellte die Wissenschaft der hebr. Sprache auf den Boden der realen Linguistik und verbannte mit einem Schlage alle todte Speculation, allen unfruchtbaren Schafsinn im Aufsuchen von Regeln, die doch kein treues Bild der Sprachgesetze geben, alles philosophierende Rathen". Diestel, *Geschichte*, 567.

Beschaffenheit seines Gegenstandes wohl an ihre Grenzen stoßen musste und dies auch bereits mit Gesenius tat. Dies gilt in einem besonderen Maße für Gesenius' Thesen zur Geschichte des Hebräischen.

4.1.1 Gesenius' sprachgeschichtliches Modell

Im Verlauf seiner akademischen Karriere hat Gesenius zahlreiche hebraistische Werke verfasst: So ist er für 13 Auflagen seiner ursprünglich für den Unterricht gedachten *Hebräischen Grammatik* und vier Revisionen seines 1810/1812 zum ersten Mal aufgelegten *Hebräisch-Deutschen Handwörterbuchs* verantwortlich.[456] Bereits in seinen Frühwerken sind viele für die weitere Theorieentwicklung prägende Ideen formuliert. Diese Tendenz gilt auch für Gesenius' sprachgeschichtliche Thesen, die zum ersten Mal 1815 in der *Geschichte der hebräischen Sprache und Schrift* ausführlich fassbar werden. Das für die Prolegomena zum im Jahre 1817 veröffentlichten Nachschlagewerk *Ausführliches grammatisch-kritisches Lehrgebäude der Hebräischen Sprache mit Vergleichung der verwandten Dialekte* (nachfolgend mit *Lehrgebäude* abgekürzt) gesammelte Material wuchs derart an, dass Gesenius entschied, die sprachgeschichtlichen Ausführungen mitsamt einer ausführlichen Wissenschaftsgeschichte als alleinstehendes Werk zu veröffentlichen.[457] Darin verfolgt Gesenius das Programm einer Geschichte der Veränderungen der (alt-)hebräischen Sprache von ihrem Ursprung bis zu ihrem Aussterben, das dann nahtlos in die Geschichte der hebräischen Sprachkunde übergeht.[458] Dieses Vorhaben hatte keine Vorlagen im engeren Sinne,[459] wurde aber begeistert

---

456 Zur der nach dem Tod des Namensgeber divergierenden Publikationsgeschichte der mit Wilhelm Gesenius verbundenen Wörterbuch- und Grammatik-Tradition siehe Hunziker-Rodewald, „Handwörterbuch".

457 Vgl. Gesenius, *Geschichte*, III.

458 „Eine Geschichte der hebräischen Sprache [...] liefert in den frühern Zeiten eine Geschichte der Veränderungen und verschiedenen Gestaltungen, welche die Sprache in dem freylich nicht großen Zeitraume, den sie durchlebte, bey den verschiedenen Schriftstellern annahm[...]. Nach dem Aussterben derselben wird sie eine Geschichte der althebräischen Sprachkunde, [...] Die Geschichte der neuern Gestaltungen der Sprache in den Schriften der Talmudisten und Rabbinen bleibt hier, wo nur von einer Geschichte der althebräischen Sprache die Rede seyn soll, ausgeschlossen." Gesenius, *Geschichte*, § 1.

459 So auch die Einschätzung von Jan Joosten, der auf andere Schriftsteller verweist, die sich der Geschichte des Hebräischen bewusst sind. Jedoch hat sich nach Joosten erst mit Gesenius die Darstellung des Sprachwandels durchgesetzt. Vgl. Joosten, „Gesenius", 94 insbesondere Anm. 2. Für Hinweise zur älteren Literatur, die sich mit Geschichte des Hebräischen beschäftigt

empfangen[460] und fand im Laufe der Geschichte der Hebraistik immer wieder Nachahmer.[461] Aufgrund dieser forschungsgeschichtlich herausragenden Geltung erfolgt nachfolgend eine auf die *Geschichte der hebräischen Sprache und Schrift* und das *Lehrbuch* konzentrierte Erläuterung; spätere Entwicklungen im Denken GESENIUS' werden zum Zweck der Darstellbarkeit ausgeklammert.[462]

Bedauernswerterweise bietet Gesenius wenig Einblicke in die methodischen Grundlagen seines sprachgeschichtlich-grammatischen Doppelwerks. Eine explizite Darstellung seiner methodischen Überlegungen findet sich lediglich im Vorwort der 2. Auflage seines *Handwörterbuchs*,[463] die in der 4. und letzten von Gesenius verantworteten Auflage eine letzte Überarbeitung erfuhr[464] und noch in

---

siehe Gesenius, *Geschichte*, § 1. Zu Hezels *Geschichte der hebräischen Sprache und Litteratur*, vgl. Anm. 459.

460 Siehe dazu exemplarisch die anonym verfasste Langrezension in den *Heidelbergischen Jahrbücher der Litteratur*, laut der Gesenius mit der Publikation seiner *Geschichte der hebräischen Sprache und Schrift* „eine wahre Lücke" (o.A., „Rezension", 33) ausfülle. Auch fanden die Thesen aus der Geschichte der hebräischen Sprache und Schrift in hebraistischen Kreisen rasche Verbreitung; so schreibt Johan Severin Vater im Vorwort zur zweiten Auflage seines Handbuch der hebräischen, syrischen, chaldäischen und arabischen Grammatik, dass er ausführlich Gesenius rezipiert habe. Vgl. Vater, *Handbuch*², V. Dass dieses Werk auch außerhalb der eigentlichen Fachkreise wahrgenommen wurde, zeigt beispielsweise eine lobende Notiz über die *Geschichte der hebräischen Sprache und Schrift* („Quel bel ouvrage") im Briefwechsel zwischen den Gebrüdern Humboldt aus dem Jahre 1818. Vgl. dazu „A. v. Humboldt an W. v. Humboldt", 30. Juli 1819.

461 Eine zweite Auflage blieb aus, jedoch gibt es Anzeichen, dass Steinschneider sich darum bemüht hatte. So besitzt laut Miller die Bibliothek des *Jewish Theological Seminary* in New York Steinschneiders persönliche Exemplar der *Geschichte der hebräischen Sprache und Schrift*, das mit Kommentaren und Korrekturen ergänzt sei. Vgl. Miller, *Influence*, 17. Laut dem Online-Katalog soll dieses Exemplar den Brand der Bibliothek des *JTS* von 1966 überlebt haben und befindet sich weiterhin in ihrem Besitz befinden. Steinschneiders Vorarbeiten haben Eingang in sein *Bibliographisches Handbuch* gefunden, dass sich jedoch nur auf die Geschichte der hebräischen Sprachkunde beschränkt. Siehe dazu und zu Entwürfen zur Geschichte der hebräischen Sprachkunde die Anm. 424 und 459.

Eine Darstellung der Geschichte der hebräischen Sprache nach Gesenius' Vorbild wurde von einigen (z. B. von Stade und Kautzsch. Siehe dazu 676) in Angriff genommen, aber selten fertiggestellt. Erst mit Mireille Hadas-Lebels 1976, Eduard Yechezkel Kutschers 1982 posthum und Ángel Sáenz-Badillos' 1988 veröffentlichten Studien lagen wieder ausführliche Darstellungen der Sprachgeschichte des Hebräischen vor.

462 Gesenius' war an 13 der insgesamt 28 bzw. 29 Auflagen seiner ursprünglich für den Schulunterricht erstellten *Hebräischen Grammatik* beteiligt. Vgl. Hunziker-Rodewald, „Handwörterbuch", 90f. Den größten Grad an Überarbeitung erfuhr die 10. Auflage, da Gesenius mit dieser Auflage begann die von Ewald geäußerte Kritik einzuarbeiten. Siehe dazu Miller, *Influence*, 16.

463 *Ges²*, VII–XLV.

464 *Ges⁴*, 1:III–XLI.

der 10. Auflage abgedruckt wurde.[465] Darin umreißt er drei distinkte Quellen der lexikographischen Arbeit und ordnet sie nach deren Wertigkeit folgendermaßen an: (1) der Sprachgebrauch des Alten Testaments, (2) die überlieferte Kenntnis von den hebräischen Wörtern – seien diese in den alten Übersetzungen oder in jüdischen Kommentaren und Wörterbüchern belegt – und (3) die verwandten Sprachen.[466] Eine ähnliche Methodik scheint auch der *Geschichte der hebräischen Sprache* sowie dem *Lehrgebäude* zugrunde zu liegen, wo Gesenius zum Zweck der sprachgeschichtlich-grammatischen Betrachtung die innere Beschaffenheit des biblischen Idioms nach diachronen Kategorien in vorexilische und exilisch-nach-exilische Sprachstufen sowie nach formaler Beschaffenheit in prosaische und po-etische Sprachformen differenziert.[467] Dabei versteht Gesenius diese Kriterien der inneren Differenzierung nicht als absolute Charakterisierungen, sondern als Pole, zwischen denen Übergänge möglich sind.[468] So seien beispielsweise die pro-phetischen Texte als Zwischenform der Gegensätze Prosa und Poesie zu verste-hen.[469] Analog dazu findet Gesenius in Texten aus der Anfangszeit des babyloni-schen Exils auch Dialekte des Übergangs.[470]

Gesenius' Verhältnisbestimmung der semitischen Sprachen ist eines der zentralen Lehrstücke seines sprachgeschichtlichen Œuvres, da sowohl die

---

465 Auch die derzeitig aktuellste, 18. Auflage des Gesenius-Wörterbuches beruft sich auf dieses methodologische Vorwort. Siehe dazu Gesenius, *Ges*[18], VI–VIII. Zur Rezeption dieses Vorworts siehe u. a. Stein, „Gesenius", 280–285.

466 Vgl. *Ges*[4], 1:III.

467 „Wie die Sprache uns gegenwärtig in den Schriften des A.T. erscheint, lassen sich nur zwey durch ihren Charakter merklich geschiedene Zeitalter derselben unterscheiden, wovon das eine die Schriften vor dem Exil, das zweyte die Schriften während und nach demselben umfasst. [...] Es bestehen hier vornehmlich zwey Classen der Diction nebeneinander, die Prosa der gemeinen Geschichtserzählung und die poëtische Diction, welche letztere mit allen ihren Eigenthümlich-keiten auch in den historischen Büchern eintritt, sobald Prophezeyungen, Segnungen, Lobge-sänge sich zur Poësie erheben." Gesenius, *Geschichte*, § 9.

468 Vgl. dazu Joosten, „Gesenius", 95f.

469 „Die Propheten stehn in Rücksicht auf Rythmus [sic] und Sprache in der Mitte zwischen Poësie und Prosa; doch schliessen sich die des goldenen Zeitalters beynahe völlig den Dichtern an, erst die jüngern, z. B. Jeremia, und Ezechiel, nähern sich der prosaischen Diction." Gesenius, *Geschichte*, § 9.

470 So kann Gesenius weder Hiob noch Ezechiel einem der beiden Zeitalter zuordnen, da sich darin Phänomene abbilden, die in beiden Perioden auftauchen. Daraus schließt er, dass die Idi-ome beider Bücher die Sprache des Übergangs vom ersten zum zweiten Zeitalter des Hebräischen überliefert hätten. Dass im Pentateuch sowohl Archaismen (insbesondere in den erzählenden Texten) als auch dem zweiten Zeitalter zuzuordnende Sprachformen (hauptsächlich im Deute-ronomium) zu finden seien, führt Gesenius auf die Eigentümlichkeit des „Schriftstellers und Sammlers" sowie auf eine „conformirende Hand" zurück. Gesenius, *Geschichte*, § 11.

sprachvergleichende Analyse als auch die sprachgeschichtliche Rekonstruktion des Hebräischen darauf fußt.[471] Nicht unähnlich zu August Schleichers späterer Stammbaumtheorie bemüht Gesenius Baummetaphern, um die Beziehungen zwischen den semitischen Sprachen zu fassen und teilt diese in drei Hauptzweige ein: (1) das Aramäische, das sekundär in West- und Ostaramäisch – auch Syrisch und Chaldäisch genannt – zerfalle; (2) das *Canaanitische*, bestehend aus Hebräisch und Phönizisch sowie dem Punischen als Spätform des Phönizischen; und (3) das Arabische, von dem das Äthiopische einen Unterzweig darstelle.[472] Da nach Gesenius die linguistische Differenz der drei Hauptidiome der semitischen Sprachfamilie geringer sei als die zwischen den indoeuropäischen Sprachen, seien diese als Dialekte[473] zu verstehen, die zu einer gewissen Zeit eine Einheit bildeten.[474] Aus dieser Annahme folgert Gesenius, dass weder Arabismen noch Aramaismen als eindeutige Indizien für eine linguistische Datierung dienen können.

Es gilt zu beachten, dass die von Gesenius vorgeschlagene positionelle Mittelstellung des Hebräischen innerhalb der semitischen Sprachfamilie nicht zufällig ist oder auf die geographische Verbreitung der verschiedenen Sprachen zurückgeht, sondern sich auch in seiner Charakterisierung des Hebräischen abbildet.[475] Denn nach seiner Einschätzung stellte das Hebräische in seiner *gegenwärtigen Gestalt* den ältesten der drei semitischen Dialekte dar, was sich an der Klarheit der dort ablesbaren Etymologien zeige.[476] Jedoch beschränke sich die

---

471 Hier folgt Gesenius dem Sprachvergleich, wie er von Schulten oder Vater angewandt wurde. Vgl. dazu Kapitel 3.4 sowie Joosten, „Gesenius", 94.

472 Vgl. Gesenius, *Geschichte*, § 4.

473 Auch wenn hier *Sprache* und *Dialekt* wie unterschiedliche Kategorien benutzt werden, ist keine konzeptionelle Trennschärfe im Gebrauch dieser beiden Begriffe erkennbar. Damit ist Gesenius kein Einzelfall, denn im 19. Jahrhundert hatte sich keine linguistische Begriffsdefinition von *Sprache* und *Dialekt* durchgesetzt. Ein Missstand den bereits August Schleicher lamentiert: „So war denn begreiflicher Weise noch kein Sprachforscher im Stande eine genügende Definition von Sprache im Gegensatze zu Dialekt [...] zu geben. Was die Einen Sprachen nennen, das nennen die Anderen Dialekte und umgekehrt." Schleicher, *Theorie*, 19.

474 „Mehr als wahrscheinlich ist, dass es eine Zeit gab, wo die hebräische Sprache mit den verwandten Dialekten mehr zusammenfloss, wo das Sprachgesetz der Trilittera noch nicht ausgebildet war, allein wir können diese nicht nachweisen, noch weniger reich unserer hebräischen Schriften in diese Zeit hinauf." Gesenius, *Geschichte*, § 6.

475 Zur Geschichte der Taxonomie der semitischen Sprachen im 19. Jahrhundert siehe Aslanov, „Gesenius".

476 „Das Hebräische trägt den Charakter einer ältern Sprache, als das Arabische und Syrische in ihrer *gegenwärtigen* Gestalt. Daher ist im Hebräischen die Etymologie öfters noch sichtbar, wo sie in den andern Dialekten verwischt ist, und man kann darin mehrere Bildungen und

Anciennität des Hebräischen alleine auf das Semitische; Gemeinsamkeiten mit dem Ägyptischen, Assyrischen, Persischen oder Griechischen seien nach Gesenius lediglich das Resultat sekundärer Beeinflussung und daher nicht als Indizien für einen gemeinsamen Ursprung zu werten.[477]

Wie bereits erwähnt, teilt Gesenius die Geschichte der hebräischen Sprache in zwei Perioden ein: in ein erstes *goldenes Zeitalter*, das mit dem geeinten Königreich einsetzend bis zur Eroberung Jerusalems durch die Babylonier andauert, und in ein zweites, daran anschließendes *silbernes Zeitalter*, dessen Ende Gesenius nicht klar bestimmt und das durch das langsame Verschwinden des Hebräischen angesichts der Hellenisierung bestimmt ist.[478] Diese Periodisierung in zwei klar zu unterscheidende Epochen mit der Setzung des Exils als linguistische Wasserscheide prägt bis heute als heuristisches Paradigma die Diskussion über die Geschichte der Sprache des Alten Testaments.[479] Dass Gesenius dabei, wie bereits angedeutet, nicht mit absoluten Datierungen arbeitet und die Zuordnung aufweicht, trägt zur bleibenden Bedeutung seines Entwurf bei. Zu diesen weichen Zuordnungen gehört, dass er beispielsweise, sich auf Indizien stützend, eine Vorform des biblisch bezeugten Hebräisch postuliert oder in einigen Büchern Idiome des Übergangs vom ersten zum zweiten Zeitalter wiederfindet.[480] Auch könne man Spätformen der Sprache des *silbernen Zeitalters* in der Chronik

---

Bedeutungen entstehn sehn, welche in dem gegenwärtigen Syrischen und Arabischen schon feststehn." Gesenius, *Geschichte*, § 16.

477 Dass Gesenius zum Zeitpunkt der Niederschrift der *Geschichte der hebräischen Sprache und Schrift* das Ägyptische nur durch das Koptische vermittelt sowie das Assyrische und Persische nur durch die dementsprechenden Eigennamen und Lehnwörter aus dem masoretischen Text bezeugt vorliegend hatte, erklärt einige seiner Einschätzungen zu den Verwandtschaftsverhältnissen zwischen dem Hebräischen und diesen Sprachen. So könne die Nähe zwischen dem Hebräischen, Persischen und Assyrischen festgestellt werden, während gleichzeitig vieles das Ägyptische von der Sprache des Alten Testaments trennen würde. Vgl. Gesenius, Geschichte, § 17. Der Entzifferung der ägyptischen Hieroglyphen durch Jean-François Champollion im Jahre 1822 begegnete Gesenius mit tatkräftigem Enthusiasmus. So weiß Wilhelm Schrader in seiner Geschichte der Universität Halle zu berichten, dass sich Gesenius schnell das Ägyptische aneignete, um sowohl im Dresdner Museum als auch im privaten Kreis die daran interessierten Studenten zu unterrichten. Vgl. dazu Schrader, *Geschichte*, 2:138f.140 (Ich danke Herrn Prof. Dr. Dr. Schipper für diesen Hinweis). Zu den Wechselwirkungen zwischen der Ägyptologie seit Champollion und der Lexikographie des Hebräischen in der Tradition von Gesenius siehe Schipper, „History".

478 Vgl. Gesenius, *Geschichte*, §§ 8–10.13.

479 Vgl. auch Joosten, „Gesenius", 100f.

480 Siehe Anm. 470.

oder bei Kohelet beobachten.[481] Die durch diese Differenzierungen gewonnene Tiefenschärfe lässt Gesenius' Entwurf der hebräischen Sprachgeschichte erstaunlich nahe an einige neuere unter dem Schlagwort *linguistic dating* diskutierten Modelle rücken.[482]

Dem Vorhaben einer Rekonstruktion der Vor- und Frühgeschichte der hebräischen Sprache und Schrift begegnet Gesenius angesichts der dürftigen Quellenlage[483] mit großer Zurückhaltung; die traditionelle Vorstellung, dass das biblische Idiom die Ursprache sei, verwirft er gänzlich.[484] Dank der zur Verfügung stehenden phönizisch-punischen Quellen könne jedoch die Frage nach der geographischen Herkunft einigermaßen beleuchtet werden. Nach Gesenius' Ansicht sprechen die sprachlichen Gemeinsamkeiten[485] zwischen diesen Quellen und der Sprache des Alten Testaments für eine Herkunft des Hebräischen aus Kanaan. Dies werde weiter auch durch die kanaanäischen Personen- und Ortsnamen, welche sich in der Bibel finden, bestätigt.[486] Daher und um den Einklang mit den

---

481 So lässt sich nach Gesenius durch einen synoptischen Vergleich der Chronik mit den entsprechenden Parallelstellen aus den Samuel- und Königebüchern gut zeigen, wie der Chronist Ausdrücke aus der Vorlage, die ihm „theils hart, theils nicht verständlich (oder auch richtig) genug" (Gesenius, *Geschichte*, § 12) schienen, geglättet habe. Bei Kohelet werde der wachsende Druck des Aramäischen in Form von Aramaismen sichtbar; gleichzeitig nähere sich der dortige Sprachgebrauch dem der Rabbinen an. Vgl. Gesenius, *Geschichte*, § 11.

482 Siehe Anm. 519.

483 Zur Erschließung des Althebräischen standen Gesenius zur Zeit der Niederschrift seiner Sprachgeschichte neben rabbinischen und patristischen Literatur sowie den dementsprechenden Notizen aus klassischen Quellen lediglich phönizische Inschriften (vgl. dazu Gesenius, *Geschichte*, 223–230 und zur Bearbeitung des Phönizischen durch Gesenius insgesamt Lehmann, „Gesenius") und Münzen zur Verfügung. Letztere waren für Gesenius bezüglich deren paläographischer Aussagekraft von besonderem Interesse. Er datierte sie in die Zeit der Makkabäer, aber soweit sich nachträglich der Münztypus identifizieren lasse, müsste davon ausgegangen werden, dass sie aus der Zeit des ersten jüdisch-römischen Krieges stammen. Vgl. Joosten, „Gesenius", 101 Anm. 27. Es lässt sich nicht eruieren, ob und welche konkreten Münzen Gesenius vorlagen, da die entsprechenden Einträge aus den numismatischen Abhandlungen von Francisco Pérez Bayer und Joseph Hilarius Eckhel keine eineindeutige Zuordnung ermöglichen. Vgl. Bayer, *De numis*, 21 und Eckhel, *Doctrina*, 3:469.

484 „Man ging aber noch weiter und erlaubte sich selbst die Frage, welche Sprache denn jene ursprüngliche, allgemeine (primaera) gewesen sey. Nach dem Vorgange der älteren Juden entschieden die Meisten zum Vortheile der hebräischen Sprache, und suchten dieses durch mehrere Beweise zu unterstützen [...] Suchen wir indessen unabhängig von jener mythischen Ansicht etwas über das Alter und den Ursprung derselben auszumachen, so sehen wir uns von der Geschichte gänzlich verlassen." Gesenius, *Geschichte*, § 6.

485 Siehe zur Verwandtschaft zwischen Phönizisch und Hebräisch den Exkurs im Anhang. Vgl. Gesenius, *Geschichte*, 223–230.

486 Vgl. Gesenius, *Geschichte*, § 7.

Erzelternerzählungen bemüht, folgert Gesenius, dass Abraham und seine Nachfahren erst mit der Ankunft in Kanaan die Sprache der autochthonen Bevölkerung angenommen hätten.

Von weiteren Aussagen über die Vor- und Frühgeschichte des Hebräischen sieht Gesenius ab, da die Quellenlage zum Sprachwandel des Hebräischen bis zum Beginn des *goldenen Zeitalters* schlichtweg schweigt. Denn der von den ältesten, aus der Königszeit stammenden Schriften erreichte hohe Grad der Komplexität deute auf eine lange Geschichte der Sprache hin.[487] Im *Lehrgebäude* scheint Gesenius bereits von dieser rigiden Form des Empirismus abzurücken. So äußert er dort den Verdacht, dass die Einführung der Schrift mit der Ausbildung des *Trilitteralismus* zusammengefallen sei. Dafür spräche demnach der Umstand, dass nicht alle Wurzelradikale phonetisch realisiert würden, während deren Notation erstaunlicherweise mehrheitlich stabil bleibe. Da sich dieses Phänomen nicht nur auf das Hebräische beschränke, sondern auch in den anderen semitischen Sprachen finden lasse, könne geschlossen werden, dass sowohl Schrifteinführung als auch Ausbildung des *Trilitteralismus* noch zu Zeiten der fluiden Grenzen zwischen den Dialekten erfolgt sei.[488]

Es finden sich noch weitere scheinbar unverbunden Annahmen zur Vor- und Frühgeschichte des Hebräischen über das *Lehrgebäude* verteilt. So versucht Gesenius, die Aramaismen poetischer Texte durch gemeinsame Herkunft des Hebräischen und Aramäischen oder als Überbleibsel der ehemaligen Erstsprache

---

487 „Wir finden nämlich die Sprache in den erwiesen ältesten Schriften schon auf derjenigen Stufe der Ausbildung und Vervollkommnung, welche sie überhaupt erreicht hat, und wir können diese durchaus nicht verfolgen, wie wir es z. B. bey der lateinischen und den germanischen Sprachen können. Der Grad von grammatischer Bildung aber, welche sie besitzt, ist nicht gering, und setzt Jahrhunderte voraus." Gesenius, *Geschichte*, § 6.

488 „Da diese Beschaffenheit der hebräischen Sprache *[Triliteralismus, B.P.]* sich weit mehr und deutlicher in der Schrift zeigt, als in der Aussprache, und durch jene gleichsam getragen und festgehalten wird, so hat die Vermuthung etwas Ansprechendes, dass die Einführung dieses Sprachgesetzes etwa gleichzeitig mit Erfindung und Einführung der Schrift bey den Semiten vor sich gegangen sey, und zwar zu einer Zeit, wo die Dialekte noch nicht so geschieden waren. Von der nicht geringeren grammatischen Reflexion der Schrifterfinder ließe sich am ersten eine solche Art von Gesetzgebung für die Sprache erwarten, die durch die Schrift befestigt, und in allen verschiedenen Zweigen des Sprachstammes zur feststehenden Norm wurde." Gesenius, *Lehrgebäude*, § 53.

Mit dieser These nimmt Gesenius eine in einer Rezension zu seiner Sprachgeschichte geäußerten Idee (vgl. o.A., „Rezension") auf und entwickelt diese mit Karl Wilhelm Friedrich von Schlegels Gedanken zur Verbindung von Sprach- und Schriftgeschichte weiter. Vgl. Schlegel, *Sprache*, 42f.65.

der Nachkommen Abrahams zu erklären.[489] Auch in den Ausführungen zur Morphologie der Pronomina findet sich ein weiteres solches Beispiel für unverbundene Thesen zur Vor- und Frühgeschichte des Hebräischen. Dort etwa stellt Gesenius zur Diskussion, ob es möglich sei, mittels hypothetischer Rückschlüsse aus Morphemen, die als Reste von älteren Formen gedeutet werden können – wie z.B. die Pronominalsuffixe der zweiten Person –, frühere und im Hebräischen verloren gegangene Formen zu erschließen.[490] Trotz dieser doch nicht wenigen unverbundenen Theoreme zur Vor- und Frühgeschichte des Hebräischen verzichtet Gesenius auch im *Lehrgebäude* auf eine systematische und nach höherer Kohärenz strebende Darstellung seiner Ideen dazu.

Die Beschreibung der Sprachformen des *goldenen* und *silbernen Zeitalters* ist hingegen um ein Vielfaches systematischer und konziser. So deutet Gesenius die weitgehenden lexikalischen und semantischen Ähnlichkeiten im Pentateuch, bei Josua und Richter sowie in beiden Samuel- und Königebüchern als Indizien für die Abfassung ihrer Hauptbestandteile im ersten Zeitalter.[491] Auch ließe die Sprache einiger prophetischer Bücher[492] sowie des Proverbienbuchs vorexilisch datieren. Problematischer sei hingegen der Psalter, dessen einzelne Psalmen jeweils für sich zu betrachten seien.[493] Sowohl im Hiobbuch und bei Ezechiel könne man laut Gesenius das Idiom des Übergangs zwischen beiden Zeitaltern beobachten.[494] Das *silberne Zeitalter* der hebräischen Schriftsprache sei, wie Gesenius feststellt, geprägt durch die allmähliche Verdrängung des Hebräischen durch das

---

489 „Allenfalls bleibe die Möglichkeit offen, dass solche poëtische Idiotimsen eigentlich Archaismen und Ueberbleibsel aus einer Zeit wären, wo das Hebräische noch näher mit dem Aramäischen verwandt war […]; allein es ist doch fast wahrscheinlicher, dass die (altaramäische) Sprache der Abrahamiten zunächst ganz von der Landessprache der Canaaniter verdrängt worden ist, […]" Gesenius, *Lehrgebäude*, § 54.

490 „Bey einigen derselben liegen übrigens alte, im Hebräischen verloren gegangene, Formen zum Grunde, die aber doch von der Analogie unterstützt sind, und wovon auch in den Dialekten noch Spuren vorhanden sind. Für die zweite Person des Singular und Plural muss es eine Form אָנְכָה ,אַכָּה ,אַכָּה, Plur. אַכֶּם ,אַכֶּן אַכֶּם gegeben haben (nach der Analogie von אֲנֹכִי), von welcher dann die Suffixa ךָ, ךְ, כֶם, כֶן abstammen." Gesenius, *Lehrgebäude*, § 57.

491 Redaktionen und Hinzufügungen seien jedoch später anzusetzen. Vgl. Gesenius, *Geschichte*, § 9 Anm. 24.

492 Gesenius stellt die vorexilischen Propheten nach sprachlichen Kriterien in drei Gruppen zusammen: (1) Am, Hos, Mi und (Proto-)Jes (2) Joel, Nah und Hab sowie (3) Obd, Zeph und Jer. Dabei führt er jedoch nicht aus, welche Gründe ihn zu dieser Anordnung bewegten. Vgl. Gesenius, *Geschichte*, 39.

493 Vgl. Gesenius, *Geschichte*, § 9.

494 Siehe Anm. 470.

Ostaramäische, das er wahlweise auch *Chaldäisch* nennt.[495] Dessen weitläufiger Gebrauch habe auch Einfluss auf die bis in die Zeit der Makkabäer gebräuchliche hebräische Literatursprache gehabt, sodass sich mit der Zeit ein immer stärker *chaldäisierender* Sprachstil entwickelt habe. Jedoch könne nicht davon ausgegangen werden, dass bei allen Schriften aus dieser Zeit die Beeinflussung in gleicher Weise gewirkt habe.[496] Gesenius unterscheidet zwischen Büchern mit einem höheren Grad der Reinheit der Sprache und solchen mit einem minderen.[497] So scheint Gesenius ein relativ fluides Bild der empirisch beschreibbaren Sprachgeschichte des Hebräischen gehabt zu haben, das die Partikularitäten der einzelnen Schriften ernst zu nehmen versuchte. Um trotz dieser Schattierungen die Übersichtlichkeit zu wahren, findet sich in der *Geschichte der hebräischen Sprache und Schrift* ein ausführlicher Katalog der Spezifika des *silbernen Zeitalters*, welcher die Differenzen zur Sprache des vorhergehenden *Zeitalters* anhand des Vokabulars, der Morphologie, der Verschiebungen in der Semantik, der Phraseologie, der Orthographie und der Syntax dieser Sprachstufe erfasst.[498]

4.1.2 Die Morphosyntax des Verbs nach Gesenius

Bereits in den einführenden Paragraphen zum syntaktischen Teil des *Lehrgebäudes* formuliert Gesenius eine für ihn sehr scharfe Kritik an den bisherigen Entwürfen zur Syntax des Hebräischen, da sie diese bislang völlig vernachlässigen oder als Marginalien zur Morphologie behandeln würden.[499] Im Weiteren wurde seiner Ansicht nach sowohl der inneren Differenzierung des Hebräischen als auch der Nähe zu den anderen semitischen Sprachen für die Belange der Syntax nicht genügend Beachtung geschenkt.[500] Man kann beobachten, dass Gesenius im Rahmen seiner Besprechung der hebräischen Syntax auf beide Anliegen versucht einzugehen, jedoch wird in der nachfolgenden Besprechung der Bearbeitung der

---

495 Die Nomenklatur der verschiedenen aramäischen Idiome, seien es Dia-, Sozio- oder Chronolekte, fand erst mit Theodor Nöldeke ihre Einheitlichkeit. Bis dahin changieren die Bezeichnungen von Autor zu Autor. Siehe dazu Anm. 685.
496 Gesenius, *Geschichte*, § 10.
497 Von niedriger sprachlicher Güte ist nach Gesenius Hag, Mal, die meisten jüngeren Psalmen, die Jona-, Daniel- und Estherlegenden sowie der Duktus des Chronisten. Erhaben hingegen Ps 139, Koh, Hld und die Visionsberichte im Danielbuch. Vgl. Gesenius, *Geschichte*, § 10.
498 Vgl. Gesenius, *Geschichte*. Für eine ausführliche Bewertung dieser Zusammenstellung der Spezifika des spätbiblischen Hebräischen siehe Joosten, „Gesenius", 100.
499 Vgl. Gesenius, *Lehrgebäude*, § 161.
500 Vgl. Gesenius, *Lehrgebäude*, § 162.

Morphosyntax des hebräischen Verbs im *Lehrgebäude* deutlich werden, dass er dabei die Phänomene zu einseitig aus der Sicht der lateinischen Grammatiktradition deutet.

Die morphologische Beschreibung der Verbformen erfolgt im *Lehrgebäude* in zwei Schritten; zunächst stellt sich Gesenius die Frage nach der *Abstammung* der Verben und geht erst danach im zweiten Schritt auf die eigentliche Verbalflexion ein. Hinsichtlich ihrer *Abstammung* teilt er die Verben der hebräischen Sprache in drei Klassen ein: (1) *verba primitiva*, (2) *verba derivata* und (3) *verba denominativa*. Unter *verba primitiva* versteht Gesenius einfache *Wurzelwörter*, von denen im Weiteren die *verba derivata* mittels *innerer Umbiegung* (d.h. Stammesmodifikation) abgeleitet werden. Als *verba denominativa* gelten solche Verbalwurzeln, die sekundär von Nomen abstammen.[501] Die dritte Person Singular *qatal*[502] im Qal wählend, beschreibt er danach die anderen Stammformen. Dabei geht Gesenius auf die analogen Formen im Aramäischen und Arabischen ein, da bei beiden Sprachen eine gleichförmigere Ausbildung der Stammesmodifikationen zu beobachten sei.[503] Fragen der Genese der Stammesmodifikationen oder der Möglichkeit einer diachronen Einordung dieses Vergleichs elaboriert Gesenius jedoch nicht.

Deutet man von der lateinischen Grammatiktradition aus kommend die Morphosyntax des hebräischen Verbalsystems, fällt der Mangel an Formen auf, die eine eindeutige modale wie temporale Näherbestimmung einer Verbalhandlung vornehmen. Von dieser Deutung geleitet nimmt Gesenius eine nachträglich erworbene Vieldeutigkeit der zwei Formen der Verbalflexion *qatal* und *yiqtol* an. Ursprünglich hätten diese zwar nur eine temporale Näherbestimmung geleistet, indem nämlich das *qatal* als *Praeteritum* Aussagen über Vergangenes und das *yiqtol* als *Futurum* über Zukünftiges treffen; aber in der im Alten Testament

---

501 Nachfolgend einige Beispiele, mit denen Gesenius die Verbalklassen illustriert. צָדַק sei ein *verbum primitivum*, von dem צַדֵּק, הִצְדִּיק und הִצְטַדֵּק als Derivate abstammen. Als Beispiele für *verba denominativa* gibt er das sich an der Gestalt der *verba primitiva* lehnende אָהֵל von אֹהֶל sowie die von שֹׁרֶשׁ stammenden Formen שֵׁרֵשׁ und הִשְׁרִישׁ, die analog der *verba derivata* gebildet werden. Gesenius, *Lehrgebäude*, § 65.

502 Um eine Vergleichbarkeit zwischen den in diesem Kapitel besprochenen grammatischen Entwürfen und ihrer Bezeichnungen der Flexionsklassen des Verbs zu gewähren, werden diese nachfolgend mittels der Kunstwörter *qatal, yiqtol, weqatal, wayyiqtol, we+qetal, we+yiqtol*, usw. bezeichnet.

503 „Uebrigens ist im Arabischen auch die Mannichfaltigkeit der Formen größer [...] Im Arabischen und Aramäischen kommen von der Grundform und allen Conjugationen *Passivformen* vor, die im Arabischen mit Beybehaltung des sonstigen Charakters der *Activa* dunklere Vocale haben [...], im Aramäischen die vorgesetzte Sylbe אֶת [...]" Gesenius, *Lehrgebäude*, § 67.

bezeugten Sprachstufe seien beiden Formen gezwungen, sowohl isoliert als auch in syntaktischen Gefügen unweigerlich eine Vielzahl von Funktionen zu erfüllen.[504] Diese sekundär erworbene Vieldeutigkeit der als Tempora interpretierten Verbalflexionen deutet Gesenius als Indiz für die Altertümlichkeit der Ausbildung des hebräischen Verbalsystems, da sich darin nicht das Bedürfnis nach einer präziseren Näherbestimmung des Verbes mithilfe weiterer modaler und temporaler Kategorien abbilde.[505] Zur Frage, ob die Bildungselemente beider Formen der Verbalflexion ebenfalls auf ein besonderes Alter hindeuten,[506] äußert sich Gesenius interessanterweise nicht.

Nach Gesenius hat das Hebräische versucht, den Mangel an Modalität differenzierenden Formen durch die Verlängerung und Verkürzung des *yiqtol* auszugleichen.[507] Mit dieser morphematischen Innovation stehe das Hebräische in der Mittelstellung zwischen dem Arabischen, das diese Möglichkeiten der sekundären Bildung der Modi völlig ausgeschöpft habe, und dem Aramäischen, das diesen Bildungstyp nicht kenne. Jedoch werden diese modifizierten *yiqtol*–Formen im alttestamentlichen Korpus nur punktuell gebraucht und erfüllen dort subjunktive,[508] konditionale oder optative Funktionen. Diese Mehrdeutigkeit des ursprünglich eine futurische Pragmatik erfüllenden *yiqtol* erstaunt Gesenius nicht sonderlich, da sich die Polyvalenz futurischer Formen auch in anderen Sprachen beobachten lasse.[509]

---

504 „Alle übrigen Verhältnisse, namentlich die noch fehlenden absoluten und relativen Zeitverhältnisse, z. B,. *Praesens, Imperfectum, Plusquamperfectum*, der Conjunctiv und Optativ müssen also theils mit durch diese Formen, theils durch syntaktische Zusammensetzung ausgedrückt werden, [...]" Gesenius, *Lehrgebäude*, § 76.

505 „Man sieht aus dem zuletzt angedeuteten Umstande, dass der Hebräer in der vorliegenden Ausbildung der Sprache, alle jene nuancierten Verhältnisse, die der Grieche durch seine zahlreichen Verbalformen bezeichnet hat, vollkommen gefühlt und das Bedürfnis, sie auszudrücken, empfunden habe, wenn dieses gleich in einer ganz unperiodischen Sprache minder oft der Fall seyn musste,[...]. Nur war dieses nicht *früh* genug geschehen, und spätere Geschlechter pflegen zwar solchen Grundeinrichtungen nachzuhelfen, aber nicht ganz neue Bildungen zu schaffen." Gesenius, *Lehrgebäude*, § 76.

506 So sei das *qatal* als Ergebnis der Suffigierung des gekürzten Personalpronomens an der Grundform des Verbes zu verstehen, während das *yiqtol* aus der Präfigierung der gleichen Formen entstanden sei. Vgl. dazu Gesenius, *Lehrgebäude*, § 78.81.

507 Olshausen wird diese These im Rahmen seiner Erklärung des Hebräischen aus der Perspektive der neueren Arabistik ausbauen. Siehe dazu Anm. 645.

508 Hier ist der aus der französischen Grammatik stammenden Begriff *Subjunktiv* benutzt. Der zur Beschreibung der Morphosyntax des Deutschen gebräuchliche Begriff *Konjunktiv* erscheint mir in diesem Kontext irreführend.

509 „Das Ungewisse, Bedingte, welches im Conjunctiv, das in die Zukunft Gerichtete, welches im Optativ liegt, hat eine deutliche Analogie mit dem *Futuro*, woher auch in mehreren Sprachen

Eine ähnliche Strategie der sekundären Innovation sieht Gesenius in der Bildung des *wayyiqtol* gegeben. Im Unterschied zu der eben besprochenen, morphematischen Innovation werde hier jedoch mithilfe syntaktischer Mittel eine zusätzliche temporale Differenzierung innerhalb des hebräischen Verbalsystems erzielt. Denn den Parametern der lateinischen Grammatiktradition folgend, deutet Gesenius das *wayyiqtol* als zusammengesetztes Tempus. So sei das - וַ– von Gesenius *Vav conversivum Futuri in Praeteritum* oder kurz *Vav conversivum* genannt[510] – eine Verkürzung des *Hülfszeitworts* הָיָה=הָוָה, das zuvor asyndetisch an ein *yiqtol* affigiert worden sei.[511] Gesenius bestimmt das *weqatal* hingegen als einfaches, mit der Konjunktion וְ versehenes *qatal*, das die Funktion eines sich an imperativischen oder futurischen Aussageketten bindenden Folgetempus erfüllt.[512]

Die Mehrdeutigkeit der hebräischen Tempora führt laut Gesenius nicht dazu, dass der syntaktische Gebrauch beider Tempora „unbestimmt (ἀορίστως) und regellos"[513] sei. Denn bei genauer Betrachtung werde ersichtlich, dass das *qatal* die Vergangenheit beschreibe und das *yiqtol* futurische sowie die damit verwandten subjunktiven, konditionalen und optativen Bedeutungen annehme. Erst ihre Verwendung nach einer Syndese mit וְ mache laut Gesenius ihre Bedeutung ἀορίστως.[514] Damit grenzt sich Gesenius klar von der Interpretation der beiden Hauptformen der hebräischen Verbalflexion als Aoristen bzw. stets aoristisch gebrauchte Formen ab und problematisiert gleichzeitig die Deutung der Rabbinen und der älteren christlichen Hebraisten, die darin eine Vertauschung der Tempora sehen.[515]

---

die Bildung des *Futuri* eng mit denen des Conjunctivs und Optativs zusammenhängt." Gesenius, *Lehrgebäude*, § 83.

510 Mit der Interpretation des - וַ als *Vav conversivum* folgt Gesenius u.a. Johann David Michaelis, Hezel und weiteren älteren Autoren sowie der Tradition der jüdischen Sprachlehrer. Somit wendet er sich gegen die neueren Deutungen des - וַ von Albert Schultens und Martin Johan Jahn. Vgl. Gesenius, *Lehrgebäude*, v § 87 Anm. 1f. und McFall, *Enigma*, 17–26. Letzterer hat Ewalds Interpretation der Morphosyntax des hebräischen Verbs beeinflusst. Siehe dazu Anm. 577.

511 „Die vollständige Phrase wäre nun הָוָה יִקְטֹל *es geschah* (dass) *er tödtete*. Zunächst fiel das ה im Anfange weg, [...] die Sylbe וָה wurde aber durch *Dagesch conjunctivum* mit dem folgenden Worte verbunden, wie זֶה מַהֲזֶה, מַהֲזֶה, מַזֶּה [...]. Diese Erklärung findet meines Erachtens eine fast volle Bestätigung in der Analogie des Arabischen und Syrischen." Gesenius, *Lehrgebäude*, § 87.

512 Vgl. Gesenius, *Lehrgebäude*, § 88.

513 Gesenius, *Lehrgebäude*, § 204.

514 Vgl. Gesenius, *Lehrgebäude*, § 204.

515 Siehe dazu den Text in petit bei Gesenius, *Lehrgebäude*, § 204. sowie McFall, *Enigma*, 17–21. für eine kritische Besprechung der Deutung der *consecutio temporum* in der jüdischen Grammatiktradition und bei den älteren christlichen Hebraisten.

Trotz dieser eindeutig binär-temporalen Interpretation der Formen der hebräischen Verbalflexion gewinnt die Besprechung ihrer Syntax im *Lehrgebäude* aufgrund der vielen Ausnahmen den Charakter eines Katalogs.[516] Die Gründe dafür liegen einerseits in Gesenius' fehlendem Vermögen, die Ausnahmen systematisch zu erklären, und andererseits darin, dass er das hebräische Verbalsystem nicht als in der ihm inne liegenden Logik begreift, sondern primär aus der Sicht der Zielsprache, genauer der Zielgrammatik, zu beschreiben versucht.[517] Besonders greifbar wird die letztgenannte Problematik in der syntaktischen Beschreibung des *wayyiqtol*. Zwar beschreibt Gesenius die Funktion des *wayyiqtol* als Erzähltempus, jedoch vermag er das Nebeneinander der beiden Vergangenheitsformen *wayyiqtol* und *qatal* nur mittels der Mischung der Konzepte des romanischen Imperfekts und des germanischen Präteritums zu beschreiben.[518]

4.1.3 Gesenius und die Grenzen seiner empirischen Methodik

Das bleibende Erbe des aus der *Geschichte der hebräischen Sprache und Schrift* und dem *Lehrgebäude* bestehenden Doppelwerks besteht in der in diesen Werken skizzierten Geschichte des Sprachwandels des Hebräischen und dessen Anwendung auf die grammatische Theoriebildung sowie der methodischen Vertiefung des Sprachvergleichs. Gesenius' Periodisierung der hebräischen Sprache in zwei grobe Stufen, die sich anhand der Differenzen in Vokabular, Morphologie, Orthographie und Syntax sowie Veränderungen der Semantik scheiden lassen, genießt weiterhin als heuristisches Paradigma einer Sprachgeschichte des Idioms des Alten Testaments breite Zustimmung.[519] In einem ähnlichen Maße

---

516 Vgl. Gesenius, *Lehrgebäude*, §§ 205f.

517 Eindrücklich sichtbar wird Gesenius' Orientierung an die Übersetzung in die Zielsprache im § 215. Dort findet sich eine nach den Tempi der Zielsprache geordnete Zusammenstellung der Bedeutungsspektren der einzelnen hebräischen Verbalflexionen. Gesenius, *Lehrgebäude*, § 215.

518 „Das *Futurum* mit *Vav conversivo* haben wir [...] als ein wahres *Tempus compositum* kennen gelernt, welches die Stelle des *Imperfecti* und der erzählenden Zeitform vertritt. Der Hebräer erzählt fast durchgängig in diesem *Tempus*, welches nur zuweilen mit dem *Praeterito* wechselt." Gesenius, *Lehrgebäude*, § 207.

519 Dass ferner Gesenius diese Periodisierung nicht absolut setzt, sondern sowohl Frühstufen des Hebräischen als auch Idiome des Übergangs denken kann, trägt dazu bei, dass seine Skizze der Geschichte der hebräischen Sprache bis heute diskursbestimmend bleibt. Siehe dazu die Einschätzung Jan Joostens zur Anschlussfähigkeit von Gesenius' Thesen an das *linguistic dating* nach Avi Hurvitz in Joosten, „Gesenius", 100. Für eine Einführung in Hurvitz' Methodik siehe Hurvitz, „Dating".

diskursbestimmend wurde Gesenius' methodologische Schärfung des Sprachvergleichs.[520] Man griff nicht mehr alleine zum Zwecke der Erklärung unsicherer
Wörter des masoretischen Texts auf die verwandten Sprachen zurück, sondern
die Hoffnung bestand, dass sich durch diesen Rückgriff auch grammatische Fragen erklären ließen. Insgesamt wurden sowohl der Siegeszug der diachronen
Analyse des Hebräischen als auch die Schärfung der Komparatistik zur eigenständigen Methode der grammatischen Theoriebildung durch GESENIUS' strenge
Beschränkung auf die empirische Arbeitsweise möglich.

Gleichermaßen wie die Begrenzung auf die Empirie sich zum Vorteil von Gesenius ausgewirkt hatte, beschränkte sie in letzter Konsequenz die Aussagekraft
seiner Thesen. So entfielen ihm aufgrund seiner Zurückhaltung vor der hypothetischen Erschließung der Vor- und Frühgeschichte des Hebräischen die Möglichkeiten einer (phylo)genetisch-etymologischen Analyse phonologischer, morphologischer und syntaktischer Phänomene des Hebräischen. Insbesondere an
seiner Interpretation der Morphosyntax des Verbes im Hebräischen sieht man
diese Problematik. Denn entgegen Gesenius' eigenen Forderungen geschieht
dort weder eine diachrone Analyse des hebräischen Verbalsystems noch erfolgt
dessen komparatistische Einbettung im Kontext der semitischen Sprachen. Vielmehr verbleibt Gesenius angesichts der ihm selbst auferlegten Grenzen der Empirie lediglich eine nahezu sklavisch abgleichende Interpretation der Morphosyntax des hebräischen Verbs unter den Vorzeichen des lateinischen
Tempussystems.[521] Zwar kann eine solche auf rein empirischer Wahrnehmung
fußende Darstellung der Partikula der hebräischen Sprachen letztere diachron
einordnen, aber bei Gesenius bleibt eine überzeugende Beschreibung des inneren Zusammenhangs der hebräischen Verbalsystems aus. Die an dieser Stelle
notwendige Wendung zum inneren Wesen und zur spekulativen Erschließung
der Größe *Geschichte* wurde von seinem „Intimfeind" Heinrich Ewald vorgelegt.

---

520 Siehe dazu beispielsweise auch Gesenius' bewusste Bezugnahme wie kritische Abgrenzung
zu Schultens und Vater im Rahmen seiner Skizze der Geschichte der Sprachkunde des Hebräischen (Gesenius, *Geschichte*, §§ 38f.).
521 Vgl. Gesenius, *Lehrgebäude*, § 215.

4.2 Georg Heinrich August Ewald und die synthetisch-spekulative Erschließung der Geschichte

Bezeichne man Gesenius als Francis Bacon der Hebraistik, so könne Georg Heinrich August Ewald (1803–1875)[522] als Hegel dieser Disziplin gelten.[523] Dieses sich in einer anlässlich des hundertsten Geburtsjahrs Ewalds verfassten Festschrift befindliche Bonmot trifft nicht nur in vielerlei Weise auf die Gegensätzlichkeit in Werk, Methodik und Anliegen beider Hebraisten zu, sondern bezieht sich auch auf die unterschiedliche Form ihres Erbes. Während Gesenius durch die gleichnamige Wörterbuch- und Grammatiktradition auch ein titularisches Nachleben beschert wurde,[524] erfuhren Ewalds historische, exegetische und sprachwissenschaftliche Werke keine direkte Weiterführung. Bedenkt man jedoch seine berühmtesten Schüler wie Christian Friedrich August Dillmann, Theodor Eduard Bernhard Nöldeke, Walter Rudolf von Roth, August Schleicher, Eberhard Schrader und Julius Wellhausen, wird ersichtlich, dass Ewalds Impulse in der Erforschung der Geschichte Israels und in der Exegese des Alten Testaments, aber auch in der Orientalistik und in den Sprachwissenschaften weitergetragen wurden. Arg simplifizierend formuliert, bestand das prägende Anliegen EWALDs darin zu zeigen, dass eine rein empirisch-sprachwissenschaftliche Betrachtung – sei es der biblischen Schriften oder anderer Orientalia – nicht genüge, sondern dass daraus literaturwissenschaftlich-exegetische Forschung zu erfolgen habe, die gleichzeitig real- und religionsgeschichtliche Aussagen über den Gegenstand ihrer Betrachtung suche.[525]

---

522 Eine konzise Einführung zur Person Heinrich Ewald und seine Bedeutung für die alttestamentliche Wissenschaft findet sich bei Smend, *Kritiker*, 258–277. Eine ausführlichere Biographie hat Davies anlässlich Ewalds hundertsten Geburtsdatum vorgelegt. Vgl. Davies, *Ewald*. Ferner gilt für ein angemessenes Verständnis seiner Person wie Werk sowohl Ewalds politische Bestrebungen, die von Lothar Perlitt im Aufsatz *Heinrich Ewald: der Gelehrte in der Politik* skizziert werden, als auch seine etwas sperrige Persönlichkeit zu beachten. Einblick in letzteres ermöglicht die anhand von persönlichen Erfahrungen durch seinen Schüler Julius Wellhausen verfasste Würdigung. Siehe Wellhausen, „Ewald". Schließlich ist auch die Kontextualisierung Ewalds in die Göttinger Wissenschaftsgeschichte zu bedenken. Vgl. dazu Smend, „Generationen".

523 „Gesenius and Ewald took very different ways in their treatment of Hebrew grammar. The fist might be called the Bacon of Hebrew, the man to observe, register, and classify facts. The other might be likened to Hegel, in that he looked at the relations of the facts and the philosophy of them." Davies, *Ewald*, 53.

524 Vgl. dazu Miller, *Influence* und Hunziker-Rodewald, „Handwörterbuch".

525 Ewalds Einfluss auf die deutsche Orientalistik, die sich in der ersten Hälfte des 19. Jahrhunderts von der Theologie löste und neu zu etablieren suchte, war immens. Neben Heinrich Leberecht Fleischer (1801–1888), der die Methodik der noch jungen Orientalistik maßgeblich prägte,

Ewalds reiche Publikationstätigkeit, die neben wissenschaftlichen Schriften auch politische Pamphlete umfasst – letztere kosteten ihn 1837 und 1867 seine Anstellung an der Göttinger Universität –,[526] lässt sich kaum auf einen einfachen Nenner bringen. Dies trifft auch auf seine hebraistischen Werke zu, die mehrfach überarbeitet und neu aufgelegt wurden. Die nachfolgende Evaluation Ewalds sprachgeschichtlicher Thesen beschränkt sich auf die 5. Auflage des *Ausführlichen Lehrbuchs der hebräischen Sprache des alten Bundes* (nachfolgend mit *Lehrbuch* abgekürzt) aus dem Jahre 1844. Diese Auswahl ist doppelt begründet. Denn erstens ist das *Lehrbuch* in seiner Anlage ein Novum; die Bezeichnung der 1844 erschienenen Edition des *Lehrbuchs* als 5. Auflage ist irreführend. Ewald zählt es als 5. Auflage, weil er darin sein 1838 in 3. Auflage erschienenes Lehrbuch *Grammatik der Hebräischen Sprache des Alten Testaments* und das als Nachschlagewerk intendierte *Kritischen Grammatik der Hebräischen Sprache* verschmolz.[527] Zweitens entstammt die 5. Auflage des *Lehrbuchs* aus Ewalds Zeit in Tübingen, in der er sein enges Verständnis von Hebraistik und Exegese[528] zum Dreischritt von Sprachwissenschaft über Exegese zur Geschichte Israels ausbaute. Diese methodologische Präzisierung schlug sich auch in seinen späteren Publikationen nieder.[529]

„regte Ewald sie vor allem auf dem Gebiet der Religionsgeschichte an und ermutigte sie über die formal-philologischen Studien hinaus historische Gesamtüberblicke zu wagen und sich den „Realien" des Orients zuzuwenden." Mangold, *Wissenschaft*, 100.

526 Für eine Darstellung und kritische Würdigung von Ewalds Engagement in politischen Fragen siehe Perlitt, „Ewald".

527 Vgl. Ewald, *Lehrbuch*[5], III.

528 Im ersten Jahrgang (1837) der von Ewald mitgegründeten und inhaltlich stark beeinflussten *Zeitschrift für die Kunde des Morgenlandes* findet sich eine ausführliche Apologie seines methodischen Zugangs. Darin schreibt er, dass ein umfassendes Verständnis der hebräischen Sprache nur durch die umfängliche Erfassung der „Reste ihrer Literatur" möglich werde. Dementsprechend fordert er, sich nicht mit der Aufstellung von grammatischen Gesetzen, die sich um sprachliche Einzelheiten drehen, zu begnügen, sondern, dass „der tüchtigste Grammatiker auch der tüchtigste Exeget sein" (Ewald, „Art", 320) solle.

529 „In Tübingen schrieb er jedoch den wesentlichen Teil seiner bibelwissenschaftlichen Werke. [...] Er begann mit der Grammatik und schloß mit der Geschichte Israels; dazwischen lag als Kern der Bibelwissenschaft die Auslegung der zentralen alttestamentlichen Schriften." Perlitt, „Ewald", 170.

4.2.1 Das *innere Wesen* einer Sprache und ihre Geschichte

Die Größe *Geschichte* nimmt innerhalb von Ewalds sprachgeschichtlichem Entwurf doppelte und in gewisser Weise gegensätzliche Bedeutungen an, die einige Verwirrung stiften kann. Für die Zwecke der nachfolgenden Besprechung wird darum zwischen der *äußeren* und *inneren Geschichte* des Hebräischen[530] unterschieden – wobei hier ausdrücklich angemerkt sei, dass weder jene Taxonomie in dieser Form von Ewald selbst stammt noch eine solch strikte Grenzziehung in seinen Schriften erfolgt.[531] Als *äußere Geschichte* versteht Ewald die Geschichte der Erscheinungsformen des Hebräischen, die neben der Beeinflussung durch Register[532] und Dialekt auch von der Ereignisgeschichte geformt werde. Sein eigentliches Interesse gilt jedoch dem *inneren Wesen* des Hebräischen, das er mittels einer diachronen Analyse der *Bildung* dieser Sprache und des Vergleichs mit anderen Sprachen zu erfassen sucht. Ziel dieses Unterfangens ist – wie Ewald 1837 in einem methodologischen Beitrag zur Hebraistik in der *Zeitschrift für die Kunde des Morgenlandes* ausgeführt hatte – „besondere Keime und Fähigkeiten, eigenthümliche Kräfte und Neigungen, so wie feste Grenzen und Gesetze welche sie *[die hebräische Sprache, B.P.]* sich danach selbst gesetzt hat",[533] festzustellen und zu beschreiben; um sie dann in einem zweiten Schritt in eine geschichtliche Folge zu setzen. Letzteres ist demnach die *innere Geschichte* des Wesens der hebräischen Sprache, die durchaus gegenläufige Bewegungen zur *äußeren*

---

530 In der Einführung zum *Lehrbuch* findet keine Abgrenzung zwischen dem Biblisch-Hebräischen und den damals bekannten jüngeren Sprachformen des Hebräischen statt. Jedoch ist offensichtlich, dass sich Ewald nur dem Hebräischen der Bibel widmet. Die Abgrenzung nach vorne findet sich aber schon ab der 6. Auflage des *Lehrbuchs*; EWALD bezeichnet darin das Mischna-Hebräische als eigenständige Fortführung der Sprache des Alten Testaments, die aber an anderer Stelle zu verhandeln sei. Vgl. Ewald, *Lehrbuch*[6], § 3.e.

531 In der Schriftlehre benutzt Ewald *äußere* und *innere Geschichte* als analytisches Gegensatzpaar, wobei er das *Wesen* der hebräischen Schrift als Resultat einer *inneren Geschichte* darstellt. Analog verwendet er in der 6. Auflage des *Lehrbuchs äußere Geschichte* als Komplementärbegriff zum *inneren Wesen* der hebräischen Sprache. Vergleichbar grenzte er sich bereits 1830 in einer Replik an Friedrich Wilhelm Carl Umbreit von Gesenius ab, indem er dem Hallenser Gelehrten vorwarf, sich mit den *äußeren* Schein zufrieden zu geben und „das Princip, die inneren und wahren Gründe zu erforschen" (Ewald, „Ueber hebräische Grammatik", 361) außen vor zu lassen. Daher ist meines Erachtens die Rede von *äußerer* und *innerer Geschichte* im Denken Ewalds durchaus angebracht.

532 Unter Register werden sowohl die durch sprachliche Konventionen bestimmter sozialer Gruppen und Situationen vergebenen Ausdrucksmöglichkeiten als auch schriftliche Strategien verstanden, mit denen Thema, Intention und Funktion von Texten verdeutlicht werden. Vgl. Glück/Rödel, *Lexikon*, 559f.

533 Ewald, „Art", 320.

Geschichten annehmen kann.[534] Da Ewalds sprachgeschichtliches Modell, wie unschwer erkennbar entscheidend, von den Analysekategorien *äußere* und *innere Geschichte* und ihrer Dichotomie zueinander bestimmt ist, erfolgt anschließend eine weitere Annäherung an die dahinterliegende Konzeptionen. Die konkreten Implikationen der EWALD'schen Analyse der Sprachgeschichte werden dann im Kapitel 4.2.2 anhand seiner Deutung des hebräischen Verbalsystems erläutert.

Der archimedische Punkt des im *Lehrbuch* dargestellten sprachgeschichtlichen Entwurfs bildet seine Bevorzugung des Hebräischen vor den anderen Sprachen der semitischen Sprachfamilie. Gemeinsam von der arabischen Halbinsel abstammend, habe nach Ewald die verschiedenen semitischen Sprachen und Dialekte unterschiedliche Schicksale ereilt, die sich auch auf die Gestalt der einzelnen Sprachen entsprechend ausgewirkt hätten. So sei das Aramäische im Norden durch seine bewegte Geschichte und durch Kontakte mit anderen Sprachen „verderbter" geworden, wohingegen das Arabische und Äthiopische „reiner" seien, da sie nie unterjocht worden seien. Dennoch hätten sie laut Ewald nie die „reichere Fülle und größere Bildung" des Hebräischen erreicht.[535] Daher folgert er, dass eine „Gesamtgrammatik der semitischen Sprachen"[536] immer von der Sprache des Alten Testaments ausgehen müsse. Denn in diesem Idiom hätte sich die *Bildung* in Gänze entfalten können, auch wenn darin archaische Formen erhalten bleiben. Auch sei dem Hebräischen der Vorzug zu geben, weil sich darin im Gegensatz zum Aramäischen eine viel reichere Literatur ausbilden konnte, die auch älter als die arabische Literatur sei.[537] Gleichzeitig betont Ewald, dass dies nicht bedeute, dass eine Beschränkung auf die Hebraistik sinnvoll sei. Vielmehr solle

---

534 Diese Gegenläufigkeit kann nach Ewald durchaus zum Abbild einer lebendigen Sprache gehören, „da jede der jetzt erkennbaren Sprachen ebenso wol in eine frühere Bildung zurückweist und manches nur aus älteren Trieben fortlebende enthält als auch wieder rückwärts zu neuen Richtungen sich neigt und im Verborgenen schon entweder zu schönern Gestaltungen sich verjüngt oder unter ungünstigen Verhältnissen zerfällt und vermodert." Ewald, „Art", 320.
535 Vgl. Ewald, *Lehrbuch*[5], § 1b. In der 5. Auflage des *Lehrbuchs* findet nur die klassische Trias Aramäisch-Hebräisch-Arabisch eine ausführlichere Besprechung; Ewald nennt das Äthiopische und versucht es in sein Modell einzubauen, was ihm jedoch offensichtlich schwerfällt. Dies gelingt ihm besser in den nachfolgenden Auflagen, in denen er auch kontinuierlich weitere Sprachen und Dialekte wie das Phönizisch-Punische oder das Mandäische in seiner Analyse der semitischen Sprachfamilie aufnimmt.
536 Ewald, *Lehrbuch*[5], § 1b. Zu den Auseinandersetzungen mit Olshausen, der das Arabische als archimedischen Punkt der semitistischen Arbeit wählte, siehe Anm. 629.
537 „Vor dem erst seit den lezten Jahrhunderten v. Chr. näher bekannten Aramäischen zeichnet sich das Hebräische als urkräftige Sprache vieler Propheten und grosser Dichter durch eine reichere Fülle und grössere Bildung; vor dem in mancher Richtung weit ausgebildetern Arabischen welche erst seit etwa 400 n. Ch. in die Geschichte tritt." Ewald, *Lehrbuch*[5], § 1b.

die Annäherung an das Hebräische nach dem Studium der anderen semitischen Sprachen geschehen.[538]

Trotz dieser herausragenden Stellung des Hebräischen dürfe keinesfalls das Alte Testament und seine Sprache als literarischer und sprachlicher Monolith einer Kultur verstanden werden. Vielmehr begreift Ewald die darin überlieferten Schriften als Reste der hebräischen Literatur, die es auch darum nicht vermögen, ein kohärentes Bild des Hebräischen wiederzugeben. Daher gelte es, das sich innerhalb des alttestamentlichen Korpus wiederfindende Idiom mithilfe der Kategorien *Schreibart, Ort* und *Zeitalter* zu differenzieren.[539] Unter *Schreibart* versteht Ewald den jeweils spezifischen Duktus der literarischen Gattungen Prosa, Poesie und Prophetie. Die Prosa habe dem Vernakular – oder wie Ewald es nennt: der *gewöhnlichen Volkssprache* – während der Blütezeit des Hebräischen am nächsten gestanden.[540] Komplementär dazu sieht er die hebräische Dichtung, die durch Archaismen, Rezeption volkssprachlicher Idiotismen und Entlehnungen aus dem Aramäischen, aber auch mittels eigenständiger Neubildungen eine reiche Palette von Ausdrucksmöglichkeiten realisiert habe.[541] Als drittes großes Register der alttestamentlichen Sprache gilt für Ewald die Prophetie, derer Duktus jedoch durch die Punktation der Masoreten eingeebnet und der Poesie angeglichen

---

538 „Es gibt zwei Wege Hebräisch zu treiben. Der eine ist die vorhandenen hebräischen Sprachlehren und Wörterbücher nachschlagen, zum Ueberfluss ein bisschen arabisch und syrisch buchstabiren, einige andere in ein paar Seitenwegen liegende Hülfsmittel in die Hände nehmen, ein halbes oder gar ein ganzes Duzend Commentare vergleichen – und dann glauben man verstehe Hebräisch und könne als gelehrter Mann den wahren Sinn des Alten Testamentes auslegen. [...] Der andere ist das Hebräische erst ganz zur Seite lassen und unter einer wahren Mühe und Aufopferung hundert Fähigkeiten in Gebieten sich aneignen welche dem Alten Testamente ganz fern liegen [...] – und dann etwa auch zum Althebräischen einmal einlenken um es Stück für Stück für uns aus dem Tode wieder ins Leben zu rufen und so zu vernehmen was es uns wirklich sage und lehre. Nur auf diesem Wege ist es möglich nicht sich selbst und andere zu täuschen, vielmehr zu dem Anfange wahrer Wissenschaft d.i. Sicherheit zu gelangen und einen Nuzen zu stiften den keine Zeit auslöscht." Ewald, *Lehrbuch*[5], § 1b. XI.
539 Ewald, *Lehrbuch*[5], § 2a.
540 Lediglich ein Unterschied in der Aussprache der hebräischen Schreibprosa und der gewöhnlichen Volkssprache kann nach Ewald noch festgestellt werden. Auf dem als dem gemeinen Volk besonders nahestehenden Propheten stützend geht Ewald davon aus, dass die Volkssprache dem Aramäischen nahestand. Ewald, *Lehrbuch*[5], § 2a. insbesondere Anm. 1.
541 Vgl. Ewald, *Lehrbuch*[5], § 2a. Ewald schließt sich der Rezeption der hebräischen Poesie in der Aufklärung an und findet in den poetischen Texten die höchste Ausbildung der semitischen Sprachen: „Um die volle Kraft und Schönheit, den wahren Umfang und die unerschöpflichen Fähigkeiten der semitischen Sprachen kennen zu lernen, muss man von den Dichtern der Hebräer und Araber ausgehen, da die Prosa bei diesen Völkern allmälig immer eigenartiger und ärmer wurde." Ewald, *Dichter*[1], 1:57.

worden sei.[542] Zusätzlich zu diesen registerspezifischen Unterschieden reflektiert Ewald auch über den Einfluss *örtlicher* Dialekte. Da jedoch der Großteil der kanonisch gewordenen Schriften aus Jerusalem und Juda stamme, nimmt er an, dass die alttestamentlichen Schriften die Dialektvarianten des Hebräischen nur beschränkt bezeugten.[543] Vor einer vergleichbaren, durch die Quellenlage eingeschränkten Ausgangslage steht nach Ewalds Einschätzungen auch das Vorhaben, die *Zeitalter* des Hebräischen zu rekonstruieren: Erstens müsse die Datierung betreffender Texte bedingt durch die komplexe literargeschichtliche Situation der biblischen Schriften erst mithilfe exegetischer Untersuchungen erfolgen; zweitens könnten in den Texten, deren Niederschrift zwischen dem mosaischen Zeitalter und dem Jahr 600 v. Chr. anzunehmen sei, kaum Indizien für einen Sprachwandel gefunden werden[544] und drittens habe die masoretische Vokalisation, die „alle Wörter nach einem einzigen spätern Sprachgeseze behandelt"[545] habe, die für die Rekonstruktion des Sprachwandels unentbehrlichen Unebenheiten unkenntlich gemacht. Nichtsdestoweniger stellt sich Ewald im *Lehrbuch* der Herausforderung einer Periodisierung der *äußeren Geschichte.*

Ewald lehnt sich bei der Periodisierung der hebräischen Sprachgeschichte konsequent an seine *Geschichte des Volkes Israel bis Christus* an.[546] In der 1. Auflage seiner *Geschichte* skizziert er die Geschichte Israels in drei *Wendungen* (1. Gottesherrschaft, 2. Königs- und Gottesherrschaft und 3. Heiligherrschaft), die sich auch chronologisch mit den drei *Zeitaltern* seines sprachgeschichtlichen

---

542 Vgl. Ewald, *Lehrbuch*[5], § 3a. Siehe auch EWALDs ausführliche Besprechung der prophetischen Schreibart in Ewald, *Propheten*, 1:42–53.

543 Wenn überhaupt, könnten laut Ewald dialektale Unterschiede nur bei älteren und poetischen Texten festgestellt werden. So seien in Ri 5 und Jes 15f. sowie Hos und Hdl Idiotismen zu beobachten, die nordpalästinisch seien und von einer Nähe zum Aramäischen zeugen würden. Gewisse kleinere Unterschiede könnten auch zwischen Schriftstellern aus Jerusalem (Jes, Jer) und denen aus den Landstädten Judas (Am, Mi) festgestellt werden. Vgl. Ewald, *Lehrbuch*[5], § 2b.

544 Das Ausbleiben von Sprachveränderungen zwischen Mose und dem 6. Jhd. v. Chr. erklärt Ewald einerseits mit dem im Vergleich zu anderen Sprachfamilien einfacheren Bau der semitischen Sprachen, welche das Hebräische vor Veränderungen bewahrt habe, und andererseits mit der relativen Unabhängigkeit, die Israel in dieser Zeit genossen habe. Vgl. Ewald, *Lehrbuch*[5], § 3a.

545 Ewald, *Lehrbuch*[5], § 3a.

546 Von 1843 bis 1847 erschien die 1. Auflage der auf drei Bänden angelegten (der 3. Band erschien in zwei Teilen, wobei der letzte Teilband auch als 4. Band gezählt wird) *Geschichte des Volkes Israel bis Christus*; die 1855 um einen der Geschichte Christi gewidmetem Band erweitert wurde. Ein Anhang zum 2. Band wurde 1848 als *Die Alterthümer des Volkes Israel* separat veröffentlicht. Die 2. (1851–1859) und 3. Auflage (1864–1868) wuchs auf sieben Bände an. Eine Besprechung der dort angewendeten Methodik mitsamt kritischer Würdigung aus forschungsgeschichtlicher Perspektive findet sich bei Ska, „History", 329–337.

Entwurfs decken. So sei das Hebräische bereits während des ersten *Zeitalters*, das sich von Mose bis zum Aufkommen der Monarchie erstrecke und das sich als theokratische Zeit[547] stilisieren lasse, in der Form einer völlig ausgebildeten Literatursprache erschienen – sieht man von kleineren Versatzstücken wie Ex 15 oder Ri 5 ab. Eine analoge Rückbindung von Ereignis-, Literatur- und Sozialgeschichte findet sich auch in Ewalds Charakterisierung des zweiten, monarchischen und dritten, nachexilischen *Zeitalters* der hebräischen Sprache. So sei in der monarchischen Zeit ein Eindringen volkssprachlicher Elemente in die Schriftsprache festzustellen, die mit der zeitgleichen Ausdifferenzierung der Bildungssprache in poetischen und prophetischen Texten konkurriert hätten. Dies macht Ewald besonders an den sprachlichen Verschiedenheiten zwischen dem sogenannten *großen Buch der Ursprünge* und dem *großen Buch der Könige*[548] sowie den Eigenheiten der Psalmendichtung und im Hiobbuch aus.[549] Augenfällig ist jedoch, dass eine konzise Aufführung dieser sprachlichen Unterschiede im *Lehrbuch* ausbleibt und nur in der *Geschichte des Volkes Israel* zu finden ist.[550] Dass die Rekonstruktion der *äußeren Geschichte* für Ewald soziologischer Begründungszusammenhänge bedarf, wird ebenfalls in seiner Typisierung des dritten Zeitalters offensichtlich: Der Verlust politischer und kultureller Autonomie und der Siegeszug des Aramäischen habe das Hebräische zunehmend verdrängt, sodass es nur noch in Form einer Gelehrtensprache der biblischen Literatur überlebt habe.[551]

---

547 Ewald, *Geschichte¹*, 1:442.

548 Ewald unterteilt die alttestamentliche Geschichtsschreibung in drei Korpora: (1) das *große Buch der Ursprünge*, welches später Julius Wellhausen Hexateuch nennen wird, (2) das *große Buch der Könige*, bestehend aus den vorderen Propheten ohne Josua und (3) das *große Buch Allgemeiner Geschichte bis an die griechischen Zeiten*, das die Chroniken und Esra-Nehemia umfasst. Diese Dreiteilung der alttestamentlichen Historiographie entspricht Ewalds bevorzugten Klassifikationsparadigma vormonarchisch//monarchisch//nachexilisch. Vgl. Ewald, *Geschichte¹*, 1:72f.

549 Vgl. Ewald, *Geschichte¹*, 1:164f.; Ewald, *Dichter¹*, 1:20f.

550 Beachte dazu u. a. die sprachgeschichtlichen Anmerkungen in Ewald, *Geschichte¹*, 1:78f. und 161f.

551 „Wie aber in einer solchen Zeit aufgelöster Volkskraft keine herrschende Sprachweise mehr sich fest erhalten kann: so sehen wir jetzt das Aramäische bei den verschiedenen Dichtern und Schriftstellern auf sehr verschiedene Weise eindringen; am stärksten hat es sich mit dem Hebräischen gemischt im B. Qohélet und in einigen Psalmen, während andere Stücke seinem Eindrange kräftiger widerstehen. Und wenn das Hebräische in den lezten Jahrhunderten v. Chr. mehr und mehr eine gelehrte Sprache wurde, so erklärt sich wie einige Schriftsteller, besonders der Chronist, nicht nur etwas unlebendig und weitläufig sondern auch in gewissen Dingen etwas ungenau schrieben konnten." Ewald, *Lehrbuch⁵*, § 3d.

Ewald ist sich bewusst, dass eine rein empirische Rekonstruktion der Geschichte des Hebräischen nicht gänzlich klären kann, warum die Sprache des Alten Testaments in der vormonarchischen Epoche „völlig ausgebildet [...] in das Licht der Geschichte"[552] tritt. Denn trotz des steten Versuchs der Rückbindung der *äußeren Geschichte* an ereignis-, literatur- und sozialgeschichtliche Beobachtungen bleibt die Aussagekraft diachroner sprachwissenschaftlicher Arbeit beschränkt – mindestens solange sie sich nur auf die biblische Datenlage stützen kann. Darum ist die im *Lehrbuch* skizzierte *synthetisch-spekulative*[553] Annäherung an das *innere Wesen* der hebräischen Sprache auch als Flucht aus dem oben geschilderten Dilemma zu werten. Gleichzeitig sollte die mit romantischem Duktus behaftete Rede über das *innere Wesen* des Hebräischen nicht darüber hinwegtäuschen, dass sich Ewald im *Lehrbuch* zu keinem Zeitpunkt von der eigentlichen sprachwissenschaftlichen Arbeit verabschiedet.[554] Zwar setzt er sich von der reinen Empirie der Hebraistik ab – die mit Verve betriebene Auseinandersetzung mit Gesenius lässt sich auch auf diese methodischen Zwistigkeiten zurückführen[555] – und versucht deren begrenzter Aussagefähigkeit durch Mittel der

---

552 Ewald, *Lehrbuch⁵*, § 3b.

553 Hier wird Eduard Königs Vorschlag zur Bezeichnung der ewald'schen Methoden der grammatischen Bearbeitung des Hebräischen gefolgt. Vgl. König, *Lehrgebäude*, 1:§ 2. Das Attribut *synthetisch* bezieht sich so auf Ewalds Forderung nach einer konzisen Deutung der empirisch zugänglich gemachten Daten, die sich nicht nur auf die sprachwissenschaftlichen Einzelheiten bezieht, sondern eine Integration der unterschiedlichen Perspektiven fordert. Siehe Anm. 525. Die Qualifikation *spekulativ* scheint sich bereits mit Steinschneider zur Beschreibung von Ewalds Methodik etabliert zu haben. Siehe Steinschneider, „Renzension", 282. Mit *spekulativ* wird auf Ewalds stetige Bemühen um Aussagen verwiesen, die nicht wie bei Gesenius auf reine Empirie fußen. Dieses Vorgehen wird eindrücklich sichtbar in seinen Thesen über das *innere Wesen* des Hebräischen. Auch Johann Fück verwendet in seiner Forschungsgeschichte der Arabistik die Attribution *synthetisch-spekulativ* um Ewalds Methode zu qualifizieren. Vgl. dazu Fück, *Studien*, 167.

554 Für eine Verortung von Ewalds sprachwissenschaftlichem Œuvre in den zeitgenössischen sprachphilosophischen Diskursen siehe Stahmann, „Orientalistik".

555 Die Zwistigkeiten zwischen Gesenius und Ewald fußen zwar auf methodischen Differenzen, aber hatten zu mindestens von Seiten Ewalds auch eine zwischenmenschliche Note. Stein des Anstoßes war wohl die Veröffentlichung von Ewalds *kritischer Grammatik der Hebräischen Sprache* im Jahre 1827, die mit vielem brach, was Gesenius vertrat. Obwohl letzterer wiederholt versuchte, deswegen in Kontakt zu treten, verschloss sich Ewald dem. Sowohl Smend als auch Miller führen dies darauf zurück, dass Gesenius wie Ewald im Gespräch für die Eichhorn-Nachfolge in Göttingen gewesen seien und sie sich daher unweigerlich in einem Konkurrenzverhältnis befunden hätten. Vgl. Miller, *Influence*, 20f. und Smend, *Kritiker*, 265. Vielleicht darum suchte Ewald die Auseinandersetzung mit Gesenius über den publizistischen Weg und verwahrte sich wiederholt gegen eine „empirische Behandlung" des Hebräischen, die nur „bloß die äußeren

synthetisch-spekulativen Erschließung zu entfliehen, was aber nicht ohne ein Bemühen um methodische Stringenz geschah.[556]

4.2.2 Grammatik als Wissenschaft des *inneren Wesens* einer Sprache

Die Beschreibung des *inneren Wesens* ist für Ewald die zentrale Aufgabe einer Grammatik des Hebräischen.[557] Dabei versteht er unter dem *inneren Wesen* einer Sprache die Gesamtheit der in ihr angelegten[558] phonologischen, morphologischen und syntaktischen Ausdruckmöglichkeiten. Die Charakterisierung dieses *inneren Wesens* habe sich dessen Beschreibung anzuschließen und erfolge mittels Vergleichs mit anderen Sprachen. Dabei fordert Ewald, der das Hebräische als ursprünglichste und zugleich ausgebildetste aller semitischen Sprachen

---

Erscheinungen" dieser Sprache beschrieb und nicht fähig wäre, die „inneren und wahren Gründe" zu erforschen (Ewald, „Ueber hebräische Grammatik", 361; vgl. dazu auch Ewalds einige Jahre später erschienen und etwas programmatisch ausgefallenen Aufsatz „Ueber die neue Art hebräischer Grammatik"). Dieser scharfen und auch namentlich gegen Gesenius gerichteten Kritik begegnete jener schließlich im Vorwort der 13. Auflage seiner Schulgrammatik im Duktus einer Lehrverurteilung, indem er eben dieser neuen Art der hebräischen Grammatik ein „unmethodisches Chaos von Gesetzen und Bestimmungen" (Gesenius, *Grammatik*[13], VIII) attestierte. Die sich daran entzündende, öffentlich ausgetragene Fehde zog sich bis an Gesenius' Sterbebett – Gegenstand des Zwists war zuletzt die angemessene Bearbeitung des Phönizischen – und wurde schließlich nach seinem Ableben von seinen Schülern weitergeführt. Siehe dazu ausführlich Lehmann, „Gesenius", 247.

556 Nicht selten unterließ es Ewald, seine Methodik im Rahmen seiner Hauptwerke konzise zu erläutern. Dies erfolgte dann meist im Nachhinein und in Form von bissig formulierten Responsen auf kritische Rezensionen zu seinen Studien. Siehe dazu exemplarisch Ewald, „Ueber hebräische Grammatik" und ders., „Art".

557 „Hieraus erhellt, wie die Aufgabe der hebräischen Grammatik sei, diese Mittelstufe des Hebräischen theils im Kreise der semitischen Sprachen selbst theils weiter zwischen den weniger ausgebildeten (koptischen, malaiischen, sinesischen) und am reifsten ausgebildeten Sprachen (den sanskritischen z. B) überall zu zeigen. [...] Wo aber das Hebräische den Gedanken nicht so scharf und begrenzt in der *Form* ausdrückt, da ist überall zu beachten, wie wenigstens der Zusammenhang der ganzen Rede dennoch keine Zweideutigkeit für den lässt, der ihren Sinn weiter bei dich verfolgt und alles auch nur in grossen Zügen Angedeutete lebendig zusammenfasst und verständig anwendet. In ihrer Art ist also diese Sprache wieder vollkommen deutlich; nur darf sie nicht nach dem Aeussern fremder Sprachen beurtheilt und missverstanden werden." Ewald, *Lehrbuch*[5], § 7.

558 Ewald differenziert zwischen angelegten und realisierten Ausdrucksmöglichkeiten einer Sprache – eine diachrone Beschreibung des letzteren erfolgt unter dem weiter oben dargestellten Stichwort *äußere Geschichte*.

identifiziert,[559] dass sich dieser Vergleich nicht nur auf die eigene Sprachfamilie beschränke, sondern um einer besseren Beschreibung des *inneren Wesens* willen auch andere nicht-semitische Sprachen bedenke. Im *Lehrbuch* erfolgt diese Kontrastierung der hebräischen *Bildungen* hauptsächlich durch das Heranziehen des Sanskrits, das stellvertretend für die *mittelländischen Sprachen*[560] steht. Tertium Comparationis des im *Lehrbuch* dargestellten Vergleichs zwischen Hebräisch und Sanskrit sind dabei nicht wie in anderen zeitgenössischen Studien das verbindende Vokabular oder die Archäologie eines gemeinsamen etymologischen Erbes,[561] sondern die *Bildungen*, d.h. die phonologischen, morphologischen und syntaktischen Strukturprinzipien beider Sprachen.

Die *Bildungen* des Hebräischen entstammen laut Ewald nicht einer Zeitstufe, sondern bezeugen unterschiedliche Stufen der *inneren Geschichte*, sodass durch eine diachrone Analyse dieser Strukturprinzipien ein Einblick in die nicht mehr empirisch feststellbare Sprachgeschichte ermöglicht werde. Insbesondere am zweiten Teil des *Lehrbuchs*, der den Titel *Bildungs-Lehre* trägt, wird dieses methodische Programm Ewalds offensichtlich. Dort teilt er das Hebräische in drei nach Komplexität ihrer *Bildung* geordnete Wortklassen ein, die er *Wurzeln* oder *Urwörter* nennt:

Die aus „Vocalen, Hauchen und weicheren Lauten"[562] bestehenden *Gefühls-* und *Interjectional-Wurzeln* besitzen nach Ewald keine Bildung im engeren Sinne. Dazu gehören Partikel wie הָהּ/אָח/אֲהָהּ im Sinne eines Ausdrucks des Erstaunens, אִי/אוֹי/הוֹי־הוֹ als Wehklage oder der Schmerzenslaut אַלְלַי. Um die Universalität dieses Wurzeltypus zu illustrieren, zieht Ewald Beispiele aus dem Arabischen

---

559 „So gewiss steht neben dem Saze, dass das Hebräische nicht nur die älteste uns bekannte sondern auch *[sic]* im allgemeinen die alterthümlichste semitische Sprache sei, die andre Wahrheit dass es dennoch sogleich als die Sprache eines geistig schon viel veränderten Volkes in die Geschichte tritt." Ewald, *Lehrbuch*[5], § 6c.

560 Damit ist die indoeuropäische Sprachfamilie gemeint. Laut Ewald sind die anderen verbreiteten Bezeichnungen für diese Sprachgruppe wie *Japhetisch* oder *Arisch* zu ungenau, weil ersteres nach der Völkertafel auch das Türkische umgreifen müsste und letzteres sich nur für die Bezeichnung der asiatischen Sprachen eigne. Den Namen *mittelländische Sprachen* leitet Ewald von Ausbreitung dieser Sprachfamilie um den Mittelkreis der alten Welt ab. Siehe Ewald, *Lehrbuch*[5], § 1 Anm. 1 und ders., *Lehrbuch*[8], § 1 Anm. 1. Zum damit zusammenhängenden und von Ewald propagierten Projekt einer *höheren Sprachwissenschaft* sowie der forschungsgeschichtlichen Einbettung dieses Vorhabens siehe Stahmann, „Orientalistik", 32–34.

561 Siehe dazu exemplarisch Gesenius, *Lehrgebäude*, § 55. Ein Abriss der Geschichte des semitisch-indogermanischen Sprachvergleichs zum Zweck der Erforschung der Wortbildung und Etymologie findet sich bei Delitzsch, *Studien*, 3–21.

562 Vgl. Ewald, *Lehrbuch*[5], § 101a.

und Äthiopischen, aber auch aus dem Deutschen, Lateinischen und Griechischen heran.

Größere Komplexität wiesen laut Ewald sowohl in Bezug auf ihre Bildung als auch ihre Aussageabsicht die sogenannten *Orts-* und *Deute-Wurzeln* auf. Diese *Urwörter* würden nicht die Dinge an sich bezeichnen, sondern gäben die Verhältnisbestimmung des Sprechers zu dem bezeichneten Ding bezüglich „Zeit und Bedingung, Bewegung und Folge, Frage und Antwort, Vergleichung und Gegenseitigkeit, auch wohl Bejahung und Versicherung"[563] wieder. Dazu zählt Ewald anzeigende Deutewörter wie זֶה/שָׂם/הַ/-הִנֵּה/-נָא·· ,[564] fragende Deutewörter wie מִי/מָה/הֲ-/אֵי ,[565] bezügliche Deutewörter wie אֲשֶׁר/כִּי, *Personal-Fürwörter*[566] und ein im Hebräischen hypothetisch erschlossenes, aber in den anderen semitischen Sprachen selten belegtes reflexives Deutewort *אוֹת.[567]

Als höchste Form der *Bildung* der *Urwörter* führt das *Lehrbuch* die *Begriffs-Wurzeln* an. Nur diese seien fähig, das Resultat der kognitiven Erschließung der Dinge durch den Menschen wiederzugeben.[568] Diese Funktion sieht Ewald in den semitischen Sprachen durch Wörter erfüllt, die mithilfe dreier Laute gebildet werden. Dabei zählt er sowohl lange Vokale als auch *radices triliterae*. Wurzeln aus vier oder fünf Lauten hingegen seien als sekundäre Bildungen zu betrachten.[569]

Dieses Verständnis von Morphologie als *Bildungs-Lehre*, die durch deduktive Analyse versucht, die Strukturprinzipien der semitischen Sprachen zu erfassen und gleichzeitig bemüht ist, diese mittels Einordnung in sprachkognitive Entwicklungstheorien zu universalisieren, prägt das *Lehrbuch* entscheidend. Hier werden, wie Christian Stahmann ausführlich darstellt, wiederholt Bezüge zu

---

563 Vgl. Ewald, *Lehrbuch*[5], § 102a.

564 Zur phonologischen Herleitung von זֶה nach Ewald und der Verwandtschaft zu -הַ · siehe Ewald, *Lehrbuch*[5], § 103a.

565 Vgl. Ewald, *Lehrbuch*[5], § 104.

566 Siehe zur phonologisch-etymologischen Herleitung der Pronomina Ewald, *Lehrbuch*[5], § 105[bis a]. Für eine Darstellung der Auseinandersetzungen zwischen Ewald und Hupfeld siehe Kaiser, *Reaktion*, 70–82.

567 Siehe dazu Ewald, *Lehrbuch*[5], § 104[bis b] insbesondere Anm. 1.

568 „[...] *Begriffs-Wurzeln*, welche nach dem Bewusstseyn des Wesens der Dinge klare und vollkommene Ausdrücke des Gedankens geben. Durch sie erst spricht der menschliche Geist Handlung Eigenschaft und Daseyn der Dinge aus, wie er sie betrachtet und erkennt; durch sie entsteht also erst der wahre und zugleich breite Grund menschlicher Sprache, [...]." Ewald, *Lehrbuch*[5], § 106a.

569 Vgl. Ewald, *Lehrbuch*[5], § 106c. Gesenius wusste nicht wirklich, wie er diese „überlangen" Wurzeln in sein System einbauen soll, so dass er deren Behandlung in den Anhang verschob. Vgl. Gesenius, *Lehrgebäude*, 861–870. Bezüglich der Forschungsgeschichte hinsichtlich dieser Problematik in den semitischen Sprachen siehe Anm. 674.

sprachtheoretischen Konzepten von Johann Gottfried Herder, Franz Bopp oder Wilhelm von Humboldt offensichtlich.[570] Mit letzterem stand Ewald nachweislich auch im direkten Austausch. So erwähnt Humboldt in einem Antwortschreiben an Ewald vom 18.01.1828, dass er die 1827 erschienene *Kritische Grammatik der hebräischen Sprache* gelesen habe und Ewalds Entwurf dem *Lehrgebäude* von Gesenius vorziehen würde.[571]

Die im *Lehrbuch* skizzierte Analyse des hebräischen Verbalsystems illustriert paradigmatisch das methodische Ineinandergreifen der Konzepte *innere* und *äußere Geschichte*.[572] Betracht man die Sprache des Alten Testaments synchron, lassen sich nach Ewald sechs unterschiedliche Verbalflexionen (*Zeitgebilde*) isolieren,[573] die jeweils nach ihrer syntaktischen Funktion paarweise gruppiert werden können: (1) das isolierte *qatal* und das isolierte *yiqtol*, (2) die mit einem Augment präfigierten Formen (*wayyiqtol* und *weqatal*) und (3) die mit der Konjunktion -ו präfigierten Formen *we+qetal* und *we+yiqtol*. Er nennt das erste Paar *schlichte* und das zweite *gefärbte Zeitgebilde*.[574] Im Weiteren bezeichnet Ewald

---

570 Vgl. Stahmann, „Orientalistik", 21–24.

571 „Ich habe zugleich Gesenius Lehrgebäude verglichen, und habe das Arabische über dieselben Abschnitte hinzugenommen. // Ew, haben die Sprache, wie es mir scheint, ganz in ihrer wahren Eigenthümlichkeit aufgefaßt, und sie in dem Geiste der neueren Sprachforschung, welche der Sprachbildung in ihrem lebendigen Fortschreiten nachzugehen strebt, bearbeitet. [...] Ebensosehr hat mich die Bearbeitung des Pronomen befriedigt. Ich gestehe freimüthig, daß ich in allen Punkten, in welchen Sie darin von Gesenius abweichen, ganz Ihrer Meinung beitrete." Humboldt, „W. v. Humboldt an Ewald", 18. Januar 1828.

572 Das nachfolgende Referat der ewald'schen Interpretation des hebräischen Verbalsystems konzentriert sich auf die als *ruhig* charakterisierten Formen. Ewald unterscheidet zwischen *ruhigen* und *bewegten* Formen, wobei sich die dichotome Klassifikation *ruhig/bewegt* auf die Teilnahme des Sprechers zum Gegenstand qualifiziert. So gibt das finite Verb im Hebräischen entweder eine Handlung wieder, die „in voller Ruhe [...], ohne dass der Redende eine eigene Theilnahme an dem Gegenstande" (Ewald, *Lehrbuch⁵*, § 223) einnimmt, stattfindet, oder es offenbart ebendiese Parteiname. So kann eine solche *bewegte* Form über das subjektive Empfinden und Wollen des Sprechers bezüglich der bezeichneten Handlung informieren. Neben dem so verstandenen subjektiven Modus steht für Ewald als Gegensatz der Indikativ, der das *ruhige* Verhältnis des Sprechers zur Handlung wiedergibt. Als dritten Modus führt das *Lehrbuch* die beiden Infinitive an, die weder ein *ruhiges* noch *bewegtes* Verhältnis des Sprechers offenbaren. Vgl. Ewald, *Lehrbuch⁵*, §§ 236–240.

Im subjektiven Modus kann nach Ewald einerseits ein morphologisch unverändertes *qatal* als Prekativ und andererseits die verschiedenen Formen des Voluntativ, das sich in Imperativ-, Jussiv- und Kohortativformen expliziert, stehen. Siehe Ewald, *Lehrbuch⁵*, §§ 234–229.

573 Die Systematisierung in sechs *Zeitgebilden* und erfolgt noch nicht in der 5. Auflage des Lehrbuchs. Dazu mehr in Anm. 575.

574 So die Taxonomie der 8. Auflage. Siehe Ewald, *Lehrbuch⁸*, § 234e.

we+qetal/we+yiqtol mit Verweis auf vereinfachte Morphologie und diachrone Streuung dieser Formen als *neuschlichte* oder *aufgelöste Zeitgebilde*. Letzteres, weil *we+qetal/we+yiqtol* erst in jüngeren Texten erschienen, um die syntaktische Funktion des langsam außer Gebrauch fallenden *wayyiqtol/weqatal*-Paares zu erfüllen.[575] Nähme man das Verbalsystem mit Rücksicht auf die Frage nach der *inneren Geschichte* in den Blick, werde klar ersichtlich, dass die *schlichten* Formen am ehesten dem *inneren Wesen* des Hebräischen entsprächen. Darauf deute einerseits die morphologische Abhängigkeit der anderen *Zeitgebilde* von den *schlichten* Formen und anderseits die Beobachtung, dass die Sprache des Alten Testaments die Differenzierung in drei Zeiten nicht kenne. Der Gegensatz zwischen *qatal* und *yiqtol* gebe vielmehr die im Wesen des Hebräischen angelegte Differenzierung wieder, die in erster Linie auf die Unterscheidung des Zustands einer Handlung ziele: Entweder ist eine Handlung aus der Sprecherperspektive bereits vollendet oder sie ist noch im Geschehen begriffen. Diese aspektisch gepolte Dichotomie der Verbalflexionen, die auf eine ältere Stufe der allgemeinen Sprachentwicklung hindeute, sei dem *inneren Wesen* des Hebräischen ursprünglich und werde erst in späteren Texten durch den temporalen Gebrauch des Partizips verändert.[576]

Die Gegensätzlichkeit zwischen *qatal* und *yiqtol* beobachtend, nennt Ewald diese *Zeitgebilde* mit Verweis auf ihre Pragmatik *Perfekt* und *Imperfekt* und versteht sie somit in erster Linie als Aspekte.[577] Die temporale Dimension dieser

---

575 Die oben dargestellte Analyse des Hebräischen Verbalsystems mitsamt diachroner Stratifizierung findet sich, wie schon erwähnt, noch nicht in der 5. Auflage des *Lehrbuchs*, EWALD scheint sie erst im Laufe der Zeit entwickelt zu haben. So findet sich in der 5. Auflage lediglich die Beobachtung, dass *we+yiqtol*-Formen punktuell anstelle des *weqatal* treten können (Ewald, *Lehrbuch⁵*, § 235c.332c). Diachrone Analysen zum Verhältnis von *wayyiqtol/weqatal* zu *we+qetal/we+yiqtol* finden sich erst in der 6. Auflage – so beispielsweise die These, dass sich die Entstehung der *aufgelösten Zeitgebilde* „vor unsern Augen" beobachten lässt (Ewald, *Lehrbuch⁶*, § 343b). Erst die 8. Auflage bietet eine systematischere Besprechung der Morphosyntax des hebräischen Verbs, die jedoch über das ganze Lehrbuch verteilt ist. Siehe dazu Ewald, *Lehrbuch⁸*, §§ 234e.342f.

576 „Das Hebräische nun ist wesentlich auf der uralten Stufe dieser einfachsten Unterscheidung stehen geblieben, unterscheidet sich auch gerade in dieser Hinsicht noch sehr stark von spätern semitischen Sprachen; nur in beschränkterem Umfange tritt das Participium als die Zeit bestimmend zu diesen beiden noch durchaus herrschenden Grundunterschieden hinzu." Ewald, *Lehrbuch⁵*, § 134a.

577 Die *Perfekt/Imperfekt*-Taxonomie und die damit einhergehende Deutung von *qatal/yiqtol* als Aspekte für das Hebräische setzte sich mit Ewalds *Lehrbuch* durch, wobei er diese schon in seinen früheren arabistischen Werken einsetzte. Vgl. Cohen, *Tense*, 35. Dass Ewald, wie McFall schreibt, die Taxonomie und damit die Deutung des hebräischen Verbalsystems des katholischen Alttestamentlers und Hebraisten Johannes Jahn aus Wien (1750–1816) rezipiert habe,

Formen, die Ewald in früheren Werken auch ersten und zweiten Modus bzw. erster und zweiter Aorist nannte,[578] erschließe sich erst aus dem Kontext. So könne das *qatal* sowohl vollendete Handlungen ausdrücken, die aus Sprecherperspektive vergangen sind, als auch zukünftige Handlungen, deren Eintreten und Erfüllung vom Sprecher vorausgesetzt werden.[579] Analog könne der Sprecher mithilfe des *yiqtol* im Geschehen begriffene Handlungen ausdrücken, seien sie zukünftig oder gegenwärtig.[580]

Ein weiterer zentraler Gedanke Ewalds ist die Deutung der Präfixe von *wayyiqtol/weqatal* als Augmente, die sowohl die syntaktische Einbindung der jeweiligen Verbalform als auch deren temporale Pragmatik entscheidend veränderten. So würden die im Kontrast zu ihren Grundformen *qatal/yiqtol* um ein Augment erweiterten Formen nicht nur zwei unterschiedliche Aspekte einer Handlung beschreiben, sondern stellten die beschriebenen Handlungen in ein *Fortschrittsverhältnis*, das sich immer auf eine vorherige Handlung *beziehe*. So drücke das sich immer auf ein *qatal* beziehende *wayyiqtol* den *Fortschritt* des Gewordenen und des Seienden in ein neues Werden aus, während die Idee, „dass das Werdende sofort als ins Seyn tretend"[581] fortschreitet, von der Folge *yiqtol/weqatal* gefasst werde. Als Vorlage für diese Deutung der *gefärbten Zeitgebilde* verweist Ewald auf die Funktion des Augments in den *mittelländischen* Sprachen.[582] Dort könne man jedoch nur eine Entsprechung zum *wayyiqtol* finden, sodass das *weqatal* als genuine Erfindung des Semitischen wahrzunehmen sei.[583]

Das *Lehrbuch* unterscheidet zwischen einem komplexen (*- ·וַ) und einfachen (*-וְ) waw-Präfix. Das Präfix *- ·וַ sei nach Ewalds Analyse der *inneren Geschichte* das Ergebnis der Assimilation des Partikels *אַדְ an die Konjunktion *-וְ.[584] Die

---

bleibt m. E. unklar. Siehe McFall, *Enigma*, 44. Jahn stellt da fest: „Aoristus primus sistit rem perfectam, jam praesentem, jam praeteritam, jam futuram", bzw. „Aoristus secundus sistit rem infectam, jam praesentem, jam praeteritam, jam futuram." Jahn, *Grammatica Linguae Hebraicae*, § 63f.

578 Ewald, *Kritische Grammatik*, §§ 276–278. Vgl. dazu auch Cohen, *Tense*, 34f.

579 Vgl. Ewald, *Lehrbuch*[5], § 135c.

580 Siehe dazu die Ausführungen in Ewald, *Lehrbuch*[5], § 136b.d.

581 Ewald, *Lehrbuch*[5], § 234a.

582 Vgl. Ewald, *Lehrbuch*[5], § 221b, insbesondere Anm. 1.

583 „... das fortschreitende Perf. [...], eine Bildung worin das Semitische nun aber allein folgerichtig ist, das Mittelländische zurückbleibt, und wobei sich recht deutlich zeigt welcher ganz besondere Reichthum eigenthümlicher Gebilde dem Semitischen mitten in der scheinbaren Armuth seiner zwei allein ausgebildeten Grundzeiten zugebote steht." Ewald, *Lehrbuch*[5], § 234a.

584 Für eine Diskussion der Ton- und Vokaländerungen, die sich mit der Setzung des Augments ergeben, siehe Ewald, *Lehrbuch*[5], § 231.

damit beschriebene Handlung stehe somit, wie oben beschrieben, in relativ-progressivem Bezug zum vorangestellten Verb (in den meisten Fällen ein *qatal* oder weiteres *wayyiqtol*). Sekundär könne das Augment *[אַד + ן] > *-ן insbesondere in poetischen Texten aus Gründen der Textökonomie entfallen, während die relativ-progressive Bedeutung beibehalten werde.[585] Die morphologische Herleitung der relativ-progressiven Bedeutung des *weqatal* hingegen sei anders strukturiert. Denn beim *weqatal* entfalle das Augment *[אַד + ן] > *-ן; die einfache Konjunktion -ןmarkiere demnach nur den relativen Rückbezug auf die vorangegangene Handlung. Die eigentliche Progression der mit dem *weqatal* ausgedrückten Handlung werde mit der Verschiebung der Betonung auf die letzte Silbe realisiert,[586] die aber im Biblisch-Hebräischen nur noch schwach ausgeprägt sei.

Daher gelten für Ewald *wayyiqtol/weqatal* Formen als sekundär entstandene *Bildungen*, deren Gebrauch sich bereits in den Prosatexten aus der ersten Periode vollständig etabliert habe. Dass das Verbalsystem weiterhin relativ flexibel blieb, könne man an der Gleichzeitigkeit von Resten des älteren Tempussystems und registerspezifischen Innovationen in prophetischen und poetischen Texten beobachten.[587] Die *neuschlichten Zeitgebilde* tauchten jedoch ausschließlich in den jüngeren Büchern des alttestamentlichen Kanons auf. Dort habe sich jedoch als Folge die *consecutio temporum* verändert, da die Folgetempora morphologisch analog zu den aspektanzeigenden Formen gebildet und mittels eines -ן syndetisch angeschlossen würden. So diene nunmehr das *we+qetal* als syntaktische Weiterführung des *qatal* und das *we+yiqtol* als Folgetempus von *yiqtol*. Die gemessen am Konsonantenwert identischen Formen *weqatal* und *we+qetal* können nach Ewald nur mittels der divergierenden Betonung auf Ultima bzw. Pänultima unterschieden werden.[588] Jedoch sei eben diese Unterscheidung nach seinem Dafürhalten durch die Vokalisation der Masoreten verschwunden.

---

585 Vgl. Ewald, *Lehrbuch*[5], § 233a.

586 Vgl. Ewald, *Lehrbuch*[5], § 234c.

587 Ewald geht jeweils auf diese abweichende Gebrauchsweisen der *Zeitgebilde* ein. So erklärt er beispielsweise den Gebrauch der Kurzform des *yiqtol* ohne das Augment *[אַד + ן] > *-ןin poetischen Texten, wo man eigentlich ein *wayyiqtol* erwarten würde (z. B. Ps 18,12), mit Verweis auf ähnliche Phänomene im Sanskrit oder Griechischen als Ergebnis des sprachlichen Wagemuts der Dichter. Ewald, *Lehrbuch*[5], § 233a.

588 Vgl. Ewald, *Lehrbuch*[8], § 344f.

4.2.3 Die Facetten der synthetisch-spekulativen Methode Ewalds

Wie eingangs erwähnt, lässt sich Ewalds Gesamtwerk kaum auf einen Nenner bringen lässt. Daher muss eine kritische Bewertung seiner sprachgeschichtlichen Thesen facettenreich ausfallen. An vielen Stellen hat sich Ewald kontrovers an seinen Vorgängern in der Hebraistik und im Besonderen an Gesenius[589] abgearbeitet und in Fragen der Methodik sowie der sprachgeschichtlichen Theoriebildung neue Wege eingeschlagen. Daher erstaunt es nicht, dass diese Innovationen bezüglich Methode und Anwendung der Sprachgeschichte gleichermaßen Grundlage seiner Erfolge und Mängel seiner Thesen sind. Nachfolgend sollen diese Neuerungen kurz herausgearbeitet werden, um daraufhin Ewalds Versuch der synthetisch-spekulativen Erschließung der Geschichte des Hebräischen mittels einer Kontextualisierung innerhalb der weiteren Wissenschaftsgeschichte zu beleuchten.

Ewalds methodologische Innovationen hinsichtlich der im Lehrbuch dargestellten grammatischen Theoriebildung lassen sich auf zwei Aspekte zurückführen: Erstens sein Bemühen um eine *synthetische* Beschreibung der *äusseren Geschichte* des Hebräischen, wobei die Synthese um die Einbettung der Sprachgeschichte in die Literatur-, Ereignis- und Sozialgeschichte des Volkes Israel bemüht ist, und zweitens seine Absicht sich, mittels der *Spekulation* dem *Inneren Wesen* des Hebräischen zu nähern. Wie bereits in der werkbiographischen Einleitung ausgeführt, begann Ewald seit seinen Tübinger Jahren die Größe *Geschichte* an den klassischen Topoi der alttestamentlichen Wissenschaft zu explizieren. Seine Rekonstruktion der Geschichte des Volkes Israel folgt der gleichen Periodisierung wie seine Studien zur Literatur und Sprache des Alten Testaments.[590] Die dadurch entstehende Synchronisierung von ereignis-, literatur- und sprachgeschichtlichen Beobachtungen befähigte Ewald zu einer synthetischen Interpretation dieser Zusammenhänge, die auch in seine Rekonstruktion der Geschichte des *Inneren Wesens* des Hebräischen Eingang fand. So sieht man in Ewalds Interpretation des Verbalsystems und der diachronen Verteilung der unterschiedlichen Tempusfolgen, wie er die Beeinflussung der *äusseren Geschichte* nicht nur oberflächlich, sondern als eine bis auf die *Bildung* des Hebräischen wirkende Größe konzipiert. Mit dieser *synthetisch-spekulativen* Perspektivierung[591] der Sprachgeschichte in den Kontexten des gesellschaftlichen und sozialen Wandels nähert sich Ewald erstaunlich dicht an neuere und neuste Entwürfe zur

---

589 Siehe dazu Anm. 555.
590 Siehe dazu Anm. 548.
591 Vgl. dazu Anm. 553.

Geschichte des Hebräischen, die sich unter dem Schlagwort der Soziolinguistik subsumieren lassen.[592] Diese Beobachtung gilt aber nur bezüglich der Methodologie und der Aussageabsichten, inhaltlich sind keine Kongruenzen zu neueren und neusten Entwürfe erkennbar, da einerseits Ewald den alttestamentlichen Schriften eine große Aussagekraft bezüglich der historischen Rekonstruktion der Realien zutraut und andererseits, weil ihm nahezu keine außerbiblischen Quellen vorlagen.[593]

Einzig durch die spekulative Erschließung der Geschichte des *Inneren Wesens* des Hebräischen wurde Ewald neues Material zugänglich. Sein Anliegen war dabei die Sprache, die er nach Mangold als Sache begriff,[594] ihrem wahren Wesen nach zu begreifen.[595] Die in einer zeitgenössischen Rezension geäußerten Klassifizierung seiner Arbeitsweise als einen „philosophischen"[596] Zugang weist Ewald von sich. Vielmehr wolle er, von der Empirie ausgehend, über den Gegenstand seiner Betrachtung spekulieren und in einem zweiten Schritt beide miteinander versöhnen.[597] Dies zeigt, dass sich Ewald bewusst war, dass er zwar spekulativ

---

592 U. a. Sanders, *Invention*; Schniedewind, *History* und Blum, „Voraussetzungen".

593 In vielerlei Hinsicht ist die Herangehensweise Ewalds innovativ und für die historisch-vergleichende Semitistik bahnbrechend. Dies gilt insbesondere für seine methodische Distinktion zwischen einer *inneren* und *äußeren Geschichte*. So gelingt es ihm zwischen dem Sprachwandel, den man im hebräischen Kanon beobachten kann, und der hypothetischen Erschließung der Sprachgeschichte, die sich in phonetischen, morphologischen und syntaktischen Phänomenen des Biblisch-Hebräischen verbirgt, zu unterscheiden. Der Fokus des *Lehrbuchs* liegt hauptsächlich auf Letzterem. Diese Schwerpunktsetzung zieht sich durch Ewalds gesamtes Werk hindurch. Denn Ewald interessierte sich bei den klassischen Topoi der Erforschung des Alten Testaments wie Hebraistik, Literaturgeschichte und Geschichte Israels meist für die großen Linien und hielt sich kaum mit kleinräumigen Einzeluntersuchungen auf.
Diese Beobachtung trifft in einem besonderen Maße auch auf seine Beschäftigung mit dem Hebräischen zu. So hat er kaum lexigraphisch ausgelegte Studien vorgelegt, sondern in den meisten seiner sprachwissenschaftlichen Abhandlungen widmete er sich auf die im *Lehrbuch* paradigmatisch dargestellte Weise der Suche nach dem *Inneren Wesen* des Hebräischen.

594 Mangold, *Wissenschaft*, 99.

595 „Was soll ich weiter ausführen, welche Noth die Anordnung und Vertheilung des Stoffes der gewöhnlichen Grammatik macht, und wie sie doch bei aller Qual zu keiner nothwendig sich ergebenden Ordnung gelangt! [...] aus hundert losen Stückchen und Lappen zusammenflickt, oder die Suffixa, welche doch an sich nichts sind, mit den übrigen Pronomina vor dem Verbum und Nomen erklärt statt dass sie erst hinter hnen [sic] Verstand haben! Da zerlegt man den lebendigen Leib der Sprache, nachdem man die Seele hat entfliehen lassen, in eine Masse grosser und kleiner todter Stücke, und bietet das den Leuten an als den vollen und echten Leib, findet auch wohl immer einige Leser die mit Fetzen und Knochen zufrieden sind – nur dass niemand der strenger zusieht hier sich befriedigen oder täuschen lassen kann!" Ewald, „Art", 323.

596 Umbreit, „Uebersicht", 177f.

597 Ewald, „Ueber hebräische Grammatik", 360.

auf den empirisch gewonnenen Daten aufbaut, aber dass er darum bemüht war, immer dem Hebräischen die letzte Autorität seines grammatischen Denken gelten zu lassen. Dass diese letztgültige Orientierung am Gegenstand der grammatischen Betrachtung Ewald von Gesenius unterscheidet, lässt sich insbesondere an der Verschiedenheit ihrer Interpretationen des hebräischen Verbalsystems erkennen.

Aus forschungsgeschichtlicher Perspektive ist Ewalds Interpretation des hebräischen Verbalsystems als erfolgreichstes Theorem seines hebraistischen Œuvres zu betrachten.[598] Dazu gehört einerseits die Deutung der zwei finiten Klassen der hebräischen Verbalflexion als grundsätzlich um die aspektuale Näherbestimmung bemühte Differenzierungen und andererseits die diachrone Verteilung der unterschiedlichen Tempusfolgen. Im Weiteren machte auch seine Analyse des komplexen waw-Präfix (*- ·ו) als Augment unter der Bezeichnung *waw-consecutivum* Schule.[599] Auch wenn Ewalds Beobachtungen zum Verbalsystem angesichts des ihm zur Verfügung stehenden Quellenmaterials eindrücklich erscheint,[600] können sich seine Thesen selten an konkreten Texten eindeutig zeigen lassen.[601]

4.3 Justus Olshausen und die orientalistische Wende

Von Kopenhagen aus stach Anfang 1761 das dänische Kriegsschiff *Grønland* in See, um eine sechsköpfige Expedition aus dänischen und deutschsprachigen Forschern auf ihrem Weg nach *Arabia Felix* zu geleiten. Ziel dieser vom Göttinger Theologen und Orientalisten Johann David Michaelis erdachten Unternehmung war die Erhellung hebraistischer, lebensweltlicher und landeskundlicher Probleme, die sich bisher nicht durch das alleinige Studium der biblischen Literatur lösen ließen. Das seit der Antike sagenumwobene und mit dem Epitheton *Felix* versehe Südarabien galt als mögliches Rückzugsgebiet für die ansonsten untergegangene Welt des antiken Orients. Daher erhoffte sich Michaelis, anhand der Beobachtung der dortigen Lebenswirklichkeiten die oben erwähnten, strittigen

---

598 Für einen Abriss der Wirkungsgeschichte der ewald'schen interpretation der Morphosyntax des hebräischen Verbs siehe McFall, *Enigma*, 56f. und Fassberg, „Hebrew".
599 Zu Rezeption dieser These Ewalds und zur Herkunft des Terminus *waw-consecutivum* siehe McFall, *Enigma*, 56.
600 Zur Rolle des Arabischen für Ewalds Thesenbildung siehe Anm. 577.
601 Für eine Besprechung der kritischen Momente des ewald'schen Systems siehe McFall, *Enigma*, 50–54.

Fragen der Auslegung des Alten Testaments zu beantworten.[602] Schon im Jahre 1753 hielt Michaelis anlässlich der Stiftungsfeier der Göttinger Gesellschaft der Wissenschaften eine Rede, in der er die Vorteile einer solchen Reise der versammelten Festgesellschaft erläuterte.[603] In König Friedrich V. von Dänemark und Norwegen fand sich bereits ab 1756 ein Mäzen und Schutzpatron.[604] Zusammen mit Michaelis und der *Académie royale des inscriptions et des belles-lettres* gab er der nun *königlich dänischen Reise nach Arabia Felix* genannten Unternehmung 1760/1762 eine ausführliche Anleitung mitsamt Reisehinweisen und einem Katalog von hundert philologischen, (religions-)soziologischen, aber auch botanischen, zoologischen und geographischen Fragen zur Bearbeitung mit.[605] Der Breite dieses Fragenkatalogs entsprechend wurde ein interdisziplinäres Forscherteam zusammengestellt.[606]

Abgesehen vom Schicksal der Arabienreise, deren Bericht sich laut Smend „aufregender als jeder Roman"[607] liest, war auch ihr wissenschaftlicher Ertrag trotz des Verlusts an Menschenleben[608] sowohl für die alttestamentliche Wissenschaft als auch für die Orientalistik enorm. So fanden beispielsweise die von Frederik Christian von Haven in Ägypten erworbenen hebräischen Handschriften[609] in Benjamin Kennicotts kritisches Editionsprojekt der hebräischen Bibel Eingang.[610] Gleichermaßen grundlegend war die Transkription und spätere

---

602 Siehe dazu Baack, *Curiosity*, 26–29.

603 Vgl. Michaelis, „Reise". Für eine wissenschaftsgeschichtliche Kontextualisierung siehe Hübner, „Arabien-Expedition", 376 und Wiesgickl, *Testament*, 129f.

604 Vgl. Hübner, „Arabien-Expedition", 377f.

605 Später wurden diese Fragen veröffentlicht und erfuhren Übersetzungen in verschiedene europäische Sprachen. Vgl. Michaelis, *Fragen*. Eine Einordnung dieses Fragenkatalogs in die humanistische Tradition der wissenschaftlichen Reisetätigkeit findet sich bei Carey, „Travel".

606 Neben dem Expeditionsteilnehmer Carsten Niebuhr nahmen der schwedisch-finnische Naturkundler Peter Forsskål, der dänische Theologe und Philologe Frederik Christian von Haven, der dänische Arzt Christian Carl Kramer, der Nürnberger Maler und Kupferstecher Georg Wilhelm Baurenfeind sowie der schwedische Dragoner Lars Berggren teil. Eine Rekapitulation des Auswahlverfahrens, das zu dieser Zusammensetzung der Expedition führte, findet sich bei Vermeulen, *Boas*, 226–228.

607 Smend, *Kritiker*, 149.

608 Bereits in Jemen erkrankten Haven und Forsskål – wahrscheinlich an Malaria – und verstarben. Baurenfeind und Berggren erlagen derselben Krankheit auf der Überfahrt nach Mumbai, wo auch Cramer am Fieber verstarb. Vgl. Vermeulen, *Boas*, 241.

609 Siehe dazu die bibliographischen Angaben bei Rasmussen, „Niebuhriana", 44f. und Rasmussen, „Haven", 335. Teile des Konvoluts sind digitalisiert und können auf den Seiten der *Kongelige Bibliotek* eingesehen werden. (http://www5.kb.dk/en/nb/samling/js/CN/hebMSS-liste.html [Zuletzt aufgerufen am 13.06.2020]).

610 Vgl. Vermeulen, *Boas*, 245 und Rasmussen, „Haven".

Publikation von Inschriften aus Persepolis durch den einzigen Überlebenden der Arabien-Expedition Carsten Niebuhr.[611] Denn auf dieser Grundlage gelang 1802 Georg Friedrich Grotefend eine erste erfolgreiche Entzifferung von in altpersischer Keilschrift fixierten Königsnamen.[612] Abgesehen davon, dass die *königlich dänische Reise nach Arabia Felix* der philologischen Grundlagenforschung der verschiedenen orientalistischen Teildisziplinen einen entscheidenden Schub gab, gelang es dem dänisch-norwegischen Königshaus auch, die Orientalistik in seinem Herrschaftsbereich durch eine geschickte Standortpolitik zu befördern. So konnte sich beispielsweise an der Christian-Albrechts-Universität zu Kiel trotz der peripheren Lage im deutschsprachigen Gebiet eine langjährige eigenständige Tradition von orientalistisch-alttestamentlicher Forschung etablieren.[613] Ferner wurde auch der Universitätsstandort Kopenhagen gestärkt, indem die Mehrzahl der durch die Reisegemeinschaft erworbenen orientalischen Handschriften in den Besitz der dortigen *Kongelige Bibliotek* übergingen.[614]

Justus Olshausen (1800–1882),[615] dessen Beitrag zur Erforschung der Sprachgeschichte des Hebräischen hier näher erläutert werden soll, war in mehrfacher Hinsicht Erbe und Nutznießer der *königlich dänischen Reise nach Arabia Felix*. Dieser dritte Sohn eines Pfarrers kam, wie sein Bruder, der zuletzt in Erlangen tätige Neutestamentler Herrmann Olshausen, sehr früh in Berührung mit theologischen Inhalten. So habe Justus Olshausen, berichtet Eberhard Schrader, bereits mit seinem Vater Hebräisch gelernt.[616] Daher erstaunt es nicht, dass Olshausen sich bereits mit 16 Jahren an der Kieler Universität für das Studium der Theologie und Philologie einschrieb. Bald beschränkte er sich auf die orientalischen

---

611 Niebuhr, *Reisebeschreibung*, 2:Tab. XXIII.XXIV.XXXI.

612 Siehe dazu die 1805 als Beilage zu Arnold Hermanns *Ideen über Politik, den Verkehr und den Handel der vornehmsten Völker der Alten Welt* erschienene Erstpublikation von Grotefends Bearbeitung der Inschriften aus Persepolis (Grotefend, „Keilschriften"). Bereits 1803 stellte Grotefend im Kreis der Göttinger Gesellschaft der Wissenschaften seine Fortschritte hinsichtlich der Entzifferung der altpersischen Keilschrift vor, deren schriftliche Fassung wurde jedoch erst 1893 der breiteren Öffentlichkeit zugänglich gemacht. Vgl. dazu auch Borger, „Praevia".

613 Siehe dazu Mangold, *Wissenschaft*, 139.

614 Vgl. dazu die Zusammenstellung der sich in Kopenhagen befindlichen Objekte bei Rasmussen, „Niebuhriana".

615 Ausführliche Studien zum Leben und Werk Justus Olshausens sind trotz seiner Bedeutung für sowohl alttestamentliche Wissenschaft und Orientalistik als auch für die Lokalgeschichte der Stadt Kiel ein Desiderat. Die nachfolgende werkbiographische Besprechung basiert mehrheitlich auf einem am 28. Juni 1883 vom Berliner Alttestamentler und Assyriologen Eberhard Schrader gehaltenen Nekrolog und dem dementsprechenden Eintrag in der *Encyclopædia Iranica*. Siehe dazu Schrader, „Gedächtnisrede" und Schmitt, „Olshausen".

616 Vgl. Schrader, „Gedächtnisrede", 4.

Sprachen und dachte über einen Wechsel nach Halle nach, um seine Arabisch-
kenntnisse bei Johann Gottfried Ludwig Kosegarten, dem im deutschsprachigen
Raum renommiertesten Schüler des berühmten Arabisten Antoine-Isaac Silvestre
de Sacy, zu vertiefen.[617] Diese Pläne wurden jedoch durch die Unruhen um die
Ermordung August von Kotzebues durch den Burschenschafter Karl Ludwig Sand
im Frühjahr 1819, die erst mit den Karlsbader Beschlüssen ein vorläufiges Ende
fanden, durchkreuzt, sodass Olshausen gezwungen war, nach Berlin auszuwei-
chen.

Nach einem Jahr in Berlin kehrte Olshausen nach Holstein zurück und gewann bald ein Stipendium des dänischen Königs für einen zweijährigen Aufent-
halt in Paris, um dort bei de Sacy zu studieren.[618] Er nutzte diese Chance und vertiefte in der französischen Hauptstadt seine Arabisch- und Persischkenntnisse.
In Paris begegnete er u.a. auch Alexander von Humboldt – ein Aufeinandertref-
fen, das ihm später vielfach helfen würde. Nach seiner Rückkehr nach Kiel wurde
Olshausen 1823 mit nur 23 Jahren als Extraordinarius für orientalische Sprachen
an die Christian-Albrechts-Universität zu Kiel berufen. Seine Dissertation *De linguae Persicae verbo*, die nie veröffentlicht wurde, reichte er drei Monate nach seinem Stellenantritt ein. Erst seine Studien zur alttestamentlichen Textkritik wurden 1826 publiziert.[619] Nach mehreren Aufenthalten in Paris und Kopenhagen, wo
er sich der Veröffentlichung des Avestas widmete, wurde er zusammen mit

---

617 Für eine Darstellung von Kosegartens Beitrag zur Etablierung der deutschsprachigen Orientalistik vgl. Mangold, *Wissenschaft*, 124–128.

618 Weil das Studium der orientalischen Sprachen oft durch institutionelle Hindernisse unmöglich gemacht worden sei, war es laut Mangold für das Gros der deutschsprachigen Orientalisten bis in die 1840er-Jahre üblich, für diesen Zweck nach Paris zu wechseln. Man „musste sich
entweder autodidaktisch weiterbilden, [...] oder war auf eine orientalistische Ausbildung im
Ausland angewiesen. [...] Nicht die heimischen Universitäten oder die Wiener Orientalische Akademie, sondern die Pariser *École spéciale des langues orientales* wurde zu ihrem bevorzugten
Ziel" (Mangold, *Wissenschaft*, 66). Ein solches prestigeträchtiges Studium bei de Sacy wurde –
wie im Falle von Olshausen – nicht selten dank der ideellen wie finanziellen Förderung durch
die jeweiligen Fürstenhäuser möglich. Siehe dazu Fück, *Studien*, 156f.

619 Für dieses kurze Bändchen von 65 Seiten trug Olshausen Emendationsvorschläge zu alttestamentlichen Texten, mit denen er sich aktuell gerade beschäftigte, zusammen. Im Vorwort kritisiert er scharf eine zu positivistische Einschätzung der textkritischen Güte des masoretischen
Texts und regt an, bei Stellen, die aus grammatischer und lexigraphischer Sicht problematisch
erscheinen, vermehrt zu prüfen, ob keine textgeschichtlich bedingte Korruption vorliege. Vgl.
Olshausen, *Emendationen*, 4f.
Auch wenn dieses Werk scheinbar in Vergessenheit geriet, scheint es mitsamt Olshausens Hiob-
kommentar zu einer gewissen Schulbildung geführt zu haben. Niemand geringeres als Wellhausen verortet in diesen beiden Werken die Neubegründung der philologischen Kritik des Alten
Testaments für das 19. Jahrhundert. Vgl. Wellhausen, *Einleitung*[6], § 266.

Johann Nikolai Gloyer von der *Kongelige Bibliotek* mit der Publikation des letzten Teils der Reisen Niebuhrs beauftragt.[620] Diese Auseinandersetzung mit der levantinischen Landeskunde scheint Olshausen tiefgreifend geprägt zu haben, denn neben einer Studie zur Topographie Jerusalems[621] plante er auch eine Reise nach Palästina. 1841 begann er diese, wurde aber durch einen Pestausbruch vom Erreichen seines Ziels Jerusalem gehindert.[622] Daraufhin kehrte er nach Kiel zurück, um von dort aus und während Forschungsaufenthalten in Kopenhagen einen Katalog der in der *Kongelige Bibliotek* befindlichen orientalischen Handschriften zu erstellen.[623]

Dieser bereits verschlungener Lebenslauf erfuhr einen weiteren Bruch, als Olshausen aufgrund seiner Opposition gegen das dänische Königshaus im Rahmen der Schleswig-Holsteinischen Erhebung (1848–1851) seine Professur an der Christian-Albrechts-Universität zu Kiel verlor.[624] Zwar nutzte er die dadurch gewonnenen ‚Freiräume' zur Fertigstellung seiner Kommentare zum Hiobbuch (1852) und zum Psalter (1853), aber erst durch seine Berufung an die Albertus-Universität Königsberg 1853 als Professor für orientalische Sprachen und als Oberbibliothekar der dortigen Bibliothek, die dank der Fürsprache von Alexander von Humboldt erfolgte, fand er wieder Anschluss an den akademischen Betrieb. Erst hier vertiefte er seine Auseinandersetzung mit der hebräischen Sprache, die in das *Lehrbuch der hebräischen Sprache* mündete. Im Jahre 1861 erschien der erste Teilband, der der Laut-, Schrift- und Formenlehre gewidmet ist. Die Fertigstellung des zweiten Teilbands zur Syntax verzögerte sich und unterblieb schlussendlich durch die Versetzung nach Berlin, wo Olshausen bereits ab 1858 als Ministerialbeamter in den preußischen Staatsdienst eintrat.[625] Hier erlosch

---

620 Laut Schrader war Olshausen neben einigen Korrekturen für viele der Bemerkungen hinsichtlich der korrekten Aussprache von geographischen Namen im dritten Band der *Reisebeschreibungen* verantwortlich. Vgl. Schrader, „Gedächtnisrede", 11. Siehe dazu auch Olshausens weitere Studien zur Wiedergabe semitischer Toponymen in nicht-semitischen Sprachen. Vgl. Olshausen, „Ortsnamen" und ders., „Umgestaltung".

621 Darin verglich er die Ausführungen zur Stadtgeographie aus dem Alten Testament und bei Josephus mit modernen Reiseberichten. Vgl. Olshausen, *Topographie*.

622 Siehe dazu Schrader, „Gedächtnisrede", 12.

623 Die Kataloge erschienen jedoch kriegsbedingt erst 1851 (zu den hebräischen und arabischen Handschriften), bzw. 1857 (zu den persischen Manuskripten). Vgl. dazu Schrader, „Gedächtnisrede", 12f.

624 Vgl. dazu die Darstellung bei Schrader, „Gedächtnisrede", 13f.

625 Als Ministerialbeamter des preußischen *Ministeriums für geistliche, Bildungs- und Medicinal-Angelegenheiten* übte Olshausen großen Einfluss auf die Universitäten aus. Eine genauere Darstellung seines bildungspolitischen Wirkens liegt nicht vor. Ein Einblick darin kann jedoch durch die Lektüre seiner Korrespondenz mit etwa Wellhausen (siehe dazu Darstellung bei

sein Interesse an der Beschäftigung mit der hebräischen Sprache zunehmend, da er sich allmählich vollends der grammatischen Erschließung des Akkadischen zuwandte und seinen Verpflichtungen in der Berliner Akademie der Wissenschaften, deren Mitglied er seit 1860 war, nachging.[626] Ob sich seine wahrscheinlich bereits geleisteten Vorarbeiten zum der Syntax gewidmeten Teilband des *Lehrbuchs* erhalten haben, ist nicht bekannt.

Diesem auf den ersten Blick sowohl biographisch als auch forschungsgeschichtlich peripher und auch exzentrisch erscheinenden Orientalisten gelang es, die Suche nach der Geschichte der hebräischen Sprache entscheidend zu prägen. Denn einerseits förderte er die Wahrnehmung des Hebräischen als Teil des (antiken) Orients und andererseits setzte er durch sein *Lehrbuch* einen Kontrapunkt zum philologischen Œuvre Ewalds. Ersteres korreliert unmittelbar mit den oben ausführlich dargestellten biographischen Zusammenhängen. Denn als einem sowohl in der Theologie als auch in der sich im deutschsprachigen Raum langsam verselbstständigenden Orientalistik beheimateten Sprachwissenschaftler – Olshausen gehörte zu den Gründervätern der *Deutschen Morgenländischen Gesellschaft*[627] – war ihm ein sehr spezifischer Blick auf das Hebräische eigen: Er war befähigt, die Sprache des Alten Testaments in ihren zeitlichen wie räumlichen Kontext zu setzen. Ferner erschloss sich Olshausen – als Schüler von de Sacy nicht sonderlich erstaunlich – das Hebräische aus der Perspektive der Arabistik. Dieser arabistische Perspektivwechsel darf nicht gleichgesetzt werden mit der ebenfalls arabistischen Arbeitsweise der sogenannten holländischen Schule um Albert Schultens, die sich insbesondere um eine lexikalische Erhellung des Hebräischen mithilfe des Arabischen bemühte, vielmehr ist Olshausens Vorgehen als Neuansatz zu werten. Beeinflusst durch die Ergebnisse der *königlich dänischen Reise* und seiner publizistischen Aufarbeitung derselben fing Olshausen an, das Arabische – das er auf seiner Reise nach Palästina auch als gesprochene Sprache kennen gelernt hatte[628] – als externe Evidenz zu behandeln. Letztlich schlug sich damit auch die mit Michaelis begonnene Wende zu den Realien auf die Hebraistik nieder. Alle diese drei mehr ideengeschichtlich zu verortenden Faktoren schlugen sich auf die sprachwissenschaftliche Beschreibung des

---

Smend, „Wellhausen", 144.167) oder Dilthey (Dilthey, *Briefwechsel*, 1:478f.486.521-523.636f) gewonnen werden.

626 Schrader, „Gedächtnisrede", 18f.

627 Zur Bedeutung Olshausens für die Gründung der *Deutschen Morgenländischen Gesellschaft* und während ihrer Anfangszeit siehe Preissler, „Anfänge".

628 So Schrader, „Gedächtnisrede", 12.

Hebräischen nieder, die in den nachfolgenden Abschnitten dargestellt und anschließend eingeordnet werden soll.

4.3.1 Sprachgeschichte als die Geschichte der phonologischen *Entartung*

Der von Ewald und Olshausen offen und heftig ausgetragene Streit über die Methodik einer Grammatik des Hebräischen fußt auf dem Dissens in der Setzung zweier sprachgeschichtlicher Axiome.[629] Die erste dieser Unstimmigkeiten entzündet sich an der Frage, welches Idiom unter den semitischen Sprachen das ursprünglichste sei. Olshausen bestimmt das Arabische als die älteste Sprache des Semitischen und entfernt sich so vom zuletzt von Ewald formulierten Diktum, dass das Hebräische seinem *Wesen* nach der primus inter pares des Semitischen sei. Die zweite Differenz zwischen beiden Zugängen tritt in der Deutung und Erfassung des Sprachwandels sowie in der Abstraktion der daraus gewonnen Erkenntnisse zutage. Hier setzt sich Olshausen von Ewalds Idee vom Streben des *inneren Wesens* einer Sprache nach Komplexität und größtmöglicher Entfaltung entschieden ab und meint, in der Geschichte aller Sprachen einen Hang zur Dekadenz zu erkennen, den er entsprechend seines Sprach- und Denkkontextes *Entartung* nennt. Beide eben skizzierten Axiome Olshausens – die Anciennität des

---

629 Nach Perlitt zeigt sich in der Auseinandersetzung zwischen Ewald und Olshausen exemplarisch des ersteren Schwächen im Umgang mit divergierenden Meinungen. So wäre Ewald nicht zum uneingeschränkten Lob fähig gewesen, aber hätte „ohne Hemmungen und oft ohne Vernunft" getadelt; sodass „es zu seltsamen Ambivalenzen" (Perlitt, „Ewald", 182) in ihm gekommen sei, die sich nicht an der Sache selbst orientiert hätten. So findet sich in der Vorrede der achten Auflage von Ewalds *Lehrbuch* eine vernichtende Kritik der olshausen'schen Sprachlehre, laut der das Werk „keine einzige richtige beobachtung, welche ich im Hebräischen nicht schon früher gemacht hätte" (Ewald, *Lehrbuch*[8], XII) bietet. Dass Olshausen, wie oben ausgeführt, sich des Arabischen als archimedischen Punkt der sprachgeschichtlichen Beschreibung der semitischen Sprachen bedient, scheint Ewald als persönlichen Affront gegen seine eigene Forschung und somit auch gegen seine Person aufgefasst zu haben.

Jedoch war diese Auseinandersetzung nicht ohne Vorlauf, denn einst standen sich Olshausen und Ewald sowohl freundschaftlich als auch akademisch nahe: So empfahl Ewald der Göttinger Akademie Olshausen 1853 als ordentliches Mitglied aufzunehmen. Vgl. Perlitt, „Ewald", 182 Anm. 129f. Eine analoge Wertschätzung der akademischen Leistungen findet sich in den Vorbemerkungen des im gleichen Jahr erschienen Psalmenkommentars. Darin stellt Olshausen ausführlich dar, in welcher Form er sich sowohl in Fragen der Sprachwissenschaft als auch der Exegese an den Ansichten Ewalds kritisch abzuarbeiten vornimmt, da er seine Expertise in diesen Angelegenheiten besonders schätze. Vgl. Olshausen, *Psalmen*, I–VIII. Der jedoch im Anschluss an die Publikation dieses Kommentars entfesselte Streit, scheint das anfangs gute persönliche Verhältnis zerrüttet zu haben. Siehe dazu Perlitt, „Ewald", 183.

Arabischen und *Entartung* als allgemeine Gesetzmäßigkeit des geschichtlichen Sprachwandels – bewirkten eine gänzlich andere Struktur der Beschreibung und diachronen Kontextualisierung der grammatischen Phänomene des Biblisch-Hebräischen, sodass bereits Olshausens Zeitgenossen sein *Lehrbuch* als Antithese zu Ewalds Entwurf der Geschichte des Hebräischen ansahen.[630]

Olshausen eröffnet sein *Lehrbuch* mit einer Diskussion über die Bedeutung des Arabischen für die Semitistik, die dem Stellenwert des Sanskrits für die Beschreibung des Indoeuropäischen entspricht.[631] Denn durch die abgeschottete Lage des Arabischen habe es die „Alterthümlichkeit des gesamten Gepräges der Sprache nach ihren Lauten und nach der Gestaltung ihrer Wörter"[632] bis in die frühislamische Zeit bewahren können. Die Sprache der Israeliten hingegen habe in Folge der frühen Kontakte mit anderen Völkern „beträchtliche Veränderung rücksichtlich ihrer Laute und der Gestalt ihrer Wörter"[633] erlitten. In einem stärkeren Maße könne dieser Zusammenhang auch beim Aramäischen beobachtet werden. Mit diesem stichprobenartigen Vergleich der phonologischen Auswirkungen des Sprachwandels auf das Arabische, Hebräische und Aramäische illustriert Olshausen seine Beobachtung, dass sich ein Prinzip der *fortschreitenden Entartung* von Lauten und Formen einer Sprache feststellen lasse, das er, wie oben bereits erwähnt, zur allgemeinen Gesetzmäßigkeit des geschichtlichen Sprachwandels kürt.[634] Nähme man die Anciennität des Arabischen ernst, müsse man es als archimedischen Punkt einer sprachgeschichtlichen Betrachtung der

---

630 In der 4. Auflage der bleek'schen *Einleitung in das Alte Testament* aus dem Jahre 1878 bezeichnet Wellhausen die Arbeiten von Olshausen als das methodologische Korrektiv zu Ewalds sprachlich-exegetischen Werken, das ihm seit dem ersten Verlust der Göttinger Professur gefehlt habe (Vgl. Wellhausen, *Einleitung*⁴, § 380) – in der sechsten Auflage ist der entsprechende Abschnitt gestrichen. Siehe ders., *Einleitung*⁶, § 280. Auch Stade beschreibt den methodischen Gegensatz zwischen den beiden ähnlich gravierend, wenn er in Olshausens Sprachlehre die Antithese zum ewald'schen Lehrbuch ausmacht. Siehe dazu Stade, *Lehrbuch*, V.

631 Vgl. Olshausen, *Lehrbuch*, IX.

632 Olshausen, *Lehrbuch*, § 2b.

633 Olshausen, *Lehrbuch*, § 2b.

634 „So zeigt sich bei diesen drei Hauptzweigen eines und desselben Stammes in den wichtigsten Stücken der äußeren Gestaltung sehr deutlich eine dreifache Abstufung, welche nicht im Verlaufe der Zeit einer immer kunstvolleren sprachlichen Entwickelung entgegen führt, die wir überhaupt in keinem Sprachstamme der Erde zu beobachten Gelegenheit haben, sondern umgekehrt eine f o r t s c h r e i t e n d e   E n t a r t u n g in den Lauten und in der Gestaltung der Wörter bezeichnet; eben die Entartung, welche in dem indo-europäischen Sprachstamme dem Alt-indischen gegenüber theilweise schon das Griechische und Lateinische zeigen, im höchsten Maße aber die neueren europäischen und asiatischen Sprachen jenes Stammes aufweisen." Olshausen, *Lehrbuch*, § 2b.

semitischen Sprachen im Allgemeinen und damit auch des Hebräischen im Speziellen wählen.[635] Jedoch dürfe im Falle des Hebräischen dieser Vergleich nicht zwischen den Idiomen in ihrer vorliegenden Gestalt erfolgen, sondern das Hocharabische solle mit einer hypothetischen Vorstufe des Hebräischen, die Olshausen als Zwillingsschwester des Arabischen bezeichnet, verglichen werden.[636] Zu diesem Zweck sei eine Rekonstruktion dieses Proto-Hebräischen notwendig, deren Grundsätze Olshausen auch im Rahmen seines *Lehrbuchs* skizziert. Er bespricht jedoch in seinem Entwurf nur die phonologischen und morphologischen Spezifika des Proto-Hebräischen. Der Grund für diese begrenzte Darstellung könnte sowohl in der Gliederung des *Lehrbuchs* als auch in Olshausens Feststellung liegen, dass sich die Laut- wie die Formlehre des Hebräischen von dessen Syntax grundsätzlich unterscheiden.[637]

Eine eigentliche diachrone Analyse der Sprache des Alten Testaments sucht man im *Lehrbuch* vergebens, da nach Olshausen die Darstellung dieser Zusammenhänge durch die zu „große Gleichförmigkeit"[638] der die Sprache des Alten Testaments determinierenden phonetischen und morphologischen Gesetzmäßigkeiten verunmöglicht werde. Zwar könne man neben dialektalen Unterschieden auch eine Veränderung der Sprache im Laufe der Geschichte beobachten, aber wegen der Unsicherheit von Textdatierung, die durch die äußerst komplexen literar- und redaktionsgeschichtlichen Zusammenhänge zusätzlich erschwert würde, sei von einer chronologischen Zuweisung von spezifischen

---

635 Ob und in welcher Weise sich Olshausen damit in der Tradition Schultens sieht, bleibt im *Lehrbuch* unbestimmt. Im Allgemeinen verzichtet Olshausen mit Verweis auf den Einführungscharakter seiner Sprachlehre weitgehend auf eine eingehende Diskussion anderer Thesen zu den dargestellten Sachverhalten. Auch finden sich im *Lehrbuch* nur die Resultate seiner sprachvergleichenden Untersuchung dargestellt, so dass ein aufmerksames Nachvollziehen seiner eigenen Thesen kaum möglich ist – hier verweist er auf den eigentlichen pädagogischen Charakter dieses Buches. Insgesamt findet sich neben einem Hinweis auf Franz Bopp in der Vorrede kaum eine transparente Darstellung des methodischen Zugangs Olshausens, sodass sein *Lehrbuch* in dieser Hinsicht für einen Kenner der hebraistischen Literatur eigentümlich in der Schwebe verbleibt. Vgl. Olshausen, *Lehrbuch*, VIIIf.
636 „Wer jedoch bisher in dem Wahne gelebt hat, das Arabische habe aus einer Sprache entstehen können, die mit dem Hebräischen auf einer Stufe stand, nicht umgekehrt das Hebräische aus einer Sprache hervorgehn müssen, welche Zwillingsschwester des Arabischen war, der mag von der Irrigkeit seiner Ansicht schwer zu überzeugen sein." Olshausen, *Lehrbuch*, VIII.
637 „Mit der Ausarbeitung eines Grundrisses der Syntax für den Druck bin ich gegenwärtig beschäftigt. Die Aufgabe dieses Theils der Sprachlehre ist jedoch von der in dem vorliegenden Buche behandelten so grundverschieden, dass ich die Herausgabe des letzteren nicht von der Vollendung der Syntax abhängig machen zu müssen glaubte." Olshausen, *Lehrbuch*, X.
638 Olshausen, *Lehrbuch*, § 3a.

Sprachmustern abzusehen.[639] Eines der wenigen Phänomene, die eine sichere sprachgeschichtliche Datierung ermöglichen, sei die Häufigkeit von Aramaismen. Eigentümlicherweise nimmt Olshausen an, dass erst in den letzten beiden Jahrhunderten vor Christus das Aramäische zur Verkehrssprache geworden sei und folgert dementsprechend daraus, dass bis zum Abschluss des Kanons noch Hebräisch gesprochen worden sei.[640] Mit dieser Spätdatierung der Verdrängung des Hebräischen durch das Aramäische nimmt er eine Minderheitenposition unter seinen Zeitgenossen ein.[641] Grundsätzlich gilt nach Olshausen, dass sich die Spuren „des vermehrten und innigeren Verkehrs mit Fremden aller Art"[642] einfacher an syntaktischen Phänomenen als an phonetischen oder morphologischen Charakteristika zeigen lassen. Da jedoch das *Lehrbuch* nicht weiter auf die Syntax eingeht, lässt sich nicht eruieren, auf welche Phänomene Olshausen sich bezieht. Darum kann man festhalten, dass die Abwesenheit konziser Darstellungen zur Geschichte des Hebräischen im *Lehrbuch* nicht zwingend das Resultat von Olshausens Indifferenz gegenüber diesem Anliegen ist, sondern hauptsächlich seinen methodologischen Skrupeln vor einer simplifizierenden Periodisierung der im Alten Testament bezeugten Idiome geschuldet ist.

4.3.2 Ein Versuch der Annäherung an Olshausens Morphosyntax des hebräischen Verbs

Obwohl Olshausen nie eine Beschreibung der Verbalsyntax vorlegte, kann anhand der im *Lehrbuch* dargestellten Zusammenhänge zur Phonologie und Morphologie des Verbs eine Annäherung an seine diachrone Analyse des

---

639 „[...] aber das Altertühmliche einem bestimmten Zeitalter zuzuweisen, ist unthunlich, weil nicht bekannt ist, zu welcher Zeit gerade die älteren Theile der Schrift ihre g e g e n w ä r t i g e G e s t a l t erhalten haben. Stücke, die ihrem wesentlichen Inhalte nach einem sehr frühen Zeitalter angehören mögen, sind doch wahrscheinlich durch mancherlei Veränderungen hindurch gegangen, ehe der Text in der Weise festgestellt wurde, wie er jetzt vorliegt, [...]" Olshausen, *Lehrbuch*, § 3b.

640 „Es ist wahrscheinlich, dass die Aufnahme aramäischen Sprachguts grösstentheils erst den beiden letzten Jahrhunderten vor Christo angehört, und dass sich die Bewohner verschiedener Landestheile bis zum Abschlusse der Sammlung heiliger Schriften hin derselben so gut wie gänzlich enthielten." Olshausen, *Lehrbuch*, § 3b.

641 Diese Tendenz zur im Vergleich zum zeitgenössischen Diskurs äußerst späten Datierung der Psalmen findet sich bereits in OLSHAUSENs Kommentar zu den Psalmen aus dem Jahre 1853. Siehe Olshausen, *Psalmen*, 9. Zum Echo, die Olshausens Datierung der Psalmen in die Zeit der Makkabäer verursacht hat siehe Schrader, „Gedächtnisrede", 18.

642 Olshausen, *Lehrbuch*, § 3b.

hebräischen Verbalsystems erfolgen. Zwischen die sprachkundlichen Einleitung (§§ 1–4) und die materiellen Durchführung der allgemeinen Schrift-, Laut- und Bildungslehre (ab § 20) des *Lehrbuch*s ist in den §§ 9–19 eine Rekonstruktion der phonetischen und morphologischen Grundsätze des Proto-Hebräischen geschaltet. Die dort dargestellte Annäherung an die Vorform des Hebräischen, die Olshausen *ältere Sprache* nennt, solle auf Basis des nach seiner Einschätzung bereits zu biblischen Zeiten *entarteten* Hebräischen und mithilfe des Arabischen erfolgen.[643] Jedoch wird das genaue Vorgehen von Olshausen nicht deutlich, weil er im *Lehrbuch* nur die Resultate seiner Rekonstruktion der *älteren Sprache* darstellt, aber über den Begründungszusammenhang seiner Hypothesen schweigt.

Grundsätzlich kannte laut Olshausen die *ältere Sprache* drei unterschiedliche Formen der Verbalflexion – Perfekt (*qatal*), Imperfekt (*yiqtol*) und Imperativ (*qetol*). Dabei habe das *qatal* ursprünglich vollendete und das *yiqtol* unvollendete Handlungen und Zustände beschrieben, während das *qetol* solche bezeichnet habe, die noch vollendet werden sollen.[644] Durch den Kontakt mit anderen Idiomen habe die *ältere Sprache* drei *Modifikationen* des *yiqtol* entwickelt,[645] die

---

643 Vgl. Olshausen, *Lehrbuch*, § 5a.
644 Olshausen, *Lehrbuch*, § 18b.
645 Olshausen benutzt √*mšl* als Paradigmenverb; der Einheitlichkeit willen werden nachfolgend seine Paradigmen mit der Wurzel √*qtl* wiedergegeben.

	1. Modification	2. Modification	3. Modification
3. Sing. m.	*yăqtŭlŭ	*yăqtŭl	*yăqtŭlăn
3. Sing. f.	*tăqtŭlŭ	*tăqtŭl	*tăqtŭlăn
2. Sing. m.	*tăqtŭlŭ	*tăqtŭl	*tăqtŭlăn
2. Sing. f.	*tăqtŭlînă	*tăqtŭlî	*tăqtŭlîn
1. Sing. com.	*'ăqtŭlŭ	*'ăqtŭl	*'ăqtŭlăn
3. Plur. m.	*yăqtŭlûnă	*yăqtŭlû	*yăqtŭlŭn
3. Plur. f.	*tăqtŭlnă	*tăqtŭlnă	---
2. Plur. m.	*tăqtŭlûnă	*tăqtŭlû	*tăqtŭlŭn
2. Plur. f.	*tăqtŭlnă	*tăqtŭlnă	---
1. Plur. com.	*năqtŭlŭ	*năqtŭl	*năqtŭlăn
1. Sing. com.	*'ăqtŭlŭ	*'ăqtŭl	*'ăqtŭlăn

Olshausen geht davon aus, dass sich keine spezifischen Formen für die 3. Modification Plural feminin ausgebildet haben. Olshausen, *Lehrbuch*, § 19c.

mittels Suffigierung von Vokalen weitere Abstufungen in der Kennzeichnung un-
vollendeter Handlungen und Zustände ermögliche. Somit ähnelten diese *Modifi-*
kationen in ihrer neu gewonnenen Pragmatik der Funktion der Modi anderer
Sprachen. Zur eigentlichen, syntaktischen Funktion dieser drei *Modifikationen*
des *yiqtol* in der *älteren Sprache* äußert sich Olshausen im *Lehrbuch* nicht; lediglich der Hinweis, dass die Unterschiede zwischen diesen drei Modifikationen in
der Sprache des Alten Testaments aufgrund der phonologischen *Entartung* verwischt worden seien, findet sich.[646]

Da Olshausen den Großteil der hebräischen Verbalformen mithilfe von Lautgesetzen zu erklären vermag,[647] schließt er aus, dass sich der Bau des Verbs im
Idiom des Alten Testaments im Laufe der Sprachgeschichte wesentlich verändert
habe.[648] Lediglich für die morphologische Erklärung der *Modifikationen* des *yiqtol*
zieht Olshausen seine Rekonstruktion der *älteren Sprache* zu Rate. Dabei zeigt er
auf, dass die Unterschiede zwischen den ersten zwei Modifikationen *(*yăqtŭlŭ*
und **yăqtŭl)* durch die Effekte der *Entartung* verwischt worden seien, sodass die
Form *yiqtól* doppeldeutig geworden sei. Nur in wenigen Ausnahmen sei der Unterschied zwischen den Derivaten von **yăqtŭlŭ* und **yăqtŭl* morphologisch zu erkennen.[649] Auf die syntaktischen Implikationen der Differenz zwischen der Kurz-
und Langform des *yiqtol* sowie die Ausnahmen dazu geht das *Lehrbuch* nur mar-
ginal ein.[650] Die dritte Modifikation des *yiqtol* (**yăqtŭlăn*) hingegen könne nur
noch in der ersten Person communis Singular wie Plural beobachtet werden.
Auch hier entfaltet die *Entartung* ihre Wirkung, sodass die ursprüngliche Endung

---

646 „Die geringe Entwickelung zusammengehöriger Verbalgruppen veranlasste im Hebräischen bei der Ausgleichung gegen die Gruppen anderer, reicher entwickelter Sprachen hie und
da Schwierigkeiten, welche auch dadurch nicht ganz beseitigt werden, dass die Sprache schon
frühzeitig im Imperfect gewisse Modificationen an dem Sinne eines Satzes durch leichte Veränderung am Ende der Formen ausdrückte, die grossentheils Analogie mit den M o d u s b i l d u n -
g e n anderer Sprachen hatten, später aber meistens wieder verwischt sind." Olshausen, *Lehr-*
buch, § 18f.
647 Die einzige Ausnahme ist, dass Olshausen im Rahmen der Morphemanalyse der *yiqtol-* und
qatal-Formen versucht, eine Verbindung zwischen den Personalendungen und den Pronomen
zu ziehen. Ähnliches findet sich aber bereits bei Gesenius und Ewald. Siehe dazu Anm. 506.
648 Formen, deren Eigentümlichkeiten sich nicht durch diese Regeln erklären lassen, klassifiziert Olshausen gerne als Textfehler, wie beispielsweise die „monstrosen Imperfectformen" von
בוא. Vgl. Olshausen, *Lehrbuch,* § 226c und Anm. 619.
649 Vgl dazu Olshausen, *Lehrbuch,* § 228a.
650 „Nicht überall, wo die Verwendung der kürzeren Form des Imperfects nach allgemeinen
Gesetzen der Sprache am Orte gewesen wäre, hat dieselbe auch wirklich Statt*[sic]* gefunden, wie
es zum Theil bei der Uebersicht über die einzelnen Verbalformen angedeutet werden wird, im
Uebrigen aber in der Syntax nachzuweisen ist." Olshausen, *Lehrbuch.*

von *-ăn zu הֶ-/הָ- geworden ist. Interessanterweise nimmt die sprachgeschichtliche Herleitung für die Unterscheidung der Kurz- und Langform des *yiqtol* in dieser Form spätere Theorieentwicklungen vorweg, die erst auf Grundlage der Entzifferung der Keilschrift[651] – insbesondere des Kanaano-Akkadischen der Amarnaperiode und des Ugaritischen – und den daraus gewonnen Einsichten zur Frühgeschichte des nordwestsemitischen Sprachenkontinuums bestätigt werden konnten.[652]

Olshausens morphologische Analyse der *wayyiqtol*/*weqatal*-Formen vertritt die damals noch breit rezipierte These eines *waw-conversivum* – d.h., durch die Präfigierung der Konjunktion וְ werde die Funktion der Tempora in ihr Gegenteil verkehrt.[653] Dementsprechend sei das *weqatal* ein mit der Partikel וְ verbundenes *qatal*, das in einigen Fällen von einer Tonverschiebung von der Pänultima auf die Ultima begleitet werde. Die syntaktische Funktion des *weqatal* bestehe in der Fortführung der vorherigen Form, was aber auch durch *yiqtol*- und *qetol*-Formen bewerkstelligt werden könne.[654] Damit rückt seine Erklärung der *weqatal*-Syntax erstaunlich nahe an diejenige von Ewald. Denn hinter beiden Theorienansätzen zu diesem syntaktischen Phänomen steht eine sprachlogische Erklärung, nach der die Auswirkungen einer bereits erwähnten Handlung antizipierend als vollendete Tatsache geschildert werden können.[655] Olshausens Deutung der syntaktischen Funktion des *wayyiqtol* erfolgt in Kongruenz zu seiner Interpretation des *weqatal*. Der alleinige Unterschied liegt darin, dass Olshausen in dem im

---

651 Olshausen versuchte durchaus, mit dem Anstieg an assyriologischem Wissen mitzuhalten. Siehe dazu Olshausen, „Prüfung", worin er sich der phylogenetischen Zuordnung des Assyrischen widmet. Er scheint sich jedoch zunehmend, wie an seiner Publikationstätigkeit abzulesen ist, auf die Iranika konzentriert zu haben. Vgl. Schmitt, „Olshausen".

652 So z.B. Ebeling, „Verbum", 15f. Zur Theorieentwicklung zu diesem Locus bis in die Mitte des 20. Jahrhunderts siehe Meyer, „Verbalsystem".

653 Zur Wirkungsgeschichte der *waw-conversivum*-These siehe McFall, *Enigma*, 21 insbesondere Anm. 3.

654 „Vor die Perfectform tritt häufig die Partikel וְ, nicht bloss in gewöhnlicher Weise an das Vorhergehende anreihend, sondern einen wesentlicheren, inneren Zusammenhang mit demselben ausdrückend, während die mit der Partikel zu einem Worte verschmolzene Perfectform selbst zugleich einen Werth annimmt, der ohne diese Verbindung durch eine andre Verbalform (Imperfect oder Imperativ) ausgedrückt werden würde." Olshausen, *Lehrbuch*, § 229a.

655 „Dieser eigenthümliche, in der Sprache ganz und gar eingebürgerte Gebrauch, der nach seinen Einzelheiten in der Syntax ausführlich zu erläutern ist, beruht ursprünglich auf einem Spiele der Einbildungskraft, vermöge dessen die gleichsam nothwendig erscheinende Folge einer erwähnten Handlung oder eines angedeuteten Umstandes als ein Vollendetes betrachtet wird, während abgesehen von dem Verhältnisse der Folge eine andere Auffassung am Orte gewesen wäre." Olshausen, *Lehrbuch*, § 229a.

wayyiqtol verwendeten Präfix - ֿו die Reste einer älteren Form der aus dem alttestamentlichen Idiom bekannten Konjunktion -ֿו sieht, die mit dem Vokal *ă* gebildet werde.[656] Die Verdoppelung des nachfolgenden Konsonanten und die Tonverschiebung von der Ultima auf die Pänultima, wie sich beim *wayyiqtol* beobachten ließe, können wie beim *weqatal* mit den Tongesetzen erklärt werden. Es erstaunt aber, dass Olshausen anscheinend nicht auffällt, dass das *wayyiqtol* der Kurzform des *yiqtol* nahesteht. Ferner rechnet Olshausen die Verbindung von אַל mit einem durch ein *Maqqeph* verbundenes *yiqtol* dem Phänomen *wayyiqtol/weqatal*[657] zu.

Zusammenfassend lässt sich festhalten, dass sich – auch wenn das *Lehrbuch* keine konzise Darstellung der Syntax liefert – darin genügend Hinweise auf Olshauses Verständnis der Morphosyntax des hebräischen Verbalsystems finden lassen. Dabei kann man beobachten, dass Olshausen für die Herleitung der morphologischen Phänomene durchaus eigenständige Wege geht und dass er sich einiges der hypothetischen Rekonstruktion der entsprechenden Formen aus der *älteren Sprache* aus einer primär arabistischen Perspektive neu erschließen kann. Jedoch verhalten sich seine Annäherungen an die Syntax der Verben mehrheitlich wie unkritische Übernahmen der Interpretation von Ewald und nicht zwingend als eindeutige Folgerungen aus seinen morphologischen Theorien. Daher muss hier die Frage gestellt werden, inwiefern Olshausen zur Zeit der Niederschrift des ersten Teils des *Lehrbuchs* die Syntax des hebräischen Verbalsystems für sich bereits durchdrungen hatte.

4.3.3 Olshausen als Vertreter einer orientalistischen Wende der Hebraistik

Auch wenn Olshausens Werk randständig erscheinen mag und darum wohl auch in forschungsgeschichtlichen Studien übergangen wird,[658] wäre es ein Fehler seine Bedeutung für die Hebraistik zu gering einzuschätzen. Nicht nur als Gegenspieler Ewalds,[659] sondern auch mit seinen semitistischen Arbeiten steht

---

656 „Die Form ֿו wird vorzüglich da gebraucht, wo zwei Begriffsbezeichnungen als eng zusammengehören gleichsam paarweise mit einander verbunden werden sollen, vorausgesetzt, dass die Bindepartikel unmittelbar vor der Tonsylbe des zweiten Wortes steht; das erste Wort muss dann stets mit einem Bindeaccente versehen sein. […] Die Form ֿו mit nachfolgendem Dåγéš *forte* kommt nur in der Verbindung mit Imperfectformen vor, […]“ Olshausen, *Lehrbuch*, § 224b.
657 Olshausen, *Lehrbuch*, § 229c.
658 So z.B. in den entsprechenden Einträgen der *EBR* oder *EHLL*. Vgl. Fassberg, „Hebrew" oder Hornkohl, „Periodization".
659 Siehe dazu Anm. 629.

Olshausen für einen Paradigmenwechsel, der die Methodologie der hebräischen Sprachkunde entscheidend prägte. Denn simplifiziert beschrieben reiht sich seine konsequente Beschreibung des Hebräischen aus dem Blickwinkel der Orientalistik in die damalige Geistesgeschichte ein,[660] die letztendlich zu einer sekundären Profanisierung des Idioms des Alten Testaments führte.

Diese sekundäre Profanisierung zeigt sich besonders darin, dass Olshausen nicht mehr das Idiom des Alten Testaments als primäre Quelle der Ausarbeitung einer Gesamtgrammatik der semitischen Sprachen wählt, sondern das Arabische.[661] Die Peripherisierung des Hebräischen ist eine direkte Folge der Auseinandersetzung Olshausens mit dem Orient, die sowohl Sprache als auch die Realia in Blick nahm. Daneben findet in seinem ganzen Werk eine kritische Auseinandersetzung mit den der alttestamentlichen Wissenschaft vorliegenden Quellen statt, die sich, wie oben erwähnt, in Olshausens Skepsis gegenüber der Machbarkeit einer Periodisierung des Idioms des Alten Testaments niederschlägt. Diese Zurückhaltung gegenüber historischen Darstellungen zeigt sich auch im Fehlen jeglicher Entwürfe zur Literaturgeschichte des Alten Testaments oder der Geschichte Israels.[662] Gleichzeitig bevorzugte Olshausen den Zugriff auf außerbiblische Quellen – in diesem Fall das Arabische –, um die Geschichte des Sprachwandels darzustellen. Hier sind besonders seine Rekonstruktion der *älteren Sprache* und die Idee der phonologischen *Entartung* als allgemeines Sprachgesetz als bleibende Elemente seiner Untersuchungen hervorzuheben.

Obwohl Olshausens Lehrbuch nur die Laut- und Formenlehre behandelte,[663] war ihm eine große Breitenwirkung vergönnt. Durch die konsequente Verortung

---

660 Siehe dazu die wissenschaftsgeschichtlichen Darstellungen bei Hanisch, *Nachfolger* und Marchand, „Orient".

661 Zur Wirkungsgeschichte solche *arabozentrischer* Zugänge, die später ins Wechselspiel das Akkadische in die Mitte der historisch-vergleichenden Erfassung setzenden Ansätzen traten siehe Aslanov, „Gesenius".

662 Laut Mangold stand Olshausen den Fragen der Geschichtswissenschaft offen gegenüber, was sich z.B. an seiner Kooperation mit dem Historiker Gustav Droysen in Kiel zeige. Jedoch habe sich Olshausen ganz ähnlich wie andere seiner Fachkollegen auf eine den Historikern zuarbeitende Arbeitsmethode beschränkt. Vgl. Mangold, *Wissenschaft*, 105.

663 Die hier zu beobachtende Trennung der Syntax von Morphologie und Phonologe, die dazu führt, dass die Satzlehre nicht oder nur rudimentär bearbeitet wurde, beschränkt sich nicht nur auf Olshausens Lehrbuch, sondern scheint geradezu symptomatisch zu sein für historisch-vergleichend angelegte Grammatiken zum Biblisch-Hebräischen. Vgl. dazu u.a. Stade, *Lehrbuch*; Bergsträsser, *GKB*[29] und Bauer/Leander, *Grammatik*. Dieses Phänomen ist nicht ausschließlich auf die Arbeitsökonomie der jeweiligen Autoren zurückzuführen; es wird auch durch methodologische Probleme verursacht. Denn die Erklärung phonologischer und morphologischer Phänomene kann relativ klar mittels Sprachvergleich und (hypothetisch erschlossenen) Vorformen des Hebräischen innerhalb der Welt des antiken Orients und mit der Abkehr vom Diktum der Erststellung des Hebräischen sowie durch die Rezeption orientalistischer Forschung schärfte er das Profil der grammatischen Bearbeitung des Hebräischen und bereitete so die Hebraistik auf die Integration außerbiblischer Funde vor. Zusätzlich förderte der Prestigegewinn der Orientalistik und ihrer Gegenstände in der zweiten Hälfte des 19. Jahrhunderts die Reduktion des Stellenwerts des Hebräischen, so dass hier von einem zweiten Schub der *Profanisierung* der Reste der Axiome der *Philologia Sacra* gesprochen werden kann. Olshausen gelang es jedoch nicht, den sachlichen Unterschied zu Ewalds synthetisch-spekulativem Ansatz zu überwinden; erst dem im nächsten Kapitel vorgestellte Bernhard Stade glückte dies.

4.4 Bernhard Stade und die Konsolidierung der phylogenetischen Semitistik

Die Blüte der deutschsprachigen Semitistik in der zweiten Hälfte des 19. Jahrhunderts, die mit der von Suzanne Marchand als *second oriental renaissance* bezeichnete neuen Spielart des Orientalismus zusammenfällt,[664] wurde durch verschiedene Faktoren ermöglicht. Die wissenschaftliche Erschließung neuen Quellenmaterials einerseits, das durch Reisende wie Johann Ludwig Burckhardt[665] oder Carsten Niebuhr nach Europa gelangte, und die Entzifferung der

---

des Hebräischen gelingen. Eine diachrone Analyse von syntaktischen Problemen war hingegen angesichts der widrigen Quellenlage, die bis zur Entdeckung der Archive in Ugarit und Qumran bestand, kaum möglich.

664 Nach Marchand hat sich mit Beginn der 1880er Jahre das Interesse sowohl der deutschen Gelehrten als auch der breiten Öffentlichkeit an den *Orientalia* qualitativ geändert. Diese *second oriental renaissace* sei demnach tief von romantischen Ideen beseelt gewesen und habe durchaus zum Widerspruch zur humanistischen Imagination der klassischen Antike als Ursprung der Kultur, die unter dem Philhellenismus neuen Verve fand, diesen im Nahen, Mittleren und Fernen Osten neu zu verorten versucht. Dieser Drang zur gesellschaftlichen Neuorientierung zusammen mit der Zunahme von Quellenmaterial aus den Antiken Orient, von denen nicht wenige ,mitgebracht' wurden, wurde zu einem der besten Fürsprecher der Anliegen der akademischen Orientalistik. Vgl. Marchand, „Philhellenism", 339f. Eine literaturgeschichtliche Darstellung von philhellenistischen Tropen und ihre Wechselwirkungen mit orientalistischen Vorstellungkomplexen findet sich bei Polaschegg, *Orientalismus*, 232–275.

665 Gesenius kümmerte sich um die Übersetzung Burckhardts zunächst auf Englisch verfassten Reiseberichte, die er auch um ausführliche philologische Anmerkungen ergänzte. Siehe dazu Hübner, „Archäologie", 468f.

akkadischen Keilschrift 1857[666] andererseits ermöglichte, wie bereits in den vorherigen Kapiteln erwähnt, den Zugang zu den historischen Dokumenten. Gleichermaßen ausschlaggebend für die Entfaltung und Konsolidierung der Semitistik innerhalb des deutschsprachigen Raums war die Gründung von Fachgesellschaften. Denn so wurde es der Disziplin ermöglicht, den wissenschaftlichen Diskurs über den Gegenstand ihrer Betrachtung entscheidend zu organisieren und diesen durch wechselnde Publikationspolitiken zu prägen.[667] Die prominenteste dieser Gründungen ist die Konstituierung der *Deutschen Morgenländischen Gesellschaft* im Jahre 1845,[668] die durch ihre Veröffentlichungsorgane[669] bereits von Anfang an

---

666 Die Jahreszahl 1857 ist als terminus ad quem zu verstehen; eine Reihe von Vorarbeiten die Entzifferung der akkadischen Keilschrift vorbereitete. Anfangend mit der ersten Entzifferung der persischen Keilschrift durch Georg Friedrich Grotefend im Jahre 1802 (siehe dazu Anm. 612) verlief die Geschichte der Dechiffrierung der unterschiedlichen Notationssysteme die mithilfe der summero-akkadischen Keilschriftzeichen operierten, nicht auf linearen Pfaden. 1857 lud die Royal Asiatic Society die britischen Orientalisten Henry Rawlinson und William Henry Fox Talbot, den irischen Assyriologen Edward Hincks und den deutsch-französischen Altorientalisten Jules Oppert vor, um in einem kontrollierten Umfeld deren Entzifferungen des akkadischen Keilschriftsystems zu überprüfen. Zu diesem Zwecke wurde ihnen eine noch nicht publizierte Inschrift vorgelegt, die die vier ohne Absprache zu übersetzen hatten. Aufgrund der großen Überlappungen dieser vier Übersetzungsvorschläge in wesentlichen Fragen galt fortan die Entzifferung der akkadischen Keilschrift gelungen, so zumindest die Lesart der Royal Asiatic Society. Vgl. dazu Royal Asiatic Society, *Inscription*, ein Bericht über das „Experiment" findet sich auf den Seiten 3–10. Für eine Darstellung der Geschichte der Entzifferung der Keilschrift seit Grotefend siehe Borger, „Entzifferungsgeschichte".
667 Für eine Darstellung der Gründungsumstände der *ZDMG* und ihrer Vorläufer siehe Preissler, „Anfänge", 256–260. Einen Abriss der Geschichte der orientalistischen Periodika im deutschsprachigen Raum, die nach der *ZDMG* lanciert wurden, findet sich bei Mangold, *Wissenschaft*, 279–285 und Marchand, *Orientalism*, 164.
668 Einen Überblick über das Entstehen der *Deutschen Morgenländischen Gesellschaft (DMG)* und ihrer ersten Jahre bietet Preissler, „Anfänge".
669 Dazu gehören neben der *ZDMG* (teilweise mit wechselndem Namen) seit 1847 auch die Jahresberichte, die in unregelmäßiger Folge und wechselnder Titelei ebenfalls seit 1847 erschienen. Siehe dazu die kritische Prüfung der Gattung Jahresberichte durch die *DMG* in „Nachrichten", XXI–XXXV. Beginnend mit dem Jahr 1884 lancierte die *DMG* auch ein assyriologisches Periodikum, dass zuerst *Zeitschrift für Keilschriftforschung und verwandte Gebiete* hieß, aber zwei Jahre später in *Zeitschrift für Assyriologie und verwandte Gebiete* umbenannt wurde (ab 1939 wurden die Hefte unter dem Namen *Zeitschrift für Assyriologie und vorderasiatische Archäologie* geführt). Daneben verantwortete die *DMG* auch Spezialzeitschriften wie die *Zeitschrift für Semitistik und verwandte Gebiete* (1922–1935) oder die *Zeitschrift für Indologie und Iranistik* (1922–1936), die jedoch mittelfristig eingestellt worden sind. Zu diesen Zeitschriften reihen sich auch monographische Reihen, wie etwa die *Abhandlungen für die Kunde des Morgenlandes*, die ebenfalls von der *DMG* getragen wurden. Zum Schicksal der Publikationen der *DMG* zwischen den Weltkriegen siehe Hanisch, *Nachfolger*, 90.

eine rigide Wissenschaftspolitik verfolgte und historisch-philologische Forschungen gegenüber einer positivistisch-theologischen Wissenschaft vorzog.[670] Auch die Gründung der *Zeitschrift für alttestamentliche Wissenschaft*[671] durch Bernhard Stade (1848–1906)[672] reiht sich in diese wissenschaftsgeschichtlichen Entwicklungen ein. Dass er, wie Cornelia Weber schreibt, durch die quellenkritische Ausrichtung der ZAW die mit Julius Wellhausens *Geschichte Israels* einsetzende Schul- und Lagerbildung innerhalb der alttestamentlichen Wissenschaft katalysierte,[673] bleibt wohl Stades größtes Erbe. Für die hiesige Fragestellung sind aber Stades philologische Arbeiten ausschlaggebend. Nach einer Dissertation zur Verbalmorphologie des Ge'ez[674] und dem Habilitationsvortrag „Die wachsende Bedeutung der Assyriologie für die wissenschaftliche Erforschung des Alten Testaments"[675] schien eine semitistisch-hebraistische Stoßrichtung den weiteren Forschungen Stades vorgezeichnet zu sein. An der Umsetzung dessen versuchte er sich auch: Angedacht war eine dreibändige Folge aus einer Geschichte der hebräischen Sprache und Sprachwissenschaft in Zusammenarbeit mit Emil Friedrich Kautzsch,[676] einer Grammatik des biblischen Idioms und eines Wörterbuchs in Kooperation mit Carl Gustav Adolf Siegfried.[677] Dieses Vorhaben, das offensichtlich Gesenius' ähnlich strukturiertem hebraistischen Triptychon aus *Geschichte der hebräischen Sprache und Schrift, Lehrgebäude* und *Handwörterbuch*

---

670 Vgl. dazu Marchand, „Philhellenism", 337.

671 Einen kurzen Abriss der Geschichte der *ZAW* von der Gründung bis Johannes Hempel mitsamt kritischer Einordnung des Schicksals der *ZAW* unter seiner Herausgeberschaft bietet Weber, „Zeitschrift". Siehe ferner auch Smend, „Herausgeber".

672 Biographische Skizzen sind zu finden bei Gall, „Stade"; Gunkel, „Stade" und Smend, *Kritiker*, 372–385.

673 Vgl. Weber, *Testament*, 171f. Zu den Gemeinsamkeiten und Rivalitäten zwischen Stade und Wellhausen in der Konzeption der Geschichte Israels siehe Kurtz, *Kaiser*, 71 Anm. 19 und 176 Anm. 21. Eine Darstellung der Funktion der Größe *Geschichte* im theologiegeschichtlichen Entwurf *Biblische Theologie des Alten Testaments* von Stades (erschienen 1905) mitsamt forschungsgeschichtlicher Kontextualisierung findet sich bei Sláma, *Theologies*, 93–96.

674 In seiner von Dillmann betreuten Dissertation stellt Stade die Flexion von Verbalwurzeln im Altäthiopischen (Ge'ez) dar, die nicht dem sonst in den semitischen Sprachen verbreiteten *Trilitteralismus* folgen. Da sich solche Abweichungen in äthiopischen Sprachen besonders häufen und bis zu diesem Zeitpunkt die Morphologie des Verbs im Altäthiopischen selten betrachtet wurde, erhofft sich Stade – so zumindest gemäß Einleitung zu seiner Dissertation – mit seiner Untersuchung zur Debatte über die Ursprünglichkeit des *Trilitteralismus* beitragen zu können. Vgl. Stade, „Ursprung".

675 Vgl. Smend, *Kritiker*, 375.

676 Vgl. die entsprechende Korrespondenz zwischen Kautzsch und Stade bei Freye, *Kautzsch*, 225f. sowie Smend, *Kritiker*, 375 Anm. 9.

677 Siehe dazu Smend, „Herausgeber", 3.

nachempfunden war und dieses ersetzen sollte, wurde nie vollendet. Lediglich das *Hebräische Wörterbuch zum Alten Testament* wurde fertiggestellt,[678] die Publikation des der Syntax gewidmeten Teilbands der Grammatik blieb aus und die Sprachgeschichte kam nie über das Stadium der Vorarbeiten hinaus.[679] Obwohl Stade in späteren Jahren in kleineren Aufsätzen und Miszellen zu Fragen der nordwestsemitischen Epigraphik und semitischen Sprachwissenschaft Stellung bezog,[680] kehrte er nicht mehr zur Hebraistik zurück.

Der 1879 und somit acht Jahre nach der Veröffentlichung der Dissertation von Stade erschienene Teilband zu Schrift-, Laut- und Formenlehre des *Lehrbuchs der Hebräischen Grammatik* (nachfolgend mit *Lehrbuch* abgekürzt) gewährt somit einen Einblick in Anfangsphase seiner professoralen Laufbahn.[681] Im Vorwort begründet Stade seine Entscheidung, eine eigene Grammatik zu verfassen, teils mit dem möglichen Einsatz im Rahmen seinen eigenen Lehrtätigkeit und teils mit seiner Unzufriedenheit mit den zeitgenössischen Grammatiken.[682] Für die Erstellung des *Lehrbuchs* habe er laut Eigenauskunft auf Materialien aus seinen Vorlesungen in Leipzig (WS 1873–WS 1875) und den ersten Jahren in Gießen zurückgegriffen.[683] Im Gegensatz zu Olshausen, der zwischen der morphologischen Beschreibung einerseits und der Erörterung syntaktischer Fragen andererseits fundamentale Unterschiede sah, war Stades *Lehrbuch* von Anfang an als zweibändiges Werk angelegt. Vielleicht erklärt die Verbundenheit zur Lehre, in der die Morphologie von entscheidender Bedeutung war, dass trotz entsprechender

---

678 In einer Replik auf einen Nachruf auf Siegfried hält Stade fest, dass die Arbeitsbelastung im Rahmen dieses Projektes zu seinen Ungunsten ausgefallen wäre und widerspricht damit dem Lobredner. Siehe dazu Stade, „Autorschaft".

679 So Smend, *Kritiker*, 375.

680 Siehe dazu das dem Nachruf in der *ZAW* beigefügte Schriftenverzeichnis: Gall, „Stade", XVI–XIX. Der Heinrich Leberecht Fleischer gewidmete Beitrag aus dem Jahre 1875 ist unter den sprachwissenschaftlichen Beiträgen der Bedeutendste; darin legt Stade ausführlich seine Sicht des Verhältnisses zwischen Hebräisch und Phönizisch dar (Stade, „Prüfung"). Laut Smend wurden für diesen Aufsatz Stades Vorarbeiten zur Sprachgeschichte des Hebräischen benutzt. Vgl. Smend, *Kritiker*, 375.

681 Einige der im Lehrbuch nahezu beiläufig geäußerten grundlegenden Bestimmungen finden in Stades späteren Büchern paradigmatische Anwendung. So etwa die Aussage, dass erst mit Etablierung des vereinigten Königreiches mit „Spuren einer hebräischen Literatur" (Stade, *Lehrbuch*, § 15b) zu rechnen sei, wird in Stades *Geschichte des Volkes Israel* zum leitenden Paradigma der historischen Rekonstruktion. Vgl. Stade, *Geschichte*, 1:9f.

682 Vgl. Stade, *Lehrbuch*, V.

683 Elf der 17 von Stade in Leipzig gehaltenen Lehrveranstaltungen sind von rein hebraistischer Natur. Siehe dazu den Eintrag zu Stade im Historische Vorlesungsverzeichnisse der Universität Leipzig, https://histvv.uni-leipzig.de/dozenten/stade_b.html [Zuletzt aufgerufen am 20.06.20].

Vorarbeiten[684] der zweite, der Syntax gewidmete, Teilband des *Lehrbuchs* nie veröffentlicht wurde. Stades Unzufriedenheit mit den existierenden Grammatiken des Hebräischen speist sich aus seiner Beobachtung, dass seit dem Erscheinen der Lehrbücher von Ewald und Olshausen deren Entwürfe als These und Antithese stehen geblieben seien, die Hebraistik einer Synthese dieser Modelle bedürfe. Nach Stades Dafürhalten ist Nöldeke in seinen Untersuchungen zum Aramäischen[685] eine dementsprechende Synthese gelungen, sodass er jenem mit dem vorliegenden *Lehrbuch* für das Hebräische nachzuziehen gedachte.[686]

Damit versuchte Stade die seit Gesenius' Beschreibung der Partikularitäten des geschichtlich bedingten Hebräischen aufgeworfenen Frage nach ihrer Integrationsmöglichkeit in ein sprachgeschichtliches Modell zu beantworten. Die hier nachfolgende Besprechung ausgewählter Inhalte seiner Grammatik wird deutlich machen, dass es ihm durch diese Synthese gelingt, Ewalds Anliegen der Erfassung des *inneren Wesens* des Hebräischen mit Olshausens hypothetischer Rekonstruktion der Vorform des selbigen Idioms zu versöhnen. Der Ausgleich zwischen der angemessenen Interpretation der dem Hebräischen typischen Spezifika und der Erklärung deren Genese durch Bildung phylogenetischer Hypothesen gelingt ihm nicht durch das sklavische Einhalten einer historisch-vergleichenden Methodik. Vielmehr begründet sich der Erfolg seiner Synthese – zumindest auf dem Feld der Laut- und Formlehre – mit einer pragmatischen Anwendung des empirischen Sprachvergleichs und der hypothetischen Erschließung der Vorgeschichte des Hebräischen. Insgesamt tritt bei Stade so die

---

684 Siehe dazu Gall, „Stade", VII und Smend, *Kritiker*, 379.

685 Es wird nicht ersichtlich, auf welche von Nöldekes Schriften Stade hier Bezug nimmt. Nach Bobzin und Gzella gehören Nöldekes grammatische Bearbeitung der neusyrischen Dialekte und des Mandäischen zu den epochemachenden Werken der Aramaistik, da darin zum ersten Mal ausführlich die Sprachgeschichte des Aramäischen historisch-vergleichend erschlossen werde. Vgl. Bobzin, „Nöldecke" und Gzella, *History*, 7f. Die *Grammatik der neusyrischen Sprache am Urmia-See und in Kurdistan* erschien im Jahre 1868, die *Mandäische Grammatik* 1875. Da beide Grammatiken vor Stades *Lehrbuch* veröffentlich wurden, liegt es nahe anzunehmen, dass sich Stade auf diese Werke bezieht. Zu den Entwicklungen in der Aramaistik seit Nöldeke siehe Rosenthal, *Forschung*. Ein Abriss der Geschichte der Aramaistik findet sich bei Gzella, *History*, 3–16.

686 „Seit Justus Olshausen sein festgeschlossenes System dem ewald'schen entgegengesetzt hat, hat sich allmählich die Ueberzeugung Bahn gebrochen, dass auch hier These und Antithese auf ihre Synthese hinweisen. Aber während die von jenen beiden Meistern der semitischen Sprachwissenschaft gegebene Anregungen auf dem Gebiete der aramäischen Sprachen durch Theodor Nöldeke in glücklicher Weise in einer solchen weitergeführt worden sind, ist dies auf dem Gebiete der hebräischen Grammatik, wo der Streit zunächst entbrannte, noch nicht geschehn. Mein Buch soll es hier versuchen." Stade, *Lehrbuch*, V.

Erklärbarkeit der Phänomene und nicht die stringente Anwendung der gewähl-
ten Methode in den Vordergrund – ein Vorgehen, dem bis heute viele Entwürfe
in der Hebraistik folgen.

4.4.1 Die phylogenetische Verordnung des Hebräischen

Die Fortschritte hinsichtlich der Verhältnisbestimmung zwischen den unterschiedlichen semitischen Sprachen und Dialekten fanden ihren Niederschlag in
der theoretischen Konzeption des *Lehrbuchs*. So löst sich Stade vom gängigen Paradigma der äquidistanten Beziehung zwischen Arabisch, Hebräisch und Aramäisch[687] und versucht dabei die aktuelle Forschung zu berücksichtigen. Dabei entscheidet er sich dafür, die phylogenetische Verhältnisbestimmung durch eine an
der geographischen Verbreitung der einzelnen Sprachen orientierte Nomenklatur zu verdeutlichen, und schlägt eine Unterscheidung zwischen süd- und nordsemitischen Sprachen vor. Zum südsemitischen Zweig zählt er die unterschiedlichen Formen des (Nord-)Arabischen, die südarabischen Sprachen und die
Idiome Äthiopiens, die sich alle durch „einen reicheren Bestand von Consonan-
ten und eine größere Formenfülle"[688] von den nordsemitischen Sprachen abset-
zen würden. Dass dieses Phänomen besonders im Falle des Klassisch-Arabischen
greifbar werde, spräche nicht zwingend für die Annahme, dass dieses Idiom die
archaischsten und ursprünglichsten Elemente der semitischen Sprachen bewahrt habe.[689] Denn auch das Arabische unterliege dem Sprachwandel, der sich
eindrücklich anhand der Unterschiede zwischen dem Arabischen des Koran und
den regionalen Dialekten illustrieren lasse. Die dort beobachtbare Bewegung zur
Komplexitätsreduktion nennt Stade, in Abgrenzung zu Olshausens Konzept der
Entartung, Decomposition.[690]

---

687 Siehe dazu den Abriss zur Forschungsgeschichte der Taxonomie semitischer Sprachen von
Gesenius bis Bauer/Leander bei Aslanov, „Gesenius".
688 Vgl. Stade, *Lehrbuch*, § 2.
689 „Es ist jedoch unrichtig, sie für die in allen Stücken alterthümlichste und ursprünglichste
der semitischen Sprachen zu halten. Sie hat neben alten Formen eine Fülle neuer. Das Gesetz
der Analogie hat in ihr eine grosse Uebereinstimmung der Formen hervorgebracht und dadurch
manches alterthümliches verwischt, was sich z. B. im Hebräischen oder Syrischen erhalten hat."
Stade, *Lehrbuch*, § 3a.
690 Mit *Decomposition* bezeichnet Stade die phonologische Vereinfachung von komplexeren
morphologischen Gebilden, die sekundär sich auch auf die Syntax auswirke. Als Vorlage für
diese Konzept dient Stade die Erkenntnisse aus sprachgeschichtlichen Analysen zu den Dialekt-
varietäten des Arabischen. Vgl. dazu Stade, *Lehrbuch*, 3a.

Stades Systematik der nordsemitischen Sprachen ist das Produkt seiner Beschäftigung mit den neueren Ergebnissen der Semitistik. Besonders am Umgang mit dem Akkadischen und der Neubewertung der aramäischen Sprachen wird dies sichtbar. Im Nachgang zur Entzifferung der Keilschrift[691] wurde das Akkadische, das Stade Assyrisch-Babylonisch nennt, als semitische Sprache erkannt und musste fortan in einer stimmigen Art und Weise in das phylogenetische Theoriegebäude eingepasst werden.[692] Dies scheint Stade besondere Mühe bereitet zu haben, denn einerseits erkannte er die Gemeinsamkeiten zu den anderen nordsemitischen Sprachen, andererseits verwirrten ihn die Eigentümlichkeiten des Akkadischen. Daher nahm er an, dass das Akkadische in seiner überlieferten Gestalt nur von einer herrschenden Elite praktiziert worden sei und darum in einer besonders *dekomponierten* Form vorläge.[693] Eine positivere Haltung, trotz ähnlicher Charakterisierung, hatte Stade zum Aramäischen. Durch die Berichte und mitgebrachten Dokumente der Orientreisenden hatte sich zwar die Quellenlage zu den aramäischen Sprachen und Dialekten verbessert, aber erst durch Nöldekes Arbeiten zum Aramäischen war es möglich, das zusammengetragene Wissen in einen sinnvollen Zusammenhang zu setzen und mit größerer Tiefenschärfe zu betrachten. Angesicht dieser verbesserten Situation der Aramaistik kommt Stade zum Schluss, dass zum Zweck der besseren Erhellung des Hebräischen das Aramäische trotz seiner am weitesten unter den semitischen Sprachen fortgeschrittenen phonologischen *Decomposition* die wichtigste Sprache sei.[694]

Das Kanaanäische ist in Stades Modell die südlichste Sprachgruppe des Nordsemitischen, von dessen verschiedenen Dialekten nur die zwei Schriftsprachen Phönizisch und Hebräisch bezeugt seien. Die Gemeinsamkeiten zwischen diesen beiden Sprachen seien nicht nur auf Vokabular, auf phonologische Charakteristika oder auf die Morphologie zu begrenzen – Stade führt das *waw-consecutivum* als eine besondere Gemeinsamkeit beider Sprachen an[695] –, sondern

---

691 Siehe dazu Anm. 612.

692 Zur Geschichte der phylogenetischen Taxonomie der semitischen Sprachen im 19. Jahrhundert und der anfälligen Schwierigkeit der Integration des Akkadischen darin siehe Aslanov, „Gesenius". Eine Darstellung der neueren und neusten Diskussion darüber findet sich bei Huehnergard/Rubin, „Phyla".

693 „Die Sprache zeigt sich auf den ältesten Inschriften schon in stark decomponirter [sic] Form, der Vocalismus spottet aller Regeln, so dass sich die Vermuthung aufdrängt, es möchte dieser semitische Dialect die Sprache einer Assyrien und Babylonien beherrschenden Minderheit gewesen und schon frühe auf enge Kreise beschränkt gewesen sein." Stade, *Lehrbuch*, § 5.

694 Vgl. Stade, *Lehrbuch*, § 6a.

695 Zur unsicheren Datenlage bezüglich der Existenz eines waw-consecutivum im Phönizischen siehe *Phönizisch-Punische Grammatik³*, § 266 und Lehmann, „Nutzen", 24f. Anm. 106.

würden auch „Sprache und Sitte"[696] umfassen. Dennoch würden die Unterschiede in der Vokalisation und der abweichende Sprachgebrauch von Alltagswörtern die Rede von zwei unterschiedlichen Sprachen rechtfertigen.[697] Es sei im Weiteren davon auszugehen, dass das Hebräische aus mehreren unterschiedlichen Dialekten bestanden habe, obgleich sich nur in Ri 12 eine explizite Nachricht darüber fände. Auch wenn die eigentliche Rekonstruktion solcher Regionaldialekte schwierig sei,[698] finden sich im *Lehrbuch* die nachfolgenden drei Thesen zu den Dialekten des Hebräischen. So könne man erstens im Deboralied, im Hohelied und im Hoseabuch sowie bei B im Pentateuch[699] die Reste einer Schriftsprache des Nordreiches beobachten.[700] Zweitens rechtfertige die Nähe des Idioms des Hiobbuches zum Aramäischen wie Arabischen die Annahme, dass es sich darin um einen peripheren Dialekt des Hebräischen handle.[701] Auch sei drittens das Moabitische, das mit der 1868 gefundenen Meschastele zum Gegenstand der wissenschaftlichen Betrachtung wurde,[702] mit Verweis auf seine morphologischen, semantischen und syntaktischen Übereinstimmungen mit dem alttestamentlichen Idiom als hebräischer Dialekt zu betrachten.[703]

---

696 Stade, *Lehrbuch*, § 13.

697 „Es *[das Hebräische, B.P.]* theilt mit dem *Phönicischen* im Allgemeinen den gleichen Wortschatz, die gleichen Laute und Tongesetze und viele characteristische Bildungen im Nomen wie Verbum. Beide und neben ihnen keine andere semitische Sprache haben das sogen. *Waw consecutivum*. Das Phönicische unterscheidet sich jedoch von ihm 1) durch fortgeschrittenere Entwickelung des Vocalismus, 2) abweichende Bildung des Suffixes der 3. Pers. Sing. Masc., 3) Abweichungen im Sprachgebrauche, z. B. כֻּן für הָיָה [...]" Stade, *Lehrbuch*, § 9b. Vgl. auch die ausführliche Darstellung der Gemeinsamkeiten und Unterschiede in Stade, „Prüfung".

698 „Ueberhaupt können wir bei den Schicksalen, welche die a.t. Schriften im Laufe ihrer Ueberlieferung gehabt haben, nicht erwarten, in ihnen dialectische Unterschiede in grösserer Anzahl erhalten zu finden. Nur im Wortschatze werden sich solche sicherer erhalten haben. Nach dieser Seite hin macht aber wieder der geringe Umgang der hebräischen Literatur es unmöglich, sichere Resultate zu gewinnen." Stade, *Lehrbuch*, § 10a.

699 Damit meint Stade, wohl Dillmanns Nomenklatur folgend, den Elohisten der neueren Urkundenhypothese. Siehe dazu Houtman, *Pentateuch*, § 99.

700 Vgl. Stade, *Lehrbuch*, § 10b.

701 „Aber die merkwürdige Erscheinung, dass sein Sprachgebrauch sowohl an das Aramäische als das Arabische anstreift, erklärt sich nur genügend, wenn er entfernt von dem Mittelpunkte national jüdischen Lebens in einem Territorium schrieb, in dessen Nähe arabische wie aramäische Stämme wohnten und dessen Volkssprache demgemäss Anklänge an diese bot." Stade, *Lehrbuch*, § 10c. Vgl. dazu jüngst Greenstein, *Job*, XXVIIf.

702 Siehe dazu Anm. 435.

703 „Im Sprachgebrauche ist das Moabitische kaum mehr vom gewöhnlichen Hebräischen verschieden als etwa Hiob oder das H.L. [...] In syntaktischer Beziehung zeigt das Moabitische dieser

Diese sehr ausführliche Darstellung der Verwandtschaftsverhältnisse der semitischen Sprachen illustriert, in welcher Breite sich Stade mit den neueren und
neusten Entwicklungen der Semitistik auseinandergesetzt und sich dazu kritisch
positioniert. Beides machte Stade auf eine für ein Lehrbuch der Grammatik ungewöhnlich transparente Weise durch einen Fußnotenapparat sichtbar, sodass
eine auf den jeweiligen Zusammenhang bezogene Auseinandersetzung möglich
wird – sowohl Ewald als auch Olshausen hatten zeitgenössischen Konventionen
entsprechend auf diese Art der wissenschaftlichen Transparenz verzichtet. Die
Frage nach dem geographischen Ursprung der semitischen Sprachen lässt Stade
unbeantwortet, obwohl die Geographie in seiner Bestimmung der phylogenetischen Zusammenhänge eine außerordentlich große Rolle spielt und die Beantwortung der Herkunftsfrage durchaus zum damaligen wissenschaftlichen Stan-
dard gehörte.

Auch methodologisch setzt sich Stade von seinen Vorgängern ab. So geht er
etwa von einem breiteren Wirkungsgrad der Sprachkontakte aus, die sowohl auf
Vokabular als auch Grammatik ihren Einfluss entwickeln könnten. So greift er
überall, wo Ähnlichkeiten zwischen zwei Sprachen zu beobachten sind, die sich
nicht durch eine gemeinsame Herkunft erklären ließen, auf diese Idee zurück.[704]
Die größte methodische Neuerung des *Lehrbuchs* ist die Verabschiedung von der
Idee einer Entwicklungsrichtung des Sprachwandels. So strebe eine Sprache weder, wie bei Ewald, nach einer größeren Entfaltung ihres *Inneren Wesens* durch
die Erhöhung ihrer Komplexität noch sei sie, wie bei Olshausen, der Gefahr der
stetigen *Entartung* ausgesetzt. Vielmehr sind für Stade beide Bewegungen – hin
zu mehr Komplexität durch linguistische Innovation, aber auch deren Verlust –
Phänomene des Sprachwandels, die zeitgleich erscheinen können. Mit diesem
Sowohl-als-auch gelingt ihm die methodologische Synthese von Ewalds Prinzip
der Sprachgeschichte als Entfaltung des *Inneren Wesens* einer Sprache mit Olshausens Konzept der phonologischen *Entartung*.

Inschrift im Gebrauche vom Waw consecutivum und seiner Verknüpfung mit dem verkürzten
Imperfect eine merkwürdige Uebereinstimmung mit dem Hebräischen." Stade, *Lehrbuch*, § 11.
704 Stade deutet die Ähnlichkeiten zwischen dem Dialekt des Nordreiches und dem Westaramäischen nachfolgend: „Das letztere erklärt sich aus der geographischen Nachbarschaft. Wo immer zwei semitische Dialecte aufeinanderstossen, theilen sie, auch wenn sie verschiedenen
Gruppen angehören, einzelne grammatische Erscheinungen." Stade, *Lehrbuch*, § 10a.

4.4.2 Die Unmöglichkeit einer Periodisierung der Geschichte des Hebräischen auf Basis des masoretischen Textes

Stade begegnet einer diachronen Analyse des Hebräischen, deren Ziel eine absolute Periodisierung der Sprachgeschichte liegt, mit größter Zurückhaltung. Grundsätzlich könne „keine einzige Zeile des A.T. für eine Geschichte der hebräischen Sprache verwandt werden",[705] da die Literar-, Redaktions- und Transmissionsgeschichte des masoretischen Textes eine diachrone Darstellung des Sprachwandels der innerhalb dieses Korpus zu findenden Idiome verunmögliche. Auch könne, wenn die Möglichkeit bestünde, die Autorenschaft der einzelnen Texte zu ermitteln oder sie wenigsten gesichert zu datieren, nicht ausgeschlossen werden, dass es im Zuge der Redaktionsprozesse zu Textveränderungen gekommen sei. Zwar könne man einzelne Texteinheiten – Stade nennt als Beispiele u.a. das Brunnenlied (Num 21,17f) und das Deboralied – der Frühgeschichte des Hebräischen zuordnen, aber diese Versatzstücke tauchten stets in einem Kontext auf, der klar ersichtlich jünger zu datieren sei. Neben diesen literar- und redaktionsgeschichtlich begründeten Vorbehalten erschwere das Phänomen, dass Formen, die nicht aus den als älter zu datierenden Texten des Korpus bekannt sind, in Texten jüngerer Provenienz auftauchten,[706] eine absolute Periodisierung des Hebräischen. Insgesamt scheinen für Stade nur sprachgeschichtliche Aussagen möglich zu sein, die auf sozio-linguistischen Argumenten oder sprachlichen Indizien fußen, die nicht dem masoretischen Text entstammen. Eine solche These ist Stades Annahme, dass die mit dem davidischen Königreich einsetzende Verschriftlichung des Hebräischen den Sprachwandel verlangsamt habe.[707]

Neben der aus oben genannten literar- und redaktionsgeschichtlichen Gründen erfolgten Problematisierung der Möglichkeit einer diachronen Analyse des Hebräischen erschwert aus der Sicht Stades auch die Textgeschichte der hebräischen Bibel dieses Vorhaben. Denn nach seinem Dafürhalten lässt sich der masoretische Text auf eine einzige Urrezension des Alten Testaments zurückführen,

---

705 Stade, *Lehrbuch*, § 16a.

706 Vgl. dazu Stades Auflistung dieser, in der neusten Diskussion *Pseudo-Klassizismen* genannten, Formen Stade, *Lehrbuch*, § 16a. Zum derzeitigen Diskussionsstand siehe u. a. Joosten, „Pseudo-Classicisms" sowie die Kritik an diesem Theorem bei Rezetko/Young, *Linguistics*, 96–99.

707 „Es ist nicht wohl denkbar, dass in den fast tausend Jahren, welche durch diese beiden Endpunkte bezeichnet werden, die hebräische Sprache keine Veränderungen erlitten haben sollte. Verlangsamt sich auch die Weiterentwicklung jeder Sprache von dem Momente an, wo sie Literatursprache wird, so hört dieselbe doch niemals auf." Stade, *Lehrbuch*, § 15b.

die sich ferner nicht auf Manuskripte mit vergleichbarer textkritischer Güte stütze, sondern je nach Buch von unterschiedlicher Qualität sei. Darum müsse man davon ausgehen, dass den Übersetzern der LXX teilweise ‚bessere' Vorlagen als den Masoreten in Form einer vormasoretischen Rezension des hebräischen Textes zu Verfügung gestanden hätte.[708] Ferner rät Stade auch dazu, die masoretische Vokalisation mit Vorsicht zu behandeln, da sie trotz ihrer Treue zur Tradition eine aus dem Zusammenhang des synagogalen Gottesdienstvortrages entstandene anachronistische Rekonstruktion des Vokalbestands sei. Da aber aufgrund der Beschaffenheit der semitischen Sprachen ausgerechnet die Vokalisation der zentrale Ort der Ablesbarkeit des Sprachwandels sei,[709] sei ein unmittelbarer Rückgriff auf die Geschichte des Hebräischen unmöglich.[710] Eine Rekonstruktion dieser Geschichte müsse sich daher alleine auf Untersuchungen des Wortschatzes und der syntaktischen Phänomene stützen. Aber auch dieses Vorgehen sei nicht uneingeschränkt durchführbar. So eigne sich die poetische Literatur nicht, da nach Stade die poetische Sprache aufgrund ihres Charakters zur Bewahrung des Sprachbestands neige. Darum könne nicht davon ausgegangen werden, dass poetische Texte das momentane Sprachbild ihrer Abfassungszeit abbilden würden.[711]

---

708 „Diese Einzelhandschriften stammen von Recensionen ab, welche sehr verschiedene Grundsätze in der Ueberlieferung des Consonantentextes befolgten. Vor Veranstaltung jener Urrecension war die Ueberlieferung der biblischen Handschriften eine viel sorglosere als später. Ja willkürliche Aenderungen können nicht geläugnet werden. Die alexandrinischen Uebersetzer haben zum Theil andere und bessere Handschriften vor sich gehabt. Es ist sogar wahrscheinlich, dass unser massorethischer Text noch nach den Zeiten dieser alexandrinischen Bibelübersetzungen Veränderungen erlitten hat." Stade, *Lehrbuch*, § 16b.

709 Dies begründet Stade mit Verweis auf die morphologischen Charakteristika der semitischen Sprachen. Für Stades Zusammenstellung dieser Besonderheiten siehe Stade, *Lehrbuch*, § 12.

710 „Aber auch wenn wir den ursprünglichen Consonantentext der a.t. Schriften besässen, wäre es doch nicht möglich, danach eine genauere Geschichte der hebräischen Sprache zu erschliessen. Denn zu einer solchen gehört genauere Kenntniss der Geschichte des Vocalismus. Nun wird zwar die Richtigkeit der massoretischen Punktation durch viele Indicien bestätigt. Aber es ist nicht zweifelhaft, dass die von ihr repräsentirte traditionelle synagogale Aussprache in manchen einzelnen Puncten aus den sprachlichen Gesetzen nur schwer zu erklären ist. Der zwischen dem Erlöschen der hebr. Sprache und der Fixirung der Aussprache durch Vocalzeichen liegende Zeitraum ist länger, als dass man überall eine treue Ueberlieferung voraussetzen könnte. Von den Differenzen der Dialecte und der einzelnen Zeiten in der Vocalaussprache wissen wir aber gar nichts." Stade, *Lehrbuch*, § 16b.

711 „Treuer überliefert wurde sie wegen ihrer Form. Vor der schriftlichen Fixirung haben die meisten Gedichte die Schicksale mündlicher Ueberlieferung durchgemacht. Die poetische

Aus den genannten literar-, redaktions- und textgeschichtlichen Erwägungen heraus nimmt Stade keine Periodisierung der Sprachgeschichte des Hebräischen vor, sondern fordert vielmehr, dass die verschiedenen Idiome der einzelnen Texte in ihrer jeweils eigenen Partikularität wahrgenommen werden. Es könne lediglich versucht werden, gröbere Linien des Sprachwandels zu ziehen. So könne man feststellen, dass durch das Exil eine Beschleunigung der *Decomposition* erfolgt sei, die sich bei Deuterojesaja und Maleachi wieder verlangsamt habe. Gleicherweise könne in Texten aus der Perserzeit eine fortschreitende *Decomposition* festgestellt werden, die sich insbesondere durch den stetig wachsenden Einfluss des Westaramäischen zeige. In erster Line werde dies am Eindringen von aramäischen Lehnwörtern und syntaktischen Verbindungen sichtbar. Letzteres könne man vornehmlich am Rückgang des *waw-consecutivum* beobachten.[712] Als Zeitpunkt der endgültigen Verdrängung des Hebräischen durch das Aramäische setzt er das Datum der Entweihung und Restitution des Jerusalemer Tempels durch Antiochius IV. Epiphanes im Jahre 167 v. Chr.[713] – wobei hier die Frage zu stellen ist, ob diese Datierung von Stade mehr aus theologiegeschichtlichen Erwägungen erfolgte. Zuletzt merkt er an, dass es mit dem Hebräischen der Mischna zu einer literarischen, künstlichen *Fortbildung* der hebräischen Sprache gekommen sei.[714] Denn dort könne man eine sich bereits bei Kohelet abzeichnende[715] Sprachmischung beobachten, die den althebräischen Sprachbestand durch Integration von aus dem Aramäischen stammenden Vokabular und morphologischen Markern sowie durch Angleichung an die Semantik der neuen *lingua franca* weiterführe.

Das Fehlen von diachroner Zuordnung in der Formenlehre ist ein weiteres Zeichen für Stades grundsätzliche Skepsis gegenüber einer Sprachgeschichte des Hebräischen. Lediglich einige von Ewald übernommene Ideen zur *inneren Geschichte* finden Eingang in Stades *Lehrbuch*. So geht Stade an mehreren Stellen

---

Sprache ist immer conservativ und gibt daher keinen genauen Spiegel des Sprachgebrauchs einer bestimmten Zeit." Stade, *Lehrbuch*, § 17a.

712 Vgl. Stade, *Lehrbuch*, § 17b.

713 „Der Kreis derer, welche hebräisch verstehen, wird immer kleiner. Auch Gelehrten wird es bequemer aramäische zu schreiben. Daniel zeigt dies, aber auch, dass zu jener Zeit noch eine ziemliche Anzahl Israeliten Hebräisch verstanden hat, denn sonst hätte die Benutzung der hebr. Sprache zu einem solchen Buche keinen Zweck gehabt. Hier um 167 v. Chr. haben wir den letzten Erweis vom Leben der hebräischen Sprache." Stade, *Lehrbuch*, § 17b.

714 Hier rezipiert Stade Abraham Geigers Thesen zur Geschichte des Hebräischen der Mischna. Vgl. dazu Geiger, *Lehrbuch*, 2f.

715 Siehe dazu Stades Auflistung der spezifisch jüngeren Formen bei Kohelet in Stade, *Lehrbuch*, § 17b.

auf den gemeinsamen Ursprung von Verb und Nomen von der Bedeutungswurzel ein und sieht im konjugierten Verb einen zu *einem Wort* verschmolzenen Nominalsatz.[716] Neben dieser organologischen Analyse der Verbalmorphologie folgt Stade auch Ewalds an der Aspekttheorie orientierten Nomenklatur des *qatal* als Perfekt und des *Yiqtol* als Imperfekt. Auch er schließt sich seiner Interpretation der Verbalflexion an, nach der im Hebräischen keine Differenzierung der Zeitenfolge, sondern die Unterscheidung zwischen vollendeten und unvollendeten Handlungen erfolge. Auch in der Bewertung des Phänomens, dass den semitischen Sprachen die in vielen indoeuropäischen Idiomen üblichen temporalen Näherbestimmungen Vergangenheit-Gegenwart-Zukunft ursprünglich fremd sind, folgt Stade Ewald: Er rekapituliert dessen Einschätzung, dass die in den semitischen Sprachen übliche aspektuale Differenzierung eine niedrigere Stufe der Sprachentwicklung wiederspiegle.[717] Die Interpretation, dass das Hebräische eine sekundäre Differenzierung des *yiqtol* entwickelt habe, um das Fehlen der Modi auszugleichen, übernimmt Stade hingegen von Olshausen bzw. von Gesenius. Dabei greife das Hebräische auf das Mittel der Kürzung und Längung der Vokalwerte der *yiqtol*-Formen zurück, um Aussagen über unvollendete Handlungen hinsichtlich ihrer *Dringlichkeit* zu unterscheiden.[718] Diese aus der Vor- und Frühgeschichte des Hebräischen stammende Innovation ermögliche dem Hebräischen nach Stade die Unterscheidung zwischen begonnenen, gewünschten oder befohlenen Handlungen. Er nennt die Kurzform des *yiqtol Jussiv* und die Langform, die mithilfe des *Nun-Energicums* verdeutlicht gekennzeichnet werde, *Modus Energicus*.[719] Das vom masoretischen Text bezeugte Hebräisch habe diese Differenzierung jedoch wieder eingeebnet, so dass sich der *Jussiv* nur in Ausnahmen

---

716 „Das Verbum oder Thatwort ist [...] ein zu einem Worte zusammengezogener, aus zwei Nennwörtern bestehender Satz. Es gibt wie der Satz eine Aussage, enthält Subjekt und Prädicat. Von anderen Nominalsätzen unterscheidet es sich jedoch nicht nur durch die Zusammenziehung zu einem Worte, sondern noch weiter dadurch, dass sein Subject immer ein Fürwort ist. Bei der dritten Person kommt dieses Subject lautlich gar nicht zum Ausdrucke, sondern ist zu ergänzen." Stade, *Lehrbuch*, § 381a. Siehe dazu Anm. 506 sowie Ewald, *Lehrbuch*⁵, §§ 190–191.

717 Vgl. Stade, *Lehrbuch*, § 382a.

718 „Bei dem semitischen Imperfectum zeigt sich eine den Modis der indogermanischen Sprachen entsprechende Erscheinung. Es sind nämlich schon im Semitischen vom Imperfectum drei Abarten abgezweigt worden, welche die unvollendete Handlung als noch nicht begonnen, sondern gewünscht oder befohlen bezeichnen. Auf zweierlei Wegen kann die hierin liegende Dringlichkeit lautlich zum Ausdrucke gebraucht werden [...]" Stade, *Lehrbuch*, § 480a.

719 Den Umstand, dass im Arabischen eine größere Differenzierung der Präfixkonjugationen vorliegt, spräche für die Annahme, dass die Innovation der Modi von *yiqtol*-Formen zum Zeitpunkt der Aufspaltung der semitischen Sprachen noch nicht vollständig vollzogen gewesen wäre. Vgl. Stade, *Lehrbuch*, § 480c.2.

von der Langform des *yiqtol* unterscheide. Träte jedoch ein *waw-consecutivum* auf, sei diese Unterscheidung einfacher nachzuvollziehen.[720] Im Gegensatz zu Olshausen und Ewald beschreibt Stade die zusammengesetzten Formen *wayyiqtol/weqatal* und *we+qetal/we+yiqtol* nicht im Rahmen der Formenlehre. Lediglich der Hinweis, dass es sich beim *waw-consecutivum* um eine Konjunktion handele, findet sich.[721]

4.4.3 Stade und die weitere Entwicklung der Hebraistik

Auch wenn Stades Entwurf nicht fertig gestellt wurde und nur die Laut- und Formenlehre vorliegen, antizipieren die dort getroffenen methodologischen Entscheidungen den weiteren Diskurs der Hebraistik.

Als erste dieser diskursbestimmenden Entscheidungen ist Stades phylogenetischer Entwurf bezüglich der Verhältnisse der semitischen Sprachen zu nennen. Stade setzt das Hebräische nicht mehr ins Zentrum der semitischen Sprachen, sondern ordnet es als Zweig des Nordsemitischen dem Kananäischen unter. Auch ist das von ihm vorgeschlagene System so flexibel, dass es rezent gefundene Sprachen und Dialekte wie beispielsweise das Moabitische erfassen und einordnen kann.

Die Kritik am masoretischen Text und des darin überlieferten Idioms wird zweitens von Stade entscheidend verschärft. Er entfernt sich von der Idee, dass der masoretische Text die hebräische Sprache genuin abbilde. Obwohl die Qualität des dort bezeugten Idioms nicht zu niedrig eingeschätzt werden könnte, dürfe nicht außer Acht gelassen werden, dass die positivistische Einschätzung bezüglich dieses Idioms im Rahmen der *Philologia Sacra* entstand.[722] Indem Stade von positivistischen Konzeptionen bezüglich der Quellengüte des masoretischen Tex Abschied nimmt und Erkenntnisse der historisch-kritischen Exegese einfließen lässt, hinterfragt er schlussendlich die Aussagefähigkeit des masoretischen Textes, wie auch des darin bezeugten Idioms als Grundlage der Rekonstruktion des Hebräischen. Eine größere Aussagefähigkeit misst er den außerbiblischen

---

720 Vgl. Stade, *Lehrbuch*, § 481.

721 Vgl. Stade, *Lehrbuch*, § 379a.

722 So beispielsweise die Kontroverse zwischen Louis Cappel und den Buxtorfs um die historische Glaubwürdigkeit der masoretischen Punktation. Siehe dazu die kritische Darstellung dieses Streits und Kontextualisierung der Textkritik als Gegenstand der kirchenpolitischen Profilierungsversuche im Nachgang zur Reformation bei Hardy, *Criticism*, 308–334.

Hebraica wie auch der LXX zu und bereitet damit neuere und neuste Diskussionen der Hebraistik vor.

Die Synthese von Ewalds und Olshausens Axiomen zur Gesetzmäßigkeit des Sprachwandels ist als dritte diskursbestimmende Neuerung des Ansatzes von Stade zu nennen. Stades Synthese ermöglichte nicht nur eine pragmatische Analyse der Sprache ohne unnötige Beeinträchtigung durch sprachphilosophische Konzepte. Gleichsam unterstützte sie sie die Hebraistik, dem Anliegen der sogenannten Junggrammatiker mit Vorsicht zu begegnen.[723] Interessanterweise rezipierte die Semitistik als Ganzes kaum eine der Forderungen der Junggrammatiker und entwickelte eigenständige Lösungsvorschläge.[724] Die stetige Zunahme von Quellenmaterial vermag vielleicht dieses Desinteresse an den Junggrammatikern erklären, denn selbst die sprachwissenschaftliche Bearbeitung der seit der zweiten Hälfte des 19. Jahrhunderts gefundenen levantinischen Schriftarchive kam aufgrund der voreiligen theologischen, religionswissenschaftlichen, historischen und orientalischen Rezeption dieser Quellen kaum zustande.

Insgesamt lässt sich also festhalten, dass sich Stades *Lehrbuch* dadurch auszeichnet, dass es viele wichtige Impulse seiner Vorgänger aufnimmt und weiterentwickelt. Somit bereitete es die Hebraistik auf methodologische Diskurse vor, die durch die stetige Zunahme von neuem Quellenmaterial verursacht wurden. Mit dem Fund der Meschastele beginnend, sollten sie die Geschichte dieser Disziplin fortan entscheidend prägen.

---

723 Um den Leipziger Germanisten Friedrich Zarncke (1825–1891) und ebenfalls an der dortigen Universität tätigen Indogermanisten August Leskien (1840–1916) bildete sich in den 1870er Jahren die sogenannte junggrammatische Schule (manchmal auch Leipziger Schule genannt), die bis um 1900 die Tendenzen der sprachwissenschaftlichen Forschung tiefgreifend prägte. Durch stringente Anwendung des Postulats der Ausnahmslosigkeit der Lautgesetze wurde durch diese Schulbildung die komparatistische Sprachgeschichtsschreibung intensiviert und mit sowohl biologischen Beobachtungen zur Lautphysiologie und Evolution als auch mit psychologischen Ansätzen der Sprachbetrachtung ins Gespräch gebracht. Siehe dazu Putschke, „Arbeiten".

724 So z.B. Friedrich Eduard König, der durch die Arbeiten des Mediziners Karl Ludwig Merkel zum menschlichen Sprechapparat inspiriert, versuchte durch seine ihm eigentümliche lautphysiologische Methode das Hebräische und Äthiopische zu erschließen. Vgl. König, *Wellhausenianismus*, 8. Für das Hebräische fand dieses Programm im Zuge des dreibändigen *historisch-kritischen Lehrgebäude* auf über 2000 Seiten monumentale Anwendung. Siehe dazu die einleitenden Ausführungen zur Programmatik bei König, *Lehrgebäude*, 1881, 1:§ 2.

Benjamin Suchard versucht in seiner 2020 erschienen Dissertationsschrift zur Entwicklung der Vokale im Biblisch-Hebräischen aufzuzeigen, dass sich die Veränderungen der Vokalwerte mithilfe eines junggrammatischen Theoriegebäude beschreiben lassen. In der Einleitung zu dieser Studie findet sich ein Abriss zum Einfluss junggrammatischer Ideen auf die Hebraistik. Vgl. Suchard, *Development*, 28–32.

5 Resümee

Absicht dieser Untersuchung war eine Historiographie der christlichen Beschäftigung mit dem Hebräischen. Zu diesem Zweck wurden in einer dreiteiligen Perspektivierung erstens die alttestamentlichen Ursprünge der Rede von der Heiligkeit des Hebräischen, zweitens die Entfaltung und Profanisierung dieses Topos in der frühen Neuzeit sowie die Substitution dieser Idee durch die Entdeckung und drittens anschließende grammatische Beschreibung der hebräischen Sprachgeschichte dargestellt. Nachfolgend findet sich eine Zusammenfassung der Erträge dieser Untersuchung.

Der erste Hauptteil (Kapitel 2) widmete sich der Frage, inwiefern die Idee der Heiligkeit des Hebräischen dem Alten Testament selbst entstammt. Bereits in Kapitel 2.1 wurde darauf hingewiesen, dass das Konzept der Heiligkeit im Verlauf der israelitisch-frühjüdischen Religionsgeschichte eine tiefgreifende Wandlung durchlaufen hat: In der Mehrheit der alttestamentlichen Schriften steht die Wurzel קדשׁ im konkreten Zusammenhang mit dem Kult. Erst in der Spätzeit des Zweiten Tempels wird die Chiffre קדשׁ zur Qualifikation abstrakter Größen wie etwa der Sprache benutzt; dies ist jedoch erst nachalttestamentlich belegt (siehe dazu Kapitel 3.1.1). Da dies jedoch nicht ausschließt, dass einerseits im Alten Testament Vorstellungen über das Hebräische existierten, die später Bestandteil der Rede von der Heiligkeit dieser Sprache wurden, und diese andererseits die Entwicklung solcher Topoi ermöglichten, wurde die inneralttestamentliche Sprachreflexion ausführlich betrachtet. Zu diesem Zweck wurden begriffliche und narrative Formen der Sprachreflexion gesondert dargestellt. Es ließ sich durch die Besprechung ausgewählter metasprachlicher Begriffe (נְאֻם יהוה, אמר/לֵאמֹר, שָׂפַת כְּנַעַן und אַשְׁדּוֹדִית) zeigen, dass durch die Zunahme von taxonomischen Strategien das Differenzierungspotential von sprachreflexiven Äußerungen anstieg und solche auch absichtsvoller eingesetzt wurden (vgl. 2.2). In Kapitel 2.3 wurde die biblische Urgeschichte (Gen 1–11) exemplarisch und selektiv auf narrative Formen von Sprachreflexion untersucht. Dabei konnte beobachtet werden, dass die verschiedenen, durch die Mittel der diachronen Betrachtung fassbaren Teile der biblischen Urgeschichte das Phänomen Sprache unterschiedlich und durchaus sich gegenseitig widersprechend thematisieren. Ferner ließ sich zeigen, dass diese Polyphonie der unterschiedlichen Teile der Urgeschichte, durch eine synchron-konsekutive Lektüre dieses Texts verstärkt, unweigerlich zur Frage nach der *Genesis der Sprache(n)* führt (vgl. Kapitel 2.3.4). Eine solche Veranlagung zur Entfaltung der Frage nach der Herkunft der Sprache an Gen 1-11 beförderte, in Wechselwirkung mit dem allgemeinen Komplexitätsanstieg der

https://doi.org/10.1515/9783110749106-005

alttestamentlicher Sprachreflexion, die Entstehung der Rede von der Heiligkeit des Hebräischen.

Der zweite Hauptteil dieser Untersuchung (Kapitel 3) hatte die Entfaltung der hebräischen Sprachkunde in der frühen Neuzeit im deutschsprachigen Raum zum Thema. Gegenstand der Bearbeitung war die sogenannte *Philologia Sacra*, die als metatheoretisches System der unter einer religiösen Zielsetzung erfolgten Betrachtung der hebräischen Sprache verstanden wurde.

In einer kursorischen Hinführung wurden in Kapitel 3.1 die antik-jüdische und neutestamentliche Sprachreflexion skizziert sowie die Anfänge der hebräischen Sprachkunde beleuchtet, um schließlich die in die Entstehung der christlichen Hebraistik mündenden Zusammenhänge zu erläutern. Es ließ sich zeigen, dass die christliche Tradition durchaus Wissen über das Hebräische überlieferte, aber eine eigenständige Beschäftigung mit der Sprache des Alten Testaments nur punktuell entfaltete. Dies steht im starken Kontrast zur jüdischen Bearbeitung des Hebräischen, die bereits im frühen Mittelalter einen hohen Grad der diskursiven Reflexion ausbildete. Erst unter der Ägide des renaissance-humanistischen Rückgriffs auf die Antike und in Rezeption jüdischer Sprachkunde erfolgte eine christliche Beschäftigung mit dem Hebräischen, die von Italien und Spanien ausgehend den deutschsprachigen Raum erreichte. Gefördert durch den Buchdruck wurde hier schließlich eine Entfaltung der universitären Erforschung und Vermittlung des Hebräischen möglich.

Im weiteren Verlauf wurde dargestellt, wie der weit verbreiteten und teilweise mit antijudaistischen Untertönen versetzten Skepsis gegenüber dem Hebräischen mithilfe von Lobreden auf das Hebräische entgegnet wurde. So wurden in Kapitel 3.2 anhand einer ausführlichen Besprechung von Georg Witzels *Oratio in laudem Hebraicae linguae* die darin enthaltenen sprachapologetischen Topoi herausgearbeitet. Neben bekannten Topoi – wie etwa der Identifikation des Hebräischen mit der *adamitischen* Sprache und der Vorstellung, dass alle anderen Sprachen vom Hebräischen stammten – findet sich in Witzels *Oratio* die Idee eines besonderen Offenbarungscharakters dieser Sprache, der sich auch in deren Heilswirksamkeit zeige.

In Kapitel 3.3 wurde eine wissenschaftsgeschichtliche Verortung der frühneuzeitlichen Hebraistik als Philologia Sacra vorgenommen, indem dieses Phänomen zuerst definitorisch gefasst und dann durch weitere Beispiele illustriert wurde. Schließlich wurde unter 3.4 der Niedergang dieses wirkmächtigen Systems unter dem Schlagwort der *Profanisierung* des Hebräischen verhandelt. Mit letzterem wurde der durch die Zunahme des Sprachwissens verursachte allmähliche Verlust der Überzeugungskraft der Rede von der Heiligkeit des Hebräischen verstanden.

Der dritte Hauptteil (Kapitel 4) dieser Untersuchung widmete sich der Entdeckung der Sprachgeschichte des Hebräischen und der Einbettung dieses Theorems in die grammatische Theoriebildung. Ausgehend von der Beobachtung, dass erst mit der Profanisierung des Hebräischen eine konsequente Bearbeitung seines sprachlichen Wandels einsetzt, wurde anhand von vier besonders wirkmächtigen deutschsprachigen Entwürfen zur hebräischen Sprachgeschichte aus dem 19. Jahrhundert die Diskussion darüber nachgezeichnet. Ein spezieller Fokus der Darstellung lag dabei auf der Diskussion der jeweiligen Interpretation der Morphosyntax des Verbes im Hebräischen.

Für die hebraistische Theoriebildung bezüglich der Sprachgeschichte des alttestamentlichen Idioms ist die wiederholt von Wilhelm Gesenius vorgelegte diachrone Periodisierung diskursbestimmend geworden, die unter 4.1 eingehend besprochen wurde. Diese auf empirischen Erhebungen basierende dichotome Einteilung der hebräischen Sprachgeschichte in eine vor- und nachexilische Phase wird bis heute mit Abwandlungen vertreten. Gesenius' Annäherung an das hebräische Verbalsystem hingegen vermochte es nicht, die innere Logik des alttestamentlichen Sprachgebrauchs befriedigend zu deuten.

Eine bessere Erklärung dieser Zusammenhänge gelang Heinrich Ewald, der mithilfe seiner synthetisch-spekulativen Methodik versuchte, den Zusammenhang zwischen der äußeren und inneren Geschichte des Hebräischen aufzuzeigen. So wurde in 4.2 gezeigt, wie Ewald versuchte, die Sprachgeschichte des Hebräischen im Austausch mit seinen Entwürfen zur alttestamentlichen Religions-, Literatur- und Ereignisgeschichte zu entfalten und gleichzeitig die Entwicklung des inneren Wesens der Sprache des Alten Testaments nachzuzeichnen.

Während Ewald das Hebräische als archimedischen Punkt der Erschließung der semitischen Sprachen behandelte, rückte Justus Olshausen in seinem *Lehrbuch* von dieser Vorannahme ab und stellte das Hebräische sowie die Geschichte seines Lautwandels aus einer dezidiert arabistischen Perspektive dar. Anhand dieses als sekundäre Profanisierung des Hebräischen bezeichneten Paradigmenwechsels konnte im Weiteren auch die Verflechtungen zwischen der Hebraistik und Orientalistik aufgezeigt werden.

Dabei stellte sich in Kapitel 4.4 heraus, dass sowohl die von Olshausen vorgenommene Rekonstruktion der Vorstufe des Hebräischen als auch seine Kritik an der Glaubwürdigkeit der masoretischen Vokalisation in Bernhard Stades *Lehrbuch* weitergeführt wurde. Stades Entwurf, der sich als Synthese der Ansätzen von Ewald und Olshausen versteht, besticht durch seine konsequente Anwendung der sprachvergleichenden und sprachgeschichtlichen Herangehensweise, die die Hebraistik in vielerlei Hinsicht auf die neueren und neuesten Quellenfunde vorbereiten sollte.

Insgesamt lässt sich bezüglich der deutschsprachigen Hebraistik im 19. Jahrhundert sagen, dass althergebrachte Theoreme durch das Aufkommen der sprachgeschichtlichen Frage nicht gänzlich ad acta gelegt wurden. Vielmehr wurde an diesen so lange wie möglich festgehalten. Ferner wurde anhand der Darstellung ersichtlich, dass bezüglich der Unabdingbarkeit der sprachgeschichtlichen Beschreibung des Hebräischen ein grundsätzlicher Konsens herrschte, aber über die methodische Erfassung der unterschiedlichen Sprachstufen und die Synthese der Beobachtungen hinsichtlich des diachronen Sprachwandels durchaus kontrovers gestritten wurde.

Literaturverzeichnis

Textausgaben, Nachschlagewerke und Hilfsmittel

Alkier, Stefan/Bauks, Michaela/Koenen, Klaus (Hg.): *Das wissenschaftliche Bibellexikon im Internet*. 2007. (http://www.wibilex.de [Zuletzt aufgerufen am 31.01.22]).

Bautz, Friedrich Wilhelm/Bautz, Traugott (Hg.): *Biographisch-bibliographisches Kirchenlexikon*, 40 Bände. Hamm 1975–2019.

Buber, Martin/Rosenzweig, Franz: *Die Schrift. Aus dem Hebräischen verdeutscht*. Stuttgart [10]1992.

Collins, Billie/Buller, Bob/Kutsko, John (Hg.): *The SBL Handbook of Style*. Atlanta [2]2014.

Clines, David (Hg.): *The Dictionary of Classical Hebrew*, 8 Bände. Sheffield 1993–2011.

Die Bibel nach der Übersetzung Martin Luthers. Stuttgart 2017.

Dietrich, Walter/Arnet, Samuel (Hg.): *Konzise und aktualisierte Ausgabe des hebräischen und aramäischen Lexikons zum Alten Testament*. Leiden 2013.

Díez Macho, Alejandro (Hg.): *Neophyti 1. Génesis*, Bd. 1. Madrid 1968.

Einheitsübersetzung der Heiligen Schrift. Stuttgart 2016.

Elliger, Karl/Rudolph, Wilhelm (Hg.): *Biblia Hebraica Stuttgartensia*. Stuttgart [5]1997.

Fabry, Heinz-Josef/Dahmen, Ulrich (Hg.): *Theologisches Wörterbuch zu den Qumrantexten*, 3 Bände. Stuttgart 2011–2016.

Gesenius, Wilhelm/Meyer, Rudolf/Donner, Herbert: *Hebräisches und aramäisches Handwörterbuch über das Alte Testament*. Heidelberg [18]2013.

Glück, Helmut/Rödel, Michael (Hg.): *Metzler Lexikon Sprache*. Stuttgart [5]2016.

Grossfeld, Bernard: *The Targum Onqelos to Genesis* (ArBib 6). Edinburgh 1988.

Guggenheimer, Heinrich (Hg.): *The Jerusalem Talmud* תלמוד ירושלמי (SJ). Berlin 2000–.

Haßler, Gerda/Neis, Cordula: *Lexikon sprachtheoretischer Grundbegriffe des 17. und 18. Jahrhunderts*. Berlin 2009.

Hüttenmeister, Frowald: *Megilla. Schriftrolle* (ÜTY II/10). Tübingen 1987.

Isidor von Sevilla: *Isidori Hispalensis Episcopi Etymologiarum sive originum libri XX. Libri I–X*, Bd. 1, hg. von Wallis M. Lindsay. Oxford 1962.

Isidor von Sevilla: *Isidori Hispalensis Episcopi Etymologiarum sive originum libri XX. Libri XI–XX*, Bd. 2, hg. von Wallis M. Lindsay. Oxford 1962.

Jenni, Ernst/Westermann, Claus (Hg.): *Theologisches Handwörterbuch zum Alten Testament*, 2 Bände. Gütersloh [6]2004.

Karrer, Martin/Kraus Wolfgang (Hg.): *Septuaginta Deutsch. Das griechische Alte Testament in deutscher Übersetzung*. Stuttgart [2]2010.

Khan, Geoffrey (Hg.): *Encyclopedia of Hebrew Language and Linguistics*, 4 Bände. Leiden 2013.

Kirschbaum, Engelbert/Braunfels, Wolfgang (Hg.): *Lexikon der christlichen Ikonographie*, 8 Bände. Freiburg im Breisgau [ND]2012.

Kittel, Rudolf (Hg.): *Biblia Hebraica*. Stuttgart [3]1937.

Klauck, Hans-Josef et al. (Hg.): *Encyclopedia of the Bible and its Reception Online*. Berlin 2009–. (http://www.degruyter.com/db/ebr [Zuletzt aufgerufen am 31.01.22]).

Maher, Michael: *Pseudo-Jonathan. Genesis* (ArBib 1B). Edinburgh 1992.

McNamara, Martin: *Targum Neofiti 1. Genesis* (ArBib 1A). Edinburgh 1992.

https://doi.org/10.1515/9783110749106-006

Rahlfs, Alfred/Hanhart, Robert (Hg.): *Septuaginta. Id est Vetus Testamentum graece iuxta LXX interpres*. Stuttgart ²2006.

Ritter, Joachim/Gründer, Karlfried/Gabriel, Gottfried (Hg.): *Historisches Wörterbuch der Philosophie Online*. Basel 2017. (http://doi.org/10.24894/HWPh.7965.0692 [Zuletzt aufgerufen am 31.01.22]).

Sæbø, Magne (Hg.): *Hebrew Bible/Old Testament. The History of Its Interpretation. Vol. I: From the Beginnings to the Middle Ages (until 1300). Part 1: Antiquity*. Göttingen 1996.

Sæbø, Magne (Hg.): *Hebrew Bible/Old Testament. The History of Its Interpretation. Vol. I: From the Beginnings to the Middle Ages (until 1300). Part 2: The Middle Ages*. Göttingen 2000.

Sæbø, Magne (Hg.): *Hebrew Bible/Old Testament. The History of Its Interpretation. Vol II. From the Renaissance to the Enlightenment*. Göttingen 2008.

Sæbø, Magne (Hg.): *Hebrew Bible/Old Testament. The History of Its Interpretation. Vol. III: From Modernism to Post-Modernism (The Nineteenth and Twentieth Centuries). Part 1: The Nineteenth Century. A Century of Modernism and Historicism*. Göttingen 2013.

Sæbø, Magne (Hg.): *Hebrew Bible/Old Testament. The History of Its Interpretation. Vol. III: From Modernism to Post-Modernism (The Nineteenth and Twentieth Centuries). Part 2: The Twentieth Century. From Modernism to Post-Modernism*. Göttingen 2015.

Schenker, Adrian et al. (Hg.): *Biblia Hebraica Quinta*. Stuttgart 2004–.

Schwertner, Siegfried (Hg.): *IATG³. Internationales Abkürzungsverzeichnis für Theologie und Grenzgebiete*. Berlin ³2014.

Skolnik, Fred/Berenbaum, Michael (Hg.): *Encyclopaedia Judaica*. Detroit ²2007.

Sperber, Alexander (Hg.): *The Pentateuch According to Targum Onkelos* (BiAra 1). Leiden ²1959.

Strutwolf, Holger et al. (Hg.): *Novum Testamentum Graece*. Stuttgart ²⁸2012.

Vanderkam, James: *The Book of Jubilees. A Critical Text,* Bd. 1 (CSCO 510). Löwen 1989.

Vanderkam, James: *The Book of Jubilees. Translation,* Bd. 2 (CSCO 511). Löwen 1989.

Yarshater, Ehsan et al. (Hg.): *Encyclopædia Iranica Online Edition*, New York 1996–. (http://www.iranicaonline.org [Zuletzt aufgerufen am 31.01.22]).

Zürcher Bibel, Zürich 2007.

Weitere Literatur

Aaron, David: „Holy Tongue", in: *EHLL* 2 (2013), 207–211.

Aaron, David: „Judaism's Holy Language", in: *AAJ.NS 16 (SFSHJ 209)*. Atlanta 1999, 49–107.

Adelung, Johann Christoph: *Mithridates. Allgemeine Sprachkunde*, Bd. 1. Berlin 1806.

Adluri, Vishwa/Bagchee, Joydeep: *The Nay Science. A History of German Indology*. New York 2014.

Aitken, James: „Hebrew Study in Ben Siras's Beth Midrasch", in: William Horbury (Hg.): *Hebrew Study from Ezra to Ben-Yehuda*. Edinburgh 1999, 25–37.

Albertz, Rainer: „Die Frage des Ursprungs der Sprache im Alten Testament", in: Joachim Gessinger/Wolfert von Rahden (Hg.): *Theorien vom Ursprung der Sprache*, Bd. 2. Berlin 1989, 1–18.

Albertz, Rainer: *Religionsgeschichte Israels in alttestamentlicher Zeit. Teil 1: Von den Anfängen bis zum Ende der Königszeit* (GAT 8.1). Göttingen ²1996.

Albertz, Rainer: *Religionsgeschichte Israels in alttestamentlicher Zeit. Teil 2: Vom Exil bis zu den Makkabäern* (GAT 8.2). Göttingen ²1997.

Alexander, Phillip: „How did the Rabbis learn Hebrew?", in: William Horbury (Hg.): *Hebrew Study from Ezra to Ben-Yehuda*. Edinburgh 1999, 71–89.

Almog, Yael: „Sublime Readings. The Aesthetic Bible in Herder's Writings on Hebrew poetry", in: Dan Diner (Hg.): *Jahrbuch des Simon-Dubnow-Instituts/Simon Dubnow Institute Yearbook* XII/2013. Göttingen 2013, 335–350.

Alt, Albrecht: „Die territorialgeschichtliche Bedeutung von Sanheribs Eingriff in Palästina", in: Albrecht Alt (Hg.): *Kleine Schriften zur Geschichte des Volkes Israel*, Bd. 2. München ⁴1978.

Angelini, Anna/Nihan, Christophe: „*Holiness. I. Hebrew Bible/Old Testament*", in: *EBR* 12 (2016), 34–40.

Arneth, Martin: *Durch Adams Fall ist ganz verderbt … . Studien zur Entstehung der alttestamentlichen Urgeschichte* (FRLANT 217). Göttingen 2007.

Aslanov, Cyril: „De Gesenius à Bauer-Leander. La grammaire hébraïque à l'épreuve du comparatisme", in: *Helm.* 52 (2001), 275–299.

Auroux, Sylvain et al. (Hg.): *History of the Language Sciences. An International Handbook on the Evolution of the Study of Language from the Beginnings to the Present* (HSK 18.1). Berlin 2000.

Avrahami, Yael: *The Senses of Scripture. Sensory Perception in the Hebrew Bible* (LHB 545). New York 2012.

Baack, Lawrence: *Undying Curiosity. Carsten Niebuhr and the Royal Danish Expedition to Arabia (1761–1767)* (OeO). Stuttgart 2014.

Baasten, Martin: „A Note on the History of ‚Semitic'", in: Martin Baasten/Wido Van Peursen (Hg.): *Hamlet on a Hill. Semitic and Greek Studies Presented to Professor T. Muraoka on the Occasion of his Sixty-fifth Birthday* (OLA 118). Leuven 2003, 57–72.

Bacher, Willhelm: „Die Anfänge der hebräischen Grammatik", in: *ZDMG* 49 (1895), 1–62.

Bacher, Willhelm: „Die hebräische Sprachwissenschaft. Vom 10. bis zum 16. Jahrhundert", in: Jakob Winter/August Wünsche (Hg.): *Die jüdische Litteratur seit Abschluss des Kanons. Eine prosaische und poetische Anthologie mit biographischen und litterargeschichtlichen Einleitungen*, Bd. 2. Berlin 1897, 133–235.

Balogh, Csaba: *The Stele of YHWH in Egypt. The Prophecies of Isaiah 18–20 concerning Egypt and Kush* (OTS 60). Leiden 2011.

Bamberger, Selig: *Raschis Penateuchkommentar*. Basel ³1975.

Bandt, Cordula: *Der Traktat „Vom Mysterium der Buchstaben". Kritischer Text mit Einführung, Übersetzung und Anmerkungen* (TU 162). Berlin 2008.

Barney, Stephen: *The Etymologies of Isidore of Seville*. Cambridge 2006.

Barr, James: *Comparative Philology and the Text of the Old Testament*. Oxford 1968.

Barreto Xavier, Ângela/Županov, Ines: *Catholic Orientalism. Portuguese Empire, Indian Knowledge*. New Delhi 2015.

Bartelmus, Rüdiger: *Einführung in das Biblische Hebräisch*. Zürich ²2009.

Bauer, Hans/Leander, Pontus: *Historische Grammatik der Hebräischen Sprache des Alten Testaments. Erster Band: Einleitung. Schriftlehre. Laut- und Formenlehre*. Halle 1922.

Bauks, Michaela: „Die Selbstreflexivität des hebräischen Menschen in Gen 2,4b–5,1f.", in: Andreas Wagner/Jürgen van Oorschot (Hg.): *Individualität und Selbstreflexion in den Literaturen des Alten Testaments* (VWGTh 48). Leipzig 2017, 93–115.

Baumgart, Norbert Clemens: *Die Umkehr des Schöpfergottes. Zu Komposition und religionsgeschichtlichem Hintergrund von Gen 5–9* (HBS 22). Freiburg im Breisgau 1999.

Baumgart, Norbert Clemens: „Turmbauerzählung", in: *WiBiLex* (2006). (http://www.bibelwissenschaft.de/stichwort/36310/ [Zuletzt aufgerufen am 31.01.22]).

Baumgärtel, Friedrich: „Die Formel *ne'um jhwh*", in: *ZAW* 73 (1961), 277–260.

Bautz, Friedrich Wilhelm: „Glassius", in: *BBKL* 2 (1990), 252–253.

Bayer, Francisco Pérez: *De numis hebraeo-samaritanis*. Valencia 1781.

Becker, Dan: הַרְסָאלָה שֶׁל יהודה בן קורֵישׁ [=*The Risāla of Juda ben Quraysh*] מקודות ומחקרים בלשון העברית ובתחומים הסמוכים לה) [=Texts and Studies in the Hebrew Language and Related Subjects] 7). Tel Aviv 1984.

Becker, Uwe: „Der Jesaja-Kommentar von Wilhelm Gesenius", in: Stefan Schorsch/Ernst-Joachim Waschke (Hg.): *Biblische Exegese und hebräische Lexikographie. Das ‚Hebräisch-Deutsche Handwörterbuch' von Wilhelm Gesenius als Spiegel und Quelle alttestamentlicher und hebräischer Forschung, 200 Jahre nach seiner ersten Auflage* (BZAW 427). Berlin 2013, 351–363.

Beeston, Alfred: „*Šibbôlet. A Further Comment*", in: *JSSt* XXXIII.2 (1988), 259–261.

Benfey, Theodor: *Geschichte der Sprachwissenschaft und orientalischen Philologien in Deutschland seit dem Anfange des 19. Jahrhunderts mit einem Rückblick auf die früheren Zeiten*. München 1869.

Bergsträsser, Gotthelf: *Hebräische Grammatik, mit Benutzung der von E. Kautzsch bearbeiteten 28. Auflage von Wilhelm Gesenius' hebräischer Grammatik. 1. Teil: Einleitung, Schrift und Lautlehre*. Leipzig 1918.

Berlejung, Angelika: „Was ist eigentlich „Aschdodisch"? Überlegungen zu Neh 13,23f. und Sach 9,6", in: Hanna Jenni/Markus Saur (Hg.): *Nächstenliebe und Gottesfurcht. Beiträge aus alttestamentlicher, semitistischer und altorientalistischer Wissenschaft für Hans-Peter Mathys zum 65. Geburtstag* (AOAT 439). Münster 2016, 13–25.

Berliner, Abraham (Hg.): *Der Kommentar des Salomo B. Isak über den Pentateuch*. Frankfurt am Main ²1905.

Beuken, Willem: *Jesaja 13–27* (HThKAT). Freiburg im Breisgau 2007.

Block, Daniel: „The Role of Language in Ancient Israelite Perceptions of National Identity", in: *JBL* 103 (1984), 321–340.

Blum, Erhard: „Institutionelle und kulturelle Voraussetzungen der israelitischen Traditionsliteratur", in: *Tradition(en) im alten Israel. Konstruktion, Transmission und Transformation* (FAT 127). Tübingen 2019, 3–44.

Bobzin, Hartmut: *Der Koran im Zeitalter der Reformation. Studien zur Frühgeschichte der Arabistik und Islamkunde in Europa* (BTS(W) 42). Würzburg 1995.

Bobzin, Hartmut: „Hebraistik im Zeitalter der Philologia Sacra am Beispiel der Universität Altdorf", in: Hubert Irsigler (Hg.): *Syntax und Text. Beiträge zur 22. Internationalen Ökumenischen Hebräisch-Dozenten-Konferenz 1993 in Bamberg* (ATSAt 40). St. Ottilien 1993.

Bobzin, Hartmut: „Nöldeke, Theodor Eduard Bernhard", in: *NDB* 19 (1999).

Bobzin, Hartmut: „Vom Sinn des Arabischstudiums im Sprachenkanon der Philologia Sacra", in: Walter Beltz (Hg.): *Biographie und Religion. Zur Personalität der Mitarbeiter des Institutum Judaicum et Muhammedicum J. H. Callenbergs* (HBO 24). Halle 1997, 21–32.

Bompiani, Brian Anthony: „Style Switching in the Jacob and Laban Narratives", in: *HS* 55 (2014), 43–47.

Bompiani, Brian Anthony: *Style-switching. The Representation of the Speech of Foreigners in the Hebrew Bible* (Ph.D.). Hebrew Union College – Jewish Institute of Religion 2012.

Bonfiglio, Ryan: „לָשׁוֹן *lāšôn*", in: *ThWQ* 2 (2013), 539–553.

Böning, Adalbert: *Georg Witzel (1501–1573) als Hebraist und seine Lobrede auf die hebräische Sprache* (TTKAS 35). Schwerte 2004.

Borger, Rylke: „Die Entzifferungsgeschichte der altpersischen Keilschrift nach Grotefends ersten Erfolgen", in: *Persica* 7 (1975/78), 7–19.

Borger, Rylke: „Grotefends erster ‚Praevia'", in: Rylke Borger et al. (Hg.): *Die Welt des Alten Orients. Keilschrift - Grabungen - Gelehrte*. Göttingen 1975, 157–184.

Borst, Arno: „Das Bild der Geschichte in der Enzyklopädie Isidors von Sevilla", in: *DA* 22 (1966), 1–62.

Borst, Arno: *Der Turmbau von Babel. Geschichte der Meinungen über Ursprung und Vielfalt der Sprachen und Völker. Band I: Fundamente und Aufbau*. München ^ND 1995.

Borst, Arno: *Der Turmbau von Babel. Geschichte der Meinungen über Ursprung und Vielfalt der Sprachen und Völker. Band II: Ausbau Teil 1*. München ^ND 1995.

Borst, Arno: *Der Turmbau von Babel. Geschichte der Meinungen über Ursprung und Vielfalt der Sprachen und Völker. Band II: Ausbau Teil 2*. München ^ND 1995.

Borst, Arno: *Der Turmbau von Babel. Geschichte der Meinungen über Ursprung und Vielfalt der Sprachen und Völker. Band III: Umbau Teil 1*. München ^ND 1995.

Borst, Arno: *Der Turmbau von Babel. Geschichte der Meinungen über Ursprung und Vielfalt der Sprachen und Völker. Band III: Umbau Teil 2*. München ^ND 1995.

Bosshard-Nepustil, Erich: *Schriftwerdung der Hebräischen Bibel. Thematisierung der Schriftlichkeit biblischer Texte im Rahmen ihrer Literaturgeschichte* (AThANT 106). Zürich 2015.

Brock, Sebastian: *The Bible in the Syriac Tradition* (Gorgias Handbooks 7). Piscataway [2]2006.

Bührer, Walter: *Am Anfang… . Untersuchungen zur Textgenese und zur relativ-chronologischen Einordnung von Gen 1–3* (FRLANT 256). Göttingen 2014.

Bultmann, Christoph: *Die biblische Urgeschichte in der Aufklärung. Johann Gottfried Herders Interpretation der Genesis als Antwort auf die Religionskritik David Humes* (BHTh 110). Tübingen 1999.

Bultmann, Christoph/Danneberg, Lutz (Hg.): *Hebraistik - Hermeneutik - Homiletik. Die Philologia Sacra im frühneuzeitlichen Bibelstudium* (Historia Hermeneutica. Series Studia 10). Berlin 2011.

Burnett, Stephen: *Christian Hebraism in the Reformation Era (1500–1660). Authors, Books, and the Transmission of Jewish Learning* (Library of the Written Word 19). Leiden 2012.

Burnett, Stephen: „Jüdische Vermittler des Hebräischen und ihre christlichen Schüler im Spätmittelalter", in: Ludger Grenzmann et al. (Hg.): *Wechselseitige Wahrnehmung der Religionen im Spätmittelalter und in der frühen Neuzeit. Konzeptionelle Grundfragen und Fallstudien (Heiden, Barbaren, Juden)* (AAWG, NF 4). Berlin 2009, 173–188.

Burnett, Stephen: „Later Christian Hebraists", in: *HBOT* II (2008), 785–801.

Burnett, Stephen: „Reassessing the „Basel-Wittenberg-Conflict". Dimensions of the Reformation-Era Discussion of Hebrew Scholarship", in: Allison Coudert/Jeffrey Shoulson (Hg.): *Hebraica veritas? Christian Hebraists and the Study of Judaism in Early Modern Europe* (Jewish Culture and Contexts). Philadelphia 2004, 181–201.

Bush, Frederic: *Ruth, Esther* (WBC 9). Dallas 1996.

Campbell, Jonathan: „Hebrew and its Study at Qumran", in: William Horbury (Hg.): *Hebrew Study from Ezra to Ben-Yehuda*. Edinburgh 1999, 38–52.

Cancik-Kirschbaum, Eva Christiane/Kahl, Jochem: *Erste Philologien. Archäologie einer Disziplin vom Tigris bis zum Nil*. Tübingen 2018.

Carey, Daniel: „Arts and Sciences of Travel, 1575–1762. The Arabian Journey and Michaelis's Fragen in Context", in: Ib Friis/Michael Harbsmeier/Jørgen Bæk Simonsen (Hg.): *Early Scientific Expeditions and Local Encounters. New Perspectives on Carsten Niebuhr and „The Arabian Journey".* Proceedings of a Symposium on the Occasion of the 250th Anniversary of *the Royal Danish Expedition to Arabia Felix* (Scientia Danica. Series H, Humanistica, 4.2). Copenhagen 2013, 27–50.

Carr, David McLain: „Changes in Pentateuchal Criticism", in: *HBOT* III.2 (2015), 433–466.

Carr, David McLain: *Schrift und Erinnerungskultur. Die Entstehung der Bibel und der antiken Literatur im Rahmen der Schreiberausbildung* (ATHANT 107). Zürich 2015.

Carr, David McLain: *Writing on the Tablet of the Heart. Origins of Scripture and Literature.* Oxford 2005.

Cathcart, Kevin: „The Decipherment of Ugaritic", in: Wilfred G. E. Watson/Nicolas Wyatt (Hg.): *Handbook of Ugaritic Studies* (HO I/39). Boston 1999, 76–80.

Cazelles, Henri: „Table de peuples, nation et modes de vie", in: Luigi Cagni (Hg.): *Biblica et Semitica. Studi in memoria di F. Vattioni* (IUO.SAMi 59). Napoli 1999, 69–79.

Céard, Jean: „Le ‚De Originibus' de Postel et la linguistique de son temps", in: Marion Leathers Kuntz (Hg.): *Postello. Venezia e il suo mondo* (CivVen 36). Firenze 1988, 19–43.

Chomsky, William: „How the Study of Hebrew Grammar Began and Developed", in: *The Jewish Quarterly Review* 35 (1945), 281–301.

Clarke, Ernest: *Targum Pseudo-Jonathan of the Pentateuch. Text and Concordance.* Hoboken 1984.

Cohen, Ohad: *The Verbal Tense System in Late Biblical Hebrew Prose* (HSS 63). Winona Lake 2013.

Collins, Adela Yarbro: *Mark. A Commentary* (Hermeneia 55). Minneapolis 2007.

Considine, John: *Dictionaries in Early Modern Europe. Lexicography and the Making of Heritage.* Cambridge 2008.

Coseriu, Eugenio: „Die sprachlichen (und die anderen) Universalien", in: Jörn Albrecht (Hg.): *Energeia und Ergon. Sprachliche Variation-Sprachgeschichte-Sprachtypologie,* Bd. 1 (TBL 300). Tübingen 1988, 233–262.

Coseriu, Eugenio: *Geschichte der Sprachphilosophie. Von den Anfängen bis Rousseau* (UTB 2266). Tübingen 2003.

Coudert, Allison (Hg.): *The Language of Adam/Die Sprache Adams. Proceedings of a Conference Held at the Herzog August Bibliothek, Wolfenbüttel, May 30–31, 1995* (Wolfenbütteler Forschungen 84). Wiesbaden 1999.

Cruciger, Georg: *Harmonia linguarum quatuor cardinalium, Hebraicae, Graecae, Latinae et Germanicae.* Frankfurt am Main 1616.

Crüsemann, Frank: „Die Eigenständigkeit der Urgeschichte. Ein Beitrag zur Diskussion um den »Jahwisten«", in: Jörg Jeremias/Lothar Perlitt (Hg.): *Die Botschaft und die Boten. Festschrift für Hans Walter Wolff zum 70. Geburtstag.* Neukirchen-Vluyn 1981, 11–30.

Curtius, Ernst Robert: *Europäische Literatur und lateinisches Mittelalter.* Bern ⁴1963.

Curtius, Ernst Robert: *Europäische Literatur und lateinisches Mittelalter.* Tübingen ¹¹1993.

Czapla, Ralf Georg: *Gotteswort und Menschenrede. Die Bibel im Dialog mit Wissenschaften, Künsten und Medien. Vorträge der interdisziplinären Ringvorlesung des Tübinger Graduiertenkollegs „Die Bibel – ihre Entstehung und ihre Wirkung" 2003–2004.* Bern 2006.

Dahmen, Ulrich: *Die Loblieder (Hodayot) aus Qumran. Hebräisch mit masoretischer Punktation und deutscher Übersetzung, Einführung und Anmerkungen.* Stuttgart 2019.

Dahmen, Ulrich: „שָׂפָה *śāpāh*", in: *ThWQ* 3 (2016), 785–789.

Dahood, Mitchell: „Hebrew Studies (in the Christian Church)", in: *NCE²* 6 (2003), 696–697.

Daniel, Ute: *Kompendium Kulturgeschichte. Theorien, Praxis, Schlüsselwörter* (Stw 1523). Frankfurt am Main ⁵2006.

Danneberg, Lutz: „Grammatica, rhetorica und logica sacra vor, in und nach Glassius' Philologia Sacra. Mit Blicken auf die Rolle der Hermeneutik in der Beziehung von Verstehen, Glauben und Wahrheit der Glaubensmysterien bei Leibniz", in: Christoph Bultmann/Lutz Danneberg (Hg.): *Hebraistik - Hermeneutik - Homiletik. Die Philologia Sacra im frühneuzeitlichen Bibelstudium* (Historia Hermeneutica. Series Studia 10). Berlin 2011, 11–297.

Davies, Thomas Witton: *Heinrich Ewald. Orientalist and Theologian 1803–1903. A Centenary Appreciation.* London 1903.

Delitzsch, Franz: *Neuer Commentar über die Genesis.* Leipzig 1887.

Delitzsch, Friedrich: *Studien über indogermanisch-semitische Wurzelverwandtschaft.* Leipzig 1873.

Denecker, Tim: *Ideas on Language in Early Latin Christianity. From Tertullian to Isidore of Seville* (SVigChr 142). Leiden 2017.

Denecker, Tim/Van Hecke, Pierre: „Why learn Hebrew? Text and Translation, with an Introduction and Commentary of Valerius Andreas' Linguae Hebraicae Encomium (1614)", in: *Lias* (2018), 45–111.

Deutsche Morgenländische Gesellschaft: „Nachrichten über Angelegenheiten der Deutschen Morgenländischen Gesellschaft", in: *ZDMG* 38 (1884), I–LXI.

Diesner, Hans-Joachim: *Isidor von Sevilla und seine Zeit* (AzTh 52). Stuttgart 1973.

Diestel, Ludwig: *Geschichte des Alten Testamentes in der christlichen Kirche.* Jena 1869.

Dillmann, August: *Die Genesis* (KEH 11). Leipzig ⁵1886.

Dilthey, Wilhelm: *Briefwechsel. Band 1: 1852–1882*, hg. von Gudrun Kühne-Bertram und Hans-Ulrich Lessing. Göttingen 2011.

Dilthey, Wilhelm: *Weltanschauung und Analyse des Menschen seit Renaissance und Reformation. Abhandlungen zur Geschichte der Philosophie und Religion*, hg. von Misch Miesch (Wilhelm Diltheys Gesammelte Schriften 2). Leipzig 1914.

Dotan, Aron: „De la Massora à la grammaire. Les débuts de la pensée grammaticale dans l'hébreu", in: *JA* (1990), 13–30.

Dotan, Aron: אור ראשון בחכמת הלשון. ספר צחות לשון העברים לרב סעדיה גאון [=The Dawn of Hebrew Linguistics. The Book of Elegance of the Language of the Hebrews by Saadia Gaon], 2 Bände. (מקורות לחקר תרבות ישראל [=Sources for the Study of Jewish Culture] 3). Jerusalem 1997.

Ebeling, Erich: *Das Verbum der El-Amarna-Briefe* (Dissertation). Friedrich-Wilhelms-Universität zu Berlin 1909.

Eckhel, Joseph Hilarius: *Doctrina numorum veterum*, Bd. 3. Wien 1794.

Eco, Umberto: *Die Suche nach der vollkommenen Sprache.* München 1997.

Ego, Beate: *Ester* (BKAT XXI). Göttingen 2017.

Ego, Beate/Betz, Dorothea: „Konrad Pellican und die Anfänge der wissenschaftlichen christlichen Hebraistik im Zeitalter von Humanismus und Reformation", in: Reinhold Mokrosch/Helmut Merkel (Hg.): *Humanismus und Reformation. Historische, theologische und pädagogische Beiträge zu deren Wechselwirkung* (AHST 3). Münster 2001, 73–84.

Ehrismann, Gustav (Hg.): *Der Renner von Hugo von Trimberg*, Bd. 3 (Bibliothek des litterarischen Vereins in Stuttgart 252). Tübingen 1909.

Eichhorn, Johann Gottfried: *Einleitung in das Alte Testament*, Bd. 1. Leipzig ²1787.

Ernst Emmerling (Übers.): *Schreckenfuchs, Erasmus Oswald. Trauerrede zum Gedächtnis seines Lehrers Sebastian Münster* (Beiträge zur Ingelheimer Geschichte 14). Ingelheim 1960.

Eskhult, Mats: „Albert Schultens (1686–1750) and Primeval Language. The Crisis of a Tradition and the Turning Point of a Discourse", in: Gerda Haßler (Hg.): *Metasprachliche Reflexion und Diskontinuität. Wendepunkte - Krisenzeiten - Umbrüche.* Münster 2015, 72–94.

Eskhult, Mats: „Über einige hebräische Verben des Sprechens. Etymologie und Metapher", in: *OrSuec* 38–39 (1989), 31–35.

Ewald, Georg Heinrich August: *Ausführliches Lehrbuch der hebräischen Sprache des Alten Bundes.* Leipzig ⁵1844.

Ewald, Georg Heinrich August: *Ausführliches Lehrbuch der hebräischen Sprache des Alten Bundes.* Leipzig ⁶1855.

Ewald, Georg Heinrich August: *Ausführliches Lehrbuch der hebräischen Sprache des Alten Bundes.* Göttingen ⁷1863.

Ewald, Georg Heinrich August: *Ausführliches Lehrbuch der hebräischen Sprache des Alten Bundes.* Göttingen ⁸1870.

Ewald, Georg Heinrich August: *Dichter des Alten Bundes. Allgemeines über die hebräische Poesie und über das Psalmenbuch,* Bd. 1. Göttingen ¹1839.

Ewald, Georg Heinrich August: *Die Alterthümer des Volkes Israel. Anhang zum zweiten Band* (Geschichte des Volkes Israel bis Christus). Göttingen ¹1848.

Ewald, Georg Heinrich August: *Geschichte des Volkes Israel bis Christus,* 3 Bände. Göttingen ¹1843–1847.

Ewald, Georg Heinrich August: *Geschichte des Volkes Israel bis Christus,* 7 Bände. Göttingen ²1851–1859.

Ewald, Georg Heinrich August: *Geschichte des Volkes Israel bis Christus,* 7 Bände. Göttingen ³1864–1868.

Ewald, Georg Heinrich August: *Grammatik der hebräischen Sprache des Alten Testaments.* Leipzig ¹1828.

Ewald, Georg Heinrich August: *Grammatik der hebräischen Sprache des Alten Testaments.* Leipzig ²1835.

Ewald, Georg Heinrich August: *Grammatik der hebräischen Sprache des Alten Testaments.* Leipzig ³1838.

Ewald, Georg Heinrich August: *Kritische Grammatik der hebräischen Sprache.* Leipzig 1827.

Ewald, Georg Heinrich August: „Plan dieser Zeitschrift", in: *ZKM* 1 (1837), 3–13.

Ewald, Georg Heinrich August: *Propheten des Alten Bundes,* Bd. 1. Stuttgart ¹1840.

Ewald, Georg Heinrich August: „Ueber die neuere Art hebräischer Grammatik", in: *ZKM* 1 (1837), 317–350.

Ewald, Georg Heinrich August: „Ueber hebräische Grammatik", in: *ThStKr* 3 (1830), 359–367.

Ewald, Georg Heinrich August/Dukes, Leopold: *Beiträge zur Geschichte der aeltesten Auslegung und Spracherklärung des Alten Testaments.* Stuttgart 1844.

Fabry, Heinz-Josef: „פֵּה pæh", in: *ThWQ* 3 (2016), 263–271.

Fassberg, Steven: „Hebrew Grammar", in: *EBR* 11 (2015), 614–620.

Fassberg, Steven: „The Linguistic Context of Biblical Hebrew and Aramaic in the Framework of Semitic Philology, Including Semitic Epigraphy", in: *HBOT* III.2 (2015), 45–57.

Fischer, Irmtraud: „Forschungsgeschichte als Rezeptionsgeschichte in nuce", in: Christl Maier (Hg.): *Congress Volume Munich 2013* (VT.S 163). Leiden 2014, 182–216.

Fleming, Damian Joseph: *The Most Exalted Language. Anglo-Saxon Perceptions of Hebrew.* Ottawa 2007.

Focken, Friedrich-Emanuel/Ott, Michael R. (Hg.): *Metatexte. Erzählungen von schrifttragenden Artefakten in der alttestamentlichen und mittelalterlichen Literatur* (Materiale Textkulturen 15). Berlin 2016.

Fohrer, Georg: *Das Buch Jesaja. 1. Band Kapitel 1–23* (ZBK.AT). Zürich ²1966.

Fraade, Steven: „Language Mix and Multilingualism in Ancient Palestine. Literary and Inscriptional Evidence", in: *JewSt* 48 (2012), 1*–40*.

Fraade, Steven: „Before and after Babel. Linguistic Exceptionalism and Pluralism in Early Rabbinic Literature and Jewish Antiquity", in: *Dine Israel* 28 (2011), 31–68.

Fraser, James: „Guillaume Postel and Samaritan Studies", in: Marion Leathers Kuntz (Hg.): *Postello. Venezia e il suo mondo* (CivVen 36). Firenze 1988, 99–117.

Freye, Andreas: *Emil Kautzsch 1841–1910. Alttestamentler und Orientalist* (BEAT 62). Berlin 2018.

Friedman, Jerome: *The Most Ancient Testimony. Sixteenth-Century Christian-Hebraica in the Age of Renaissance Nostalgia.* Athens 1983.

Friedrich, Johannes/Röllig, Wolfgang/Amadasi Guzzo, Maria Giulia: *Phönizisch-Punische Grammatik* (AnOr 55). Rom ³1999.

Friedrich von Schlegel: *Ueber die Sprache und Weisheit der Indier.* Heidelberg 1808.

Friis, Ib (Hg.): *Early Scientific Expeditions and Local Encounters: New Perspectives on Carsten Niebuhr and „The Arabian Journey". Proceedings of a Symposium on the Occasion of the 250ᵗʰ Anniversary of the Royal Danish Expedition to Arabia Felix* (Scientia Danica. Series H, Humanistica 4.2). Kopenhagen 2013.

Fück, Johann: *Die arabischen Studien in Europa bis in den Anfang des 20. Jahrhunderts.* Leipzig 1955.

Fürst, Alfons: „Veritas Latina. Augustins Haltung gegenüber Hieronymus' Bibelübersetzungen", in: *Von Origenes und Hieronymus zu Augustinus. Studien zur antiken Theologiegeschichte* (AKG 115). Berlin 2011, 359–383.

Gall, August Freiherr von: „Bernhard Stade. Ein Nachruf", in: *ZAW* 27 (1907), I–XIX.

Gallagher, Edmon: *Hebrew Scripture in Patristic Biblical Theory. Canon, Language, Text* (SVigChr 114). Leiden 2012.

Galter, Hannes: „Die Eine und die Vielen. Sprache als literarisches Motiv in Babylonien.", in: *GMG* 11 (2002).

Garcia López, Félix: „פֶּה pæh", in: *ThWAT* 6 (1989), 522–538.

Gardt, Andreas: *Sprachreflexion in Barock und Frühaufklärung. Entwürfe von Böhme bis Leibniz* (QFSKG.NF 108). Berlin 1994.

Geiger, Abraham: *Lehrbuch zur Sprache der Mischna.* Breslau 1845.

Geiger, Ludwig: *Das Studium der hebräischen Sprache in Deutschland vom Ende des XV. bis zur Mitte des XVI. Jahrhunderts.* Breslau 1870.

Gertz, Jan Christian: „Babel im Rücken und das Land vor Augen. Anmerkungen zum Abschluß der Urgeschichte und zum Anfang der Erzählungen von den Erzeltern Israels", in: Anselm C. Hagedorn/Henrik Pfeiffer (Hg.): *Die Erzväter in der biblischen Tradition. Festschrift für Matthias Köckert* (BZAW 400). Berlin 2009, 9–34.

Gertz, Jan Christian: *Das erste Buch Mose Genesis. Die Urgeschichte Gen 1–11* (ATD 1). Göttingen 2018.

Gertz, Jan Christian: „Von Adam zu Enosch. Überlegungen zur Entstehungsgeschichte von Gen 2–4", in: Markus Witte (Hg.): *Gott und Mensch im Dialog. Festschrift für Otto Kaiser zum 80. Geburtstag,* Bd. 1 (BZAW 345). Berlin 2004, 215–236.

Gesenius, Wilhelm: *Ausführliches grammatisch-kritisches Lehrgebäude der hebräischen Sprache mit Vergleichung der verwandten Dialekte.* Leipzig 1817.

Gesenius, Wilhelm: *Geschichte der hebräischen Sprache und Schrift. Eine philologisch-historisch Einleitung in die Sprachlehren und Wörterbücher der hebräischen Sprache.* Leipzig 1815.

Gesenius, Wilhelm: *Hebräische Grammatik.* Halle [1]1813.

Gesenius, Wilhelm: *Hebräische Grammatik.* Halle [2]1816.

Gesenius, Wilhelm: *Hebräische Grammatik.* Halle [3]1818.

Gesenius, Wilhelm: *Hebräische Grammatik.* Halle [4]1820.

Gesenius, Wilhelm: *Hebräische Grammatik.* Halle [6]1823.

Gesenius, Wilhelm: *Hebräische Grammatik.* Halle [8]1826.

Gesenius, Wilhelm: *Hebräische Grammatik.* Halle [9]1828.

Gesenius, Wilhelm: *Hebräische Grammatik.* Halle [10]1831.

Gesenius, Wilhelm: *Hebräische Grammatik.* Halle [11]1834.

Gesenius, Wilhelm: *Hebräische Grammatik.* Leipzig [13]1842.

Gesenius, Wilhelm: *Hebräisches und chaldäisches Handwörterbuch über das Alte Testament.* Leipzig [2]1823.

Gesenius, Wilhelm: *Hebräisches und chaldäisches Handwörterbuch über das Alte Testament.* Leipzig [4]1834.

Gesenius, Wilhelm: *Philologisch-kritischer und historischer Commentar über den Jesaia.* Leipzig 1821.

Gesenius, Wilhelm/Rödiger, Emil: *Wilhelm Gesenius' Hebräische Grammatik.* Leipzig [14]1845.

Gesenius, Wilhelm/Rödiger, Emil: *Wilhelm Gesenius' Hebräische Grammatik.* Leipzig [15]1848.

Gesenius, Wilhelm/Rödiger, Emil: *Wilhelm Gesenius' Hebräische Grammatik.* Leipzig [16]1851.

Gesenius, Wilhelm/Rödiger, Emil: *Wilhelm Gesenius' Hebräische Grammatik.* Leipzig [17]1854.

Gesenius, Wilhelm/Rödiger, Emil: *Wilhelm Gesenius' Hebräische Grammatik.* Leipzig [18]1857.

Gesenius, Wilhelm/Rödiger, Emil: *Wilhelm Gesenius' Hebräische Grammatik.* Leipzig [19]1862.

Gesenius, Wilhelm/Rödiger, Emil: *Wilhelm Gesenius' Hebräische Grammatik.* Leipzig [20]1866.

Gesenius, Wilhelm/Rödiger, Emil/Kautzsch, Emil: *Wilhelm Gesenius' Hebräische Grammatik.* Leipzig [22]1878.

Gesenius, Wilhelm/Rödiger, Emil/Kautzsch, Emil: *Wilhelm Gesenius' Hebräische Grammatik.* Leipzig [24]1885.

Gesenius, Wilhelm/Rödiger, Emil/Kautzsch, Emil: *Wilhelm Gesenius' Hebräische Grammatik.* Leipzig [26]1896.

Gesenius, Wilhelm/Rödiger, Emil/Kautzsch, Emil: *Wilhelm Gesenius' Hebräische Grammatik.* Leipzig [27]1902.

Gesenius, Wilhelm/Rödiger, Emil/Kautzsch, Emil: *Wilhelm Gesenius' Hebräische Grammatik.* Leipzig [28]1909.

Gessner, Conrad: *Mithridate. Mithridates (1555)*, übers. von Bernard Colombat und Manfred Peters (THR 452). Genève 2009.

Golinets, Victor: „Hebräischunterricht und Hebraistik in Deutschland und deutschsprachigen Ländern. Eine Bestandsaufnahme", in: *Forum Exegese und Hochschuldidaktik. Verstehen von Anfang an* 3 (2018), 7–24.

Gordis, Robert: „Virtual Quotations in Job, Sumer and Qumran", in: *VT* 31 (1981), 410–427.

Gordon, Cyrus: „Vocalized Consonants. The Key to *um-ma/en-ma/*אִנֵּם", in: Mark E. Cohen/Daniel C. Snell/David B. Weisberg (Hg.): *The Tablet and the Scroll. Near Eastern Studies in Honor of William W. Hallo.* Bethesda, MD 109–110.

Graetz, Heinrich: *Geschichte der Israeliten vom Tode des Königs Salomo (um 977 vorchr. Zeit) bis zum Tode des Juda Makkabi (160)* (Geschichte der Juden von den ältesten Zeiten bis auf die Gegenwart 2.2). Leipzig [2]1902.

Grätz, Sebastian/Schipper, Bernd Ulrich (Hg.): *Alttestamentliche Wissenschaft in Selbstdarstellungen* (UTB 2920). Göttingen 2007.

Greenstein, Edward: *Job. A new Translation*. New Haven 2019.

Gross, Walter: *Richter* (HThKAT). Freiburg im Breisgau 2009.

Grotefend, Georg Friedrich: „Ueber die Erklärung der Keilschriften, und besonders der Inschriften von Persepolis", in: Arnold Heeren (Hg.): *Ideen über die Politik, den Verkehr und den Handel der vornehmen Völker der Alten Welt. Erster Theil, Asiatische Völker*. Göttingen [2]1805, 931–960.

Gruber, Teresa: *Mehrsprachigkeit und Sprachreflexion in der Frühen Neuzeit. Das Spanische im Königreich Neapel* (Romanica Monacensia 81). Tübingen 2014.

Gundlach, Franz: *Catalogus Professorum Academiae Marburgensis. Die akademischen Lehrer der Philipps-Universität in Marburg von 1527 bis 1910* (VHKH 15,1). Marburg 1927.

Gunkel, Hermann: „Bernhard Stade. Charakterbild eines modernen Theologen", in: *Reden und Aufsätze*. Göttingen 1913, 1–10.

Gunkel, Hermann: *Genesis* (HKAT 1). Göttingen [6]1963.

Gzella, Holger: *A Cultural History of Aramaic. From the Beginnings to the Advent of Islam* (HO 111). Leiden 2015.

Gzella, Holger: „Expansion of the Linguistic Context of the Hebrew Bible/Old Testament. Hebrew Among the Languages of the Ancient Near East", in: *HBOT* III.1 (2013), 134–167.

Gzella, Holger: „Morgenländische Sprachen und die europäische Grammatiktradition", in: *WZKM* 95 (2005), 63–85.

Gzella, Holger: *Sprachen aus der Welt des Alten Testaments*. Darmstadt 2009.

Gzella, Holger: „Wilhelm Gesenius als Semitist. Das „Lehrgebäude" in seinem wissenschaftsgeschichtlichen Kontext", in: Ernst-Joachim Waschke/Stefan Schorsch (Hg.): *Biblische Exegese und Hebräische Lexikographie. Das ‚Hebräisch-Deutsche Handwörterbuch' von Wilhelm Gesenius als Spiegel und Quelle alttestamentlicher und hebräischer Forschung, 200 Jahre nach seiner ersten Auflage* (BZAW 427). Berlin 2013, 184–208.

Haag, Ernst: „„Gesegnet sei mein Volk Ägypten' (Jes 19,25). Ein Zeugnis alttestamentlicher Eschatologie", in: Martina Minas/Jürgen Zeidler (Hg.): *Aspekte spätägyptischer Kultur. Festschrift für Erich Winter zum 65. Geburtstag* (Aegyptiaca Treverensia. Trierer Studien zum Griechisch-Römischen Ägypten 7). Mainz 1994, 139–147.

Haarmann, Harald: „Die großen Sprachensammlungen vom frühen 18. bis frühen 19. Jahrhundert", in: Sylvain Auroux et al. (Hg.): *History of the Language Sciences. An International Handbook on the Evolution of the Study of Language from the Beginnings to the Present* (HSK 18.1). Berlin 2000, 1081–1094.

Hadas-Lebel, Mireille: *Manuel d'histoire de la langue hébraïque. Des origines à l'époque de la Mishna*. Paris 1976.

Hanisch, Ludmila: *Die Nachfolger der Exegeten. Deutschsprachige Erforschung des Vorderen Orients in der ersten Hälfte des 20. Jahrhunderts*. Wiesbaden 2003.

Hardt, Hermann von der: *Programma. Quo ad Philologicam Hosæ*. Helmstadt 1704.

Hardy, Nicolas: *Criticism and Confession. The Bible in the Seventeenth Century Republic of Letters* (OWS). Oxford 2017.

Haßler, Gerda: „Apologie", in: *Lexikon sprachtheoretischer Grundbegriffe des 17. und 18. Jahrhunderts* 1 (2009), 719–749.

Haßler, Gerda: „Sprachtheoretische Preisfragen der Berliner Akademie in der 2. Hälfte des 18. Jahrhunderts. Ein Kapitel der Debatte um Universalien und Relativität", in: *Romanistik in Geschichte und Gegenwart* 3 (1997), 3–26.

Hayward, Robert: „Adam, Dust, and the Breath of Life according to the Targumim of Gen 2:7", in: *Dust of the Ground and Breath of Life (Gen 2:7). The Problem of a Dualistic Anthropology in Early Judaism and Christianity*. Leiden 2016, 154–171.

Heide, Martin: „The Moabitica and their Aftermath. How to Handle a Forgery Affair with an International Impact", in: Meir Lubetski (Hg.): *New Inscriptions and Seals. Relating to the Biblical World* (SBLABS 19). Atlanta 2012, 192–241.

Hempel, Johannes: „Zur alttestamentlichen Grammatik", in: *ZAW* 45 (1927), 234–239.

Henten, Jan Willem van: „The Ancestral Language of the Jews in 2 Maccabees", in: William Horbury (Hg.): *Hebrew Study from Ezra to Ben-Yehuda*. Edinburgh 1999, 53–68.

Henze, Barbara: *Aus Liebe zur Kirche Reform. Die Bemühungen Georg Witzels (1501–1573) um die Kircheneinheit* (RST 133). Münster 1995.

Herrmann, Klaus: „Ludwig Geiger oder ‚Der Tod der hebräischen Philologie durch den Ungeist der christlich-protestantischen Hebraistik‘", in: Giuseppe Veltri/Gerold Necker (Hg.): *Gottes Sprache in der philologischen Werkstatt. Hebraistik vom 15. bis zum 19. Jahrhundert* (SEJ 11). Leiden 2004, 253–275.

Hezel, Wilhelm Friedrich: *Geschichte der Hebräischen Sprache und Litteratur. Nebst einem Anhang, welcher eine kurze Einleitung in die, mit der Hebräischen Sprache, verwandten orientalischen Dialekte enthält*. Halle 1776.

Hezser, Catherine: *Jewish Literacy in Roman Palestine* (TSAJ 81). Tübingen 2001.

Hieke, Thomas: *Die Genealogien der Genesis* (HBS 39). Freiburg im Breisgau 2003.

Hilgert, Markus: „Von ‚Listenwissenschaft‘ und ‚epistemischen Dingen‘. Konzeptuelle Annäherungen an altorientalische Wissenspraktiken", in: *JGPS* 40 (2009), 277–309.

Hirschfeld, Hartwig: *Literary History of Hebrew Grammarians and Lexicographers. Accompanied by Unpublished Texts*. Oxford 1926.

Holmstedt, Robert: „The Etymologies of Hebrew *'ăšer* and *šeC-*‘", in: *JNES* 66 (2007), 177–192.

Holtz, Gudrun: „קָדַשׁ *qādaš*", in: *ThWQ* 3 (2016), 463–494.

Hornkohl, Aaron: „Biblical Hebrew. Periodization", in: *EHLL* 1 (2013), 315–325.

Horodezky, Samuel Abba: „Adam Kadmon", in: *EJ(D)* 1 (1928), 783–787.

Horstmann, Axel: „Philologie", in: *HWPH* (https://doi.org/10.24894/HWPh.3070 [Zuletzt aufgerufen am 31.01.2022]).

Hospers, Johannes Hendrick: „A Hundred Years of Semitic Comparative Linguistics", in: *Studia Biblica et Semitica. Festschrift Theodorus Christian Vriezen*. Wageningen 1966, 138–151.

Höss, Irmgard: „Georg Witzel", in: Peter Bietenholz/Thomas Deutscher (Hg.): *Contemporaries of Erasmus. A Biographical Register of the Renaissance and Reformation*, Bd. 3. Toronto 1987, 458–459.

Houtman, Cees: *Der Pentateuch. Die Geschichte seiner Erforschung neben einer Auswertung* (CBET 9). Kampen 1994.

Howard, Thomas Albert: *Religion and the Rise of Historicism. W.M.L. de Wette, Jacob Burckhardt, and the Theological Origins of Nineteenth-century Historical Consciousness*. Cambridge 2000.

Hübner, Ulrich: „Biblische Archäologie und hebräische Lexikographie im Hebräischen Handwörterbuch von Gesenius", in: Stefan Schorch/Ernst-Joachim Waschke (Hg.): *Biblische Exegese und hebräische Lexikographie. Das ‚Hebräisch-deutsche Handwörterbuch‘ von*

Wilhelm Gesenius als Spiegel und Quelle alttestamentlicher und hebräischer Forschung, 200 Jahre nach seiner ersten Auflage (BZAW 427). Berlin 2013, 458–483.

Hübner, Ulrich: „Johann David Michaelis und die Arabien-Expedition 1761–1767", in: Josef Wiesehöfer/Stephan Conermann (Hg.): *Carsten Niebuhr (1733–1815) und seine Zeit. Beiträge eines interdisziplinären Symposiums von 7.–10. Oktober 1999* (OeO 5). Stuttgart 2002, 363–402.

Huehnergard, John/Rubin, Aaron: „Phyla and Waves. Models of Classification of the Semitic Languages", in: Stefan Weninger (Hg.): *The Semitic Languages. An International Handbook* (HSK 36). Berlin 2012, 259–278.

Humboldt, Alexander von: *Alexander von Humboldt an Wilhelm von Humboldt, 30.07.1819.* (https://wvh-briefe.bbaw.de/Brief?section=all&id=730 [Zuletzt aufgerufen am 31.01.22]).

Humboldt, Wilhelm von: *Wilhelm von Humboldt an Georg Heinrich August Ewald, 18.01.1828.* (https://wvh-briefe.bbaw.de/Brief?section=all&id=114 [Zuletzt aufgerufen am 31.01.22]).

Hunziker-Rodewald, Regine: „Gesenius' Handwörterbuch und Gesenius' Grammatik. Wechselseitige Abhängigkeiten und Einflüsse", in: Stefan Schorsch/Ernst-Joachim Waschke (Hg.): *Biblische Exegese und hebräische Lexikographie. Das ,Hebräisch-Deutsche Handwörterbuch' von Wilhelm Gesenius als Spiegel und Quelle alttestamentlicher und hebräischer Forschung, 200 Jahre nach seiner ersten Auflage* (BZAW 427). Berlin 2013, 71–93.

Hurvitz, Avi: „The „Linguistic Dating of Biblical Texts". Comments on Methodological Guidelines and Philological Procedures", in: Cynthia L. Miller-Naudé/Ziony Zevit (Eds.): *Diachrony in Biblical Hebrew*. Winona Lake 2012, 265–279.

Hutter, Elias: דרך הקדש. *Via sancta*. Hamburg 1587.

Irwin, Robert: *For Lust of Knowing. The Orientalists and their Enemies*. London 2006.

Jahn, Johannes: *Grammatica Linguae Hebraicae*. Wien ³1809.

Janowski, Bernd: *Anthropologie des Alten Testaments. Grundfragen - Kontexte - Themen-felder*. Tübingen 2019.

Janowski, Bernd: „„Anthropologie des Alten Testaments' vor und nach H.W. Wolff. Eine forschungs- und problemgeschichtliche Skizze", in: Wolff, Hans Walter: *Anthropologie des Alten Testaments*. Gütersloh [ND]2010, 373–414.

Jenkins, Jennifer: „German Orientalism. Introduction", in: *Comparative Studies of South Asia, Africa and the Middle East* 24 (2004), 97–100.

Jenni, Ernst: „Ein Querschnitt durch die neuere Althebraistik", in: *ThR.NF* 65 (2000), 1–37.

Jenni, Ernst: „Hebraistische Neuerscheinungen", in: *ThR.NF* 50 (1985), 313–326.

Jericke, Detlef: *Die Ortsangaben im Buch Genesis. Ein historisch-topographischer und literarisch-topographischer Kommentar* (FRLANT 248). Göttingen 2013.

Jones, William Jervis: *German Lexicography in the European Context. A Descriptive Bibliography of Printed Dictionaries and Word Lists Containing German Language (1600–1700)* (Studia Linguistica Germanica 58). Berlin 2011.

Joosten, Jan: „Pseudo-Classicisms in Late Biblical Hebrew", in: *ZAW* 128 (2016).

Joosten, Jan: „Willhelm Gesenius and the History of Hebrew in the Biblical Period", in: Stefan Schorsch/Ernst-Joachim Waschke (Hg.): *Biblische Exegese und hebräische Lexikographie. Das ,Hebräisch-Deutsche Handwörterbuch' von Wilhelm Gesenius als Spiegel und Quelle alttestamentlicher und hebräischer Forschung, 200 Jahre nach seiner ersten Auflage* (BZAW 427). Berlin 2013, 94–106.

Joüon, Paul/Muraoka, Takamitsu: *A Grammar of Biblical Hebrew*. Roma 2013.

Kaiser, Otto: *Der Prophet Jesaja. Kapitel 13–39* (ATD 18). Göttingen ³1983.

Kaiser, Otto: „Kants Anweisungen zur Auslegung der Bibel. Ein Betrag zur Geschichte der Hermeneutik", in: *NZSTh* 11 (1969), 125–138.

Kaiser, Otto: *Zwischen Reaktion und Revolution. Hermann Hupfeld (1796–1866). Ein deutsches Professorenleben* (AAWG.PH 3.Folge 268). Göttingen 2005.

Kedar-Kopfstein, Benjamin: „לָשׁוֹן lāšôn", in: *ThWAT* 4 (1984), 595–605.

Kedar-Kopfstein, Benjamin: „שָׂפָה śāpāh", in: *ThWAT* 7 (1995), 840–849.

Kemp, William/Desrosiers-Bonin, Diane: „Marie d'Ennetières et la petite grammaire hébraïque de sa fille d'après la dédicace de l'Epistre a Marguerite de Navarre (1539)", in: *BHR* 60 (1998), 117–134.

Kessler–Mesguich, Sophie: „Early Christian Hebraists", in: *HBOT* II (2008), 254–275.

Kessler–Mesguich, Sophie: „L'etude [sic] de l'hébreu et des autres langues orientales a l'epoque[sic] de l'humanisme", in: Sylvain Auroux et al. (Hg.): *History of the Language Sciences. An International Handbook on the Evolution of the Study of Language from the Beginnings to the Present* (HSK 18.1). Berlin 2000, 673–680.

Kilcher, Andreas: *Die Sprachtheorie der Kabbala als ästhetisches Paradigma. Die Konstruktion einer ästhetischen Kabbala seit der frühen Neuzeit.* Stuttgart 1998.

Kim, Dong-Hyuk: *Early Biblical Hebrew, Late Biblical Hebrew and Linguistic Variability. A Sociolinguistic Evaluation of the Linguistic Dating of Biblical Texts* (VT.S 165). Leiden 2013.

Klein, Wolf Peter: *Am Anfang war das Wort. Theorie- und wissenschaftsgeschichtliche Elemente frühneuzeitlichen Sprachbewusstsein*s Berlin 1992.

Klein, Wolf Peter: „Christliche Kabbala und Linguistik orientalischer Sprachen im 16. Jahrhundert. Das Beispiel von Guillaume Postel (1510–1581)", in: *Beiträge zur Geschichte der Sprachwissenschaft* 11/1 (2001), 1–26.

Klein, Wolf Peter: „Die ursprüngliche Einheit der Sprachen in der philologisch-grammatischen Sicht der frühen Neuzeit", in: Allison Coudert (Hg.): *The Language of Adam/Die Sprache Adams. Proceedings of a Conference Held at the Herzog August Bibliothek, Wolfenbüttel, May 30–31, 1995* (Wolfenbütteler Forschungen 84). Wiesbaden 1999, 25–65.

Klein, Wolf Peter: „Was wurde aus den Wörtern der hebräischen Ursprache? Zur Entstehung der komparativen Linguistik aus dem Geist etymologischer Spekulation", in: Giuseppe Veltri/Gerold Necker (Hg.): *Gottes Sprache in der philologischen Werkstatt. Hebraistik vom 15 bis zum 19. Jahrhundert* (Studies in Jewish History and Culture 11). Leiden 2004, 3–23.

Klein, Wolf Peter: „Wortbildung als Weltbildung. Die Erschaffung der Welt durch Sprache in der frühneuzeitlichen Kosmotheologie", in: Dorothea Klein (Hg.): *Die Erschaffung der Welt. Alte und neue Schöpfungsmythen* (Würzburger Ringvorlesung 6). Würzburg 2012, 79–100.

Knudtzon, Jørgen Alexander: *Die El-Amarna Tafeln. Erster Theil: Die Texte.* Leipzig 1915.

Knudtzon, Jørgen Alexander: *Die El-Amarna Tafeln. Zweiter Theil: Anmerkungen und Register.* Leipzig 1915.

Kobel, Esther: *Paulus als interkultureller Vermittler. Eine Studie zur kulturellen Positionierung des Apostels der Völker* (Studies in Cultural Contexts of the Bible 1). Paderborn 2019.

Kobel, Esther: *Paulus als interkultureller Vermittler. Eine Studie zur kulturellen Positionierung des Paulus am Beispiel von 1 Kor 9,19–27* (Habilitation). Universität Basel 2018.

Koch, Klaus: „„Der Güter Gefährlichstes, die Sprache, dem Menschen gegeben…'. Überlegungen zu Gen 2,7", in: Bernd Janowski/Martin Krause (Hg.): *Spuren des hebräischen Denkens. Beiträge zur alttestamentlichen Theologie.* (Gesammelte Aufsätze 1). Neukirchen-Vluyn 1991, 238–247.

Koch, Klaus: *Imago Dei. Die Würde des Menschen im biblischen Text* (Berichte aus den Sitzungen der Joachim-Jungius-Gesellschaft der Wissenschaften e.V. 18,4). Hamburg 2000.

Koerner, Ernst Frideryk Konrad: „Historiography of Linguistics", in: Ernst Frideryk Konrad Koerner/Ronald Asher (Hg.): *Concise History of the Language Sciences. From the Sumerians to the Cognitivists.* Oxford 1995, 7–16.

Koerner, Ernst Frideryk Konrad: *Progress in Linguistic Historiography. Papers from the International Conference on the History of the Language Sciences [Ottawa, 28–31 August 1978] (Amsterdam Studies in the Theory and History of Linguistic Science 20).* Amsterdam 1980.

Koerner, Ernst Frideryk Konrad/Asher, Ronald (Hg.): *Concise History of the Language Sciences. From the Sumerians to the Cognitivists.* Oxford 1995.

Köhler, Ludwig: „Rezension zu: Edward Frederick Miller, The Influence of Gesenius on Hebrew Lexicography", in: *OLZ* 31 (1928), 482f.

Köller, Wilhelm: *Narrative Formen der Sprachreflexion. Interpretationen zu Geschichten über Sprache von der Antike bis zur Gegenwart* (Studia Linguistica Germanica 79). Berlin 2006.

König, Friedrich Eduard: *Das Buch Jesaja.* Gütersloh 1927.

König, Friedrich Eduard: *Der doppelte Wellhausenianismus im Lichte meiner Quellenforschungen. Ein Rückblick auf meine Mitarbeit im Gebiete der Sprach- und Religionswissenschaft.* Gütersloh 1927.

König, Friedrich Eduard: *Die Genesis.* Gütersloh ³1925.

König, Friedrich Eduard: *Historisch-kritisches Lehrgebäude der hebräischen Sprache. Erste Hälfte: Lehre von der Schrift, der Aussprache, dem Pronomen und dem Verbum.* Leipzig 1881.

König, Friedrich Eduard: *Hebräische Grammatik für den Unterricht mit Übungsstücken und Wörterverzeichnissen methodisch dargestellt.* Leipzig 1908.

König, Friedrich Eduard: *Stilistik, Rhetorik, Poetik in Bezug auf die biblische Litteratur komparativisch dargestellt.* Leipzig 1900.

König, Friedrich Eduard: *Syntax der Hebräischen Sprache. Schlusstheil des Historisch-kritischen Lehrgebäudes des Hebräischen.* Leipzig 1897.

Kornfeld, Walter/Ringgren, Helmer: „קדשׁ qdš", in: *ThWAT* 6 (1989), 1179–1204.

Kotjako, Jens: „Geschichte der Hebräischen Grammatik vom 10. bis zum 16. Jahrhundert", in: Giuseppe Veltri/Gerold Necker (Hg.): *Gottes Sprache in der philologischen Werkstatt. Hebraistik vom 15. bis zum 19. Jahrhundert* (SEJ 11). Leiden 2004, 215–232.

Krasemann, Christoph: *Die „Biblia Sacra - Derekh ha-Kodesh" des Elias Hutter. Eine sprachdidaktische, kultur- und editionsgeschichtliche Analyse* (Dissertation). Rijksuniversiteit Groningen/Ernst-Moritz-Arndt-Universität Greifswald 2018.

Kratz, Reinhardt Georg: „„Öffne seinen Mund und seine Ohren'. Wie Abraham Hebräisch lernte", in: *Das Judentum im Zeitalter des Zweiten Tempels. Kleine Schriften I* (FAT 42). Tübingen ²2013, 340–351.

Kratz, Reinhardt Georg: *Translatio imperii. Untersuchungen zu den aramäischen Danielerzählungen und ihrem theologiegeschichtlichen Umfeld* (WMANT 63). Neukirchen-Vluyn 1991.

Kraus, Hans-Joachim: *Geschichte der historisch-kritischen Erforschung des Alten Testaments.* Neukirchen-Vluyn ⁴1988.

Kreuzer, Siegfried: „Der Prolog des Buches Ben Sira (Weisheit des Jesus Sirach) im Horizont seiner Gattung. Ein Vergleich mit dem Euagoras des Isokrates", in: Jens-Frederik Eckholdt/Marcus Sigismund/Susanne Sigismund (Hg.): *Geschehen und Gedächtnis. Die hellenistische Welt und ihre Wirkung. Festschrift für Wolfgang Orth zum 65. Geburtstag* (Antike Kultur und Geschichte 13). Berlin 2009, 135–156.

Kuntz, Marion Leathers: „The Original Language as a Paradigm for the *restitutio omnium* in the Thought of Guillaume Postel", in: Allison Coudert (Hg.): *The Language of Adam/Die*

Sprache Adams. Proceedings of a Conference Held at the Herzog August Bibliothek, Wolfenbüttel, May 30–31, 1995 (Wolfenbütteler Forschungen 84). Wiesbaden 1999, 123–149.

Kurtz, Paul Michael: *Kaiser, Christ, and Canaan. The Religion of Israel in Protestant Germany, 1871–1918* (FAT 122). Tübingen 2018.

Kutscher, Edward Yechezkel: *A History of the Hebrew Language*. Jerusalem 1982.

Kwon, JiSeong James: *Scribal Culture and Intertextuality. Literary and Historical Relationships between Job and Deutero-Isaiah* (FAT.2 85). Tübingen 2016.

Labuschagne, Casper Jeremiah: „פֶּה *pæ* Mund", in: *THAT*[6] 2 (2004), 406–411.

LaCocque, André: *The Captivity of Innocence. Babel and the Yahwist*. Eugene 2010.

Lamberty-Zielinski, Hedwig: „נְשָׁמָה *nešāmāh*", in: *ThWAT* 5 (1986).

Lange, Armin: „‚Eure Töchter gebt nicht ihren Söhnen und ihren Töchter nehmt für eure Söhne' (Esra 9,12). Die Frage der Mischehen im Buch Esra/Nehemia im Licht der Textfunde von Qumran", in: Michaela Bauks/Kathrin Liess/Peter Riede (Hg.): *Was ist der Mensch, dass du seiner gedenkst? (Psalm 8,5). Aspekte einer theologischen Anthropologie. Festschrift für Bernd Janowski zum 65. Geburtstag*. Neukirchen-Vluyn 2008, 295–311.

Lange, Melanie: *Ein Meilenstein der Hebraistik. „Der Sefer ha-Bachur" Elia Levitas in Sebastian Münsters Übersetzung und Edition* (ABIG 62). Leipzig 2018.

Lapide, Pinchas: *Hebräisch in den Kirchen* (FJCD 1). Neukirchen-Vluyn 1976.

Lauber, Stephan: „Hi 32 als hellenistisches Proömium", in: *ZAW* 125 (2013), 607–621.

Lauber, Stephan: „‚JHWH wird sich Ägypten zu erkennen geben, und die Ägypter werden an jenem Tag JHWH erkennen' (Jes 19,21). Universalismus und Heilszuversicht in Jes 19,16–25", in: *ZAW* 123 (2011), 368–390.

Lauber, Stephan: *Weisheit im Widerspruch. Studien zu den Elihu-Reden in Ijob 32–37* (BZAW 454). Berlin 2013.

Lehmann, Reinhard: „Friedrich Delitzsch als Hebraist", in: *ZAH* 3 (1990), 24–39.

Lehmann, Reinhard: *Friedrich Delitzsch und der Babel-Bibel-Streit* (OBO 133). Fribourg 1994.

Lehmann, Reinhard: „Überlegungen zur Analyse sogenannter zusammengesetzter Nominalsätze", in: Andreas Wagner (Hg.): *Studien zur hebräischen Grammatik* (OBO 156). Fribourg 1997, 27–43.

Lehmann, Reinhard: „‚Who needs Phoenician?'. Vom Nutzen des Phönizischen für das Verständnis der Sprache des Antiken Israel. Überlegungen und Beispiele", in: Markus Witte/Johannes F. Diehl (Hg.): *Israeliten und Phönizier. Ihre Beziehungen im Spiegel der Archäologie und der Literatur des Alten Testaments und seiner Umwelt* (OBO 235). Fribourg 2008, 1–38.

Lehmann, Reinhard: „Willhelm Gesenius and the Rise of Phoenician Philology", in: Stefan Schorsch/Ernst-Joachim Waschke (Hg.): *Biblische Exegese und hebräische Lexikographie. Das ‚Hebräisch-Deutsche Handwörterbuch' von Wilhelm Gesenius als Spiegel und Quelle alttestamentlicher und hebräischer Forschung, 200 Jahre nach seiner ersten Auflage* (BZAW 427). Berlin 2013, 207–266.

Leibniz, Gottfried Wilhelm: „Brevis designatio meditationum de Originibus Gentium, ductis potissimum ex indicio linguarum", in: *Miscellanea Berolinensia ad incrementum scientiarum, ex scriptis Societati Regiae Scientiarum exhibits edita* 1 (1710), 1–16.

Lemaire, André: „Ashdodien et Judéen à l'époque Perse. Ne 13,24", in: Karel Van Lerberghe/Antoon Schoors (Hg.): *Immigration and Emigration within the Ancient Near East. Festschrift E. Lipiński* (OLA 65). Leuven 1995, 153–163.

Leu, Urs: *Conrad Gessner (1516–1565). Universalgelehrter und Naturforscher der Renaissance*. Zürich 2016.

Levin, Christoph: „Abschied vom Jahwisten?", in: *ThR.NF* 69 (2004), 329–344.

Levin, Christoph: *Der Jahwist* (FRLANT 157). Göttingen 1993.

Levin, Christoph: „Tatbericht und Wortbericht in der priesterschriftlichen Schöpfungserzählung", in: *ZThK* 91 (1994), 115–133.

Lovell, Alison Baird: „‚Par créance légère'. Bounin's Tragedy, La Soltane in Light of Medieval and Renaissance Orientalism", in: Desmond Hosford/Chong Wojtkowski (Hg.): *French Orientalism. Culture, Politics, and the Imagined Other.* Newcastle upon Tyne 2010, 141–174.

Machinist, Peter: „The Rab Sāqēh at the Wall of Jerusalem. Israelite Identity in the Face of the Assyrian ‚Other'", in: *HS* 41 (2000), 151–168.

Major, Tristan: „The Number Seventy-two. Biblical and Hellenistic Beginnings to the Early Middle Ages", in: *SacEr* 52 (2013), 7–45.

Mangold, Sabine: *Eine „weltbürgerliche Wissenschaft". Die deutsche Orientalistik im 19. Jahrhundert* (Pallas Athene. Beiträge zur Universitäts- und Wissenschaftsgeschichte 11). Stuttgart 2004.

Marchand, Suzanne: *German Orientalism in the Age of Empire. Religion, Race, and Scholarship.* Washington, D.C. 2009.

Marchand, Suzanne: „Philhellenism and the *Furor Orientalis*", in: *Modern Intellectual History* 1 (2004), 331–358.

Marchand, Suzanne: „Popularizing the Orient in Fin De Siècle Germany", in: *Intellectual History Review* 17 (2007), 175–202.

Markschies, Christoph: „Hieronymus und die ‚Hebraica Veritas'. Ein Beitrag zur Archäologie des protestantischen Schriftverständnisses", in: Martin Hengel/Anna Maria Schwemer (Hg.): *Die Septuaginta zwischen Judentum und Christentum* (WUNT 72). Tübingen 1994, 131–181.

Mathys, Hans-Peter: „Philologia Sacra. Das Beispiel der Chronikbücher", in: *ThZ* 53 (1997), 64–73.

Mathys, Hans-Peter: „Wilhelm Martin Leberecht de Wettes *Dissertatio critico-exegetica* von 1850", in: Martin Kessler/Martin Wallraff (Hg.): *Biblische Theologie und historisches Denken. Wissenschaftsgeschichtliche Studien* (Studien zur Geschichte der Wissenschaften in Basel.NF 5). Basel 2008, 171–211.

McFall, Leslie: *The Enigma of the Hebrew Verbal System. Solutions from Ewald to the Present Day.* Sheffield 1982.

McNally, Robert: „The ‚Tres Linguae Sacrae' in Early Irish Bible Exegesis", in: *TS* 19 (1958), 395–403.

Meier, Samuel: *Speaking of Speaking. Marking Direct Discourse in the Hebrew Bible* (VT.S 46). Leiden 1992.

Melanchthon, Philipp: „De studiis linguae Graecae, 1549", in: Karl Gottlieb Breitschneider (Hg.): *Corpus Reformatorum,* Bd. 11. Halle 1842, 855–867.

Melchior, Christoph: „Altes und Neues Testament ‚kurz begriffen'. Biblisches Grundwissen für ein christliches Leben in Georg Witzels ersten beiden Katechismen", in: Patrick Mähling (Hg.): *Orientierung für das Leben. Kirchliche Bildung und Politik in Spätmittelalter, Reformation und Neuzeit. Festschrift für Manfred Schulze zum 65.Geburtstag* (AHST 13). Berlin 2010.

Messerer, Wilhelm: „Mandorla", in: *LCI* 3 (2012), 147–149.

Metcalf, George: *On Language Diversity and Relationship from Bibliander to Adelung,* hg. von Toon Van Hal und Raf Van Rooy (Studies in the History of the Language Sciences.

Amsterdam Studies in the Theory and History of Linguistic Science. Series III 120). Amsterdam 2013.

Metzenthin, Christian: „אָמַר‎ *'āmar*", in: *ThWQ* 1 (2011), 223–227.

Meyer, Rudolf: Das hebräische Verbalsystem im Lichte der gegenwärtigen Forschung, in: *Congress Volume Oxford 1959* (VT.S 7). Leiden 1960, 309–317.

Meyer, Rudolf: *Hebräische Grammatik*. Berlin 1992.

Meyer, Rudolf: „Probleme der hebräischen Grammatik", in: *ZAW* 63 (1951), 221–235.

Michaelis, Johann David: *Fragen an eine Gesellschaft gelehrter Männer, die auf Befehl Ihro Majestät des Königes von Dännemark nach Arabien reisen*. Frankfurt am Main 1762.

Michaelis, Johann David: „Von einer nützlichen Reise nach Palästina und Arabien", in: *Göttingische Anzeigen von gelehrten Sachen unter der Auffsicht der Köngl. Gesellschaft der Wissenschaften* (1753), 1241–1244.

Michel, Diethelm: *Qohelet* (EdF 258). Darmstadt 1988.

Miletto, Gianfranco/Veltri, Giuseppe: „Die Hebraistik in Wittenberg (1502–1813): Von der ‚Lingua Sacra' zur Semitistik", in: Giuseppe Veltri/Gerold Necker (Hg.): *Gottes Sprache in der philologischen Werkstatt. Hebraistik vom 15. bis zum 19. Jahrhundert* (SEJ 11). Leiden 2004, 75–96.

Miller, Cynthia: *The Representation of Speech in Biblical Hebrew Narrative. A Linguistic Analysis* (HSM 55). Atlanta 1996.

Miller, Edward Frederick: *The Influence of Gesenius on Hebrew Lexicography* (COHP 11). New York 1927.

Minets, Yuliya: *The Slow Fall of Babel. Conceptualization of Languages, Linguistic Diversity and History in Late Ancient Christianity* (Ph.D.). The Catholic University of America 2017.

Mitchell, Terence: „The Old Testament Usage of nešāmâ", in: *VT* 11 (1961), 177–187.

Moers, Gerald: „‚Bei mir wird es Dir gut ergehen, denn Du wirst die Sprache Ägyptens hören!'. Verschieden und doch gleich: Sprache als identitätsrelevanter Faktor im pharaonischen Ägypten", in: Ulrike-Christine Sander/Fritz Paul (Hg.): *Muster und Funktionen kultureller Selbst- und Fremdwahrnehmung. Beiträge zur internationalen Geschichte der sprachlichen und literarischen Emanzipation* (Veröffentlichung aus dem Göttinger Sonderforschungsbereich 529 „Internationalität nationaler Literaturen". Serie B: Europäische Literaturen und internationale Prozesse 5). Göttingen 2000, 45–99.

Möller, Lenelotte: *Die Enzyklopädie des Isidor von Sevilla*. Wiesbaden 2008.

Monroy, Pedro Piedras: „Edward Said and German Orientalism", in: *Storia della Storiografia* 44 (2003), 96–103.

Moss, Yonatan: „The Language of Paradise. Hebrew or Syriac? Linguistic Speculations and Linguistic Realities in Late Antiquity", in: Markus Bockmuehl/Guy Stroumsa (Hg.): *Paradise in Antiquity. Jewish and Christian Views*. Cambridge 2010.

Mühlau, Ferdinand: „Albert Schultens und seine Bedeutung für die hebräische Sprachwissenschaft", in: *Zeitschrift für die gesammte lutherische Theologie und Kirche* 31 (1870), 1–21.

Müller, Hans Peter: „קֹדֶשׁ‎ *qdš* heilig", in: *THAT*[6] 2 (2004), 589–609.

Müller, Karlheinz: „Die hebräische Sprache der Halacha als Textur der Schöpfung. Beobachtungen zum Verhältnis von Tora und Halacha im Buch der Jubiläen", in: Helmut Merklein/Karlheinz Müller/Günter Stemberger (Hg.): *Bibel in jüdischer und christlicher Tradition. Festschrift für Johann Maier zum 60. Geburtstag* (BBB 88). Frankfurt am Main 1993, 157–176.

Necker, Gerold: „Kabbala als Kulturgut. Abraham Cohen de Herreras „spanische" Mystik und ihre christliche Rezeption", in: Giuseppe Veltri/Gerold Necker (Hg.): *Gottes Sprache in der philologischen Werkstatt. Hebraistik vom 15. bis zum 19. Jahrhundert* (SEJ 11). Leiden 2004, 113–134.

Neis, Cordula: *Anthropologie im Sprachdenken des 18. Jahrhunderts. Die Berliner Preisfrage nach dem Ursprung der Sprache (1771)* (Studia Linguistica Germanica 67). Berlin 2003.

Neis, Cordula: „Ursprung", in: *Lexikon sprachtheoretischer Grundbegriffe des 17. und 18. Jahrhunderts* 1 (2009), 451–513.

Niebuhr, Carsten: *Reisebeschreibung nach Arabien und anderen umliegenden Ländern*, Bd. 2. Kopenhagen 1778.

Noble, Paul: „The Function of *n'm Yhwh* in Amos", in: *ZAW* 108 (1996), 623–626.

Nöldeke, Theodor: „Die Namen der aramäischen Nation und Sprache", in: *ZDMG* 25 (1871), 113–131.

Nöldeke, Theodor: *Grammatik der neusyrischen Sprache am Urmia-See und in Kurdistan.* Leipzig 1868.

Nöldeke, Theodor: *Mandäische Grammatik.* Halle 1875.

Noort, Ed: „Taken from the Soil, Gifted with the Breath of Life. The Anthropology of Gen 2:7 in Context", in: *Dust of the Ground and Breath of Life (Gen 2:7). The Problem of a Dualistic Anthropology in Early Judaism and Christianity.* Leiden 2016, 1–15.

Noth, Martin: *Die Welt des Alten Testaments. Einführung in die Grenzgebiete der alttestamentlichen Wissenschaft* (STö.H 3). Berlin ⁴1962.

o.A.: „Der Rationalismus auf der Universität Halle", in: *EKZ* 6 (1830), 38–40.45–47.

o.A.: „Rezension zu: Wilhelm Gesenius, Geschichte der hebräischen Sprache und Schrift", in: *HJL* 9 (1816), 33–52.

Olender, Maurice: *Die Sprachen des Paradieses. Religion, Rassentheorie und Textkultur.* Berlin ᴺᴬ2013.

Olender, Maurice: „Europe, or How to Escape Babel", in: *History and Theory* 33 (1994), 5–25.

Olshausen, Justus: *Codices Orientales Bibliothecæ Regiæ Havniensis. Part Altera: Codices Hebraici et Arabici.* Kopenhagen 1851.

Olshausen, Justus: *Die Psalmen* (KEH 14). Leipzig 1853.

Olshausen, Justus: *Emendationen zum Alten Testamente.* Kiel 1826.

Olshausen, Justus: *Lehrbuch der hebräischen Sprache. Buch I. Laut- und Schriftlehre; Buch II. Formenlehre.* Braunschweig 1861.

Olshausen, Justus: „Prüfung des Charakters der in den assyrischen Keilschriften enthaltenen semitischen Sprache", in: *Abhandlungen der königlichen Akademie der Wissenschaften aus dem Jahre 1864 (1865)*, 475–496.

Olshausen, Justus: „Über die Umgestaltung einiger semitischer Ortsnamen bei den Griechen", in: *MPAW* (1880), 555–586.

Olshausen, Justus: „Ueber phönicische Ortsnamen außerhalb des semitischen Sprachgebiets", in: *RMP.NF* 8 (1853), 321–340.

Olshausen, Justus: *Zur Topographie des alten Jerusalem.* Kiel 1833.

Olshausen, Justus/Gloyer, Johann Nikolai (Hg.): *Reisebeschreibung nach Arabien und andern umliegenden Ländern: Dritter Band. Niebuhrs Reisen durch Syrien und Palästina, nach Cypern, und durch Kleinasien und die Türkey nach Deutschland und Dännemark.* Hamburg 1837.

Olyan, Saul: *Disability in the Hebrew Bible. Interpreting Mental and Physical Differences.* Cambridge 2008.

Osten-Sacken, Peter von der: *Martin Luther und die Juden. Neu untersucht anhand von Anton Margarithas „Der gantz Jüdisch glaub" (1530/31).* Stuttgart 2002.

Otto, Eckart: *Deuteronomium 1–11. Erster Teilband: 1,1–4,43* (HThKAT). Freiburg im Breisgau 2012.

Papy, Jan: *The Leuven Collegium Trilingue 1517–1797. Erasmus, Humanist Educational Practice and the New Language Institute.* Leuven 2018.

Parker, Patricia: „Metapher und Katachrese", in: Anselm Haverkamp (Hg.): *Die paradoxe Metapher* (Edition Suhrkamp.NF 940). Frankfurt am Main 1998, 312–331.

Pellican, Conrad: „Grammatica Hebraea", in: Georg Reisch (Hg.): *Margarita Phylosophica.* Straßburg 1504, o.A. [80] – fol. Fxxi^v [107].

Penner, Ken: „Ancient Names for Hebrew and Aramaic. A Case for Lexical Revision", in: *NTS* 65 (2019), 412–423.

Perlitt, Lothar: „Heinrich Ewald. Der Gelehrte in der Politik", in: Bernd Moeller (Hg.): *Theologie in Göttingen. Eine Vorlesungsreihe* (Göttinger Universitätsschriften. Serie A: Schriften 1). Göttingen 1987, 157–212.

Perrin, Andrew: „נְאֻם ne'um", in: *ThWQ* 2 (2013), 843–845.

Perrot, Antony/Dahmen, Ulrich: „שָׂפָה śāpāh", in: *ThWQ* 3 (2016), 785–789.

Polaschegg, Andrea: *Der andere Orientalismus. Regeln deutsch-morgenländischer Imagination im 19. Jahrhundert* (QFLKG 35 (269)). Berlin 2005.

Posselt, Gerald: *Katachrese. Rhetorik des Performativen.* München 2005.

Postel, Guillaume: *De originibus seu de Hebraicae lingua.* Paris 1538.

Postel, Guillaume: *Linguarum duodecim characteribus differentium alphabetum introductio.* Paris 1538.

Postel, Guillaume: *Sefer Jezirah*, hg. von Wolf Peter Klein (Clavis pansophiae 1). Stuttgart ^ND1994.

Power, Cian Joseph: *Many Peoples of Obscure Speech and Difficult Language. Attitudes towards Linguistic Diversity in the Hebrew Bible* (Dissertation). Harvard University 2015.

Preissler, Holger: „Die Anfänge der Deutschen Morgenländischen Gesellschaft", in: *ZDMG* 145 (1995), 241–327.

Putschke, Wolfgang: „Die Arbeiten der Junggrammatiker und ihr Beitrag zur Sprachgeschichtsforschung", in: *Sprachgeschichte. Ein Handbuch zur Geschichte der deutschen Sprache und ihrer Erforschung* (HSK 2.1). Berlin ²1998, 474–494.

Rabin, Chaim: *Die Entwicklung der hebräischen Sprache.* Wiesbaden 1988.

Rad, Gerhard von: *Das erste Buch Mose. Genesis* (ATD 2). Göttingen ¹¹1981.

Radscheit, Matthias: „Arabisch als lingua sacra. Zum linguistischen Rangstreit im Irak des 9. Jh. n. Chr.", in: Ralf Georg Czapla/Ulrike Rembold (Hg.): *Gotteswort und Menschenrede. Die Bibel im Dialog mit Wissenschaften, Künsten und Medien. Vorträge der interdisziplinären Ringvorlesung des Tübinger Graduiertenkollegs „Die Bibel. Ihre Entstehung und ihre Wirkung" 2003–2004.* Bern 2006, 105–122.

Raphael, Rebecca: *Biblical Corpora. Representations of Disability in Hebrew Biblical Literature* (LHB 445). New York 2008.

Rasmussen, Stig: „Frederik Christian von Haven og de filologiske resultater", in: *Den Arabiske Rejse 1761–1767. En dansk ekspedition set i videnskabshistorisk perspektiv.* Kopenhagen 1990, 303–337.

Rasmussen, Stig: „„Niebuhriana' in Kopenhagen", in: Josef Wiesehöfer/Stephan Conermann (Hg.): *Carsten Niebuhr (1733–1815) und seine Zeit. Beiträge eines interdisziplinären Symposiums von 7.–10. Oktober 1999* (OeO 5). Stuttgart 2002, 43–46.

Raw, Barbara Catherine: *Trinity and Incarnation in Anglo-Saxon Art and Thought* (CASE 21). Cambridge 1997.

Reichert, Andreas: „Julius Euting, die Pseudo-Moabitica und ‚La petite fille de Jérusalem'. Neue Funde zu einer alten Affäre", in: Christl Maier/Klaus-Peter Jörns/Rüdiger Liwak (Hg.): *Exegese vor Ort*. Leipzig 2001, 335–367.

Reif, Stefan C.: „Some First Editions of Genizah Manuscripts of Ben Sira. Approaches and Reproaches", in: James K. Aitken/Renate Egger-Wenzel/Stefan C. Reif (Hg.): *Discovering, Deciphering and Dissenting. Ben Sira Manuscripts after 120 Years* (DCL.Y 2018). Berlin 2019, 39–65.

Rendsburg, Gary: „Hebrew Philological Notes (1)", in: *HS* 40 (1999), 27–32.

Rendsburg, Gary: „More on Hebrew Šibbôlet", in: *JSSt* XXXIII (1988), 255–258.

Rentdorff, Rolf: „Genesis 8:21 und die Urgeschichte des Jahwisten", in: *KuD* 7 (1961), 69–78.

Reventlow, Henning Graf: *Epochen der Bibelauslegung. Vom Alten Testament bis Origenes*, Bd. 1. München 1990.

Reventlow, Henning Graf: *Epochen der Bibelauslegung. Von der Spätantike bis zum ausgehenden Mittelalter*, Bd. 2. München 1994.

Reventlow, Henning Graf: *Epochen der Bibelauslegung. Renaissance, Reformation, Humanismus*, Bd. 3. München 1997.

Reventlow, Henning Graf: *Epochen der Bibelauslegung. Von der Aufklärung bis zum 20. Jahrhundert*, Bd. 4. München 2001.

Rezetko, Robert: „The Spelling of ‚Damascus' and the Linguistic Dating of Biblical Texts", in: *SJOT* 24 (2010), 110–128.

Rezetko, Robert/Young, Ian: *Historical Linguistics and Biblical Hebrew. Steps Toward an integrated Approach* (SBL. Ancient near East Monographs 9). Atlanta 2014.

Richler, Binyamin (Hg.): *Hebrew Manuscripts in the Vatican Library. Catalogue* (StT 438). Città del Vaticano 2008.

Richter, Gregor: *Die Schriften Georg Witzels bibliographisch bearbeitet. Nebst einigen bisher ungedruckten Reformationsgutachten und Briefen Witzels* (Veröffentlichung des Fuldaer Geschichtsvereins 10). Fulda 1913.

Risse, Siegfried: „Georg Witzel (1501–1573) als Psalmenexeget", in: *AMRhKG* 54 (2002), 435–476.

Rohls, Jan: „Historical, Cultural and Philsophical Aspects of the Nineteenth Century with Special Regard to Biblical Interpretation", in: *HBOT* III.1 (2013), 31–63.

Roling, Bernd: „Erlösung im angelischen Makrokosmos. Emanuel Swedenborg, die Kabbala Denudata und die schwedische Orientalistik", in: *Morgen-Glantz* 16 (2006), 385–458.

Römer, Thomas/Gonzales, Hervé: *Mésha et la Bible. Quand une pierre raconte l'Histoire*. Paris 2018.

Rösel, Martin: *Übersetzung als Vollendung der Auslegung. Studien zur Genesis-Septuaginta* (BZAW 223). Berlin 1994.

Rosenthal, Franz: *Die aramaistische Forschung seit Theodor Nödeke's Veröffentlichungen*. Leiden 1939.

Rosenzweig, Franz: „Neuhebräisch? Anlässlich der Übersetzung von Spinozas Ethik", in: *Der Morgen* 2 (1926), 105–109.

Róth, Ernst/Stridl, Hans: *Die Handschriften der Sammlung H. B. Levy an der Staats- und Universitätsbibliothek Hamburg* (VOHD VI,3). Stuttgart 1984.

Royal Asiatic Society: *Inscription of Tiglath Pileser I, King of Assyria, B.C. 1150 as Translated by H. Rawlinson, Fox Talbot, Dr. Hincks and Dr. Oppert*. London 1857.

Rubin, Milka: „The Language of Creation or the Primordial Language. A Case of Cultural Polemics in Antiquity", in: *JJS* 49 (1998), 306–333.

Rudnig, Thilo Alexander: „Heilig/profan/Heiligkeit (AT)", in: *WiBiLex* (2014). (www.bibelwissenschaft.de/stichwort/20869/ [Zuletzt aufgerufen am 31.01.22]).

Rudolph, Max: „Literatur zur Geschichte der hebräischen Grammatik", in: *ZAW* 39 (1921), 308–311.

Rudolph, Max: „Zur Geschichte der hebräischen Grammatik", in: *ZAW* 40 (1922), 143–153.

Rudolph, Wilhelm: *Esra und Nehemia samt 3. Esra* (HAT 20). Tübingen 1949.

Ruiten, Jaques van/Kooten, George van (Hg.): *Dust of the Ground and Breath of Life (Gen 2:7). The Problem of a Dualistic Anthropology in Early Judaism and Christianity* (Themes in Biblical Narrative. Jewish and Christian Traditions 20). Leiden 2016.

Sæbø, Magne: „Historiographical Problems and Challenges. A Prolegomenon", in: *HBOT* I (1996), 19–30.

Sáenz-Badillos, Ángel: *Historia de la lengua hebrea* (Colección Estudios orientales 2). Sabadell 1988.

Said, Edward: *Orientalism*. London ᴺᴰ2003.

Sanders, Seth: *From Adapa to Enoch. Scribal Culture and Religious Vision in Judea and Babylon* (TSAJ 167). Tübingen 2017.

Sanders, Seth: *The Invention of Hebrew*. Urbana 2009.

Schäfer, Peter: *Zwei Götter im Himmel. Gottesvorstellungen in der jüdischen Antike*. München 2017.

Schaper, Joachim: „Hebrew and its Study in the Persian Period", in: William Horbury (Hg.): *Hebrew Study from Ezra to Ben-Yehuda*. Edinburgh 1999, 15–26.

Schaper, Joachim: *Media and Monotheism. Presence, Representation, and Abstraction in Ancient Judah* (ORA 33). Tübingen 2019.

Schaper, Joachim (Hg.): „‚Scriptural Turn' und Monotheismus. Überlegungen zu einer (nicht ganz) neuen These", in: *Die Textualisierung der Religion* (FAT 62). Tübingen 2009, 275–291.

Schatz, Andrea: *Sprache in der Zerstreuung. Die Säkularisierung des Hebräischen im 18. Jahrhundert* (Jüdische Religion, Geschichte und Kultur 2). Göttingen 2009.

Schellenberg, Annette: *Der Mensch, das Bild Gottes? Zum Gedanken einer Sonderstellung des Menschen im Alten Testament und in weiteren altorientalischen Quellen* (AThANT 101). Zürich 2011.

Schellenberg, Annette: „‚Und ganz wie der Mensch es nennt …'. Beobachtungen zu Gen 2,19f.", in: Jürg Luchsinger/Hans-Peter Mathys/Markus Saur (Hg.): „… *der seine Lust hat am Wort des Herrn!". Festschrift für Ernst Jenni zum 80. Geburtstag* (AOAT 336). Münster 2007.

Schenk, Wolfgang: „Altisraelitische Sprachauffassungen in der Hebräischen Bibel", in: Peter Schmitter (Hg.): *Sprachtheorien der abendländischen Antike*. Tübingen 1991, 3–25.

Schipper, Bernd Ulrich: „‚The City by the Sea will be a Drying Place'. Isaiah 19.1–25 in Light of Prophetic Texts from Ptolemaic Egypt", in: Nathan MacDonald/Ken Brown (Hg.): *Monotheism in Late Prophetic and Early Apocalyptic Literature. Studies of the Sofja Kovalevskaja Research Group on Early Jewish Monotheism*, Bd. 3 (FAT.2 72). Tübingen 2014, 25–56.

Schipper, Bernd Ulrich: „The History of Egyptology and the Gesenius Dictionary", in: Stefan Schorsch/Ernst-Joachim Waschke (Hg.): *Biblische Exegese und hebräische Lexikographie. Das ‚Hebräisch-Deutsche Handwörterbuch' von Wilhelm Gesenius als Spiegel und Quelle alttestamentlicher und hebräischer Forschung, 200 Jahre nach seiner ersten Auflage* (BZAW 427). Berlin 2013, 484–507.

Schlegel, Karl Wilhelm Friedrich von: *Ueber die Sprache und Weisheit der Indier. Ein Beitrag zur Begründung der Alterthumskunde.* Heidelberg 1808.

Schleicher, August: *Die Darwinische Theorie und die Sprachwissenschaft. Offenes Sendschreiben an Herrn Dr. Ernst Häckel, a. o. Professor der Zoologie und Director des zoologischen Museums an der Universität Jena.* Weimar 1863.

Schlözer, August Ludwig: „Von den Chaldäern", in: *RBML* 8 (1781), 113–176.

Schmid, Hans Heinrich: „אמר *'mr* sagen", in: THAT[6] 1 (2004), 211–216.

Schmid, Konrad: *Jesaja, Band I: Jes 1–23* (ZBK.AT 19/1). Zürich 2011.

Schmitt, Rüdiger: „Perspektiven einer Anthropologie des Alten Testaments", in: *MARG* 20 (2010), 177–215.

Schmitt, Rüdiger Hans: „Olshausen, Justus", in: *Encyclopædia Iranica Online Edition* (2014). (http://www.iranicaonline.org/articles/olshausen-justus [Zuletzt aufgerufen am 31.01.22]).

Schneider, Almut: „Auffassungen von der Herkunft der Sprachen in deutschen Texten des Mittelalters", in: Udo Schönig (Hg.): *Internationalität nationaler Literaturen. Beiträge zum ersten Symposion des Göttinger Sonderforschungsbereichs 529.* Göttingen 2000, 148–162.

Schniedewind, William: *A Social History of Hebrew. Its Origins Through the Rabbinic Period* (AYBRL). New Haven 2013.

Scholem, Gershom: *Poetica. Schriften zur Literatur, Übersetzungen, Gedichte,* hg. von Herbert Kopp-Oberstebrink et al. Berlin 2019.

Schorch, Stefan: *Euphemismen in der hebräischen Bibel* (OBO 12). Wiesbaden 2000.

Schorch, Stefan: *Hebräische Sprachwissenschaft in der Bundesrepublik Deutschland. Vortragsmanuskript.* Hamburg 2015. (https://www.academia.edu/13762098/Hebr%C3%A4ische_Sprachwissenschaft_in_der_Bundesrepublik_Deutschland [Zuletzt aufgerufen am 31.01.22]).

Schorch, Stefan: „The Pre-Eminence of the Hebrew Language and the Emerging Concept of the ‚Ideal Text' in Late Second Temple Judaism", in: Géza G. Xeravits/József Zsengellér (Hg.): *Studies in the Book of Ben Sira. Papers of the Third International Conference on the Deuterocanonical Books, Shime'on Centre, Pápa, Hungary, 18–20 May, 2006* (JSJ.S 127). Leiden 2008, 43–54.

Schorch, Stefan/Waschke, Ernst-Joachim (Hg.): *Biblische Exegese und hebräische Lexikographie. Das ‚Hebräisch-Deutsche Handwörterbuch' von Wilhelm Gesenius als Spiegel und Quelle alttestamentlicher und hebräischer Forschung, 200 Jahre nach seiner ersten Auflage* (BZAW 427). Berlin 2013.

Schrader, Eberhard: „Gedächtnisrede auf Justus Olshausen", in: *Abhandlungen der Königlichen Akademie der Wissenschaften zu Berlin aus dem Jahre 1883.* Berlin 1884, 1–21.

Schrader, Wilhelm: *Geschichte der Friedrichs-Universität zu Halle,* Bd. 2. Berlin 1894.

Schüle, Andreas: *Der Prolog der hebräischen Bibel. Der literar- und theologiegeschichtliche Diskurs der Urgeschichte (Gen 1–11)* (AThANT 86). Zürich 2006.

Schüle, Andreas: *Die Urgeschichte (Gen 1–11)* (ZBK.AT 1,1). Zürich 2009.

Schuller, Eileen/Newsom, Carol: *The Hodayot (Thanksgiving Psalms). A Study Edition of 1QHa* (EJIL 36). Atlanta 2012.

Schwartz, Seth: „Language, Power and Identity in Ancient Palestine", in: *PaP* (1995), 3–47.

Seeligmann, Isac Leo: „Voraussetzungen der Midraschexegese", in: *Congress Volume. Copenhagen 1953* (VT.S 1). Leiden 1953, 150–181.

Seeligmann, Isac Leo: „Zur Terminologie für das Gerichtsverfahren im Wortschatz des Biblischen Hebräisch", in: Hartmann, Benedikt et al. (Hg): *Hebräische Wortforschung (FS Baumgartner)* (VT.S 16). Leiden 1967.

Seifert, Jan: „Rezension zu: Wilhelm Köller. 2006. Narrative Formen der Sprachreflexion", in: *Zeitschrift für Rezensionen zur germanistischen Sprachwissenschaft* 2 (2010).

Sherman, Phillip Michael: *Babel's Tower Translated. Genesis 11 and Ancient Jewish Interpretation* (BiInS 117). Boston 2013.

Shinan, Avigdor: „The Aramaic Targum as a Mirror of Galilean Jewry", in: Lee Levin (Hg.): *The Galilee in Late Antiquity.* New York 1992, 241–251.

Singer, Michael: „Polemic and Exegesis. The Vareties of Twelfth-century Hebraism", in: Allison Coudert/Jeffrey Shoulson (Hg.): *Hebraica veritas? Christian Hebraists and the Study of Judaism in Early Modern Europe* (Jewish Culture and Contexts). Philadelphia 2004, 21–32.

Ska, Jean Louis: „The „History of Israel". Its Emergence as an Independent Discipline", in: *HBOT* III.1 (2013), 307–345.

Skinner, John: *A Critical and Exegetical Commentary on Genesis* (ICC 1). Edinburgh ²1956.

Skoss, Solomon: „Saadia Gaon, the Earliest Hebrew Grammarian", in: *PAAJR* 21 (1952), 75.

Skoss, Solomon: „Saadia Gaon, the Earliest Hebrew Grammarian (Continued)", in: *PAAJR* 23 (1954), 59.

Sláma, Petr: *New Theologies of the Old Testament and History. The Function of History in Modern Biblical Scholarship* (Beiträge zum Verstehen der Bibel 33). Zürich 2017.

Smelik, Willem: „Language Selection and the Holy Tongue in Early Rabbinic Literature", in: Lieve Teugels/Rivka Ulmer (Hg.): *Interpretation, Religion and Culture in Midrash and Beyond. Proceedings of the 2006 and 2007 SBL Midrash Sections* (Judaism in Context 6). Piscataway 2008, 91–151.

Smend, Rudolf: „Die älteren Herausgeber der Zeitschrift für die alttestamentliche Wissenschaft", in: *ZAW* 100 (2009), 2–21.

Smend, Rudolf: „Fünf Generationen Bibel und Orient. Michaelis, Eichhorn, Ewald, Lagarde, Wellhausen", in: Kurt Schönhammer/Christian Starck (Hg.): *Die Geschichte der Akademie der Wissenschaften zu Göttingen*, Bd. 1 (AAWG.NF 28). Berlin 2013, 223–241.

Smend, Rudolf: *Kritiker und Exegeten. Porträtskizzen zu vier Jahrhunderten alttestamentlicher Wissenschaft.* Göttingen 2017.

Smend, Rudolf: „Wellhausen in Greifswald", in: *ZThK* 78 (1981), 141–176.

Soden, Wolfram von: „Leistung und Grenze sumerischer und babylonischer Wissenschaft", in: *Die Welt als Geschichte* 2 (1936), 411–464.509–577.

Sommer, Andreas Urs: „Felix peccator? Kants geschichtsphilosophische Genesis-Exegese im *Muthmaßlichen Anfang der Menschengeschichte* und die Theologie der Aufklärungszeit", in: *KantSt* 88 (1997), 190–217.

Stade, Bernhard: „Erneute Prüfung des zwischen dem Phönicischen und Hebräischen bestehenden Verwandtschaftsgrades. Ein Beitrag zur morgenländischen Sprachkunde", in: *Morgenländische Forschungen. Herrn Fleischer gewidmet.* Leipzig 1875, 167–232.

Stade, Bernhard: *Geschichte des Volkes Israel*, Bd. 1 (Allgemeine Geschichte in Einzeldarstellungen 6). Berlin 1887.

Stade, Bernhard: *Lehrbuch der hebräischen Grammatik. Erster Theil. Schriftlehre. Lautlehre. Formlehre.* Leipzig 1879.

Stade, Bernhard: *Ueber den Ursprung der mehrlautigen Thatwörter der Ge'ezsprache* (Dissertation). Universität Leipzig 1871.

Stade, Bernhard: „Zur Autorschaft an Siegfried-Stade, hebräisches Wörterbuch zum Alten Testamente", in: *ZAW* 24 (1904), 145.

Stade, Bernhard/Siegfried, Carl Gustav Adolf: *Hebräisches Wörterbuch zum Alten Testamente.* Leipzig 1893.

Stahmann, Christian: *Protestantische Orientalistik. Die archäologische Konstruktion des Orients im Werk von Heinrich Ewald* (1803–1875) (Habilitation). Ruprecht-Karls-Universität Heidelberg 2015.

Steiger, Johann Anselm: *Philologia Sacra. Zur Exegese der Heiligen Schrift im Protestantismus des 16. bis 18. Jahrhunderts* (BthS 117). Neukirchen-Vluyn 2011.

Steiger, Johann Anselm: „The Development of the Reformation Legacy. Hermeneutics and Interpretation of the Sacred Scripture in The Age of Orthodoxy", in: *HBOT* II (2008), 691–757.

Stein, Peter: „Wilhelm Gesenius, das Hebräische Handwörterbuch und die Erforschung des Altsüdarabischen", in: Stefan Schorsch/Ernst-Joachim Waschke (Hg.): *Biblische Exegese und hebräische Lexikographie. Das ‚Hebräisch-Deutsche Handwörterbuch' von Wilhelm Gesenius als Spiegel und Quelle alttestamentlicher und hebräischer Forschung, 200 Jahre nach seiner ersten Auflage* (BZAW 427). Berlin 2013, 267–301.

Steinert, Ulrike: *Aspekte des Menschseins im Alten Mesopotamien. Eine Studie zu Person und Identität im 2. und 1. Jt. v. Chr* (CuMo 44). Leiden 2012.

Steinschneider, Moritz: *Bibliographisches Handbuch über die theoretische und praktische Literatur für hebräische Sprachkunde. Ein selbständiger Anhang zu Gesenius' Geschichte der hebräischen Sprache und Le-Long-Masch's Biblioth. Sacra.* Leipzig 1859.

Steinschneider, Moritz: „Hebraistinnen", in: *HBg* 20 (1880), 65–69.

Steinschneider, Moritz: „Rezension zu: Theodor Benfey, Über das Verhältniss der ägyptischen Sprache zum semitischen Sprachstamm", in: *Oesterreichische Blätter für Literatur und Kunst* 1 (1844), 281–286.295f.300–304.

Steudner, Johannes: *Jüdische ABC Schul. Von dem Geheimnus deß dreyeinigen wahren GOttes und Schöpffers JEHOVA.* Augsburg 1665.

Stockhammer, Robert: *Grammatik. Wissen und Macht in der Geschichte einer sprachlichen Institution* (Stw 2095). Berlin 2014.

Stone, Michael/Eshel, Esther: An „Exposition on the Patriarchs (4Q464) and two other Documents (4Q464ª and 4Q464ᵇ)", in: *Muséon* 105 (1992), 243–264.

Strack, Hermann Leberecht: *Die Genesis* (KK 1.1). München ²1905.

Suchard, Benjamin: *The Development of the Biblical Hebrew Vowels. Including a Concise Historical Morphology* (Studies in Semitic Languages and Linguistics 99). Leiden 2020.

Suler, Bernard: „Margarita (Margalita), Anton", in: *EJ*² 13 (2007), 522.

Talshir, David: „The Habitat and History of Hebrew during the Second Temple Period", in: Ian Young (Hg.): *Biblical Hebrew. Studies in Chronology and Typology* (JSOTS 369). London 2002, 251–275.

Téné, David: „Hebrew Linguistic Tradition", in: Ernst Frideryk Konrad Koerner/Ronalds Asher (Hg.): *Concise History of the Language Sciences. From the Sumerians to the Cognitivists.* Oxford 1995, 21–28.

Téné, David: „The earliest Comparisons of Hebrew with Aramaic and Arabic", in: Ernst Frideryk Konrad Koerner (Hg.): *Progress in Linguistic Historiography. Papers from the International Conference on the History of the Language Sciences, Ottawa, 28–31 August 1978* (Studies in the History of the Language Sciences 20). Amsterdam 1980, 355–377.

Thon, Johannes: „Das Interesse an Sprache in Gen 11,1–9", in: Johannes Thon/Ernst-Joachim Waschke/Guiseppe Veltri (Hg.): *Sprachbewusstsein und Sprachkonzepte im Alten Orient,*

Alten Testament und Rabbinischen Judentum (Orientwissenschaftliche Hefte 30). Halle 2012, 95–120.

Thon, Johannes: „Sprachbewusstsein in nichtklassischen Kontexten. Eine Einleitung aus alttestamentlicher Perspektive", in: Johannes Thon/Ernst-Joachim Waschke/Guiseppe Veltri (Hg.): *Sprachbewusstsein und Sprachkonzepte im Alten Orient, Alten Testament und Rabbinischen Judentum* (Orientwissenschaftliche Hefte 30). Halle 2012, 1–27.

Thon, Johannes: „Sprache und Identitätskonstruktion. Das literarische Interesse von Neh 13,23–27 und die Funktion dieses Textes im wissenschaftlichen Diskurs", in: *ZAW* 121 (2009), 557–576.

Thon, Johannes/Waschke, Ernst-Joachim/Veltri, Guiseppe (Hg.): *Sprachbewusstsein und Sprachkonzepte im Alten Orient, Alten Testament und rabbinischen Judentum* (Orientwissenschaftliche Hefte 30). Halle 2012.

Tonkiss Cameron, Ruth: „Briggs, Emilie Grace", in: Marion Ann Taylor/Agnes Choi (Hg.): *Handbook of Women Biblical Interpreters. A Historical and Biographical Guide*. Grand Rapids, MI 2012, 98–100.

Toorn, Karel van der: *Scribal Culture and the Making of the Hebrew Bible*. Cambridge 2009.

Trabant, Jürgen: *Europäisches Sprachdenken. Von Platon bis Wittgenstein* (Beck'sche Reihe 1693). München 2006.

Trabant, Jürgen: „Mithridates. De Gesner jusqu'à Adelung et Vater", in: *Cahiers Ferdinand de Saussure* (1998), 95–111.

Trabant, Jürgen: *Weltansichten. Wilhelm von Humboldts Sprachprojekt*. München 2012.

Trenkler, Almut: *Die beiden Rezensionen von Augustins Adnotationes in Iob im Licht von Hieronymus' erster Ijob-Übersetzung. Genetische Analysen aufgrund der ältesten Codex-Fragmente Inguimbertinus 13 und Ashburnhamianus 95* (FKDG 111). Göttingen 2017.

Troyer, Kristin De: *Rewriting the Sacred Text* (SBLTCL 4). Leiden 2003.

Trusen, Winfried: *Um die Reform und Einheit der Kirche. Zum Leben und Werk Georg Witzels* (Vereinsschriften der Gesellschaft zur Herausgabe des Corpus Catholicorum 14). Münster 1956.

Uehlinger, Christoph: *Weltreich und „eine Rede". Eine neue Deutung der sogenannten Turmbauerzählung (Gen 11,1–9)* (OBO 101). Fribourg 1990.

Ullendorff, Edward: „C'est de l'Hébreu pour moi!", in: *JSSt* 13 (1968), 125–135.

Ullendorff, Edward: „The Knowledge of Languages in the Old Testament", in: *BJRL* 44 (1962), 455–465.

Umbreit, Friedrich: „Uebersicht der alttestamentlich-orientalischen Literatur Deutschlands vom Jahre 1828 bis Ende August 1829", in: *ThStKr* 3 (1830), 175–206.

Universitätsbibliothek Leipzig (Hg.): *Historische Vorlesungsverzeichnisse der Universität Leipzig 1815–1914*. Leipzig 2008. (https://histvv.uni-leipzig.de/ [Zuletzt aufgerufen am 31.01.22]).

Vanderjagt, Arjo: „Ad fontes! The Early Humanist Concern for the Hebraica Veritas", in: *HBOT* II (2008), 154–189.

Vanek, Klara: „Philologie im Dienste der Orthodoxie. Die „Adhoratio ad studium linguae Hebraeae" des Matthias Flacius Illyricus", in: Günter Frank/Stephan Meier-Oeser (Hg.): *Hermeneutik - Methodenlehre - Exegese. Zur Theorie der Interpretation in der frühen Neuzeit* (Melanchthon-Schriften der Stadt Bretten 11). Stuttgart 2011, 89–122.

Vater, Johann Severin: *Handbuch der Hebräischen, Syrischen, Chaldäischen und Arabischen Grammatik. Für den Anfang der Erlernung dieser Sprachen*. Leipzig [1]1802.

Vater, Johann Severin: *Handbuch der Hebräischen, Syrischen, Chaldäischen und Arabischen Grammatik. Für den Anfang der Erlernung dieser Sprachen*. Leipzig ²1817.

Veltri, Giuseppe/Necker, Gerold (Hg.): *Gottes Sprache in der philologischen Werkstatt. Hebraistik vom 15. bis zum 19. Jahrhundert* (SEJ 11). Leiden 2004.

Vermeulen, Han: *Before Boas. The Genesis of Ethnography and Ethnology in the German Enlightenment* (Critical Studies in the History of Anthropology). Lincoln 2015.

Vitringa, Campegius: *Commentarius in librum prophetiarum Jesaiae*. Herbornae Nassaviorum 1715–1722.

Vocht, Henry de: *History of the Foundation and the Rise of the Collegium Trilingue Lovaniense 1517–1550*, 4 Bände. (Humanistica Lovaniensia 10–13). Louvain 1951.

Voigt, Rainer: „Semitische Philologie und vergleichende Grammatik. Geschichte der vergleichenden Semitistik", in: Sylvain Auroux et al. (Hg.): *History of the Language Sciences. An International Handbook on the Evolution of the Study of Language from the Beginnings to the Present* (HSK 18.2). Berlin 2001, 1311–1317.

Wack, Johann: תולדות דאשכנזית *Oder kurtze Anzeigung/wie nemlich die uralte Teutsche Sprache Meistentheils Ihren Ursprung aus dem Celtisch=oder Chaldæischen habe/Und das Beyrische vom Syrischen herkomme*. Regensburg 1713.

Wagner, Andreas: „Das synthetische Bedeutungsspektrum hebräischer Köperteilbezeichnungen", in: Katrin Müller/Andreas Wagner (Hg.): *Synthetische Körperauffassungen im Hebräischen und in den Sprachen der Nachbarkulturen* (AOAT 416). Münster 2014, 1–11.

Wagner, Andreas: „Die Stellung der Sprechakttheorie in Hebraistik und Exegese", in: André Lemaire (Hg.): *Congress Volume Basel 2001* (VT.S 92). Leiden 2002, 55–83.

Wagner, Andreas: *Prophetie als Theologie. Die so spricht Jahwe-Formeln und das Grundverständnis alttestamentlicher Prophetie* (FRLANT 207). Göttingen 2004.

Wagner, Andreas (Hg.): Studien zur hebräischen Grammatik (OBO 156). Fribourg 1997.

Wagner, Siegfried: „אָמַר", in: *ThWAT* 1 (1973), 353–373.

Wakefield, Robert: *On the Three Languages [1524]*, übers. von Gareth Lloyd Jones (Medieval & Renaissance Texts & Studies 68. Renaissance Test Series 13). Binghamton 1989.

Wakefield, Robert: *Oratio de laudibus et utilitate trium linguarum, Arabicae, Chaldaicae et Hebraicae*. London 1524.

Waltke, Bruce K./O'Connor, Michael Patric: *An Introduction to Biblical Hebrew Syntax*. Winona Lake 2010.

Warns, Gerd-Dietrich: *Die Textvorlage von Augustins Adnotationes in Iob. Studien zur Erstfassung von Hieronymus' Hiob-Übersetzung iuxta Graecos* (FKDG 112). Göttingen 2017.

Waschke, Ernst-Joachim: „Wilhelm Gesenius' Auslegung der messianischen Texte in seinem „Commentar über den Jesaia" von 1821", in: Stefan Schorsch/Ernst-Joachim Waschke (Hg.): *Biblische Exegese und hebräische Lexikographie. Das ‚Hebräisch-Deutsche Handwörterbuch' von Wilhelm Gesenius als Spiegel und Quelle alttestamentlicher und hebräischer Forschung, 200 Jahre nach seiner ersten Auflage* (BZAW 427). Berlin 2013, 422–441.

Weber, Cornelia: *Altes Testament und völkische Frage. Der biblische Volksbegriff in der alttestamentlichen Wissenschaft der nationalsozialistischen Zeit, dargestellt am Beispiel von Johannes Hempel* (FAT 28). Tübingen 2000.

Weber, Cornelia: „Die ‚Zeitschrift für die alttestamentliche Wissenschaft' unter ihrem Herausgeber Johannes Hempel von 1927 bis 1959", in: *ZNThG* 5 (1998), 193–227.

Weidner, Daniel: *Bibel und Literatur um 1800* (Trajekte). München 2011.

Weidner, Daniel (Hg.): *Urpoesie und Morgenland. Johann Gottfried Herders Vom Geist der Ebräischen Poesie* (LiteraturForschung 6). Berlin 2008.

Weigand, Rudolf Kilian: *Der „Renner" des Hugo von Trimberg. Überlieferung, Quellenabhängigkeit und Struktur einer spätmittelalterlichen Lehrdichtung* (Wissensliteratur im Mittelalter 35). Wiesbaden 2000.

Weigand, Rudolf Kilian: *Hugo von Trimberg. Der Renner*, in: Historisches Lexikon Bayerns. (www.historisches-lexikon-bayerns.de/Lexikon/Hugo_von_Trimberg:_Der_Renner [Zuletzt aufgerufen am 31.01.2022]).

Weimar, Peter: „Die Toledot-Formel in der priesterschriftlichen Geschichtsdarstellung", in: *BZ.NF* 18 (1974), 65–93.

Weinberg, Werner: „Language Consciousness in the OT", in: *ZAW* 92 (1980), 185–204.

Wellhausen, Julius: *Einleitung in das Alte Testament von Friedrich Bleek*, hg. von Johannes Bleek und Adolf Kamphausen. Berlin ⁴1878.

Wellhausen, Julius: *Einleitung in das Alte Testament von Friedrich Bleek*, hg. von Johannes Bleek und Adolf Kamphausen. Berlin ⁶1893.

Wellhausen, Julius: „Heinrich Ewald", in: Rudolf Smend (Hg.): *Grundrisse zum Alten Testament* (Theologische Bücherei 27). München 1965, 120–138.

Wenham, Gordon: *Genesis 1–15* (WBC 1). Nashville 1987.

Werning, Daniel: „Der ‚Kopf des Beines', der ‚Mund der Arme' und die ‚Zähne' des Schöpfers. Zu metonymischen und metaphorischen Verwendungen von Körperteil-Lexemen im Hieroglyphisch-Ägyptischen", in: Katrin Müller/Andreas Wagner (Hg.): *Synthetische Körperauffassungen im Hebräischen und in den Sprachen der Nachbarkulturen* (AOAT 416). Münster 2014, 107–161.

Wevers, John: *Notes on the Greek Text of Genesis* (SBLSCS 35). Atlanta 1993.

Widmannstetter, Johann Albrecht (Hg.): *Liber sacrosancti Evangelii de Jesu Christo*. Wien 1555.

Widmannstetter, Johann Albrecht: *Syriacae linguae. Prima elementa*. Wien 1566.

Wiesgickl, Simon: *Das Alte Testament als deutsche Kolonie. Die Neuerfindung des Alten Testaments um 1800* (BWANT 214). Stuttgart 2018.

Wildberger, Hans: *Jesaja 13–27* (BK X/2). Neukirchen-Vluyn ²1989.

Wilkinson, Robert: *Orientalism, Aramaic and Kabbalah in the Catholic Reformation. The First Printing of the Syriac New Testament* (SHCT 137). Leiden 2007.

Willi, Thomas: „Christliche Hebraistik aus jüdischen Quellen. Beobachtungen zu den Anfängen einer christlichen Hebraistik", in: Giuseppe Veltri/Gerold Necker (Hg.): *Gottes Sprache in der philologischen Werkstatt. Hebraistik vom 15. bis zum 19. Jahrhundert* (SEJ 11). Leiden 2004, 25–48.

Willi, Thomas: „Der Beitrag des Hebräischen zum Werden der Reformation in Basel", in: *ThZ* 35 (1979), 139–154.

Willi-Plein, Ina: *Sprache als Schlüssel zur Schöpfung. Überlegungen zur sogenannten Sündenfallgeschichte in Gen 3*, in: Michael Pietsch/Tilmann Präckel (Hg.): *Sprache als Schlüssel. Gesammelte Aufsätze zum Alten Testament*. Neukirchen-Vluyn 2002, 24–40.

Wise, Michael Owen: *Language and Literacy in Roman Judaea. A Study of the Bar Kokhba Documents* (AYBRL). New Haven 2015.

Witte, Markus: „Cosmos and Creation in Job 38 (Septuagint)", in: Michael W. Duggan/Renate Egger-Wenzel/Stefan C. Reif (Hg.): *Cosmos and Creation. Second Temple Perspectives* (DCL.Y 2019). Berlin 2020, 55–76.

Witte, Markus: *Die biblische Urgeschichte. Redaktions- und theologiegeschichtliche Beobachtungen zu Genesis 1,1–11,26* (BZAW 265). Berlin 1998.

Witte, Markus: „Völkertafel", in: WiBiLex (2011). (www.bibelwissenschaft.de/stichwort/34251/ [Zuletzt aufgerufen am 31.01.22]).

Witte, Markus: „„Vom Geist der Ebräischen Poesie'. Johann Gottfried Herder als Bibelwissen-schaftler", in: Wilhelm-Ludwig Federlin/Markus Witte (Hg.): *Herder-Gedenken. Interdisziplinäre Beiträge anlässlich des 200. Todestages von Johann Gottfried Herder* (Theion 15). Frankfurt am Main 2005, 171–187.

Witte, Markus: „Von El Schaddaj zum Pantokrator. Ein Überblick zur israelitisch-jüdischen Religionsgeschichte", in: Markus Witte/Johannes F. Diehl (Hg.): *Studien zur hebräischen Bibel und ihrer Nachgeschichte. Beiträge der 32. Internationalen Ökumenischen Konferenz der Hebräischlehrenden, Frankfurt a. M. 2009* (KUSATU 12.13). Kamen 2011, 211–256.

Witzel, Georg: *Homiliae duae de ecclesiae. Encomium sanctae linguae.* Leipzig 1538.

Witzel, Georg: „Oratio in laudem Hebraicae linguae", in: *Homiliae duae de ecclesiae. Encomium sanctae linguae.* Leipzig 1538, [64]–[108].

Wolff, Hans Walter: *Anthropologie des Alten Testaments.* Gütersloh [ND]2010.

Zimmermann, Christiane: *Die Namen des Vaters. Studien zu ausgewählten neutestamentlichen Gottesbezeichnungen vor ihrem frühjüdischen und paganen Sprachhorizont* (AGJU 69). Leiden 2007.

Zobel, Hans-Jürgen: „Wilhelm Gesenius. Sein Leben und Wirken", in: Julia Männchen/Ernst-Joachim Waschke (Hg.): *Altes Testament - Literatursammlung und Heilige Schrift. Gesammelte Aufsätze zur Entstehung, Geschichte, und Auslegung des Alten Testaments* (BZAW 212). Berlin 1993, 245–266.

Zwiep, Irene: „Did Adam speak Aramaic? Abraham ibn Ezra's View on the Origin of Language", in: *Beiträge zur Geschichte der Sprachwissenschaft* 3 (1993), 45–60.

Register

Quellentexte

Masoretischer Text

https://doi.org/10.1515/9783110749106-007

Hebräische Wörter